beck'sche reihe

AF850074

bsr

Von Adam Smith bis hin zu herausragenden Ökonomen des 20. Jahrhunderts wie Amartya Sen bietet diese zweibändige Ausgabe zugänglich und prägnant geschriebene Einführungen in Leben, Werk und Wirkung der Klassiker der modernen ökonomischen Lehre. Die Beiträge sind von renommierten Hochschullehrern der Volkswirtschaft verfaßt und erläutern nicht nur das ökonomische Denken der jeweiligen Gelehrten, sondern auch die Wirkung individueller Werdegänge und gesellschaftsgeschichtlicher Hintergründe. Ausführliche Literaturhinweise auf dem neuesten wissenschaftlichen Stand erleichtern die weitergehende Beschäftigung.

Heinz D. Kurz ist Professor für Volkswirtschaftslehre und Leiter des Graz Schumpeter Centre an der Karl-Franzens-Universität Graz.

Klassiker des ökonomischen Denkens

Band 2
Von Vilfredo Pareto bis Amartya Sen

Herausgegeben von
Heinz D. Kurz

Verlag C. H. Beck

Originalausgabe

Satz: Fotosatz Reinhard Amann, Aichstetten
Druck und Bindung: Druckerei C. H. Beck, Nördlingen
Umschlagabbildungen: Vilfredo Pareto
(ullstein bild – Granger Collection) –
John Maynard Keynes (akg-images) – Amartya Sen (corbis).
Umschlagentwurf: malsyteufel, Willich
Printed in Germany
ISBN 978 3 406 57372 9

www.beck.de

Inhalt

Vorwort

Sollte einer der führenden zeitgenössischen Vertreter der mathematischen Wirtschaftstheorie und intimer Kenner der Geschichte des Faches recht haben, dann gibt es in der Wirtschaftswissenschaft «wahrlich nichts Neues unter der Sonne».[1] Alles, was die moderne Ökonomik anzubieten hat, finde sich der Idee und dem Ansatz nach bereits im Schrifttum der «Klassiker des ökonomischen Denkens», und das in einer Form, die für viele Menschen leichter verständlich ist als moderne Fassungen hiervon. Aber selbst wenn es sich bei Takashi Negishis Urteil um eine Übertreibung handeln sollte: Gibt es einen Grund, sich heutzutage nicht mehr mit Werk und Wirken einiger der bedeutendsten Ökonomen zu befassen? Nein. Tatsächlich *kann* man sich mit deren Beiträgen nicht nur beschäftigen, man *muß* es, – ob als Lehrender oder Studierender, als an wirtschaftlichen Fragen interessierter Laie oder als mit wirtschaftlich relevanten Entscheidungen befasster Angehöriger der Legislative oder Exekutive. An den Werken der großen Ökonomen führt kein Weg vorbei.

Die hiermit vorgelegten Bände ermöglichen es einem auf leichte Weise, dieser Pflicht nachzukommen. Sie vermitteln einen einfachen Zugang zu den nachhaltig wirkenden Lehren einiger der bedeutendsten Ökonomen in Gestalt von kompakten Schilderungen ihres Lebens und Werks sowie dessen Wirkungsgeschichte. Sie zeigen in verdichteter Form, was es «unter der Sonne» auf dem fraglichen Gebiet menschlichen Wissens zu entdecken gibt. Was dabei vor allem zählt sind Ideen, die bis auf den heutigen Tag nichts von ihrer Faszination eingebüßt haben. Die beiden Bände führen ein in die grundlegenden Denkmuster und Erklärungsansätze der Wirtschaftswissenschaft. Der historische Zugang zum Thema hat nichts mit antiquarischer Verstaubtheit zu tun, sondern dokumentiert den in

[1] Takashi Negishi, Unnoticed predecessors of the early Negishi theorems, in: International Journal of Economic Theory, 4:2, S. 167; Übersetzung aus dem Englischen durch mich.

den Sozialwissenschaften im allgemeinen anzutreffenden engen Zusammenhang zwischen Erfahrung und Erkenntnis. Ideen mögen abstrakt sein, aber sie entstehen vor dem Hintergrund konkreter sozio-ökonomischer Verhältnisse und versuchen diese analytisch zu durchdringen.

Um das Verständnis komplexer Sachverhalte – und um solche geht es in der Ökonomik – nicht unnötig zu erschweren, ist in den Beiträgen zu den beiden Bänden darauf geachtet worden, daß die Darstellung möglichst leicht zugänglich ist und nicht unnötig mit Fachterminologie überfrachtet wird. Dies ist naturgemäß nur in unterschiedlichem Maße möglich. Grundsätzlich gilt: Je weiter wir in der Geschichte des Faches voranschreiten, desto ausgeprägter ist die Herausbildung von fachspezifischen Sprachen und die Kanonisierung des angehäuften Wissens. Die historische Herangehensweise der vorliegenden Bände gestattet es dem Leser, diesen langsamen Prozeß der allmählichen Professionalisierung und disziplinären Ausdifferenzierung quasi nachzuerleben und bringt ihm so auf behutsame Weise Konstanz und Wandel in den verwendeten Konzepten nahe.

Mein Dank gilt zuallererst den Autoren für die fruchtbare und reibungslose Zusammenarbeit. Die Erstfassungen aller Beiträge sind von mir kritisch durchgesehen und mit Kommentaren versehen an die Autoren zurückgereicht worden. Wiederholt ist in die Kommentare die Expertise Dritter, auf dem jeweiligen Feld besonders kenntnisreicher Kolleginnen und Kollegen, die ich um ein Urteil gebeten habe, eingeflossen. Auch ihnen schulde ich Dank. Im Lektorat des Verlags hat schließlich Jonathan Beck, selbst Volkswirt, Fragen der Präsentation des Materials mit den Autoren abgestimmt. Sachkundig und stilsicher hat er viel zur besseren Lesbarkeit der Texte beigetragen.

Jetzt ist es an den Lesern zu entscheiden, ob sich die Mühe gelohnt hat.

Graz, 27. Juni 2008 *Heinz D. Kurz*

Harald Hagemann

John Bates Clark
(1847–1938)

I. Leben

John Bates Clark wurde am 26. Januar 1847 in Providence im Bundesstaat Rhode Island in eine Kaufmannsfamilie geboren. Aufgrund einer Erkrankung seines Vaters an Tuberkulose übersiedelte die Familie aus klimatischen Gründen nach Minneapolis. Wiederholt mußte Clark sein Studium unterbrechen, um das Familiengeschäft zu führen, das jedoch nach dem Tod seines Vaters mit Gewinn verkauft werden konnte. Clark konnte daraufhin sein Studium am Amherst College in Massachusetts im Alter von 25 Jahren mit höchsten Auszeichnungen abschließen. 1872 ging Clark für weitere Studien nach Europa, wo er neben einem kurzen Aufenthalt in Frankreich und einem Semester an der Universität Zürich zwei Jahre an der Universität Heidelberg verbrachte. Dort wurde er ebenso wie später Richard T. Ely (vgl. Ely, 1938, S. 41 ff.) und Edwin R. A. Seligman vor allem von Karl Knies, einem der drei führenden Vertreter der «Älteren» Historischen Schule, beeinflußt.

Obwohl er niemals einen Doktorgrad erworben hatte, erhielt Clark gleich nach seiner Rückkehr in die USA 1875 seine erste Lehrposition am Carleton College in Northfield, Minnesota, wo Thorstein Veblen sein bekanntester Student wurde. Aus der im selben Jahr geschlossenen Ehe mit Myra Smith gingen drei Kinder hervor. Aufgrund einer schweren Erkrankung konnte Clark schon bald seine Lehrtätigkeit zwei Jahre lang nicht ausüben. 1882 wechselte Clark an das Smith College, wo er eine Professur für Politische Wissenschaft und Geschichte erhielt und zum Institutsdirektor ernannt wurde. Ein Jahrzehnt später nahm Clark eine Professur für Politische Ökonomie in Amherst an und unterrichtete auch Graduierte an der Johns Hopkins University in Baltimore.

1895 erhielt Clark einen Lehrstuhl an der kurz zuvor gegründeten School of Political Science an der Columbia University in New York, den er bis zu seiner Emeritierung im Jahre 1923 einnahm. In dieser Zeit stieg Columbia mit ihrer Schwerpunktsetzung auf Graduiertenausbildung schnell zu einer der führenden akademischen

Institutionen in den USA auf. Clark wurde bereits im Jahr seiner Ernennung Herausgeber der einige Jahre zuvor gegründeten wissenschaftlichen Zeitschrift *Political Science Quarterly*.

Bereits 1894 war er zum dritten Präsidenten der American Economic Association gewählt worden, die er ein knappes Jahrzehnt zuvor maßgeblich mitbegründet hatte. Neben Richard T. Ely (Präsident 1900/1) und Henry Carter Adams, der ihm 1896 als Präsident nachfolgte, war Clark einer der drei jungen «Deutschen» gewesen, die auf der Tagung der American Historical Society in Saratoga 1885 den Aufruf lanciert hatten, der zur Gründung der American Economic Association führte (Dewey, 1987, S. 429). Wie auch parallel in Japan rivalisierten in dieser Zeit deutsche Einflüsse der Historischen Schule mit ihrer Betonung institutioneller Faktoren, statistisch-empirischer Untersuchungen und ethischer Prinzipien mit solchen der britischen klassischen Politischen Ökonomie und der liberalen Schule. Spätestens nach dem Ersten Weltkrieg triumphierte jedoch die neoklassische Ökonomik in Amerika (Tobin, 1985), nicht zuletzt auch aufgrund des Einflusses von Irving Fisher, der in seiner unmittelbar nach Kriegsende 1918 gehaltenen Presidential Address verwies auf «the curiously interesting fact that this Association largely owes its birth to German economics [which] brought us a new and altruistic impulse. In particular, we received from Germany the idea ... of making economics of service to ‹the state›» (Fisher, 1919). Obwohl sich Clark ebenso wie der allseits anerkannte Gründungspräsident Francis A. Walker stets bemühte, zwischen den gegnerischen Strömungen zu vermitteln, und viele führende Mitglieder in der amerikanischen Öffentlichkeit den Eindruck von «Kathedersozialisten» zu vermeiden suchten, lehnte z. B. William Graham Sumner, der führende Vertreter der Neuengland-Schule der laissez-faire Ökonomie von der Yale Universität, es zeitlebens ab, Mitglied einer Vereinigung zu werden, deren erstes konstituierendes Prinzip lautete: «We regard the State as an agency whose positive assistance is one of the indispensable conditions of human progress» (Dorfman, 1949, S. 207; Tobin, 1985, S. 28).

Ethische Überlegungen, in denen sich puritanische Einflüsse seiner Vorfahren und Kindheit in Neuengland mit denen seines ersten akademischen Lehrers Julius Seelye, dem Präsidenten des Amherst College, und seiner Heidelberger Studien bei Knies verbinden, finden sich vor allem im Frühwerk von Clark: in zahlreichen Artikeln, die ab 1877 in der führenden zeitgenössischen Zeitschrift *The New Englander* (aus der später *The Yale Review* hervorging) erschienen und die den Kern seines ersten Buches *The Philosophy of Wealth* (1886) ausmachen. Allerdings liegt auch im späteren Werk von Clark, mit dem er international bekannt wurde, nicht immer eine strenge Trennung von wissenschaftlichen Überlegungen und moralischen Betrachtungen sowie Werturteilen im Sinne von Max Weber vor. Dies gilt selbst für das Grenzproduktivitätstheorem, das von Clark zum allgemeinen Erklärungsprinzip für die Einkommensverteilung in modernen Volkwirtschaften ausgebaut wurde.

Als überzeugter Pazifist war Clark frühzeitig in der Friedensbewegung aktiv. So hatte er bereits seit 1891 regelmäßig an den vom Quäker Albert Smiley organisierten jährlichen Lake Mohonk-Konferenzen im Staate New York teilgenommen. Von 1911 bis 1923 leitete Clark die Abteilung für Wirtschaftswissenschaft und Geschichte des Carnegie Endowment for International Peace. In den von seinem Kollegen James T. Shotwell herausgegebenen Carnegie-Studien zur Sozial- und Wirtschaftsgeschichte des Weltkriegs erschien auch die Untersuchung seines Sohnes John Maurice Clark (1884–1963) – von 1926–52 Lehrstuhlnachfolger seines Vaters an der Columbia University – *The Costs of the World War to the American People* (1931). Clark setzte seinen Kampf für den Frieden bis zum Lebensende fort. In einer seiner letzten Publikationen machte er eine ‹Offerte› an zivilisierte Nationen, wie sie einen Krieg vermeiden können (1935). Clark starb ein Jahr vor Ausbruch des Zweiten Weltkrieges am 21. März 1938 in New York.

2. Werk

Bereits Schumpeter erkannte in Clark «the master of American marginalism» (Schumpeter, 1954, S. 868 f.); Tobin nennt Clark «den führenden Apostel des ‹Marginalismus› im allgemeinen und der Grenzproduktivitätstheorie der Verteilung im besonderen» (Tobin 1985, S. 29). Zweifellos gilt als Clarks größte Leistung bis heute dessen Verallgemeinerung des Grenzproduktivitätsprinzips und als sein diesbezügliches Hauptwerk *The Distribution of Wealth. A Theory of Wages, Interest and Profit* (1899), das bis heute ein Klassiker der Nationalökonomie geblieben ist. Die Grundlegung der neuen Doktrin erfolgte seit 1889 in einer Reihe von Aufsätzen, die in führenden amerikanischen Fachzeitschriften erschienen: ‹Capital and Its Earnings› (1888), ‹The Possibility of a Scentific Law of Wages› (1889), ‹The Law of Wages and Interest› (1890), ‹Distribution as Determined by a Law of Rent› (1891a), ‹The Statics and the Dynamics of Distribution› (1891b) und ‹A Universal Law of Economic Variation› (1894).

In diesen Artikeln und dem nachfolgenden Buch hat Clark das Theorem der Grenzproduktivität von Arbeit, Boden und Kapital zum allgemeinen Erklärungsprinzip für die Einkommensverteilung in allen Volkswirtschaften ausgebaut. Dabei geht es ihm um den Nachweis elementarer, überzeitlich gültiger Regeln allen Wirtschaftens. So beginnt sein Hauptwerk *The Distribution of Wealth* (1899) mit den folgenden Worten: «Es ist der Zweck dieses Werkes zu zeigen, daß die Einkommensverteilung der Gesellschaft durch ein *natürliches Gesetz* geregelt wird und daß dieses Gesetz, wenn es reibungslos wirkte, jedem Produktionsagenten denjenigen Anteil am Nettoprodukt zuweisen würde, den er selbst hervorbringt» (Clark, 1899, S. V).

Clark entwickelt seine These, daß unter den Bedingungen vollkommener Konkurrenz jeder Produktionsfaktor jenen Anteil am Volkseinkommen erhält, den er selbst erzeugt, im Rahmen einer stationären Ökonomie. Die Unterscheidung von *Statik* und *Dynamik* spielt eine entscheidende Rolle im Clarkschen Werk (vgl. auch Clark, 1891b). Ihm zufolge sind es fünf Aspekte, die den dynamischen Zustand vom statischen unterscheiden: die Zunahme der Bevölkerung und des Kapitals sowie Änderungen in den Produktionsmethoden, den Formen wirtschaftlicher Organisation und der menschlichen Bedürfnisse. Zwar räumt Clark ein, daß in der Realität keine statischen, sondern nur dynamische Gesellschaften aufzufinden sind, gleichwohl mißt er seiner Grenzproduktivitätstheorie, die eine statische Theorie ist, aber eine überragende Bedeutung bei. Diese Bedeutung resultiere daraus, daß die statische Theorie uns auch über das Wesen der in dynamischen Systemen herrschenden Gesetze aufkläre und uns jenen Gleichgewichtszustand vor Augen führe, nach dem in jedem Augenblick die dynamische Ökonomie tendiert. Clark untermauert seine Ansicht, daß in dynamischen Systemen prinzipiell dieselben Mechanismen wirksam sind wie in statischen, durch sein Gleichnis vom Meer, das trotz aller sturmbedingten Abweichungen doch stets nach einem glatten Niveau strebt. Es sei daher Aufgabe der statischen Theorie, die natürlichen Gesetzmäßigkeiten jeder Gesellschaft aufzuzeigen, während der dynamischen Theorie die Erklärung der in der Realität stets auftretenden Störungen verbleibt.

In der statischen Verteilungstheorie Clarks gilt nun das Grenzproduktivitätsprinzip für die beiden großen Einkommenskategorien, den Arbeitslohn und den Kapitalzins, in derselben Weise. Der Unternehmerprofit hingegen stellt ein Friktionseinkommen dar, für den allein unter dynamischen Bedingungen Raum verbleibt. Dabei ist zu beachten, daß in der scheinbar profitlosen Ökonomie Clarks der *konkurrenzübliche* Gewinn zu den Kosten gerechnet wird und in Gestalt des Zinses in Erscheinung tritt. Der Unternehmerprofit, der nach Clark erst im dynamischen System auftritt, bezeichnet dann lediglich den überdurchschnittlichen Teil des Gewinns, den Extraprofit. Doch selbst die profitlose Ökonomie Clarks muß keineswegs eine stationäre sein, da die Verzinsung des Kapitals eine Kapitalakkumulation erlaubt. «Jedes Einkommen, das nichts als ein Rest ist, muß an den *Unternehmer* gehen. ... Was die Kapitalbesitzer die *Unternehmer* zwingen können an sie zu zahlen, wird bestimmt durch die endgültige Produktivität des Kapitals. ... Die Ausdrücke *Profit* und *Residualeinkommen* sind somit synonym» (Clark, 1899, S. 202 f., Übers. d. Verf.).

Indem Clark die verschiedenen Kapital- und Arbeitsarten jeweils auf einen einheitlichen Nenner – das «gesellschaftliche» Kapital und die «gesellschaftliche» Arbeit – bringt, übersetzt er qualitative in rein quantitative Unterschiede. Clark muß als der geistige Urheber des Gedankens angesehen werden, trotz der konkreten Heterogenität der Kapitalgüter einen als homogen angesehenen Faktor «Kapital» zu unterstellen, der zusammen mit dem ebenfalls als homogen angenommenen Faktor Arbeit in die Produktion eingeht. Zugleich erklärt Clark den Boden zu einem Teil des Kapitals, so daß die Grundrente als spezielle Einkommenskategorie in der Clarkschen Verteilungstheorie entfällt. Hinter dieser Subsumtion des Bodens unter den Kapitalbegriff steht die fragwürdige Vorstellung einer weitgehenden Identität der ökonomischen Natur des Bodens und des Kapitals.

Kernstück der Clarkschen Verteilungstheorie ist das *Gesetz der Variation ökonomischer Ergebnisse*, welches die Mengen und Preise auf allen Märkten reguliert. Clark faßt unter diesem Begriff zwei Phänomene zusammen: Erstens das produktionstechnische Gesetz der sinkenden Grenzproduktivität, wonach die zuletzt eingesetzte Produktionseinheit (z.B. eine Stunde Arbeit oder eine Einheit Kapital) einen niedrigeren zusätzlichen Produktionsertrag erwirtschaftet als die vorletzte Einheit. Letztendlich dehnt Clark damit das aus der Grundrententheorie der Klassik bekannte Gesetz vom abnehmenden Bodenertrag auf seinen gesamten, nicht nur auf den Boden begrenzten Kapitalbegriff aus. In den beiden Aufsätzen «Distribution as Determined by a Law of Rent» (1891a) und «A Universal Law of Economic Variation» (1894) kommt bereits im Titel die postulierte Universalität dieses Phänomens und seine fundamentale Bedeutung für die Clarksche Distributionstheorie zum Ausdruck. Zweites Element seiner Theorie ist das psychologische Gesetz des abnehmenden individuellen Grenznutzens, wonach die zuletzt konsumierte Einheit eines Gutes einen niedrigeren zusätzlichen Nutzen bringt als die vorletzte Einheit.

Clark zufolge gilt, daß bei Produktion mit ausschließlich direkter Arbeit und Boden variierende Einsatzverhältnisse der beiden Faktoren stets die Übereinstimmung ihrer (in *physischen* Einheiten determinierten!) Grenzproduktivitäten mit dem Lohn- bzw. Rentensatz implizieren. Clark ist der Ansicht, daß bei Produktion mit Arbeit L und «Kapital» K in analoger Weise die Grenzproduktivitäten der beiden Faktoren $\partial Y / \partial L$ bzw. $\partial Y / \partial K$, wobei Y das resultierende Volkseinkommen bezeichnet – mit dem Lohnsatz w bzw. dem Zinssatz r identisch sein müßten. In der graphischen Darstellung der Distributionstheorie Clarks ergibt sich das folgende Bild (vgl. Clark, 1899, S. 201):

In Abb. 1 stellt BC die Grenzproduktivitätskurve der Arbeit L bei der gegebenen (und im statischen System als unveränderlich angenommenen) Kapitalmenge K der Ökonomie (A'D' in Abb. 2) dar. Da vollkommene Konkurrenz auf dem Arbeitsmarkt unterstellt ist, pendelt sich der Lohnsatz auf einem Niveau ein, das genau die Beschäftigung der gegebenen gesellschaftlichen Arbeitsmenge AD erlaubt. Gemäß dem Grenzproduktivitätssatz, der eine auf den eingesetzten Produktionsfaktor bezogene (ursprünglich mikroökonomische) Verhaltensregel für die Gewinnmaximierung der Unternehmen darstellt, ergibt sich damit ein Lohnsatz in Höhe von AE. Die

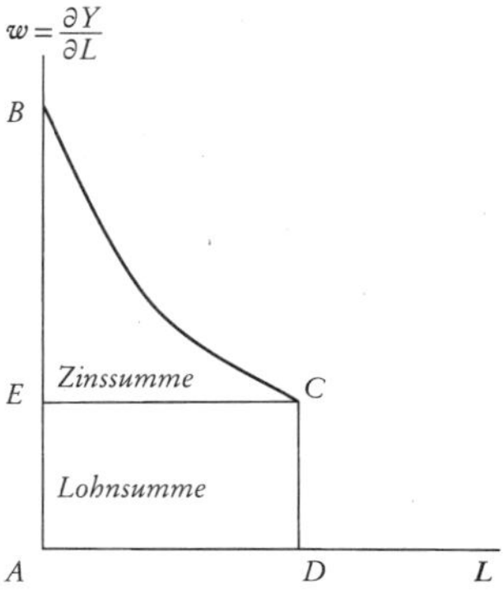

Abb. 1

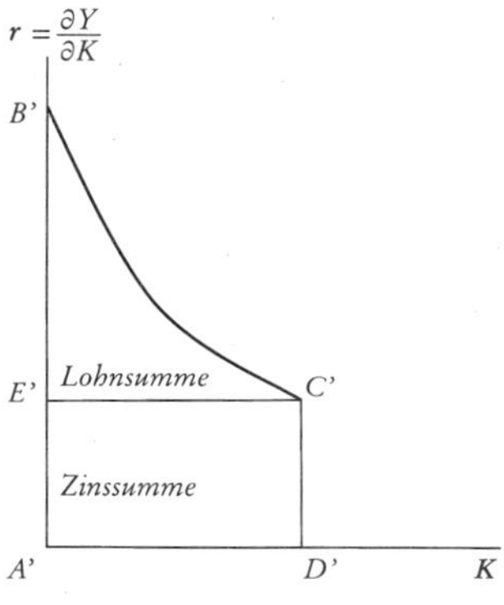

Abb. 2

Abb. 1 Kurve der Grenzproduktivität der Arbeit

Abb. 2 Kurve der Grenzproduktivität des Kapitals

Fläche ABCD gibt das Volkseinkommen *Y* wieder, das vollständig in Form von Lohneinkommen AECD und Zinseinkommen EBC verteilt wird.[1]

Die Relation AECD : ABCD ist folglich gleich der Lohnquote, die Relation EBC : ABCD gleich der Zinsquote der Ökonomie. Die Existenz von Zinseinkommen erklärt sich daraus, daß der Mehrertrag aller Arbeitseinheiten, deren Produktivität diejenige der Grenzeinheit übersteigt, dem Kapital zufällt. Liegt nicht daher aber eine Ausbeutung der intramarginalen Arbeiter vor, deren Grenzproduktivität größer ist als ihr Lohnsatz? Diese Vorstellung schreibt Clark (1899, S. 321–324) in seiner Theorie ökonomischer Verursachung Thünen zu und führt dies auf dessen mangelnde Vollendung der Grenzproduktivitätstheorie zurück, in der die Überausstattung der intramarginalen Arbeiter mit Kapital nicht adäquat berücksichtigt werde. Clark verneint diese Frage, da die höhere Produktivität der zuerst eingesetzten Arbeitseinheiten allein dem Umstand zuzu-

[1] Die vollständige Aufteilung des Volkseinkommens in Lohn- und Zinseinkommen ist nur unter der Annahme konstanter Skalenerträge möglich (d. h. die gesellschaftliche Produktionstechnologie muß so beschaffen sein, daß eine Erhöhung aller eingesetzten Produktionsfaktoren um einen gewissen Prozentsatz den Produktionsertrag um exakt den gleichen Prozentsatz zur Folge hat).

schreiben sei, daß sie mit einem Überfluß an Kapital operieren, dem letzteren Faktor folglich auch der entsprechende Anteil am Volkseinkommen zufallen müsse. Nur die letzte Arbeitseinheit operiert nach Clarks Verständnis virtuell allein, und das Produkt dieser Grenzeinheit betrachtet Clark als Produkt jeder einzelnen Arbeitseinheit. Zudem erweise sich der Anteil eines Faktors am Volkseinkommen, der sich bei Betrachtung der Wirkungsweise des anderen Faktors als Surplus bzw. als auf dem Rentenprinzip beruhender Anteil darstellt, bei der Betrachtung seiner eigenen Wirkungsweise selbst als nach dem Grenzproduktivitätsgesetz bestimmt. «Die Wissenschaft der Rente ist eine Wissenschaft der ökonomischen Verursachung, die Produkte bis zu ihren Quellen verfolgt. *Der Rentenempfänger ist ein Produktschöpfer*» (Clark, 1899, S. 196, Herv. d. Verf.). Clarks Argumentation für den Faktor Kapital anhand der Abbildung 2 entspricht daher auch völlig derjenigen für den Faktor Arbeit: Ebenso wie *jede* Arbeitseinheit für den Unternehmer soviel wert sei, wie die *letzte* Einheit produziere, gelte in einer Konkurrenzökonomie, daß die Ertragsrate des *gesamten* Kapitals durch diejenige der *letzten* Kapitaleinheit bestimmt werde. Beide Betrachtungsweisen müssen zum selben Ergebnis für die funktionelle Einkommensverteilung führen, u. a. müssen also die Flächen AECD und E'B'C' übereinstimmen, usw. Im statischen System Clarks gibt es keine Residualeinkommen.

Dieser Analogie-Schluß ist jedoch irreführend, da außerhalb der Eingutökonomie sofort Bewertungsprobleme auftauchen, die bewirken, daß es keine «Kapitalmenge» geben kann, deren Wert unabhängig vom Lohn- bzw. Zinssatz ist. Folglich darf der Wert des Kapitalstocks nicht unter den Größen sein, die den Zinssatz bestimmen, wenn man nicht einem Zirkelschluss erliegen will. Clark schließt jedoch aus der Mengenproduktivität der Kapitalgüter auf eine entsprechende Wertproduktivität, eine Vorgehensweise, die allein im Rahmen einer Eingutökonomie zulässig ist. Es ist folglich klar, daß es allenfalls der Grundgedanke des Gesetzes von der abnehmenden Grenzproduktivität ist, den Clark mit den Klassikern gemein hat, er sie aber ansonsten keineswegs als seine Vorgänger in Anspruch nehmen kann, wenn er Boden und Kapital als homogene Größe der Arbeit gegenüberstellt.

Clark akzentuiert die Einheit aller Distributionsvorgänge; Lohn- und Zinseinkommen beruhen auf *einem* Prinzip. Das Kapital rangiert für Clark auf derselben Ebene wie die Arbeit als fortdauernde und selbständige Quelle von Produktivkraft, der folglich auch ein entsprechender Anteil am Volkseinkommen zugeteilt werden müsse: «Die Kraft des Kapitals, das Produkt hervorzubringen, ist demnach die Grundlage des Zinses» (S. 135). Clark übersieht, daß auch die relative Seltenheit der beiden Produktionsfaktoren, die das Lohnsatz-Zinssatz-Verhältnis determiniert, kein naturgesetzliches, sondern ein gesellschaftliches Phänomen ist, da das Arbeitsangebot selbst bei konstanter Bevölkerung keine starre Größe ist, sondern mit steigendem Vermögensanteil der Arbeiter an Flexibilität gewinnt (vgl. Preiser, 1953). Auch die Annahme einer fixen Kapitalmenge in der Ökonomie ist von weitreichender Bedeutung. Sie soll im folgenden ebenso eingehend analysiert werden wie der Clarksche Kapitalbegriff überhaupt.

Kennzeichnend für die Clarksche Kapitaltheorie ist die von ihm vorgenommene Dichotomisierung des Kapitalbegriffs, der Gegensatz zwischen Kapitalgütern und Kapital.

> Die bezeichnendste Eigenschaft für das, was wir *Kapital* genannt haben, ist das Merkmal der Dauerhaftigkeit. Es dauert; und es muß dauern, wenn der Produktionsprozeß erfolgreich sein soll... *Kapitalgüter* dagegen *können* nicht nur, sondern *müssen* zerstört im Sinne von aufgezehrt werden, wenn der Produktionsprozess erfolgreich sein soll; und sie müssen sich verbrauchen, damit das Kapital bestehen bleiben kann (S. 117).

Diese Unterscheidung zwischen dem homogenen, abstrakten Kapital als gesellschaftlichem Gesamtfonds und den heterogenen, konkreten Kapitalgütern, in denen dieser Fonds inkorporiert ist, ist für die Clarksche Kapitaltheorie von zentraler Bedeutung.[2] Ein scharfer Kontrast liegt in der Beständigkeit des einen im Vergleich zur Vergänglichkeit des anderen. Grund und Boden ist dabei die einzige Form von Kapitalgütern, die nicht vernichtet zu werden

[2] Im Gegensatz zum *Zins*, den das Kapital trägt, bezeichnet Clark das, was die einzelnen konkreten Kapitalgüter abwerfen, als «*Rente*». «Rente ist die Zusammenfassung der Endsummen, die durch Kapitalgüter verdient werden, während der Zins der Bruchteil von sich selbst ist, den der dauernde Kapitalfonds abwirft» (S. 124). Beide müssen natürlich gleich sein, d.h. Zins und Rente sind lediglich unterschiedliche Bezeichnungen für denselben Ertrag. Die Verwendung des Begriffes «Rente» durch Clark ist eine theoriegeschichtliche Abnormität.

braucht, um den darin verkörperten Vermögensfonds fortdauern zu lassen. Ein weiterer wichtiger Unterschied besteht darin, daß im Gegensatz zu den Kapitalgütern das Kapital beweglich ist, d.h., daß es z.B. aus einem Sektor herausgezogen und in einen anderen hineingesteckt werden kann, wenn sich diese Anlage als rentabler erweist. «Kapital ist... der Gegenstand der Konkurrenz; aber Kapitalgüter sind es nicht» (S. 256). Der Clarkschen Vorstellung vom Kapital liegt die eigentümliche Ansicht zugrunde, daß sich die vergänglichen Teile desselben gleichsam von selbst reproduzieren. Clark versucht diese Ansicht durch Beispiele zu untermauern. So bestehe ein Wasserfall in jedem Sekundenbruchteil aus einer Vielzahl einzelner Wassertropfen, die jedoch dahinfließen und durch andere ersetzt werden, während der Wasserfall als solcher stets derselbe bleibe. In analoger Weise setze sich das Kapital in jedem Augenblick aus zahlreichen konkreten Kapitalgütern zusammen, die im Laufe des Produktionsprozesses sukzessive verbraucht und durch andere ersetzt werden, das Kapital «als solches» bleibe jedoch stets bestehen. Clark hebt diese «Unsterblichkeit» des Kapitals so hervor, weil sie es ihm ermöglicht, das Kapital als eigenständigen Produktionsfaktor und dauerhafte Quelle von Produktivkraft und damit als gleichrangig der Arbeit gegenüberzustellen: «Gesellschaftliche Arbeit ist eine dauerhafte Kraft, genau wie Kapital ein dauerhafter Fonds ist. Beide leben von der fortwährenden Wandlung von einem Satz konkreter Verkörperungen in einen anderen» (S. XVIII). Die Reproduktionsbedingungen des Kapitals sind damit vollständig ausgeblendet, zumal die Kapital*akkumulation* kein Thema einer statischen Theorie ist.

Die Clarksche Theorie krankt an einer mangelhaften Unterscheidung zwischen dem Produktions- und Distributionsaspekt, dem Unvermögen, eine Zurechentheorie und eine Verteilungstheorie auseinanderzuhalten. So sind sachliche Produktionsmittel, die allein im Gegensatz zum Kapital eine überhistorische Kategorie darstellen, in der Produktion der Arbeit gleichgestellt. Beide Faktoren tragen in gleicher Weise zum Produktionsergebnis bei. Ein entscheidender Unterschied zwischen den beiden Faktoren besteht aber darin, daß den produzierten Produktionsmitteln im Gegensatz zur Arbeit ihr Anteil am Volkseinkommen lediglich *zugerechnet*, nicht aber *zugeteilt* werden muß. Nur Menschen beziehen Einkommen. Erst die Rechtsinstitution des Privateigentums als eine gesellschaftsspezifische Beziehung verleiht den Besitzern der Produktionsmittel Anspruch auf einen Teil des Volkseinkommens, der ihnen in Gestalt der Zinseinkommen dafür zufließt, daß sie die Produktionsmittel zur Verfügung stellen. Im Gegensatz zu den Produktionsmitteln liefern die Eigentümer selbst aber keinen produktiven Beitrag, sondern erzielen die Einkommen allein deshalb, da sie analog dem Monopolisten eine gesellschaftliche Machtposition einnehmen (Quasimonopol bzw. Klassenmonopol). Clarks Versuch, die faktische Einkommensverteilung zu rechtfertigen, trägt daher deutlich erkennbare apologetische Züge.

In einer derartigen Vorstellungswelt, in der das Gesetz der Lohnbildung mit der gleichen Kraft am Werke ist wie das Gesetz der Gravitation, bleibt folglich auch für die Gewerkschaften kein Spielraum, der über die Verwirklichung des Grenzproduktivitätslohns hinausgeht. Im Clarkschen Werk zeigt sich deutlich, dass die Grenzproduktivitätstheorie Gefahr läuft, in eine Apologie des Kapitals auszumünden (vgl. Preiser, 1953). Ihr Hauptmangel besteht darin, daß sie die gesellschaftlichen Bedingungen vernachlässigt, unter denen die Einkommensverteilung zustande kommt. Sie sucht nämlich nach einem Gesetz der Verteilung schlechthin. Die ökonomischen Gesetzmäßigkeiten, die den Distributionsprozeß bestimmen, sind Clark zufolge nichts anderes als die Gesetze der Produktion, d. h. die technischen Bedingungen der Produktion im Zusammenhang mit der relativen Seltenheit der Produktionsfaktoren. Diese Gesetze der Produktion erscheinen gleichsam als naturalökonomische Gesetze, die Distribution wird zum Annex produktionstheoretischer Beziehungen.

Clark setzte sich mit den zentralen wirtschaftlichen und sozialen Problemen seiner Zeit auseinander, insbesondere auch mit einer Vermachtung der Märkte durch Gewerkschaften und Kartelle (‹Trusts›). Während er in seiner frühen «christlich-sozialen» Phase und unter dem Einfluß seiner Studien bei den Vertretern der Historischen Schule, ähnlich wie Lujo Brentano, eine weitgehend positive Einschätzung der Gewerkschaften als notwendigem Gegengewicht gegenüber der wirtschaftlichen Macht großer Unternehmen hatte, sah er die Rolle der Gewerkschaften später kritischer, da sie die Herausbildung und Durchsetzung des natürlichen Lohnes gemäß dem Grenzproduktivitätsprinzip langfristig gefährdeten (Clark, 1907).

Clark war insbesondere ein führender Teilnehmer in der Auseinandersetzung über Kartelle und die Antitrust-Gesetzgebung, die die amerikanische Politik in den drei Jahrzehnten vor dem Ersten Weltkrieg prägten. Während er ursprünglich angesichts der Existenz steigender Skalenerträge und damit eines ‹natürlichen Gesetzes› von Großunternehmen bezüglich staatlicher Interventionen eher zurückhaltend war (Clark, 1901), um z.B. durch die Regulierung von Eisenbahntarifen ungerechtfertigte Differentialgewinne zu verhindern, änderte sich dies entscheidend unter dem Einfluss seines Sohnes John Maurice, der später in der Wettbewerbspolitik mit dem Konzept der *workable competition* nachhaltige Wirkungen entfachen sollte. Die gemeinsam mit seinem Sohn verfasste, wesentlich erweiterte zweite Auflage von *The Control of Trusts* (1912) enthält in Nachfolge des Sherman Acts eine Blaupause für eine wirkungsvolle Antikartellpolitik. Clark nahm an den Anhörungen des US-Senats teil, die 1914 zur Verabschiedung des *Clayton Acts* führten, der eine verbesserte Wettbewerbspolitik ermöglichte, und er war Mitglied des Komitees, das noch im selben Jahr ein Gesetz zur Schaffung der amerikanischen Wettbewerbsbehörde *Federal Trade Commission* vorlegte.

3. Wirkung

Die Clarksche Unterscheidung von Statik und Dynamik sowie Unternehmergewinn und Zins hat das Werk von Schumpeter maßgeblich geprägt, der mit der ausführlichen Besprechung von «Professor Clarks Verteilungstheorie» eine seiner ersten wirtschaftswissenschaftlichen Publikationen verfaßte (Schumpeter, 1906) und zwei Jahre später im Vorwort seiner Wiener Habilitationsschrift *Das Wesen und der Hauptinhalt der theoretischen Nationalökonomie* betont, daß seine Darstellung «auf der fundamentalen Scheidung zwischen ‹Statik› und ‹Dynamik› der Volkswirtschaft» beruhe. Schumpeter hebt hervor: «Die Methoden der reinen Ökonomie reichen vorläufig nur für die erstere aus, und nur für die erstere gelten ihre wichtigsten Resultate. Die ‹Dynamik› ist in jeder Beziehung etwas von der ‹Statik› völlig verschiedenes, methodisch ebenso wie inhaltlich» (Schumpeter, 1908, S. XVIII f.).

Schumpeter (1954, S. 863–877) erkannte in Clark, Fisher und Taussig Amerikas größte Ökonomen im Zeitraum 1870–1914 und danach. Ebenso wie Tobin (1985) sah er zu Recht Fisher als den größten dieser drei «Superstars» an, was durch neuere Ranglisten im Social Science Citation Index klar bestätigt wird. Im Urteil der Zeitgenossen galt jedoch Clark, der im Gegensatz zu Fisher keine Mathematik und kaum Abbildungen benutzte, als führender Ökonom der USA. Dies kommt exemplarisch im einleitenden Beitrag von Homans Studie *Contemporary Economic Thought* (1928) zum Ausdruck, in der der Verfasser über John Bates Clark zum Urteil gelangte: «Er ist sicherlich derjenige amerikanische Ökonom, der während der letzten Generation die originellsten und beeindruckendsten Beiträge zur abstrakten Wirtschaftstheorie geleistet hat» (S. 17) und, in Anlehnung an Seligman, Clark in eine Reihe mit Ricardo, Senior, John Stuart Mill, Jevons und Marshall stellte. Homan stand mit diesem Urteil nicht allein, wie u. a. die Beiträge in der zu seinem achtzigsten Geburtstag erschienenen Festschrift (Hollander, 1927), sechs Ehrendoktorwürden und zahlreiche weitere Auszeichnungen verdeutlichen, die Clark zu Lebzeiten erhielt.

Kurz nach seinem Tode begann sich jedoch eine kritischere Einschätzung durchzusetzen. So bedauerte Stigler (1941, S. 297) nicht nur ausdrücklich Clarks «naive Produktivitätsethik», die seinerzeit sowohl gegen die sozialistischen Lehren von Karl Marx wie gegen die radikalen Landreformlehren eines Henry George in den USA gerichtet waren, sondern auch, dass Clarks Darstellung mehr als die jedes anderen bedeutenden zeitgenössischen Ökonomen Nahrung für die populäre, aber falsche Anschuldigung geliefert habe, die neoklassische Ökonomik sei vorrangig eine Apologetin der bestehenden Wirtschaftsordnung. Ähnlich urteilt Mark Blaug (1985, S. 50, Übers. d. Verf.), der John Bates Clark (ebenso wie seinen Sohn John Maurice) zu den hundert größten Ökonomen vor Keynes zählt:

> Der Name John Bates Clark steht für immer verbunden mit einem der schlimmsten Irrtümer in der modernen Wirtschaftswissenschaft: der Benutzung der Grenzproduktivitätstheorie, um eine ethische Rechtfertigung für die funktionelle Einkommensverteilung zu liefern, gemäß der die Eigentümer aller Produktionsfaktoren genau das erhalten was sie ‹verdienen›, nämlich ihre Grenzprodukte. Trotz dieses furchtbaren Fehltritts, den absolut jeder Andere sofort zurückwies, war Clark ein führender amerikanischer Pionier der Grenzproduktivitätstheorie der Verteilung.

Aus heutiger Sicht muß festgestellt werden, daß die analytische Leistung Clarks in der Fundierung der Grenzproduktivitätstheorie nicht an die seiner europäischen Kollegen Philip Henry Wicksteed (1894) und vor allem Knut Wicksell (1893) heranreicht. Bereits Wicksell, der mit größerer Berechtigung als Clark als der geistige Vater der modernen Grenzproduktivitätstheorie anzusehen ist, gelangte in seiner kritischen Würdigung der Clarkschen Verteilungs- und Kapitaltheorie zu dem Ergebnis, daß John Bates Clark «wohl infolge seines überwiegend autodidaktischen Entwicklungsganges» überhaupt nichts Neues biete, «dagegen viele Gedankenprozesse, welche auf dieser Seite des Ozeans längst eine ungleich reifere Entfaltung gefunden haben», und schloß sein Urteil: «Es ist aber sehr schade, wenn ein so ausgesprochenes Talent teilweise verschleudert wird auf das fortgesetzte Ringen mit Aufgaben, die in der Wissenschaft schon längst ihre befriedigende Lösung gefunden haben» (Wicksell, 1903, S. 818 und 822).

Wicksell konnte trotz dieses harschen Urteils seine «Bewunderung für Clark selbst, seinen Scharfsinn, seine schriftstellerische Verve und Begabung» nicht verbergen. Dies mag erklären, warum Clarks Parabelökonomie immer wieder Gegenstand erneuter Beschäftigung selbst führender Ökonomen ist, wie Samuelsons (1962) berühmter Versuch der Konstruktion einer «surrogaten Produktionsfunktion» zeigt, mit dem er «Amerikas ersten großen Theoretiker» (Samuelson, 1999) und die Clark-Ramsey-Parabel gegen die Kritik von Joan Robinson und Piero Sraffa zu verteidigen suchte und damit eine neue Runde kapitaltheoretischer Kontroversen einläutete. Dabei reicht das Spektrum der Urteile über die Clarksche Verteilungs- und Kapitaltheorie von einer Jubelarie (Dewey, 1987) über eine ausgewogen-kritische Würdigung eines frühen führenden Vertreters der neoklassischen Theorie in den USA durch Tobin (1985) bis hin zu folgendem Urteil eines führenden Neoricardianers: Clark, der sich methodisch stark an Thünen anlehnt und von diesem die Idee der Übertragbarkeit von Ricardos intensiver Differentialrente auf alle Einkommensarten (bei gleichzeitiger Unterordnung des Bodens unter das Kapital) übernimmt, habe gleichwohl dort aufgehört, «wo für ihn, Ricardo, die Sache begann interessant zu werden: beim Fall heterogener Güter, die mittels unterschiedlicher Proportionen von Arbeit, produzierten Produktionsmitteln und natürlichen Ressourcen erzeugt werden» (Kurz, 1999, S. 101).

Innerhalb des neoklassischen Lagers bedeuten die Clarkschen Ausführungen insbesondere deshalb einen Rückfall hinter die von Böhm-Bawerk und Wicksell erreichten Positionen, da er das *Zeit*element aus der Kapitaltheorie eliminieren zu können glaubt, obwohl doch gerade das Zeitelement integraler Bestandteil der Kapitaltheorie ist. So hat Clark z.B. übersehen, dass eine Veränderung der durchschnittlichen Investitionszeit der einzelnen konkreten Kapitalgüter ceteris paribus in aller Regel eine Veränderung des gesellschaftlichen Kapitalfonds als einer Wertsumme impliziert.

Gleichwohl wird auch ein gutes Jahrhundert nach Erscheinen von *The Distribution of Wealth* die Clarksche Version der Grenzproduktivitätstheorie immer wieder aufs neue diskutiert. Die Hauptgründe liegen in der drastischen Vereinfachung der so komplexen kapitaltheoretischen Probleme – wie sie z.B. auch von Solow (1956) mit der Eingutannahme («Gelee») bei der Grundlegung des neoklassischen Wachstumsmodells vorgenommen wurde – und in ihrer didaktisch geschickten Präsentation. Zwar muß selbst Dewey einräumen, daß es Clarks verteilungstheoretischem Ansatz an der Präzision der Versionen von Wicksell und Wicksteed mangele. Aufgrund der besseren Zugänglichkeit für Studierende sei es aber letztlich Clarks Abhandlung gewesen, die der neoklassischen Verteilungstheorie als erstes größere Aufmerksamkeit gewonnen habe (vgl. Dewey, 1987, S.430).

Seit 1947 verleiht die American Economic Association in Anerkennung seiner Verdienste die John Bates Clark Medal, die alle zwei Jahre an einen jungen amerikanischen Ökonomen für bedeutende Beiträge zur Wirtschaftstheorie verliehen wird. Sie erhielt als erster Paul A. Samuelson, dem mit Friedman, Tobin, Arrow, Klein, Solow u.a. bis hin zu Paul Krugman viele weitere spätere Nobelpreisträger folgen sollten.

Literatur

1. Werke

Clark, J.B. 1886. The Philosophy of Wealth. Economic Principles Newly Formulated, Boston.

Clark, J.B. 1888. Capital and Its Earnings, in: Publications of the American Economic Association, Bd. 3, Baltimore, S. 7–67.

Clark, J.B. 1889. Possibility of a Scientific Law of Wages, in: Publications of the American Economic Association, Bd. 4, S. 37–69.
Clark, J.B. 1890. The Law of Wages and Interest, in: Annals of the American Academy of Political and Social Science, Bd. 1, S. 43–65.
Clark, J.B. 1891a. Distribution as Determined by a Law of Rent, in: Quarterly Journal of Economics, Bd. 5, S. 289–318.
Clark, J.B. 1891b. The Statics and the Dynamics of Distribution, in: Quarterly Journal of Economics, Bd. 6, S. 111–119.
Clark, J.B. 1892. The Ultimate Standard of Value, in: The Yale Review, Bd. 1, S. 258–274.
Clark, J.B. 1894. A Universal Law of Economic Variation, in: Quarterly Journal of Economics, Bd. 8, S. 261–279.
Clark, J.B. 1895. The Origin of Interest, in: Quarterly Journal of Economics, Bd. 9, S. 257–278.
Clark, J.B. 1899. The Distribution of Wealth. A Theory of Wages, Interest and Profits, New York.
Clark, J.B. 1901. The Control of Trusts. An Argument in Favor of Curbing the Power of Monopoly by a Natural Method, New York.
Clark, J.B. 1904. The Problem of Monopoly. A Study of a Grave Danger and of the Natural Mode of Averting it, New York.
Clark, J.B. 1907. Essentials of Economic Theory as Applied to Modern Problems of Industry and Public Policy, New York.
Clark, J.B. 1914. Social Justice without Socialism, Boston.
Clark, J.B. 1935. A Tender of Peace. The Terms on Which Civilized Nations Can, If They Will, Avoid Warfare, New York.
Clark, J.B., und Clark, J.M. 1912. The Control of Trusts, New York.

2. *Weiterführende Literatur*

Blaug, M. 1986. Great Economists before Keynes. An Introduction to the Lives and Works of one hundred Great Economists of the Past, Brighton.
Clark, A. 1938. John Bates Clark: A Memorial, New York.
Clark, J.M. 1931. The Costs of the World War to the American People, New York.
Clark, J.M. 1968. Clark, John Bates, in: D.L. Sills (Hrsg.), International Encyclopedia of the Social Sciences, Bd. 2, London und New York, S. 504–508.
Dewey, D. 1987. Clark, John Bates (1847–1938), in: J. Eatwell u.a. (Hrsg.), The New Palgrave, Bd. 1, London, S. 428–431.
Dorfman, J. 1949. The Economic Mind in American Civilization, Bd. 3: 1865–1918, New York.
Ely, R.T. 1938. Ground Under Our Feet. An Autobiography, New York.
Fetter, F.A. 1927. Clark's Reformulation of the Capital Concept, in: J.H. Hollander (Hrsg.), Economic Essays Contributed in Honor of John Bates Clark, New York, S. 136–156.
Fisher, I. 1919. Economists in Public Service, in: American Economic Review, Bd. 9, S. 5–21.
Hagemann, H. 2005. John Bates Clarks neoklassische Parabel, in: G. Huber,

H. Krämer und H.D. Kurz (Hrsg.), Einkommensverteilung, technischer Fortschritt und struktureller Wandel, Marburg, S. 151–167.
Henry, J. 1995. John Bates Clark: The Making of a Neoclassical Economist, London.
Henry, J. 2006. Clark, John Bates (1847–1938), in: R.B. Emmett (Hrsg.), The Biographical Dictionary of American Economists, Bd. 1: A–Z, London und New York, S. 138–146.
Hollander, J.H. (Hrsg.) 1927. Economic Essays Contributed in Honor of John Bates Clark, New York.
Homan, P.T. 1928. Contemporary Economic Thought, New York.
Kurz, H.D. 1999. Das «natürliche Gesetz» der Einkommensverteilung. John Bates Clark und die Grenzproduktivitätstheorie, in: K.-D. Grüske (Hrsg.), Vademecum zu einem amerikanischen Neoklassiker, Düsseldorf, S. 77–103.
Preiser, E. 1953. Erkenntniswert und Grenzen der Grenzproduktivitätstheorie, in: Schweizerische Zeitschrift für Volkswirtschaft und Statistik, Bd. 89, S. 25–45.
Samuelson, P.A. 1962. Parable and Realism in Capital Theory: The Surrogate Production Function, in: Review of Economic Studies, Bd. 29, S. 193–206.
Samuelson, P.A. 1999. John Bates Clark: Amerikas erster großer Theoretiker, in: K.-D. Grüske (Hrsg.), Vademecum zu einem amerikanischen Neoklassiker, Düsseldorf, S. 55–75.
Schumpeter, J. 1906. Professor Clarks Verteilungstheorie, in: Zeitschrift für Volkswirtschaft, Sozialpolitik und Verwaltung, Bd. 15, S. 325–333.
Schumpeter, J. 1908. Das Wesen und der Hauptinhalt der theoretischen Nationalökonomie, Berlin.
Schumpeter, J.A. 1954. A History of Economic Analysis, New York und Oxford.
Solow, R.M. 1956. A Contribution to the Theory of Economic Growth, in: Quarterly Journal of Economics, Bd. 70, S. 65–94.
Sraffa, P. 1960. Production of Commodities by Means of Commodities. A Prelude to a Critique of Economic Theory, Cambridge.
Stigler, G.J. 1941. Production and Distribution Theories. The Formative Period, New York.
Tobin, J. 1985. Neoclassical Theory in America: J.B. Clark and Fisher, in: American Economic Review, Bd. 75, S. 28–38.
Wicksell, K. 1893. Über Wert, Kapital und Rente, Jena.
Wicksell, K. 1903. Neue Beiträge zur Theorie der Verteilung, in: Jahrbücher für Nationalökonomie und Statistik, 3. Folge, Bd. 26, S. 817–824.
Wicksteed, P. 1894. An Essay on the Co-ordination of the Laws of Distribution, London.

Hans-Jürgen Wagener

Vilfredo Pareto
(1848–1923)

I. Leben

Vilfredo Federico Damaso Pareto wurde am 15. Juli 1848 in Paris geboren.[1] Sein Geburtsjahr 1848 reiht ihn ein in jene Generation, die aus der Ökonomie eine exakte Wissenschaft machen wollte: Alfred Marshall (1842–1922), Francis Ysidro Edgeworth (1845–1926), John Bates Clark (1847–1938–1926) haben zusammen mit Pareto das Fundament der modernen Mikroökonomie gelegt, das erst in den 30er Jahren des 20. Jahrhundert weiter vertieft wurde. Nur unwesentlich älter waren Léon Walras (1834–1910), William Stanley Jevons (1835–1882) und Carl Menger (1840–1921), die das Grenznutzenprinzip – wonach nicht der durchschnittliche Nutzen, sondern der Nutzen der letzten eingesetzten Einheit in ökonomischen Entscheidungen wichtig ist – zur Grundlage des ökonomischen Denkens gemacht hatten. Mit Ausnahme der Österreicher hatten sie alle Mathematik studiert oder eine starke Affinität zum mathematischen Argument. So war es auch für Pareto unumstößlich, daß sich die Komplexität der ökonomischen Zusammenhänge nur mit diesem Instrument erfassen lasse.

Sein Vater Raffaele Pareto (1812–1882) trug zwar den Titel eines Marchese di Parigi, war aber ein gutbürgerlicher Ingenieur und Republikaner, was ihn in den 1830er Jahren ins Pariser Exil getrieben hatte, von wo er erst 1852 wieder nach Italien zurückkehrte. Das Adelsprädikat, das nach dem Tod des Vaters auf Vilfredo Pareto überging, hatte Napoleon dem Großvater verliehen. Die Mutter Marie Pareto (1816–1889), geborene Metenier, war Französin. Pareto selbst heiratete erst nach dem Tode seiner Mutter, in erster Ehe Alessandrina Bakounine (1860–1940, nicht verwandt mit dem Anarchisten), von der er sich 1901 trennte, nachdem sie mit dem

[1] Warum seine Eltern ihm die deutschen Vornamen Fritz Wilfrid gegeben haben, bleibt ein Rätsel. Noch seine Dissertation von 1869 (Pareto, 1869/1952) hat Pareto mit Fritz Wilfrid Pareto unterschrieben. Und Jeanne Régis, seine zweite Frau, nannte ihn mit Spitznamen Fritz (Pareto, 1960, Bd. III, S. 118, Fn. 3).

Koch durchgebrannt war. Die Scheidung war einem italienischen Staatsbürger nicht möglich, und erst 1922 nahm Pareto die Staatsbürgerschaft des Freistaats Fiume an, um kurz vor seinem Tod die langjährige Lebensgemeinschaft mit Jeanne Régis (1879–1948), der Mutter seiner Tochter, zu legalisieren.

Mit 16 machte Pareto in Florenz Abitur und begann ein Studium der Mathematik und Physik in Turin. Nach drei Jahren schloß er dieses ab und setzte seine Ausbildung am gleichen Ort mit dem Studium der Ingenieurswissenschaft fort, das 1869 mit einer Dissertation den Abschluß fand, Thema: *Principj fondamentali della teoria della elasticità de' corpi solidi e ricerche sulla integrazione delle equazioni differenziale che ne differiscono l'equilibrio* (Pareto, 1869/1952). Diese eingehende Beschäftigung mit der klassischen Mechanik und ihrem Grundkonzept, dem Gleichgewicht, hatte einen tiefgreifenden Einfluß auf Paretos späteres Herangehen an die theoretische Ökonomie.

Von 1870 bis 1890 arbeitete Pareto zuerst als Ingenieur in einem Eisenbahnunternehmen, dann in der eisenschaffenden Industrie, zuletzt als Generaldirektor der *Ferriere Italiane*, der Italienischen Eisenwerke. Das Unternehmen war unterkapitalisiert, und Pareto versuchte auf verschiedenen Wegen, das Kapital für die notwendigen Investitionen zu beschaffen, um konkurrenzfähig produzieren zu können. Als seine Spekulationen an den Londoner Börsen zu erheblichen Verlusten führten, legte man ihm den Rücktritt nahe – eines der zahlreichen Beispiele für Ökonomen, die als Spekulanten erfolglos waren. Die Erfahrung wird seine spätere Abneigung gegen Spekulation gefördert haben. Weitere Mißerfolge stellten sich bei gleichzeitigen Bemühungen um eine politische Karriere ein. Er brachte es nicht über den Stadtrat von San Giovanni in Valdarno, dem Sitz der Firma, in der er von 1873–1880 arbeitete, hinaus. Zwei Versuche, sich ins Parlament wählen zu lassen, scheiterten.

So begann 1890 ein neues Leben für Pareto. Im vorangegangenen Dezember hatte er geheiratet, nun lernte er Maffeo Pantaleoni (1857–1924) kennen, der zwar jünger als er, aber bereits angesehener Professor der Politischen Ökonomie war, und mit dem ihn bis zu seinem Tod eine enge Freundschaft verband. Die Briefe Paretos an Pantaleoni sind ein wichtiges Dokument für die Entwicklung seines sozialwissenschaftlichen Denkens (Pareto, 1960).[2] Zwar hatte sich Pareto schon zuvor mit ökonomischen Fragen beschäftigt und gelegentlich Aufsätze veröffentlicht, doch jetzt hatte er Zeit und stürzte sich unter Anleitung Pantaleonis in die Rezeption der neuesten Theorien, vor allem der Schriften Walras' und des Lehrbuchs von Pantaleoni (1889), und entfaltete eine rege Publikationstätigkeit. Politisch wichtig war ihm vor allem der Kampf gegen Protektionismus und Militarismus.

Schon 1891 kam Pareto auf Vermittlung Pantaleonis mit Walras zusammen. Die beiden hatten Gefallen aneinander gefunden, was jedoch nicht von Dauer sein sollte. Und als Pantaleoni erfuhr, daß Walras aus gesundheitlichen Gründen seinen Lehrstuhl aufgeben wolle, empfahl er ihm Pareto als seinen Nachfolger. Dieser hatte gerade damit begonnen, im *Giornale degli Economisti* seine erste größere theoretische Arbeit auf Grundlage der Walrasianischen Theorie in fünf Folgen zu veröffentlichen (*Considerazioni sui principii fondamentali dell' economia politica pura*, Pareto, 1892–93/2007). Im April 1893 erfolgte die Ernennung zum außerordentlichen Professor an der Universität Lausanne, ein Jahr später zum Ordinarius. Seine Vorlesungen faßte Pareto in seinem ersten Buch *Cours d'économie politique* (Pareto, 1896–97/1964) zusammen. Die Lehre empfand Pareto allerdings als lästiges Übel, sein eigentliches Interesse galt der Forschung, der Entwicklung der Theorie.

Dazu sah er Gelegenheit, als er 1898 von einem Onkel ein Millionenvermögen erbte, das ihm eine unabhängige Existenz ermöglichte. Damit baute er sich in Céligny im Kanton Genf, wo die Steuern niedriger waren als im Waadtland, die Villa Angora, in der er mit Jeanne Régis und zahlreichen Angorakatzen bis zu seinem Tod lebte. Die Universität Lausanne war zwar bereit, sein Lehrdeputat zu reduzieren, doch dem Wunsch der Emeritierung gab sie erst 1911 statt. Die vermehrte Zeit zum Forschen schlug sich 1902–3 in *Les systèmes socialistes* (Pareto, 1902–03/1965) und 1906 in seinem ökonomischen Hauptwerk *Manuale di economia politica* nieder, das zumeist in der erweiterten und verbesserten französischen Übersetzung zitiert wird (Pareto, 1906/1909). Nach der Emeritierung

[2] Die Briefe in umgekehrter Richtung sind wohl leider fast alle dem Autodafé zum Opfer gefallen, das Paretos Frau nach seinem Tod mit Korrespondenz und Nachlaß veranstaltet hat.

konzentrierte er sich ganz auf sein zweites, soziologisches Hauptwerk, den *Trattato di sociologia generale* (Pareto, 1916/1935), der 1916 erschien. Bis zu seinem Tod am 19. August 1923 blieb er intensiv tätig, allerdings erfüllt von einem tiefen Pessimismus und mehr und mehr zum mürrischen Sonderling werdend.

Pareto wird immer wieder mit dem Faschismus in Verbindung gebracht. Schuld daran ist wohl Luigi Amorosos (1886–1965) hervorragender *Econometrica*-Aufsatz von 1938. Im letzten Absatz preist der römische Mathematiker, zur damaligen Zeit ein gläubiger Faschist, Pareto als den Schöpfer eines neuen Mythos und eines anti-demokratischen, anti-humanitären, anti-progressiven und anti-evolutionären neuen Glaubens: «Bevor die geistige Revolution in den Massen vollzogen wurde, wurde sie in ihm vollzogen ohne erklärte Absicht von seiner Seite; ich möchte fast sagen, gegen seinen Willen.» (Amoroso, 1938, S. 20f.). Es ist schon ein starkes Stück, jemandem, der sein ganzes Leben lang die Fahne der positiven Wissenschaft hoch gehalten hat, Mystizismus zu attestieren. Doch ganz aus der Luft gegriffen sind die Charakterisierungen Amorosos nicht. Paretos Einstellung war anti-demokratisch, er sah im humanitären Sozialismus ein Zeichen von Dekadenz und gab sich anti-progressiv, wenn Fortschritt eine Entwicklung zum Sozialismus bedeutete. Auch die alten Eliten in Italien waren dekadent und das hieß für ihn ablösungsreif. Mussolini und seiner Bewegung gegenüber blieb Pareto jedoch skeptisch. Er hat nur die allerersten Anfänge erlebt, doch warnte er da bereits vor ausländischen Abenteuern, vor Autarkiebestrebungen und der Einschränkung der Pressefreiheit (Pareto, 1960, Bd. III, S. 504). Seine alte Abneigung gegen Protektionismus und Militarismus hatte er nicht vergessen. Gegen eine Diktatur hatte Pareto grundsätzlich keine Einwände, nur müsse sie auf Konsens beruhen – ein typisches paretianisches Paradox: die demokratisch legitimierte Diktatur. Kurzum, die Faschisten mochten mit Amoroso (und übrigens auch Mussolini) in Pareto einen geistigen Lehrmeister und Wegbereiter sehen, er hätte gewiss ihre Politik mit der gleichen Schärfe gegeißelt, die derjenigen ihrer Vorgänger zuteil geworden war.

2. Werk

Es ist üblich, Pareto in den Ökonomen und den Soziologen zu teilen. Der erstere sei von 1890 bis 1909 tätig gewesen, der letztere danach. Das kommt vielleicht dem neoklassischen Hang zu einer aus dem sozialwissenschaftlichen Kontext herausgelösten Ökonomie entgegen, entspricht aber nicht den Intentionen und der Theorie Paretos, der eine integrierte Sozialwissenschaft vor Augen hatte. Es entspricht auch nicht der zeitlichen Verteilung seines Interesses. Immer wieder hat Pareto unterstrichen, daß die Wissenschaft eine schrittweise Annäherung an die konkreten Phänomene sei. Das ist doppelt zu verstehen: vom Abstrakten zum Konkreten und von der vorläufigen Erkenntnis zum besseren Verstehen der Phänomene. Die reine Theorie der politischen Ökonomie ist dabei die höchste Abstraktionsstufe und das am einfachsten zu erfassende Problem. Was er dazu zu sagen hatte, war praktisch mit dem *Manuale* abgeschlossen, nicht jedoch, was er generell zur Ökonomie zu sagen hatte. Um das zu erfahren, kommt man um den gewaltigen Berg des *Trattato* nicht herum. Und umgekehrt beschränken sich *Cours* und *Manuale* keineswegs auf die reine Ökonomie: Der Zusatz im Titel des letzteren *con una introduzione alla scienza sociale* wird allzu gerne übersehen.

Homo oeconomicus und logisches Handeln. Pareto hat den *homo oeconomicus* in die Wissenschaft eingeführt, nicht die Figur selbst, die gab es schon einige Zeit, wohl aber den Begriff und seine Präzisierung.[3] Dem armen *homo oeconomicus* könnte viel Kritik erspart bleiben, würde man nachlesen, welche Rolle und welchen Stellenwert Pareto ihm in seiner Theorie zugewiesen hatte. Die Grundlage dafür bildet seine Theorie des Handelns. Konkretes Handeln sieht Pareto als ein aus Einzelelementen zusammengesetztes Kompositum, wie ein natürlicher Stoff aus chemischen Elementen zusammengesetzt ist. Und zwar unterscheidet er dabei nicht-logisches

[3] In seinen schlaflosen Nächten las Pareto bevorzugt die klassische Literatur auf Griechisch und Latein, was in seinen Schriften einen deutlichen Niederschlag fand, nicht nur in seiner Terminologie, sondern auch in seinen Beispielen. Man schlage nur den Namensindex des *Cours* oder des *Manuale* auf – man glaubt fast, sich in einem Buch der klassischen Altertumswissenschaft und nicht der politischen Ökonomie zu befinden.

von logischem Handeln. Bei logischem Handeln sind objektives und subjektives Ziel identisch, das heißt, die beabsichtigte Zweck-Mittel Beziehung muß auch objektiv dem höchsten Stand der Wissenschaft entsprechend vorliegen. Diese Übereinstimmung kann nur durch Lernen, d. h. wiederholtes Auftreten der Entscheidungssituation erzielt werden. Den ökonomischen Kalkül auf einmalige Ereignisse, z. B. die Eheschließung, anzuwenden, wäre Pareto nicht in den Sinn gekommen. Bei gegebenen und von Pareto stabil angenommenen Präferenzen kommt quasi mechanisch immer das gleiche Handeln heraus. Nicht-logisches Handeln ist alles übrige Handeln, das eben nicht auf einer solchen logisch-empirischen Basis ruht. Eine gewisse Nähe zu Max Webers (1922/1956) ungefähr zur gleichen Zeit entstandenen Unterscheidung in zweckrationales, wertrationales, affektuelles und traditionales Handeln ist nicht zu übersehen. Die meisten Menschen sehen im logischen Handeln das bessere Element und «rationalisieren» ihr nicht-logisches Verhalten. Doch das sollte einen nicht darüber täuschen, daß nicht-logisches Handeln das vorherrschende Element im tatsächlichen menschlichen Verhalten ist (Pareto, 1916, Bd. 1).

Menschliches Verhalten ist gerichtet auf Wohlfahrt: materielle, geistige, moralische. Hier führt Pareto nun eine Unterscheidung in Nutzen und Ophelimität (vom griechischen Adjektiv *ophélimos* für nützlich) ein, bei der ihm die Profession später nicht gefolgt ist. Nutzen entspricht der objektiven Wohlfahrt, Ophelimität nur der subjektiven. Der Konsum einer Zigarette steigert die Ophelimität, das subjektive Wohlbefinden eines Rauchers, doch objektiv ist das seiner Wohlfahrt eher abträglich. Daß diese Unterscheidung ihre Berechtigung hat, sieht man sofort, wenn man Aggregate betrachtet, Gemeinschaften oder die Gesellschaft als ganze, die zum Beispiel über Rauchverbote die gesellschaftliche Wohlfahrt steigert, jedoch das subjektive Wohlbefinden der Raucher mindert. Deshalb spielt der Nutzenbegriff in Paretos Soziologie eine zentrale Rolle, während die Ökonomie sich vor allem mit der Ophelimität beschäftigt, und zwar mit der subjektiven materiellen Wohlfahrt. Und damit wird auch die Figur des *homo oeconomicus* klar: Er stellt eine bestimmte Abstraktion menschlichen Verhaltens dar, die sich auf logisches Handeln beschränkt und auf den Gewinn materieller Ophelimität gerichtet ist (Pareto, 1902/1966, S. 132).

Der *homo oeconomicus* der theoretischen Ökonomie entspricht der Punktmasse der theoretischen Physik: Beide sind Fiktionen und kommen in der Realität nicht vor. Aber sie erleichtern eine einfache und klare Theoriebildung. Der *homo oeconomicus* wird von nichts anderem affiziert als der Ophelimität materieller Güter und tut unter gleichen Bedingungen immer das gleiche, weil es logisch, d. h. rational ist. Die behavioristische und experimentelle moderne Ökonomie betont immer wieder, daß dies eine einseitige Sichtweise sei und mit konkretem Verhalten oft nicht übereinstimme. Genau das hat Pareto auch schon gesehen, und daß Versuchspersonen sich z. B. bei dem bekannten Ultimatumspiel nicht «rational» verhalten, sondern von Vorstellungen der Fairneß geleitet werden (z. B. Henrich et al., 2001), hätte ihn kaum erstaunt. Denn schließlich ist nicht-logisches Verhalten mitnichten unlogisch, es beruht nur auf einer anderen Basis als dem rationalen Zweck-Mittel Denken. Hier haben wir wieder die schrittweise Annäherung in seinem methodischen Ansatz: Erst einmal geht es darum, logisches Handeln und seine Konsequenzen zu verstehen und das in einem statischen Kontext. Dann kann man das nicht-logische Verhalten und die Dynamik mit einbeziehen. Das ist wiederum ein ganz ähnliches Herangehen an soziale Phänomene, wie wir es bei Max Weber (1922/1956, S. 7) antreffen: Man beginnt damit, «wie das Handeln bei Kenntnis aller Umstände und aller Absichten der Mitbeteiligten und bei streng zweckrationaler, an der uns gültig scheinenden Erfahrung orientierter, Wahl der Mittel verlaufen *wäre*. ... [A]lsdann [wird] die kausale Zurechnung von Abweichungen davon zu den sie bedingenden Irrationalitäten möglich». Wie weit das in bestimmten Feldern der ökonomischen Theorie, z. B. der Preistheorie, tastsächlich möglich sein wird, ist unklar (vgl. Malinvaud, 1992).

Nutzen oder Wahlakte? Die Gesellschaft, bestehend aus lauter *homines oeconomici*, verfügt über bestimmte Ressourcen – Arbeitskraft, Kapital, Boden –, mit deren Hilfe sie bei gegebenem Wissensstand ökonomische Güter herstellen kann. Die *homines oeconomici* haben bestimmte Geschmacksvorlieben, Präferenzen, bezüglich der ökonomischen Güter. Anders gesagt: Die ökonomischen Güter befriedigen Bedürfnisse, d. h. sie stiften Nutzen oder Ophelimität bei den Individuen. Diesen Nutzen hat sich die ökonomische Theorie bis zu Pareto als etwas Reales, unabhängig vom Individuum Existierendes vorgestellt. Das brachte für die Theorie einige Vorteile. Der Nutzen, den das Individuum genoß, war kardinal (zahlenmäßig) meßbar: Die Individuen konnten die Befriedigung unterschiedlicher Bedürfnisse miteinander vergleichen, und der Nutzen konnte zwischen den Individuen verglichen werden – er war für Individuum und Gesellschaft deshalb aggregierbar, man konnte ihn zu einer Nutzensumme aufaddieren. Pareto hat seine theoretischen Überlegungen mit einer solchen Nutzen- bzw. Ophelimitätsvorstellung begonnen. Allerdings kamen ihm von Anfang an Zweifel, ob es so etwas wie den Nutzen überhaupt gebe, ob er meßbar sei und ob er interpersonell vergleichbar sei. Denn eines war deutlich, ein positiv beobachtbares Phänomen war dieser Nutzen nicht.

Deshalb bemühte er sich zu zeigen, daß die theoretische Ökonomie auch ohne eine solche Nutzenvorstellung auskommen könne. Das ist der große Schritt vom *Cours* zum *Manuale*, die paretianische Wende in der Ökonomie: Psychologie und Hedonismus werden aus der Ökonomie verbannt, was bleibt ist eine positive Theorie des *rational choice*.[4] Empirisch beobachtbar sind die Wahlakte der Individuen, und hier sind vor allem die Güterkombinationen interessant, zwischen denen die Individuen sich indifferent verhalten. Das Instrument der Indifferenzkurven hatte er von Edgeworth (1881) übernommen, der allerdings von der Existenz kardinal meßbaren Nutzens ausgegangen war und davon die Indifferenzkurven ableitete.[5] Pareto wollte die Argumentation umdrehen und so positiv unangreifbar machen. Indifferenzkurven lassen sich, so meinte er, beobachten und sie lassen sich auch in eine Rangordnung bringen, denn die Individuen können für gewöhnlich angeben ob sie eine Güterkombination A einer Güterkombination B vorziehen oder nicht: Präferenzen oder eine ordinale Nutzenvorstellung. Doch zu einer Nutzenfunktion mit abnehmendem Grenznutzen führt das nicht, da ja die Entfernungen zwischen den einzelnen In-

4 Erst in jüngster Zeit kommt eine behavioristische Theorie auf diese Wende zurück (vgl. Bruni/Sugden, 2007).

5 Die Indifferenzkurve ist der geometrische Ort aller Kombinantionen zweier Güter, die den gleichen Nutzeneffekte haben, denen gegenüber das Individuum also indifferent ist. Im n-Güter-Fall spricht man von Indifferenz-Mannigfaltigkeiten.

differenzkurven unbekannt sind.[6] Das System der Indifferenzkurven in der Güterebene ergibt ein Bild der Geschmacksvorlieben der Individuen: «Das Individuum kann verschwinden, solange es uns diese Fotografie seiner Geschmacksvorlieben hinterläßt» (Pareto, 1906/1909, Bd. III, § 57). Man kann sich das wie eine Wanderkarte mit Höhenlinien vorstellen, die nur «höher» oder «tiefer», aber nicht die konkrete Höhe angibt.

Diese Nutzenvorstellung genügt für die Darstellung des allgemeinen Gleichgewichts. Das Ökonomieprinzip der Wissenschaft (*Ockham's razor*) gebietet, daß man sich damit begnügt und, wie Hicks (1939 b) das forderte, den Nutzenbegriff ganz aus der Ökonomie verbannt. Das hat die Theorie allerdings nicht konsequent getan, sondern sie unterstellt meistens Nutzenfunktionen mit abnehmendem Grenznutzen, so auch schon Pareto, sobald er Fragen der angewandten Theorie behandelt. Wichtig war ihm vor allem die Feststellung, daß die individuellen Nutzenvorstellungen, selbst wenn sie kardinal meßbar wären, heterogene Größen sind, d. h. sie werden in unterschiedlichen Dimensionen gemessen. So können sie nicht ohne weiteres miteinander verglichen oder aggregiert werden (Pareto, 1906/1909, Bd. IV, §§ 32–38).

Grundsätzlich strebt jeder einen maximalen Nutzen an, allein dem stehen gewisse Hindernisse im Wege, vor allem die Knappheit der Ressourcen, das beschränkte Wissen und soziale Einschränkungen. Die Transformation der Ressourcen in Güter, d. h. ihre Produktion und ihr Tausch, hat so zu erfolgen, daß sie den Konsumwünschen der Individuen bei den dann herrschenden Preisen entspricht. In diesem System hängt alles von allem ab: Die allgemeine Interdependenz, Walras' große Entdeckung, ist für Pareto das zentrale Problem der Ökonomie (und später der gesamten Sozialwissenschaft). Will man sie konkret beschreiben, so ist das verbal nicht mehr möglich. Das geht nur noch mit Hilfe der Mathematik. In diesem Zusammenhang polemisiert Pareto gegen Marshall, dessen Partialanalyse für ihn ein Horror ist: Die Verwendung der Mathematik sei bei ihm völlig fehl am Platze, und da Marshall die allge-

[6] Eine Nutzenfunktion stellt einen funktionalen Zusammenhang her zwischen den konsumierten Gütermengen und dem Nutzen, den ein Individuum daraus gewinnt. In der Regel wird davon ausgegangen, daß mit steigender Menge der Nutzen aus der letzten Einheit, der Grenznutzen, zwar positiv ist, aber abnimmt.

meine Interdependenz außer Acht lasse, gehe er auch am zentralen Problem der Ökonomie vorbei: «für mich gibt es keine ökonomische Wissenschaft, die nicht der Interdependenz Rechnung trägt» (Pareto, 1960, Bd. III, S. 63). Dieser Gegensatz von Partialanalyse und allgemeiner Interdependenzbetrachtung hat sich – ohne die Polemik – bis heute erhalten.

Das allgemeine Gleichgewicht. Nun stellt sich die Frage, ob die Kräfte, die im ökonomischen System wirken, d. h. das Streben nach maximaler Bedürfnisbefriedigung bei gegebenen Beschränkungen, in dem Sinne zur Ruhe kommen können, daß das System einen Zustand einnimmt, der unter gleichen Bedingungen stabil bleibt. Diesen Zustand nennt Walras das allgemeine Gleichgewicht, und Pareto hat das nicht von ungefähr mit dem Gleichgewicht der theoretischen Mechanik verglichen. Die mechanische Analogie treffen wir bereits bei Jevons (1871/1888, S. 49) an, der die politische Ökonomie als «the mechanics of utility and self-interest» definierte. Und wie Maas (2005) treffend bemerkt, das Praktische an der Analogie sei, dass sie ihre Mathematik gleich mitbringe. Um Mißverständnisse zu vermeiden, sei noch einmal betont: Es geht um eine epistemologische Analogie. Wir haben es mit widerstreitenden Kräften, den Geschmacksvorlieben und den Hindernissen und ihrem Gleichgewicht zu tun, was mit Hilfe von Differentialgleichungen beschrieben werden kann.[7] Der *homo oeconomicus* ist, wie Pareto betont, ein epistemologisches Konstrukt, eine Art Automat. Das bedeutet jedoch nicht, daß die konkreten Menschen deshalb ontologisch als Maschinen gesehen werden müßten.

Die prägnanteste Beschreibung von Paretos Problem hat Hicks (1932, S. 84) gegeben: «Ziel der Gleichungen von Walras und Pareto ist es, in einem ökonomischen System (bei gegebener Bevölkerung, gegebenen Vorlieben, gegebenen Fähigkeiten, gegebenem Wissen und gegebenem Vorrat an Kapital und Boden) das Preissystem zu bestimmen, das besteht, ohne daß ein einziges Individuum, als Konsument oder Arbeiter oder Kapitalist oder Unternehmer, irgendeinen Anreiz hätte, etwas anderes zu tun als das, was es in der

[7] Allerdings beschreibt die klassische Mechanik mit Hilfe der Differentialgleichungen die Dynamik, während die Ökonomie über die Statik noch nicht wesentlich hinausgekommen ist.

Vergangenheit getan hat. Und diese Bedingungen werden auf ein Gleichungssystem reduziert, indem man jedes einzelne Individuum betrachtet und herausfindet, was es bei gegebenen Preisen vorziehen würde. Falls ein Preissystem gefunden werden kann, bei dem alle Individuen in der Gemeinschaft *konsistent* sind, dann befindet sich die Gemeinschaft bei jenen Preisen im Gleichgewicht.» So verstehen wir das Problem noch heute. Pareto allerdings zog die mechanische Analogie vor, und in der klassischen Mechanik gibt es keine Entsprechung für den Markt. Deshalb «war es nützlich zu zeigen, daß die Theorien der Ökonomik nicht unmittelbar von der Betrachtung eines Marktes, auf dem bestimmte Preise herrschen, ausgehen, sondern vielmehr von der Betrachtung des Gleichgewichts, das aus den entgegengesetzten Kräften von Geschmacksvorlieben und Hindernissen entsteht. Preise tauchten als Hilfsvariable auf, sehr nützlich, um ökonomische Probleme zu lösen, doch müssen sie am Ende eliminiert werden, so dass nur die Geschmacksvorlieben und die Hindernisse übrigbleiben» (Pareto, 1906/1909, Bd. III, §152).

Das Gleichgewicht wird rein gütermäßig bestimmt. Auch in diesem Punkt folgte Pareto Edgeworth (vgl. Hildenbrand, 1994). Daß dieses Gleichgewicht über die Grenzraten der Substitution einen Preisvektor hervorbringt, interessiert Pareto offensichtlich erst in zweiter Linie. Da beide, Mengensystem und Preissystem, aber simultan bestimmt werden, kann Pareto den Wertbegriff und die Werttheorien, die die Ökonomen bislang so kontrovers beschäftigt haben, *ad acta* legen. Wer nur die eine Seite, die Geschmacksvorlieben betrachtet, findet die Ursache des Werts im subjektiven Nutzen (Menger, Jevons, Walras). Wer nur die andere Seite, die Hindernisse bzw. die Produktion, betrachtet, findet die Ursache des Werts in den objektiven Produktionskosten oder ausschließlich der Arbeit (Smith, Ricardo, Marx). Wenn die Preise als Manifestationen eines den Gütern innewohnenden intrinsischen Werts gesehen werden, verläßt die Ökonomie den Boden einer positiven Wissenschaft: «Es existiert keine Entität, die dem entspricht, was die Verbalökonomen *Wert* nennen» (Pareto, 1906/1909, Bd. III, § 226) und «jeder Ökonom, der nach *der Ursache* des Werts sucht, macht so deutlich, dass er nichts vom synthetischen Phänomen des ökonomischen Gleichgewichts verstanden hat» (ibid., § 227).

Mit der Bestimmung des allgemeinen Gleichgewichts sind die

relativen Preise festgelegt, und alles, was zur Bestimmung des allgemeinen Gleichgewichts erforderlich ist (die Daten und die treibende Kraft), ist auch ursächlich mit der Preisbildung verbunden. Da das allgemeine Gleichgewicht in der Realität bestenfalls einen langfristigen Trend darstellt, kann man kurzfristige Ungleichgewichtspreise von langfristigen Gleichgewichtspreisen unterscheiden. In der Zusammenführung der subjektiven und der objektiven Preisbestimmungsfaktoren – oder der simultanen Preisbestimmung durch Angebot und Nachfrage bei Marshall – ist die Geburtsstunde der neoklassischen Theorie zu sehen. In einem modernen Lehrbuch der Mikroökonomie sucht man deshalb vergeblich das Stichwort «Werttheorie».

Die Formulierung eines solchen Gleichungssystems und die Bedingungen für die Existenz eines stabilen Gleichgewichts sind zahlreichen kühnen Annahmen zu Konsumverhalten, Produktionstechnologie und Organisation unterworfen. In den 100 Jahren seit Erscheinen des *Manuale* hat die Ökonomie ständig an der Lösung der damit verbundenen Probleme gearbeitet. Doch es ist erstaunlich, wie viele dieser Probleme Pareto bereits angeschnitten und zu lösen versucht hat – nicht immer mit Erfolg (das macht Malinvaud, 1992, besonders anschaulich).

Wohlfahrtstheorie: Pareto-Effizienz. Da Pareto vom gütermäßigen Gleichgewicht und nicht vom Marktgleichgewicht ausgeht, kann er nicht einfach Wettbewerb und Monopol untersuchen. Er definiert aber drei Typen von Verhalten, die dem entsprechen: Typ I nimmt alles als gegeben und geht davon aus, dass sein Verhalten ohne Einfluß bleibt; Typ II versucht durch sein Verhalten das Gleichgewicht zu beeinflussen und daraus einen Vorteil zu ziehen; Typ III, den es im Marktgleichgewicht offensichtlich nicht geben kann, richtet das System so ein, daß alle Beteiligten ihre Wohlfahrt maximieren. Das ist die kollektivistische Organisation der Gesellschaft. Was dabei Wohlfahrtsmaximierung bedeutet, ist näher zu bestimmen (Pareto, 1906/1909, Bd. III, §§ 39–49). Das bringt Pareto zu seinem bekanntesten Beitrag zur ökonomischen Theorie, dem sogenannten Pareto-Optimum und den daran anschließenden Theoremen, der Effizienz vollständigen Wettbewerbs und der Äquivalenz von Wettbewerb und Planung. Aus zwei Gründen ist «Pareto-Optimum» eine Fehlbezeichnung: Erstens hatte bereits Edgeworth (1881) eine entsprechende Effizienzbedingung formuliert, allerdings nur zur Bestimmung der Kontraktkurve im Tauschparadigma.[8] Und zweitens geht es Pareto nur um die Definition eines (positiven) Maximums und nicht eines (normativen) Optimums. Es ist deshalb besser, von Pareto-Effizienz zu sprechen.

Die Mitglieder einer Gemeinschaft genießen in einem Zustand des Systems maximale Ophelimität, wenn jede Änderung des Zustands zum Vorteil von wenigstens einem der Mitglieder mindestens einem anderen Mitglied schadet. Das ist die Definition von Pareto-Effizienz. Wir sehen sofort den Vorzug dieser Definition, womit Pareto auch über Edgeworth hinausgegangen ist: Sie nimmt auf die Heterogenität der individuellen Ophelimitäten Rücksicht und vergleicht diese nicht (was im Tauschparadigma auch nicht erforderlich ist). Nun stellt Pareto zwei Theoreme auf: Bei Verhalten vom Typ I, wir sagen bei vollständigem Wettbewerb, herrscht im Gleichgewicht Pareto-Effizienz (Pareto 1906/1909, Bd. VI, §§ 33–34). Bei Verhalten vom Typ II, wir sagen bei unvollständigem Wettbewerb, ist das nicht der Fall. Bei jeder gegebenen Einkommensverteilung kann sich ein anderes Gleichgewicht ergeben. In einem System vom Typ I oder II ist die Einkommensverteilung von historischen und ökonomischen Faktoren bestimmt. Einem kollektivistischen System vom Typ III stellt sich nun erst einmal das Verteilungsproblem, das nach ethisch-sozialen Gesichtspunkten gelöst werden muß. Danach ist das Gleichgewicht zu bestimmen, und da es definitionsgemäß Pareto-effizient zu sein hat, denn das Produktionsministerium strebt die größtmögliche kollektive Ophelimität an, ist es mit dem Wettbewerbsgleichgewicht für diese Verteilung identisch. Allerdings vermutet Pareto, daß sich das kollektivistische Produktionsministerium leichter tut mit bestimmten Komplikatio-

[8] Edgeworth brauchte sich über die Zuschreibung an Pareto allerdings nicht zu grämen. Sein Name ist in den heutigen Lehrbüchern mit der sogenannten Edgeworth-Box verewigt, von der man bei ihm nur eine Vorform findet und die Pareto im *Manuale* (Pareto, 1906/1909, Bd. III, § 116; Bd. VI, § 35) eingeführt hat. Edgeworth ist übrigens einer der wenigen Ökonomen, die Pareto – mit Unterbrechungen – schätzte. Beider Vorliebe für die klassische Literatur Griechenlands und Roms trug sicher dazu bei. Doch meinte er, es sei «nicht notwendig, wann immer ein Thema angesprochen wird, alles zu erwähnen, was andere Leute dazu gesagt haben» (Pareto, 1960, Bd. II, S. 438).

nen, zum Beispiel mit dem Fixkostenproblem und den daraus folgenden Nicht-Konvexitäten. Und es kann ein Abgleiten in Verhalten vom Typ II vermeiden (ibid., §§ 52–61). «Fassen wir zusammen: Die reine Ökonomie gibt uns kein wirklich entscheidendes Kriterium für die Wahl zwischen einer Gesellschaftsorganisation basierend auf dem Privateigentum und einer sozialistischen Organisation an die Hand» (ibid., Bd. VI, § 61). Das hat 50 Jahre später Tjalling Koopmans (1957, S. 147) mit fast den gleichen Worten noch immer feststellen müssen.

Die Theoreme zu beweisen, erfordert einigen mathematischen Aufwand. Pareto hat dazu einen ersten Anlauf genommen. Für das kollektivistische Gleichgewicht konnte schon 1908 Enrico Barone (1908/1935) den Beweis Paretos erheblich verbessern. Es ist nun aber eines, die Äquivalenz zweier abstrakter Gleichgewichtszustände zu beweisen, ein anderes, einen davon konkret zu verwirklichen. Darauf hat Hayek (1935) hingewiesen: Man kann die Gleichungssysteme für das allgemeine Gleichgewicht unter bestimmten Annahmen ohne Probleme abstrakt aufschreiben und lösen; deshalb verfügt man noch lange nicht über die konkreten numerischen Parameter, die Informationen, die das Produktionsministerium braucht, um das System zu planen. Die mechanische Analogie des allgemeinen Gleichgewichts ist offensichtlich ungeeignet, bei der Wahl der gesellschaftlichen Organisationsform als Entscheidungshilfe zu dienen. Das wußte auch Pareto, und sein Theorem besagt nichts anderes, als daß ein kollektivistisches Gleichgewicht *ceteris paribus*, d. h. unter sonst gleichen Voraussetzungen, den gleichen Bedingungen unterworfen ist wie ein Wettbewerbsgleichgewicht. Wir werden sogleich sehen, daß er auch bezüglich der Verteilung überzeugt war, der Sozialismus könne daran nicht viel ändern. Was als Beweis der Machbarkeit des Sozialismus erscheint und in der Sozialismusdebatte immer wieder so interpretiert wurde, ist in Wirklichkeit Ausdruck von Paretos Überzeugung, der Sozialismus sei eine Gefühlsduselei. Da die logisch-empirische Theorie nichts zu dieser Frage beitragen kann, hat er zwei Bände *Les systèmes socialistes* (Pareto, 1902–03) geschrieben, um das nicht-logische Fundament dieses Gesellschaftsentwurfs aufzudecken.

Das Problem der Wohlfahrtsmaximierung hielt Pareto vom *Cours* über den *Manuale* bis zum *Trattato* in Bann. Pareto-Effizienz stellt die maximale Ophelimität *für* die Gesellschaft dar, aber nicht den maximalen Nutzen *der* Gesellschaft. Nehmen wir einmal an, die Individuen wüßten, was gut für sie ist, und vernachlässigen wir deshalb den Unterschied zwischen Ophelimität und Nutzen, so wie es die moderne Mikroökonomie tut. Maximaler Nutzen *für* die Gesellschaft oder Pareto-Effizienz, bedeutet dann, wie gezeigt, einen Zustand, der keine Verbesserungen erlaubt ohne eine Verschlechterung für mindestens ein Gesellschaftsmitglied. Solange die individuellen Nutzen nicht vergleichbar sind, ist das alles, was man objektiv bzw. im Rahmen des freiwilligen Tauschs erreichen kann. So etwas wie ein «allgemeines Interesse» oder ein «gesellschaftliches Maximum» gibt es objektiv nicht. «Ich bin der nominalistischste aller Nominalisten» hatte Pareto (1901/1952, S. 433) erklärt. Aber faktisch muß es so etwas schon geben. Denn schließlich wird Wirtschaftspolitik gemacht, werden Steuern erhoben, die einem allgemeinen Nutzen dienen sollen, aber die Wohlfahrt einzelner verringern können, werden Verbrecher bestraft und eingesperrt usw. Und all das ist allein mit dem Kriterium der Pareto-Effizienz nicht möglich. Hier findet für Pareto der Übergang von der politischen Ökonomie zur Soziologie statt; heute rechnen wir solche Fragen der normativen Wohlfahrtsökonomik oder der Theorie der Wirtschaftspolitik zu.

Das gesellschaftliche Nutzenmaximum wird dann erreicht sein, wenn die positiven Nutzenänderungen und die negativen Nutzenänderungen einer Maßnahme sich gegenseitig aufheben. Das deutet bereits auf das Kompensationsprinzip von Hicks (1939a) und Kaldor (1939) hin. Um ein solches Maximum bestimmen zu können, brauchen wir allerdings kardinale und homogene, d. h. vergleichbare Nutzen. Wenn die individuellen Nutzenvorstellungen heterogen sind, geht das nicht ohne ethische Werturteile. Kardinale, aber heterogene Nutzen vorausgesetzt, kann jedes Individuum durch bestimmte Gewichtungskoeffizienten, die sich noch als «objektive» gesellschaftliche Präferenzen interpretieren lassen, die Nutzenänderungen der anderen Individuen für sich vergleichbar machen und ein persönliches «soziales Maximum» berechnen. Um diese heterogenen individuellen Wertungen nun zu aggregieren, muss die Regierung die individuellen Wertungen wiederum mit Gewichtungskoeffizienten, sozusagen «politischen» Koeffizienten, versehen, worauf sich das gesellschaftliche Nutzenmaximum bestimmen lässt.[9] Wenn Individuen oder Gruppen von ihrer «persönlichen» Maximumvorstellung abweichen und politisch das gesellschaftliche Nutzenmaximum der Regierung unterstützen, dann werden sie offensichtlich von nicht-logischen Impulsen geleitet (siehe hierzu Pareto, 1916, §§ 2128–2139, aber auch den Vergleich mit der modernen Theorie der sozialen Wohlfahrt bei Bergson, 1938, 1983).

Paretos Gesetz. Wir haben bereits Paretos Bemühen kennengelernt, die Ökonomie als positive Wissenschaft allein auf empirische (er nannte es experimentelle) Beobachtungen zu gründen. Das hat ihn vor allem im *Cours* dazu veranlasst, den Text des angewandten Teils, der 90 Prozent des Gesamtwerks ausmacht, mit zahlreichen Statistiken anzufüllen. Das war neu. Er plante auch, eine *Révue internationale des applications des mathématiques aux sciences sociales* herauszugeben (Pareto, 1960, Bd. II, S. 350). Daraus wurde damals nichts, aber 10 Jahre nach seinem Tod war es soweit: Die erste Nummer von *Econometrica* erschien, die heute zu den drei renommiertesten Ökonomiezeitschriften zählt. Das Programm, «to promote studies that aim at the unification of the theoretical-quantitative and the empirical-quantitative approach to economic problems and that are penetrated by constructive and rigorous thinking similar to that which has come to dominate in the natural sciences» (Frisch, 1933, S. 1), hätte so auch von Pareto formuliert werden können.[10]

Auf der Suche nach empirischen Regelmäßigkeiten, die er dann wie Naturgesetze behandeln konnte, stieß Pareto auf die Beobachtung, daß die personelle Einkommensverteilung und Vermögensverteilung für Perioden und Regionen, für die er über statistisches Material verfügte (und er ging dabei bis ins 15. Jahrhundert zurück), eine erstaunliche Konstanz aufwiesen. Konkret fand er,

[9] Um etwas über diese «politischen» Gewichtungen, d. h. den Einfluß der Individuen oder der gesellschaftlichen Gruppen und Klassen sagen zu können, ist eine Theorie der Regierung erforderlich, die Pareto mit seiner (an dieser Stelle nicht näher behandelten) Elitentheorie liefert.

[10] In den ersten Nummern stellte *Econometrica* die Pioniere der mathematischen Ökonomie vor. Pareto kam erst 1938 an die Reihe (Amoroso, 1938), nachdem schon 1936 der Soziologe Pareto gewürdigt worden war. Die paretianische Wende mußte sich noch durchsetzen.

dass die logarithmische Beziehung zwischen den Einkommen und der Zahl der Personen mit einem Einkommen von x oder mehr linear ist und daß das Steigungsmaß der Geraden über Raum und Zeit mehr oder minder eine Konstante ist. Darin sah er ein natürliches Gleichgewicht. Die Situation der unteren Schichten und die Ungleichheit der Verteilung lasse sich nur durch Wirtschaftswachstum, d.h. ein Wachstum des Pro-Kopf Einkommens verbessern, und das würden die Sozialisten schon verhindern (Pareto, 1906/1909, §§ 957–965).

Die beobachtete Regelmäßigkeit ist als «Paretos Gesetz», die dem Gesetz zugrunde liegende Verteilung als «Pareto-Verteilung» in die Literatur eingegangen. Zahlreiche natürliche und soziale Phänomene, die ein Gleichgewicht zwischen «klein» und «groß» erreicht haben, weisen eine solche Verteilung auf. Vereinfacht ist daraus das so genannte «Pareto-Prinzip» abgeleitet worden: Für 80 Prozent eines Ereignisses sind 20 Prozent der Beteiligten verantwortlich. Als eisernes Gesetz der personellen Einkommensverteilung oder Vermögensverteilung wurde es immer wieder kritisiert (unter anderen von Edgeworth), überprüft und (bereits von Pareto selbst) verfeinert. Die Frage nach der theoretischen Erklärung seines Gesetzes hat Pareto wenig beschäftigt, was ebenfalls immer wieder kritisch angemerkt wurde. Ihm schien es evident, daß die einkommensgenerierenden Eigenschaften der Menschen eben einer Pareto-Verteilung unterliegen; seine Elitentheorie schloß sich nahtlos daran an. Die kumulative Darstellung bringt naturgemäß eine geringe Streuung der Beobachtungen mit sich. Die Konstanz des Pareto-Indexes, des Steigungsmaßes der Geraden, ist nicht so hoch, wie er vermutete. Deshalb ist auch die Schlußfolgerung nicht gerechtfertigt, die Pareto aus seinem Gesetz ziehen zu können glaubte, daß nämlich die Politik und insbesondere eine sozialistische Wirtschaftsordnung wenig an der Ungleichheit der Einkommen werde ändern können. Die Pareto-Verteilung ist ein wichtiger Beitrag zur Statistik geblieben. Die Suche nach naturgesetzlichen Konstanten in der Ökonomie ist dagegen wohl eher erfolglos.

3. Wirkung

«By now he is a figure of the past» schrieb Schumpeter (1949/1952, S. 112) zu Paretos hundertstem Geburtstag und hat sich wie so oft in seiner Vorhersage geirrt. 50 Jahre später stellt Bruni (2002, S. vii) fest, Pareto sei einer der am häufigsten zitierten und studierten Ökonomen aller Zeiten. Auch die vierbändige Zusammenstellung von Arbeiten über Pareto von Wood und McLure (1999) belegt eindrucksvoll, daß sein Werk immer noch erheblichen Einfluß ausübt. Die beiden Äußerungen widerspiegeln die Tatsache, daß Pareto ein Spätentwickler ist. Er wurde über 40 Jahre alt, bevor er sich intensiv mit der Wissenschaft beschäftigte. Und es dauerte ein Vierteljahrhundert nach seinem Tod, bis sich seine Wirkung in voller Breite entfaltete.

Die Gründe dafür liegen zum einen bei Pareto selbst. Seine Bücher zeichnen sich nicht gerade durch knappe Darstellung, Klarheit, Präzision und logischen Aufbau aus. Auch wenn er sich ganz der positiven Wissenschaft verpflichtet fühlte, hielt er mit seinen oft eigenwilligen Einstellungen und Ansichten nicht hinter dem Berg. Das hat wohl auch dazu geführt, daß wenig von seinem Werk übersetzt worden ist. Auf deutsch gibt es nur seinen 1902 in der *Encyklopädie der mathematischen Wissenschaften mit Einschluss ihrer Anwendungen* veröffentlichten Beitrag (Pareto, 1902/1966), eine Zwischenstufe zwischen *Cours* und *Manuale*, die von den deutschen Ökonomen der Zeit nicht wahrgenommen wurde. Die großen Werke sind nicht übersetzt. Im Englischen sieht es etwas besser aus: Nachdem der *Trattato* bereits 1935 auf Englisch erschienen war, dauerte es allerdings bis 1971, bis der *Manuale* in Übersetzung vorlag. Wer also Pareto studieren wollte, mußte Französisch oder Italienisch lesen.

Zum anderen liegen die Gründe in der Entwicklung der ökonomischen Wissenschaft. Deutschland stand in der ersten Hälfte des 20. Jahrhunderts noch stark unter dem Einfluß der Historischen Schule, wenn wir vom Marxismus absehen, der für die paretianische Theorie aus verständlichen Gründen wenig empfänglich war. Methodenstreit und Werturteilsstreit machen deutlich, daß Paretos Wissenschaftsverständnis nicht auf allzu breite Resonanz stoßen konnte. Und wo ein ähnlicher, deduktiv-empirischer Ansatz gewählt wurde, wie zum Beispiel von der Österreichischen Schule, schreckte Paretos Gebrauch der Mathematik ab, den diese strikt ablehnte. So treffen wir nur wenige Ökonomen an, die Pareto rezipiert und in ihr Denken integriert haben. Schumpeter könnte dazu zählen, der Pareto sein erstes Werk (Schumpeter, 1908) zuschickte, in dem er die walrasianische Gleichgewichtstheorie in Deutschland bekannt machte.[11] Allerdings vermutete Pantaleoni (in Pareto, 1960, Bd. III, S. 360), daß Schumpeter Paretos *Manuale* nicht gelesen habe. Zu nennen sind auch Heinrich von Stackelberg und Erich Schneider.

In England wurde die Mikroökonomie in der ersten Hälfte des 20. Jahrhunderts ganz von Marshalls *Principles* beherrscht. Hicks und Allen (1934) sowie Samuelson (1947) haben hier unter dem Einfluß von Pareto einen Wandel eingeleitet: Die paretianische Wende zum *rational choice* fand im *mainstream* erst gegen die Jahrhundertmitte statt. Und erst in den 1950er Jahren verhalfen Arrow und Debreu (1954) der Theorie des allgemeinen Gleichgewichts zum Durchbruch. Das heißt, die erste Jahrhunderthälfte war von der Partialanalyse geprägt, und was Pareto davon hielt, haben wir bereits gesehen. Ähnliches gilt für die Wohlfahrtstheorie. Marshalls Lehrstuhlnachfolger in Cambridge, Arthur Cecil Pigou, beherrschte das Feld in der ersten Jahrhunderthälfte, und seine «alte» Wohlfahrtstheorie ging von kardinalem, interpersonell vergleichbarem Nutzen aus, denn ihm ging es – im Gegensatz zu Pareto – vor allem auch um Wohlfahrtspolitik. Wiederum Hicks (1939b), Kaldor (1939) und Bergson (1938) haben die «neue», paretianische Wohlfahrtstheorie auf den Weg gebracht. So blieb der unmittelbare Einfluß von Pareto auf Italien und Frankreich beschränkt. Vor allem Maurice Allais hat sich dezidiert zu Paretos Erbe bekannt (Allais, 1968) und mit seinen Schülern Edmond Malinvaud und Gérard Debreu wesentlich zur modernen Gleichgewichtstheorie beigetragen. Allais und Debreu erhielten beide den Nobelpreis.

Pareto der Ökonom wird häufig auf den mathematischen Anhang der französischen Übersetzung des *Manuale* von 1909 redu-

[11] Da Pareto nicht Deutsch las, gab er das Buch an Pantaleoni mit der Bitte um eine kurze Beurteilung weiter. Dessen Antwort ist erhalten (in Pareto, 1960, Bd. III, S. 358–360). Er findet in dem Buch nichts Neues. Trotzdem: «Es ist nützlich, besonders nützlich für die Deutschen, unter denen die meisten nichts von der neuen Ökonomie wissen».

ziert[12], höchstens unter Hinzuziehung des Artikels *Économie mathématique* in der französischen *Encyclopédie des sciences mathématiques* (Pareto, 1911), die im wesentlichen eine Übersetzung der früheren deutschen *Encyklopädie der mathematischen Wissenschaften* ist.[13] Das ist ein winziger Bruchteil eines umfangreichen Werks und gibt nur einen kleinen Ausschnitt seines wissenschaftlichen Programms wieder. Wenn das genügt, um einen bleibenden Einfluss auf die Entwicklung der modernen Mikroökonomie und Wohlfahrtstheorie auszuüben, dann gehört Pareto sicher zu den ganz Großen der Zunft. Es deutet aber auch an, daß da noch viel Interessantes wiederzuentdecken ist. Ein bezeichnendes Beispiel in dieser Richtung ist der Versuch von Nobelpreisträger George Akerlof (2007), die mikroökonomische Fundierung der Makroökonomie durch realistischere Verhaltensannahmen zu verbessern, Verhaltensannahmen, die mit Rückgriff auf die Soziologie und Paretos *Trattato* auch Normen, d. h. nicht-logische Motive, berücksichtigen.

Literatur

1. Werke

Pareto, V. 1869/1952. Principj fondamentali della teoria della elasticità de' corpi solidi e ricerche sulla integrazione delle equazioni differenziale che ne differiscono l'equilibrio, Florenz; wieder abgedruckt in: G. Demaria (Hrsg.), Vilfredo Pareto. Scritti teorici, Mailand 1952, S. 591–639.

Pareto, V. 1892–93/2007. Considerations on the Fundamental Principles of Pure Political Economy, hrsg. von R. Marchinatti und F. Mornati, London.

Pareto, V. 1896–97/1964. Cours d'économie politique, Œuvres complètes. Bd. I, hrsg. von G.-H. Bousquet und G. Busino, Genf.

Pareto, V. 1901/1952. Sul principio economico, in: G. Demaria (Hrsg.), Vilfredo Pareto. Scritti teorici, Mailand 1952, S. 433–440.

Pareto, V. 1902/1966. Anwendungen der Mathematik auf Nationalökonomie, Œuvres complètes, Bd. VIII, hrsg. von G. Busino, Genf, S. 126–152.

[12] Der Mathematiker Vito Volterra hatte den Anhang der italienischen Ausgabe einer eingehenden Kritik unterzogen, was Pareto zur gründlichen Revision und Erweiterung veranlaßte.

[13] Pareto hat allerdings 1908–09 seinen früheren Beitrag (Pareto, 1902) völlig neu geschrieben. Er ist nur zu einem Teil gedruckt erschienen, da die Veröffentlichung der *Encyclopédie* abgebrochen wurde (Pareto, 1960: III, 117, Fn. 5). Das Manuskript des zweiten Teils ist vermutlich dem erwähnten Autodafé nach seinem Tode zum Opfer gefallen.

Pareto, V. 1902–03/1965. Les systèmes socialistes, Œuvres complètes, Bd. V, hrsg. von G. Busino, Genf.
Pareto, V. 1906. Manuale di economia politica con una introduzione alla scienza sociale, Milano; Reprint Düsseldorf, 1992; franz. 1909/1966. Manuel d'économie politique. Œuvres complètes, Bd. VII, hrsg. von G. Busino, Genf; engl. 1971. Manual of Political Economy, hrsg. von A. S. Schwier und A. N. Page, New York.
Pareto, V. 1911. Économie mathématique. Œuvres complètes, Bd. VIII, hrsg. von G. Busino, Genf, S. 319–368.
Pareto, V. 1916/1935. Trattato di sociologia generale, Florenz; engl. 1935. The Mind and Society, 4 Vols., hrsg. von A. Livingston, New York.
Pareto, V. 1960. Lettere a Maffeo Pantaleoni 1890–1923, 3 Bde., hrsg. von G. de Rosa, Rom.
Pareto, V. 1964–89. Œuvres complètes de Vilfredo Pareto, hrsg. von G. Busino, Genf.

2. *Weiterführende Literatur*

Akerlof, G. A. 2007. The Missing Motivation in Macroeconomics, in: American Economic Review, Bd. 97 (1), S. 5–36.
Allais, M. 1968. Vilfredo Pareto. Contributions to Economics, in: International Encyclopedia of the Social Sciences, hrsg. von David L. Sills, Bd. 11, New York, S. 399–411.
Amoroso, L. 1938. Vilfredo Pareto, in: Econometrica, Bd. 6, S. 1–21.
Arrow, K. J., und Debreu, G. 1954. Existence of an equilibrium for a competitive economy, in: Econometrica, Bd. 22, S. 265–290.
Barone, E. 1908/1935. The ministry of production in the collectivist state, in: Hayek (1935), S. 245–290.
Bergson, A. 1938. A reformulation of certain aspects of welfare economics, in: Quarterly Journal of Economics, Bd. 52, S. 310–334.
Bergson, A. 1983. Pareto on Social Welfare, in: Journal of Economic Literature, Bd. 21, S. 40–46.
Bruni, L. 2002. Vilfredo Pareto and the Birth of Modern Microeconomics, Cheltenham.
Bruni, L., und Sudgen, R. 2007. The road not taken: How psychology was removed from economics, and how it might be brought back, in: Economic Journal, Bd. 117, S. 146–173.
Edgeworth, F. Y. 1881/1994. Mathematical Psychics. An Essay on the Application of Mathematics to the Moral Sciences, Reprint Düsseldorf.
Frisch, R. 1933. Editorial, in: Econometrica, Bd. 1, S. 1–4.
Hayek, F. A. v. (Hrsg.) 1935. Collectivist Economic Planning. Critical Studies on the Possibilities of Socialism, London.
Henrich, J. et al. 2001. In Search of Homo Economicus: Behavioral Experiments in 15 Small-Scale Societies, in: American Economic Review, Bde. 91–92, S. 73–78.
Hicks, J. R. 1932. Marginal Productivity and the Principle of Variation, in: Economica, Bd. 12, S. 79–88.
Hicks, J. R. 1939a. Value and capital, Oxford.

Hicks, J. R. 1939b. The foundation of welfare economics, in: Economic Journal, Bd. 49, S. 696–712.
Hicks, J. R., und Allen, R. G. D. 1934. A reconsideration of the theory of value: parts I and II, in: Economica, S. 52–76 und S. 196–219.
Hildenbrand, W. 1994. Francis Ysidro Edgeworth: Der «Kern» einer Tauschwirtschaft und vollständiger Wettbewerb, in: K. Arrow, W. Hildenbrand und P. Newman, Francis Ysidro Edgeworth und seine «Mathematical Psychics», Düsseldorf, S. 67–86.
Jevons, W. S. 1871/1888. The Theory of Political Economy, London.
Kaldor, N. 1939. Welfare Propositions of Economics and Interpersonal Comparisons of Utility, in: Economic Journal, Bd. 49, S. 549–552.
Koopmans, T. C. 1957. Three Essays on the State of Economic Science, New York.
Maas, H. 2005. William Stanley Jevons and the Making of Modern Economics, New York and Cambridge.
Malinvaud, E. 1992. Das «Manuale» und die moderne Preistheorie, in: G. Eisermann und E. Malinvaud, Vilfredo Pareto und sein «Manuale», Düsseldorf, S. 143–220.
Pantaleoni, M. 1889. Principii di economia pura, Florenz.
Samuelson, P. A. 1947. Foundations of Economic Analysis, Cambridge, Mass.
Schumpeter, J. A. 1908. Das Wesen und der Hauptinhalt der theoretischen Nationalökonomie, Leipzig.
Schumpeter, J. A. 1949/1952. Vilfredo Pareto 1848–1923, in: Ten Great Economists, London, 1952, S. 110–42.
Weber, M. 1922/1956. Wirtschaft und Gesellschaft, 4. Aufl., hrsg. von J. Winkelmann, Tübingen.
Wood, J. C., und McLure, M. (Hrsg.) 1999. Vilfredo Pareto: Critical Assessments of Leading Economists, 4 Bde., London.

Elisabeth Allgœwer

Eugen von Böhm-Bawerk
(1851–1914)

Eugen von Böhm-Bawerk war ein herausragender Vertreter der Österreichischen Schule der Nationalökonomie. Heute wird er als Klassiker der theoretischen Ökonomie angesehen. Seine Zeitgenossen zollten ihm vor allem wegen seines politischen Geschicks bei der Durchsetzung einer tiefgreifenden Steuerreform im österreichischen Parlament Respekt. Böhm-Bawerks Lebenswerk ist facettenreich. Als junger streitbarer Wissenschaftler machte er mit einer Reihe systematischer theoretischer Werke auf sich aufmerksam. Im Alter von 38 Jahren wechselte er als hoher Beamter an das österreichische Finanzministerium. Nach gut 15 Jahren in der Praxis kehrte er schließlich als Ordinarius an der Universität Wien in die Wissenschaft zurück.

Böhm-Bawerks Name ist insbesondere mit der Zinstheorie verbunden. Er steht für die Einsicht, dass der Zins theoretisch als intertemporaler Preis zu erfassen ist. Ausgangspunkt dieser Überlegung ist die Tatsache, daß die Wirtschaftssubjekte Konsumgüter zu unterschiedlichen Punkten im Zeitablauf unterschiedlich bewerten und sich diese Bewertungen in den Marktergebnissen spiegeln. Der relative Preis, der sich aus dem Verhältnis der Güterbewertung zu verschiedenen Zeitpunkten ergibt, ist der Zinssatz. Diese Einsicht ist den heutigen, an der modernen Theorie geschulten Ökonomen derart selbstverständlich, daß das Ringen um sie im letzten Drittel des 19. Jahrhunderts kaum mehr nachvollziehbar ist. Man könnte sogar so weit gehen, in dieser Sichtweise die Grundlage dafür zu erkennen, daß der jahrhundertealte Streit um das Wesen des Zinses und die Berechtigung des Zinsnehmens seither kaum mehr in die wirtschaftswissenschaftliche Diskussion hineinspielte. Mit der Durchsetzung der Marginalanalyse in der Wert- bzw. Preistheorie, zu der Böhm-Bawerks Arbeiten entscheidend beitrugen, setzten sich auch die korrespondierenden Erklärungen des Zinses bzw. der Kapitalerträge durch.

I. Leben

Eugen von Böhm-Bawerk wurde am 12. Februar 1851 in Brünn (heute Brno) als Sohn des Hofrates in der mährischen Statthalterei Johann Karl Böhm und dessen Frau Karoline geboren. 1854 wurde der Familie Böhm das Tragen des von einem erbenlosen Zweig der Familie übernommenen Titels «Ritter von Bawerk» genehmigt, den Böhm-Bawerk meist in der verkürzten Form verwendete (Tomo, 1994, 27). Nach dem Tod des Vaters zog die Familie 1857 nach Wien, wo Böhm-Bawerk das renommierte Schottengymnasium besuchte. Im Oktober 1868 nahm er das juristische Studium an der Wiener Universität auf, in dessen Rahmen er erste nationalökonomische und finanzwissenschaftliche Vorlesungen hörte. Sein Altersgenosse Friedrich Freiherr von Wieser, mit dem er bereits zu Gymnasialzeiten befreundet gewesen war, war enger Studienkollege und sollte lebenslanger wissenschaftlicher Weggenosse bleiben. Böhm-Bawerk heiratete 1880 Wiesers Schwester Paula, so daß zu den freundschaftlichen und beruflichen auch familiäre Bande hinzukamen.

1872 legte Böhm-Bawerk die juristische Staatsprüfung ab und trat in den niederösterreichischen Finanzdienst ein. Gleichzeitig begann er, wiederum zusammen mit Wieser, die juristische Doktorprüfung vorzubereiten, die beide Kandidaten 1875 ablegten. Teil dieses Examens war neben den juristischen Fächern ein Rigorosum in den Staatswissenschaften. In der Vorbereitung darauf setzten sich Böhm-Bawerk und Wieser mit Mengers *Grundsätzen der Volkswirthschaftslehre* auseinander und beschäftigten sich intensiv mit dessen Theorien, insbesondere der subjektiven Werttheorie.

Ein Reisestipendium des österreichischen Staates ermöglichte Böhm-Bawerk und Wieser die Fortsetzung ihrer Studien im deutschsprachigen Ausland. Sie verbrachten 1875/76 ein Auslandssemester in Heidelberg (Karl Knies) und waren 1876/77 in Leipzig (Wilhelm Roscher) und Jena (Bruno Hildebrand) zu Gast. Bei der Planung der Studienaufenthalte hatte Carl Menger die beiden Nachwuchswissenschaftler beraten. Menger konnte seit seiner Ernennung zum ordentlichen Professor im Februar 1879 Habilitationen durchführen. Böhm-Bawerk wurde 1880 als erster Schüler Mengers für das Fach Politische Ökonomie habilitiert, seine Schrift *Rechte und Verhältnisse vom Standpunkte der volkswirthschaftlichen Güterlehre* wurde 1881 publiziert.

Unmittelbar nach der Habilitation wurde Böhm-Bawerk 1880 die Vertretung des Lehrstuhls für Nationalökonomie an der Universität Innsbruck übertragen. 1881 wurde er zum außerordentlichen, 1884 zum ordentlichen Professor ernannt. Während der Innsbrukker Jahre veröffentlichte Böhm-Bawerk seine wichtigsten wissenschaftlichen Werke. Der Habilitationsschrift folgte 1884 der erste Band seines Hauptwerkes *Kapital und Kapitalzins* mit dem Titel *Geschichte und Kritik der Kapitalzins-Theorien*, der einen systematischen dogmenhistorischen Überblick über Zinserklärungen gibt. Im 1889 erschienenen zweiten Band *Positive Theorie des Kapitales* legte Böhm-Bawerk seine eigene Zinstheorie dar.

Nachdem Böhm-Bawerk in den späten 1880er Jahren bei der Besetzung eines Lehrstuhls für Politische Ökonomie an der Universität Wien zweimal aufgrund der Einwände des Erziehungsministers nicht berücksichtigt worden war, wurde er 1889 durch die Regierung selbst nach Wien berufen. Finanzminister Julian von Dunajewski bestellte Böhm-Bawerk als Ministerialrat an das Finanzministerium. Böhm-Bawerk übernahm dort die Aufgabe, einen bereits vorliegenden Entwurf zur Reform der direkten Steuern zu erweitern und für die Vorlage im Parlament vorzubereiten.[1] Bereits 1891 wurde Böhm-Bawerk Nachfolger Possanners als Sektionschef. Er brachte in dieser Funktion die Reformvorlage 1892 in das Parlament ein und wirkte in den folgenden Jahren bei deren Beratung mit (Tomo, 1994, S. 162–178). Das Ziel der 1896 verabschiedeten Reform war eine Modernisierung des Steuerwesens. Neben der Senkung der Erhebungskosten sollte durch ein transparentes und gerechtes Steuersystem die Steuermoral gehoben werden. In Anwendung des Leistungsfähigkeitsprinzips wurde eine allgemeine progressive (Personal)-Einkommensteuer eingeführt (Blumenthal, 2007, S. 107).

Das Gelingen der Reform war nicht zuletzt der Tatsache geschuldet, daß auf eine Erhöhung des Steueraufkommens verzichtet wurde und statt dessen den Zielen der Effizienz der Erhebung und der Vereinheitlichung und Verbreiterung der Steuerbasis der Vor-

[1] Der Entwurf dieser «Jahrhundertreform» war unter dem damaligen Sektionschef Benjamin Edlen von Possanner von Robert Meyer, ebenfalls einem Spross der Österreichischen Schule, ausgearbeitet worden. Böhm-Bawerk wurde in seiner Tätigkeit von Meyer und ab 1891 von seinem Innsbrucker Schüler Richard Reisch unterstützt (Blumenthal, 2007, S. 57–60).

rang gegeben wurde. Der mittelfristige Erfolg der Reform bestand darin, daß im Zeitablauf die alten Steuerarten abgelöst wurden und sich die Einkommensteuer zur wichtigsten direkten Steuer entwikkelte. Die mit der Reform erzielte Stabilisierung der öffentlichen Finanzen stellte einen entscheidenden Beitrag zum Erfolg der Währungsreform von 1892 dar, durch die die österreichische Krone an den Goldstandard gebunden worden war. Trotz fehlender Konvertibilität gelang es auf dieser Grundlage, die Goldparität bis zum Kriegsausbruch 1914 zu halten. So waren es denn auch überzogene finanzielle Forderungen der Militärverwaltung – nach Böhm-Bawerks Erachten unvereinbar mit dem Grundsatz einer soliden Haushaltsführung –, die ihn 1904 zum Rücktritt von seinem politischen Amt veranlaßten.

Welch hohe Wertschätzung Böhm-Bawerk für seine Tätigkeit im Finanzministerium und für seinen erfolgreichen Einsatz für die Steuerreform erfuhr, fand ihren Ausdruck in seiner Berufung in verschiedene Beamtenkabinette während seiner 15jährigen Praxistätigkeit. Böhm-Bawerk wirkte in zwei Interimskabinetten mit, 1895 unter der Leitung von Erich von Kielmansegg und 1898 unter Ministerpräsident Paul Gautsch Freiherr von Frankenthurn. Von 1900 bis 1904 war er unter der Leitung von Ernst von Koerber Finanzminister in einem jener «unpolitischen» Beamtenkabinette, die sich, statt aus Vertretern politischer Parteien, vorwiegend aus hohen Beamten zusammensetzten und mit wechselnden Parlamentsmehrheiten regierten. Zwischen diesen Tätigkeiten als Finanzminister war Böhm-Bawerk als Präsident einer der drei Senate des Verwaltungsgerichtshofs in Wien tätig. Darüber hinaus wurde er 1899 als Mitglied in das «Herrenhaus», eine der beiden Parlamentskammern des «Reichsrathes», berufen.[2]

Der Wechsel von der Professur in Innsbruck an das Wiener Finanzministerium 1889 war mit einer Ernennung zum Honorarprofessor an der Universität Wien verbunden. Auch wenn Böhm-Bawerk in den darauffolgenden Jahren durch seine Tätigkeiten im Finanzministerium und als Gerichtspräsident sehr stark in Anspruch genommen war, bot er regelmäßig Seminare an. Böhm-Ba-

2 Der Reichsrath bestand als Zwei-Kammer-Parlament aus Herrenhaus und (gewähltem) Abgeordnetenhaus, wobei die Mitglieder des Herrenhauses, die nicht qua Geburt oder qua Amt einsaßen, durch den Kaiser auf Lebenszeit ernannte verdiente Staatsbürger waren (Blumenthal, 2007, S. 98).

werks Kritik der Marxschen Wert- und Preistheorie entstand in dieser Zeit und wurde 1896 veröffentlicht. Sein wissenschaftliches Engagement fand in der Gründung der *Zeitschrift für Volkswirtschaft, Sozialpolitik und Verwaltung* zusammen mit Ernst Plener und Karl Theodor von Inama-Sternegg Ausdruck. Diese Zeitschrift bot Raum für die Veröffentlichung der Forschungsergebnisse der Vertreter der Österreichischen Schule und spielte damit eine zentrale Rolle für die Konstituierung bzw. Profilierung der (Blumenthal, 2007, S. 74–75).

Nach seinem Rücktritt als Finanzminister 1904 wandte sich Böhm-Bawerk – im Alter von knapp 54 Jahren – wieder vollständig der Wissenschaft zu, als ordentlicher Professor an der Universität Wien. 1909 erschien die dritte Auflage seines Hauptwerkes, erweitert um einen Band mit dem Titel *Exkurse zur Positiven Theorie des Kapitales*, in dem er seine Theorien gegen die in der Zwischenzeit hervorgebrachte Kritik verteidigte. Seine Seminare wurden von vielen bedeutenden Ökonomen der nächsten Generation besucht: Joseph Schumpeter (1883–1950), Ludwig von Mises (1891–1944), Emil Lederer (1882–1939) und Richard Strigl (1891–1944) wurden von Böhm-Bawerks Denken geprägt, aber auch Rudolf Hilferding (1877–1943) und Otto Bauer (1881–1938) gehörten zu seinen Studenten. Auch in dieser Lebensphase übernahm Böhm-Bawerk öffentliche Ämter. 1911 wurde ihm das Präsidium der Akademie der Wissenschaften übertragen.

Böhm-Bawerk starb am 17. August 1914 in Tirol, in den ersten Tagen des Ersten Weltkrieges, der das Ende des Habsburger Reiches herbeiführen sollte, das Böhm-Bawerks Leben und Werk geprägt und den Rahmen seines Wirkens dargestellt hatte. Insbesondere Schumpeter charakterisierte Böhm-Bawerk in seinem Nachruf und in späteren biographischen Notizen als einen der «besten» Repräsentanten der Epoche der konstitutionellen Monarchie und des alten Österreichertums, lobte sein Pflichtgefühl, seine Geradlinigkeit und seine Identifikation mit dem österreichischen Staat. Ähnlich urteilte Hennings (1989, S. 176), der Böhm-Bawerk zur «Schicht ... der liberalen ‹staatserhaltenden› deutschsprachigen Österreicher, die seit jeher die Mehrzahl aller Beamten und Akademiker des Habsburgerreiches stellten», zählte. Streissler (1990, S. 151–189, insbesondere S. 164) machte darauf aufmerksam, daß zeitgenössische Nachrufe vor allem Böhm-Bawerks Leistung als hochrangiger Vertreter des Finanzministeriums hervorhoben und seinen Einsatz für das Staatswesen vor seine wissenschaftlichen Beiträge stellten.

2. Werk

Schumpeter (1954, S. 846) charakterisierte Böhm-Bawerk in seiner monumentalen Geschichte der ökonomischen Analyse als «bürgerlichen Marx». Möchte man Böhm-Bawerks Beitrag zur ökonomischen Theorie in seinem Entstehungskontext würdigen, so kann das Werk von Karl Marx tatsächlich einerseits als Bezugspunkt herangezogen werden, andererseits der Abgrenzung dienen. In Anspruch und Reichweite ihrer Entwürfe ökonomischer Theorien sind die beiden Autoren durchaus vergleichbar. Sowohl Marx als auch Böhm-Bawerk ging es um nicht weniger als die Erfassung der Grundstrukturen einer modernen, unter Kapitaleinsatz produzierenden Volkswirtschaft in einem geschlossenen theoretischen System. Zu erklären suchten beide Autoren die grundlegenden Elemente des kapitalistischen Wirtschaftsprozesses, nämlich die Preisbildung und die gesamtwirtschaftliche Einkommensverteilung. Zentrales Anliegen beider Autoren war es, den von Zeitgenossen als «soziale Frage» bezeichneten Themenkomplex theoretisch zu durchdringen. Gemeinsam ist Böhm-Bawerk und Marx damit die zentrale Forschungsfrage, der sie sich in ihren Werken widmeten. Als gegensätzlich bzw. unvereinbar müssen jedoch ihre unterschiedlichen Wissenschaftsauffassungen bezeichnet werden, wie im Folgenden erläutert werden soll.

Folgt man der von Marx geprägten Sicht, daß die «soziale Frage» theoretisch auf die Frage nach Kapitaleinkommen bzw. -zins zurückzuführen sei, so vermag die von Böhm-Bawerk getroffene Unterscheidung den Gegensatz zum Marxschen Wissenschaftsverständnis auf den Punkt zu bringen: «Während das theoretische Problem fragt, warum der Kapitalzins da ist, fragt das sozialpolitische Zinsproblem, ob der Kapitalzins da sein *soll*; ob er gerecht, billig, nützlich, gut und ob er darum beizubehalten, umzugestalten oder aufzuheben ist. Während das theoretische Problem sich ausschließlich für die Ursachen des Kapitalzinses interessiert, interessiert sich das sozialpolitische hauptsächlich für seine Wirkungen. Während das theoretische Problem sich nur um die Wahrheit kümmert, achtet das sozialpolitische Problem vor allem auf die Zweckmäßigkeit.» (Böhm-Bawerk, 1921, Bd. I, S. 2)

Böhm-Bawerk verschrieb sich dem theoretischen Problem. Daraus leitete er Grenzen für die sozialpolitische Beeinflußbarkeit der Einkommensverteilung ab, wobei er deren Wünschbarkeit, dem Streit um Werturteile in den Wirtschaftswissenschaften vorgreifend, nicht zu seinem Gegenstand machte. Marx hingegen bestritt die Möglichkeit, im Sinne von Böhm-Bawerk eine rein ökonomisch-analytische von einer sozialpolitischen Fragestellung zu unterscheiden; er wies die Möglichkeit eines (Klassen-)interesselosen Blicks auf wirtschaftliche Zusammenhänge zurück und vertrat eine in diesem Sinne «politische» Ökonomie. Böhm-Bawerk setzte sich als einer der ersten renommierten Wirtschaftstheoretiker intensiv mit dem Werk von Marx auseinander. Seine äußerst kontrovers diskutierte Kritik veröffentliche er 1896 unter dem Titel «Zum Abschluß des Marxschen Systems», ein Beitrag, der bis heute einen festen Bezugspunkt in der Debatte um Marx' Wert- und Preistheorie darstellt. Für die zeitgenössischen Marxisten war Böhm-Bawerk der Inbegriff des Apologeten des kapitalistischen Wirtschaftssystems und löste damit den englischen Klassiker John Stuart Mill ab, den Marx so charakterisiert hatte.

Der unmittelbare Kontext des Werkes von Böhm-Bawerk ist die Österreichische Schule der Nationalökonomie. Carl Menger gilt als deren Begründer, Böhm-Bawerk und Wieser als die herausragenden Vertreter der zweiten Generation. Carl Mengers Beitrag ist durch seine Betonung des Subjektivismus in der Wertlehre bzw. in der Ausformulierung der Marginaltheorie gekennzeichnet. Im Unterschied zur objektiven Wertlehre der englischen Klassiker, die Güterpreise durch Produktionskosten erklärt, führt die subjektive Wertlehre Güterpreise auf die individuellen Bewertungen der Güter durch die Konsumenten zurück. Diese subjektive Bewertung der Güter findet entsprechend dem Grenznutzen statt, d.h. durch Bewertung des Genusses der letzten konsumierten Teilmenge eines Gutes im Vergleich mit dem Genuß aus der letzten Teilmenge im Konsum eines alternativen Gutes. In diesem Sinne ist der relative Wert bzw. der Preis an der «Grenze» der Abwägung zwischen dem Konsum zweier Güter bestimmt. Böhm-Bawerks Anstrengungen galten der Ausformulierung und Weiterentwicklung dieses Grundgedankens im Hinblick auf die Preise der Produktionsfaktoren, die aus der subjektiven Güterbewertung der Marktteilnehmer, wie sie sich in den Güterpreisen niederschlägt, abgeleitet werden. Sowohl Böhm-Bawerk als auch Wieser widmeten diesem sogenannten «Zurechnungsproblem» als junge Wissenschaftler ihre Energien. Böhm-Bawerk sah in der Erklärung von *Kapital und Kapitalzins* den Kristallisationspunkt dieser Fragestellung, wie im Titel seines Hauptwerkes zum Ausdruck kommt.

Mengers Güterbegriff folgend, versteht Böhm-Bawerk Kapital- bzw. Produktionsgüter als komplementäre Güter. Nur in Verbindung mit dem Endprodukt, dem Konsumgut, stiften komplementäre Güter Nutzen. Entsprechend leiten sich ihre Preise indirekt aus der Bewertung der Endprodukte ab und zwar, wie bei der Erklärung der relativen Güterpreise, unter Zuhilfenahme der Marginalbetrachtung. Neben der Erklärung der Faktorpreise dient die Marginalbetrachtung als Grundlage der makroökonomischen Verteilungstheorie, die die Einkommensanteile der Produktionsfaktoren am Gesamtprodukt der Volkswirtschaft erklärt.

Böhm-Bawerk betrachtet den Produktionsprozess als vollständig integriert in dem Sinne, daß mit Hilfe von Arbeit als originärem Produktionsfaktor im Zeitablauf Produktionsgüter und Zwischenprodukte hergestellt werden, die als «Güter höherer Ordnung» in die Produktion der in der Zukunft verfügbaren und dann von den Konsumenten direkt bewerteten «Güter erster Ordnung» eingehen. Kapitalbesitz bedeutet in diesem Verständnis ein Besitz von in der Produktion eingesetzten Gegenwartsgütern, der einen Anspruch auf die produzierten und in der Zukunft verfügbaren Konsumgüter begründet. Die auf dieser Sichtweise aufbauende Zinstheorie, deren «entfernte» Vorläufer Böhm-Bawerk in Ferdinando Galiani und Anne-Robert Jacques Turgot im 18. Jahrhundert sieht und die durch John Rae und William Stanley Jevons im 19. Jahrhundert weiterentwickelt worden waren, richtet ihr Augenmerk auf die «Niveaudifferenz des Güterwertes» zu unterschiedlichen Zeitpunkten. «Sie erfaßt das Zinsproblem als ein Wertproblem im eminenten Sinne des Wortes und glaubt die gemeinsame Ursache aller verschiedenen Erscheinungsformen des Kapitalzinses dem Einflusse der Zeit auf die Wertschätzung der Güter, oder genauer bestimmt, in einer Wertdifferenz zu finden, welche zwischen gegenwärtigen und künftigen Gütern regelmäßig zugunsten der ersteren besteht.» (Böhm-Bawerk, 1928, S. 1136)

Böhm-Bawerk rückt die zeitliche Dimension der Produktionsprozesse in den Vordergrund seiner Produktionstheorie, die später als «österreichische Kapitaltheorie» charakterisiert wurde. Zur Verdeutlichung seiner Perspektive ist die Kontrastierung mit der geläufigeren Erfassung der Produktion über eine neoklassische Produktionsfunktion hilfreich. Diese richtet den Blick zu einem bestimmten Zeitpunkt auf die Relation zwischen den eingesetzten Produktionsfaktoren Arbeit und Kapital und dem damit erzielbaren Produktionsergebnis. Die Produktion wird sozusagen in einem Querschnitt erfaßt, während man das österreichische Abbild der Produktion als einen Längsschnitt durch den Produktionsprozeß im Zeitablauf charakterisieren kann. Am Anfang des Produktionsprozesses steht ein Fonds aus (gegenwärtigen) Konsumgütern, der der Finanzierung der in der Produktion eingesetzten Arbeit dient. Am in der Zukunft liegenden Ende des Produktionsprozesses stehen wiederum Konsumgüter.

Gesamtwirtschaftlich betrachtet bedeutet die Einrichtung eines kapitalistischen Produktionsprozesses, daß ein Teil der in einer Periode zur Verfügung stehenden Ressourcen nicht für den unmittelbaren Konsum, sondern für die Herstellung von Zwischengütern verwendet wird. Die Gegenwartsgüter dienen als Subsistenzmittel dem Unterhalt der Arbeitskräfte, die Werkzeuge und Maschinen, Zwischenprodukte und schließlich Endprodukte herstellen. Der Subsistenzmittelfonds, d.h. die Summe der in der Produktion so lange gebundenen Mittel, bis Endprodukte und damit Erträge anfallen, ist das in die Produktion eingegangene Kapital. Wird das Ergebnis des Produktionsprozesses über seine gesamte Dauer hinweg bewertet, entsteht durch das Einschlagen von solchen «Produktionsumwegen» eine höhere Ergiebigkeit gemessen am Wert der in zukünftigen Perioden anfallenden Konsumgüter. Böhm-Bawerk betont damit einerseits, daß kapitalintensive Produktion zeitraubend ist: Werkzeuge, Maschinen und Zwischenprodukte werden im Zeitablauf hergestellt, bevor konsumierbare Endprodukte vorliegen. Andererseits rückt Böhm-Bawerk in den Vordergrund, daß zeit- bzw. kapitalintensive Produktion «mehrergiebig» ist. Durch das Einschlagen von Produktionsumwegen wird mehr erlöst, als für die Herstellung der in der Zukunft anfallenden Güter aufgewendet wird. Der Mehrertrag fällt den Besitzern des im Produktionsprozeß eingesetzten Kapitals zu. Demzufolge sind Wirtschaftssubjekte, die die Möglichkeiten mehrergiebiger Produktionsumwege erkennen und in sie investieren wollen, bereit, Kreditzinsen in Erwartung realer Kapitalerträge zu bezahlen.[3]

Böhm-Bawerk ging davon aus, daß aus den prinzipiell möglichen «ergiebigen zeitraubenden Umwegen» der Produktion die Produzenten die ergiebigsten auswählen werden. Diese Auswahl kann in einer Produktionsfunktion zusammengefaßt werden, in der das Produktionsergebnis je Zeiteinheit und je Einheit eingesetzter Produktionsfaktoren umso größer ist, je länger der Produktionsumweg bzw. die durchschnittliche Produktionsperiode ist, wobei für zusätzlich eingesetzte Einheiten von Zeit oder Subsistenzmitteln abnehmende Grenzerträge gelten. Böhm-Bawerk schlägt damit ein – später viel diskutiertes und schließlich verworfenes – Maß für den Kapitaleinsatz vor, das unabhängig von relativen Güterpreisen und der Einkommensverteilung ist.[4] Die Auswahl eines konkreten Produktionsprozesses, d. h. die Festlegung der Produktionsperiode und damit auch der Kapitalintensität, findet im Zusammenspiel mit den intertemporalen Bewertungen der Konsumenten statt.

Böhm-Bawerk postuliert, daß Konsumenten grundsätzlich Gegenwartsgüter höher als zukünftige Güter bewerten, d. h. unmittelbar verfügbare Konsumgüter werden solchen, die erst in der Zukunft verfügbar sind, stets vorgezogen. Dieses Postulat meint er aus der Beobachtung des Konsumentenverhaltens ableiten zu können. Böhm-Bawerk argumentiert, daß Konsumenten ihre zukünftigen Bedürfnisse systematisch unterschätzen und daß sie angesichts momentaner Bedrängnis und akuter Notlagen die gegenwärtigen Bedürfnisse als dringlicher beurteilen. Insbesondere das erste Argument wurde von Böhm-Bawerks Kritikern verworfen, da eine systematische Unterschätzung zukünftiger Bedürf-

[3] Böhm-Bawerk betont an dieser Stelle die subjektive Bewertung der Güter durch die Wirtschaftssubjekte, während spätere Vertreter der österreichischen Kapitaltheorie häufig die objektiven Eigenschaften kapitalistischer Produktionsmöglichkeiten in den Vordergrund rücken, d. h. den rein quantitativen Vergleich zwischen der Menge an eingesetzten Subsistenzmitteln in alternativen temporalen Produktionsprozessen und deren Ertrag, wiederum gemessen in Gütereinheiten (Hennings, 1989, S. 184).

[4] Für eine knappe und prägnante Kritik am Konzept der durchschnittlichen Produktionsperiode siehe z. B. Gehrke und Kurz (2008, S. 74–77).

nisse irrationales Verhalten darstelle und die Annahme der Irrationalität mit dem prinzipiellen Anliegen eines theoretischen Verhaltensmodells unvereinbar sei. In der Diskussion wurde allerdings auch herausgearbeitet, daß eine allgemeine Gültigkeit der Verhaltensannahmen Böhm-Bawerks keine Voraussetzung für die Gültigkeit seiner Überlegungen darstellt: solange es Marktteilnehmer gibt, die, aus welchen Gründen auch immer, Gegenwartsgüter zukünftigen Gütern vorziehen, entsteht ein Zinssatz bzw. ein Diskontfaktor. Mit anderen Worten: die Möglichkeit des Einschlagens «mehrergiebiger Produktionsumwege» entsteht immer dann, wenn individuelle Marktteilnehmer unterschiedliche Zeitpräferenzen haben; die von Böhm-Bawerk postulierte systematische Unterschätzung zukünftiger Bedürfnisse ist keine notwendige Voraussetzung für die Anwendbarkeit seiner Grundidee der Zinssatzerklärung.

Zusammenfassend kann als Kern der Böhm-Bawerkschen Kapitalertrags- bzw. Zinstheorie festgehalten werden, daß der Zins als intertemporaler Preis zu verstehen ist, der Ersparnisse und Investitionen zum Ausgleich bringt. Der Zins entsteht als «Agio» zwischen dem Preis einer bestimmten Menge eines bestimmten Gutes zu verschiedenen Zeitpunkten, der sich immer dann einstellt, wenn Gegenwart und Zukunft unterschiedlich bewertet werden und die Produktion zeitraubend ist. Als Bestimmungsgründe des Kapitalzinssatzes gelten damit einerseits die intertemporalen Präferenzen bzw. die Zeitpräferenzen der Konsumenten, andererseits die intertemporale Produktionsstruktur.

Gehen wir nochmals zurück zu der einleitend vorgestellten Unterscheidung Böhm-Bawerks zwischen dem «theoretischen» und dem «sozialpolitischen» Zinsproblem. Böhm-Bawerk analysierte das «theoretische» Zinsproblem als ein rein ökonomisches Phänomen, das unabhängig von der Wirtschaftsordnung und der Organisation der Produktion erklärt wird. Zinssatz und Lohnsatz werden in seinem Modell simultan in Abhängigkeit von der Höhe des Subsistenzmittelfonds und den technischen Produktionsmöglichkeiten bestimmt. Böhm-Bawerk stellt damit auch eine gesamtwirtschaftliche Verteilungstheorie auf der Basis der Marginalbetrachtung auf.[5]

[5] Spätere Autoren zeigten, daß die Böhm-Bawerksche Verteilungstheorie im vergleichbaren Spezialfall der stationären Produktion zu denselben Ergebnis-

Vor diesem Hintergrund äußert er sich in seinem 1914 in der *Zeitschrift für Volkswirtschaft, Socialpolitik und Verwaltung* erschienenen Artikel «Macht oder ökonomisches Gesetz» zum «sozialpolitischen» Zinsproblem. Ausgangspunkt ist die Beobachtung, daß zum einen Verteilungskämpfe zwischen Klassen und Interessengruppen, zum zweiten die Preispolitik der Unternehmen und schließlich zum dritten staatliche Interventionen die Preisbildung und die gesamtwirtschaftliche Verteilung beeinflussen. Damit entstehen Abweichungen von den vor dem Hintergrund seiner Verteilungstheorie zu erwartenden Ergebnissen. Böhm-Bawerk argumentiert, daß solche Abweichungen keine Widerlegung seiner theoretischen Überlegungen darstellen: Macht – sei es staatliche Macht oder Marktmacht – kann dauerhaft nicht «außerhalb oder gegen ökonomische Gesetze» ausgeübt werden. Das Beispiel einer Lohnerhöhung über die aktuelle Grenzproduktivität der Arbeit hinaus kann der Illustration der These dienen: im Extremfall kann eine solche Lohnerhöhung zu einer so starken Senkung der Kapitalerträge führen, daß Unternehmen aus dem Wettbewerb ausscheiden und die Arbeitskräfte ihre Arbeitsplätze verlieren. Eine den Unternehmen aufgezwungene Lohnerhöhung über die Grenzproduktivität hinaus kann aber auch dazu führen, daß Neuerungen und Verbesserungen der Produktionstechnik eingeführt werden, die zu einer Erhöhung der Grenzproduktivität der Arbeit führen. Ferner argumentiert Böhm-Bawerk in diesem Zusammenhang mit der Unterscheidung zwischen Nominal- und Reallöhnen und analysiert die Bedeutung monetärer Einflüsse auf die Reallohnhöhe. Eine Nominallohnerhöhung und damit eine kurzfristige Abweichung von der Grenzproduktivität der Arbeit kann gesamtwirtschaftlich durch einen Anstieg der Konsumgüterpreise aufgefangen werden. In allen Varianten dieses Beispiels führen Anpassungsprozesse zu einer Durchsetzung des «ökonomischen Gesetzes» gegenüber der «sozialen Macht».

sen führt wie die neoklassische Verteilungstheorie auf der Basis einer statischen Produktionsfunktion, siehe z. B. Hicks (1973).

3. Wirkung

Böhm-Bawerks Hauptwerk *Positive Theorie des Kapitales* erschien bereits zu seinen Lebzeiten in drei Auflagen und wurde in verschiedene Sprachen übersetzt. Anerkennung erwarb sich dieses Werk als herausragender Beitrag zur wirtschaftstheoretischen Diskussion, unmittelbare wirtschaftspolitische oder politische Wirkungen entfaltete es nicht. Böhm-Bawerks Verdienst lag in der Ausformulierung der österreichischen Variante der neoklassischen Werttheorie auf der Basis von Mengers Entwurf, insbesondere im Hinblick auf die Zusammenhänge zwischen Güter- und Faktorpreisen und deren Fundierung in der Marginalbetrachtung. Wenden wir uns nun den Entwicklungen in der modernen ökonomischen Theorie zu, so ist bemerkenswert, daß gerade die Erfassung intertemporaler Wahlhandlungen der Marktteilnehmer, die in Böhm-Bawerks Theorie eine prominente Rolle spielen, in den letzten Jahrzehnten in das Zentrum mikroökonomischer und makroökonomischer Modelle rückte. Häufig wird jedoch der stilisierte Mainstream der ökonomischen Theorieentwicklung vor allem auf seine Ursprünge im von Léon Walras entworfenen allgemeinen Gleichgewichtssystem und auf das neoklassische Denken Alfred Marshalls zurückgeführt. Die heute zentrale Rolle der Analyse intertemporaler Wahlhandlungen korrigiert diese Sicht und verweist auf die große Bedeutung der Beiträge der Österreichischen Schule für die moderne ökonomische Theorie. Es sollte jedoch auch nicht übersehen werden, wie ausgeprägt die Gemeinsamkeiten zwischen den drei «Grenznutzenschulen» waren, und in welch intensivem Austausch einzelne Proponenten – und zu ihnen gehörte Böhm-Bawerk – bereits um die Jahrhundertwende standen.

Andererseits wurde der Subjektivismus, den Menger radikal formulierte und der das Werk Böhm-Bawerks – wenn auch in abgeschwächter Form – durchzieht, schon in den folgenden Jahrzehnten zum Ausgangspunkt eines nicht abreißenden Stromes der Kritik an der neoklassischen Theorie.[6] Mit der schematischen Abbildung der Entscheidungen der Marktteilnehmer in der Kunstfigur des reprä-

[6] Anzumerken ist in diesem Zusammenhang, daß Menger Böhm-Bawerk vorwarf, den Prinzipien subjektiver Wertbestimmung in seiner Kapitaltheorie eine nur untergeordnete Bedeutung zugemessen zu haben und Böhm-Bawerks Kapitaltheorie deshalb vehement kritisierte (Menger, 1915).

sentativen Haushalts, der als Verhaltensmodell die Basis moderner Theorien abgibt, können Unterschiede im individuellen Verhalten der Wirtschaftssubjekte nicht erfaßt werden. Im Zentrum der Kritik steht die daraus folgende systematische Unterschätzung der Informations- und Koordinationsprobleme in einer Marktwirtschaft, welche zur Überschätzung der Effektivität der Beeinflussung des Wirtschaftsablaufes durch staatliches Handeln führe. Darüber hinaus, so argumentieren die Kritiker, würden die Möglichkeiten, die Wirtschaftsentwicklung auf der Basis dieser zu drastisch vereinfachenden theoretischen Modelle zu prognostizieren, überschätzt. Diese Themen, die bereits von Böhm-Bawerks Schüler Mises und dessen Schüler Hayek in die Diskussion eingebracht wurden, haben nichts an ihrer Aktualität verloren.

Neben der Wirkung auf seine bereits erwähnten Schüler hatte das Werk Böhm-Bawerks großen Einfluß auf Knut Wicksell und damit auf die Schwedische Schule. Die Kapitaltheorie Böhm-Bawerks fand in der Darstellung Wicksells große Verbreitung. Das von Böhm-Bawerk entworfene temporale Bild der Produktion spielte in der vorkeynesianischen Konjunkturtheorie im deutschsprachigen Raum eine zentrale Rolle. Das gilt für die auf Wicksell (1898) und Mises (1912) zurückzuführende und durch Hayek (1931) weiterentwickelte Modelltradition, die die Zeitgenossen als «monetäre Konjunkturerklärung» bezeichneten. Es gilt aber auch für deren Kritiker, die ihre Überlegungen zu Disproportionalitäten und Unterkonsumtion häufig mit Bezug auf ein temporales Produktionsverständnis präsentierten. Im angelsächsischen Sprachraum fand Böhm-Bawerks temporale Kapitaltheorie wenig Anhänger und blieb weitgehend unverstanden. Mit dem Siegeszug des Keynesianismus' bzw. der neoklassischen Synthese, die – kombiniert mit einer statischen neoklassischen Produktionsfunktion – zu gesamtwirtschaftlichen Konjunktur- und Wachstumsmodellen weiterentwickelt wurden, geriet die temporale Produktionstheorie für über dreißig Jahre praktisch in Vergessenheit.

Im Kontext der Suche nach Lösungen zur Überwindung der Schwächen der neoklassischen Produktionstheorie, die in der Cambridge-Cambridge Kapitalkontroverse der 1960er und frühen 1970er Jahre offengelegt worden waren, erlebte die österreichische Tradition der Produktionsanalyse eine erneute, allerdings kurzlebige Blüte. Auch in Deutschland bemühten sich mehrere Autoren darum, die dynamische makroökonomische Analyse durch eine Weiterentwicklung österreichischer Modelle auf eine neue Basis zu stellen.[7] Beachtung fand insbesondere der 1973 erschienene Beitrag des britischen Nobelpreisträgers John R. Hicks mit dem Titel *Capital and Time*, der damit an seine bahnbrechende Arbeit *Value and Capital* (1939) anknüpfte. Unter dem Einfluß des an der London School of Economics lehrenden Hayek hatte Hicks damals die österreichische Produktionstheorie in seine dynamische Analyse integriert. Diese nicht weiterverfolgten Ansätze griff Hicks 1973 erneut auf. Alle Entwürfe der 1970er Jahre stießen jedoch an eine Grenze, die bereits in Hicks' Beitrag von 1939 sichtbar geworden war: das temporale Produktionsmodell kann in die makroökonomische Theorie, die auf die formale Analyse von Gleichgewichtspfaden konzentriert ist, nur rudimentär integriert werden. Die Stärke der auf der österreichischen Kapitaltheorie aufbauenden Modelle liegt gerade in der Analyse von Ungleichgewichtszuständen einer Volkswirtschaft.

Jenseits der methodischen Probleme wurde jedoch auch ein substantieller Einwand gegen die österreichische Produktionstheorie untermauert, nicht zuletzt anhand der von modernen Autoren entwickelten Simulationsmodelle: das der österreichischen Produktionstheorie unterliegende Bild der vollständig integrierten Produktion impliziert eine ausgeprägte Rigidität der Produktionsstrukturen zu jedem Zeitpunkt. Es befindet sich damit an einem Extrempunkt eines Kontinuums, an dessen anderem Extrempunkt die neoklassische Produktionsfunktion steht, die mit der unterstellten Substitutionsbeziehung zwischen Arbeit und Kapital die Produktionsstruktur als vollkommen flexibel abbildet. Ihr Einsatz in der langfristigen makroökonomischen Analyse wird damit begründet, daß die lange Frist gerade durch die Flexibilität der Produktionsstruktur zu definieren sei (Solow, 1956). Eine auf der österreichischen Kapitaltheorie basierende Analyse bietet hier ein nützliches Korrektiv: Wird die lange Frist durch den gleichgewichtigen Wachstumspfad angemessen erfasst, so sind die mittelfristigen Anpassungsprozesse an diesen Pfad stets durch Rigiditäten in der Produktionsstruktur gekennzeichnet, die mit Hilfe der auf der Böhm-Bawerkschen Tradition aufbauenden Modelle untersucht werden können.

[7] Zu nennen sind Faber (1979), Fehl (1973), Reetz (1971, 1978) und Weizsäcker (1971).

Literatur

1. Werke

Böhm-Bawerk, E. v. 1881. Rechte und Verhältnisse vom Standpunkte der volkswirthschaftlichen Güterlehre, Innsbruck.

Böhm-Bawerk, E. v. 1884. Kapital und Kapitalzins. Erste Abteilung: Geschichte und Kritik der Kapitalzins-Theorien, Innsbruck.

Böhm-Bawerk, E. v. 1889. Kapital und Kapitalzins. Zweite Abteilung: Positive Theorie des Kapitales, Innsbruck.

Böhm-Bawerk, E. v. 1896. Zum Abschluß des Marxschen Systems, in: Boenigk, O. v. (Hrsg.), Staatswissenschaftliche Arbeiten, Berlin, S. 58–205.

Böhm-Bawerk, E. v. 1914. Macht oder ökonomisches Gesetz?, in: Zeitschrift für Volkswirtschaft, Socialpolitik und Verwaltung, Bd. 23, S. 205–271.

Böhm-Bawerk, E. v. 1921. Kapital und Kapitalzins, hrsg. von F. v. Wieser, 3 Bde., 4. Auflage, Jena.

Böhm-Bawerk, E. v. 1924. Gesammelte Schriften, hrsg. von F. X. Weiss, Wien, Leipzig.

Böhm-Bawerk, E. v. 1926. Kleinere Abhandlungen über Kapital und Zins, hrsg. von F. X. Weiss, Wien, Leipzig.

Böhm-Bawerk, E. v. 1928 [1895]. Zins, in: Handwörterbuch der Staatswissenschaften, hrsg. von L. Elster, A. Weber, F. Wieser, Bd. 8, 4. Auflage [1. Aufl. 1895], Jena, S. 1130–1143.

2. Weiterführende Literatur

Blumenthal, K. v. 2007. Die Steuertheorien der Austrian Economics. Von Menger zu Mises, Marburg.

Faber, M. 1979. Introduction to Modern Austrian Capital Theory, Berlin.

Fehl, U. 1973. Produktionsfunktion und Produktionsperiode. Eine Auseinandersetzung mit dem Grundbegriff der temporalen Kapitaltheorie, Göttingen.

Gehrke, C. und Kurz, H. D. 2008. Hicks's Neo-Austrian Theory and Böhm-Bawerk's Austrian Theory of Capital, in: Hagemann, H. und Scazzieri, R. (Hrsg.), Capital, Time, and Transitional Dynamics, London, S. 72–95.

Hayek, F. A. v. 1931. Preise und Produktion, Wien.

Hennings, K. H. 1989. Eugen von Böhm-Bawerk, in: Starbatty, J. (Hrsg.). Klassiker des ökonomischen Denkens, Bd. 2, München, S. 175–190.

Hennings, K. H. 1997. The Austrian Theory of Value and Capital. Studies in the Life and Work of Eugen von Böhm-Bawerk, Brookfield.

Hicks, J. R. 1939. Value and Capital, Oxford.

Hicks, J. R. 1973. Capital and Time, Oxford.

Menger, C. 1871. Grundsätze der Volkswirthschaftslehre, Wien.

Menger, C. 1915 [1970]. Eugen von Böhm-Bawerk, in: Carl Menger. Gesammelte Werke, hrsg. von F. A. Hayek, Bd. 3, Kleinere Schriften zur Methode und Geschichte der Volkswirtschaftlehre, Tübingen, 2. Auflage 1970.

Mises, L. v. 1912. Theorie des Geldes und der Umlaufsmittel, München und Leipzig.

Reetz, N. 1971. Produktionsfunktion und Produktionsperiode, Göttingen.
Reetz, N. 1978. Zeitlicher Produktionsablauf und Kapitalakkumulation, Göttingen.
Schefold, B. (Hrsg.) 1991. Eugen von Böhm-Bawerks «Positive Theorie des Kapitals». Vademecum zu einem Klassiker der Kapitaltheorie. Kommentar zur Faksimile-Ausgabe der 1889 erschienenen Erstausgabe von Eugen von Böhm-Bawerk: Positive Theorie des Kapitals, Düsseldorf.
Schefold, B. (Hrsg.) 1994. Eugen von Böhm-Bawerks «Geschichte und Kritik der Kapitalzins-Theorien», Vademecum zu einem Klassiker der Theoriegeschichte. Kommentar zur Faksimile-Ausgabe der 1884 erschienenen Erstausgabe von Eugen von Böhm-Bawerk: Geschichte und Kritik der Kapitalzins-Theorien, Düsseldorf.
Solow, R.M. 1956. A Contribution to the Theory of Economic Growth, in: Quarterly Journal of Economics, Bd. 70, S. 65–94.
Schumpeter, J.A. 1954. History of Economic Analysis, New York.
Streissler, E. 1990. Menger, Böhm-Bawerk, and Wieser: The Origins of the Austrian School, in: Hennings, K. und Samuels, W. (Hrsg.), Neoclassical Economic Theory, 1870–1930, Boston.
Tomo, S. 1994. Eugen von Böhm-Bawerk: Ein großer österreichischer Nationalökonom zwischen Theorie und Praxis, Marburg.
Weizsäcker, C.C. v. 1971. Steady State Capital Theory, Berlin etc.
Wicksell, K. 1898. Geldzins und Güterpreise. Eine Studie über die den Tauschwert des Geldes bestimmenden Ursachen, Jena.

Hans-Michael Trautwein

Knut Wicksell
(1851–1926)

I. Leben

Johan Gustav Knut Wicksell wird am 20. Dezember 1851 in Stockholm als jüngstes von sechs Kindern des Lebensmittelhändlers Johan Wicksell und seiner Frau Christina geboren. Obwohl er seine Eltern früh verliert, prägt ihn die offene Debattierkultur der Familie nachhaltig. Bei jeder Gelegenheit bildet und behauptet man seine eigene Meinung in schneller Rede und Gegenrede, eine Sitte, die im Familienkreis mit «man wicksellt eben» umschrieben wird (Gårdlund, 1956, S. 19). Wicksell fällt schon in der Schule durch sprachliche und mathematische Begabung, aber auch durch eine «oppositionelle Geisteshaltung» auf.

Als Konfirmand gerät Wicksell in den Bann der pietistischen Erweckungsbewegung, die sich Mitte des 19. Jahrhunderts in Schweden stark ausbreitet. Sieben Jahre lang lebt er sehr zurückgezogen und betreibt neben seiner Ausbildung kaum anderes als Bibelstudien. Mit 22 Jahren gerät er durch die Auseinandersetzung mit Werken von Darwin, Strauss und Ibsen in eine tiefe Glaubenskrise, aus der er als Freidenker und Kirchenkritiker hervorgeht. Zu dieser Zeit hat er bereits an der Universität Uppsala ein Studium der Philosophie, Geschichte, Latein, nordischen Sprachen, Astronomie und Mathematik in nur fünf Semestern als *cand. phil.* abgeschlossen. Sein erklärtes Ziel ist eine Professur in Mathematik. Der Weg zum Lizentiat in Mathematik und Physik dauert jedoch ungleich länger, teils wegen finanzieller Sorgen, teils wegen politischer Aktivitäten und Freuden des Studentenlebens, denen er sich nun ohne schlechtes Gewissen hingeben kann. Er beendet sein Studium erst 1885, als er seine Ambitionen auf eine Mathematikprofessur längst aufgegeben hat.

Eine neue Richtung findet Wicksells Leben in den späten 1870er Jahren durch Drysdales Pamphlet über «die drei größten sozialen Übel: Armut, Prostitution und Zölibat», ein zu seiner Zeit skandalträchtiges Plädoyer für Schwangerschaftsverhütung. Wicksell beginnt sich mit der malthusianischen Bevölkerungslehre zu beschäftigen und hält 1880 einen Vortrag, in dem er Überbevölkerung als Ursache der Armut und Trunksucht in Schweden ausmacht und Geburtenkontrolle vorschlägt. Der Vortrag weckt Bewunderung und moralische Empörung, wird vielfach wiederholt und verschafft Wicksell den Ruf eines Radikalliberalen in sozialer Mission, der mit Takt und Witz argumentiert. Auf dieser Basis kann er sich durch Vortragsreisen und publizistische Arbeiten versorgen. Der Vorwurf seiner Kritiker, daß ihm wirtschaftlicher Sachverstand fehle, führt ihn zur Auseinandersetzung mit der klassischen Politischen Ökonomie. Eine kleine Erbschaft und mehrere Stipendien nutzt Wicksell zwischen 1885 und 1889 zu vielfachen Studienaufenthalten in London, Paris, Straßburg, Wien und Berlin, wo er unter anderem Vorlesungen bei Georg Friedrich Knapp, Carl Menger und Adolph Wagner hört – ohne sonderlich beeindruckt zu sein. Er beschäftigt sich mit den Klassikern Thomas Malthus, David Ricardo und John Stuart Mill, zunehmend aber auch mit den marginalanalytischen Arbeiten von Menger, Stanley Jevons und Léon Walras, die heute als bahnbrechende Werke der Neoklassik gelten.

Ein ökonomisches Erweckungserlebnis hat Wicksell Anfang 1889, als er in einer Berliner Buchhandlung Eugen von Böhm-Bawerks eben erschienene *Positive Theorie des Kapitales* sieht und das Buch sofort durcharbeitet. In seinem Nachruf auf Böhm-Bawerk erinnert er sich später, daß ihm dessen Theorie geholfen habe, «das Phänomen des Kapitalzinses und insgesamt das wirtschaftliche Verteilungsproblem, das durch die Existenz von Kapital kompliziert wird ..., theoretisch zu durchdringen ... Erst jetzt sah ich gewissermaßen vor meinen Augen den Dachstuhl auf dem Gedankengebäude entstehen, das die Ökonomen seit den Tagen Ricardos nicht über die unteren Stockwerke hinaus hatten bauen können» (Wicksell, 1914, S. 322, Übers. d. Verf.).

Böhm-Bawerks Anregungen verarbeitet Wicksell in seinem Buch *Über Wert, Kapital und Rente,* das er 1893 bei Fischer in Jena veröffentlicht. Diesem ersten bedeutenden Beitrag zur ökonomischen Theoriebildung läßt er bis zur Jahrhundertwende weitere auf anderen Gebieten folgen, im Bestreben sich für eine Dozentur zu qualifizieren. Neben der Freude an der Wissenschaft treiben ihn private Gründe. Denn im Sommer 1889 hatte Wicksell seine Brieffreundin Anna Bugge nach einem stürmischen Besuch in ihrem Elternhaus in Kristiania (dem heutigen Oslo) dazu bewegen können, einen rein privaten Ehevertrag mit ihm zu schließen und nach Stockholm zu ziehen. Nach der Geburt zweier Söhne muß er nun eine Familie ernähren. Allein mit publizistischen Arbeiten gelingt ihm dies kaum, da er sich partout nicht nach den Ansichten seiner Auftraggeber richten mag. Versuche, an der Stockholmer Hochschule Anstellung zu finden, schlagen fehl. Man zaudert angesichts der radikalen Ideen, die Wicksell in Vorträgen bei Arbeitervereinen verbreitet; außerdem benötigt er einen Doktortitel. Da seine werttheoretische Abhandlung nicht als Dissertation akzeptiert wird, macht er sich mit Hilfe eines Stipendiums an eine Arbeit über Steuerlastverteilung und Steuergerechtigkeit. Mit dem ersten Teil wird er 1895 in Uppsala promoviert; die Studie erscheint 1896 in Deutschland unter dem Titel *Finanztheoretische Untersuchungen nebst Darstellung und Kritik des Steuerwesens Schwedens* (1896).

Auch nach der Promotion legt man Wicksell Steine in den Weg. Die Volkswirtschaftslehre ist zu jener Zeit an den Rechtswissenschaftlichen Fakultäten angesiedelt, und so verlangt man ein juristisches Examen. Also macht sich Wicksell im Alter von 45 Jahren und in prekärer Finanzlage an das Studium einer Materie, die ihn nicht interessiert. Neben dem Jurastudium, das er 1899 abschließt, betreibt er mit der Hilfe von Freunden und Stipendien weiterhin ökonomische Forschung. Von der Finanztheorie wechselt er zur Geldtheorie und legt 1898 *Geldzins und Güterpreise* vor, eine *Studie über die den Tauschwert des Geldes bestimmenden Ursachen* (so der Untertitel). Darin erklärt Wicksell anhaltende Inflation aus Differenzen zwischen Marktzinsen und Ertragsraten von Realinvestitionen – eine Idee, die er bereits um 1889 ausgearbeitet hatte (Boianovsky und Trautwein, 2001a), die aber erst ab den 1930er Jahren ihre Wirkung auf die makroökonomische Theoriebildung entfalten sollte.

Ende 1899 wird an der Universität Lund ein Extraordinariat in Nationalökonomie eingerichtet, bei dessen Besetzung Wicksell der juristische Abschluss gegenüber anderen Bewerbern (darunter Gustav Cassel) zum Vorteil gereicht. Trotz hinhaltenden Widerstands des Bischofs von Lund, der zugleich als Prokanzler Aufseher der Universität ist, wird Wicksell im Herbst 1901 berufen. Selbst Konservative sind der Meinung, daß man sich wenigstens *einen* Freigeist in Schweden leisten solle. 1904 wird Wicksell zum Ordinarius ernannt und ist im reifen Alter von 52 Jahren für eine Weile der ständigen Sorge um den Lebensunterhalt ledig.

Die Dienstzeit in Lund verläuft weitgehend ruhig. Wicksell lehrt und publiziert viel, schreibt aber keine Bücher mehr – mit Ausnahme seiner berühmten *Vorlesungen (Föreläsningar i nationalekonomi,* Bd. I: 1901, dt. 1913, Bd. II: 1906, dt. 1922), in denen er die früheren Arbeiten zur Preis-, Verteilungs- und Geldtheorie zusammenfaßt, präzisiert und ergänzt. Er engagiert sich weiterhin für soziale Reformen und hält Vorträge im Dienste der Volksaufklärung und Meinungsfreiheit. Für Aufsehen sorgt er im Herbst 1908, als er gegen die Verurteilung eines Freidenkers wegen Gotteslästerung zu Felde zieht. Mit dem Vortrag «Der Thron, der Altar, das Schwert und der Geldsack» provoziert er gezielt die Behörden, als er spekuliert, in welcher Gemütslage sich der Zimmermann Joseph nach Marias unbefleckter Empfängnis befunden haben müsse: «Ich bin ziemlich sicher, daß er in all seiner Frömmigkeit vor sich hin ‹grummelte›, als es keiner hörte: ‹Das ist doch des Teufels, daß mich der Heilige Geist meinen kleinen Jesus nicht selbst hat machen lassen›. Aber dann hätte ja die Welt nicht erlöst werden können. Seht ihr, das genau ist es: ... Das Private muß dem Allgemeinen weichen» (nach Gårdlund, 1956, S. 279, Übers. d. Verf.). Wicksell wird wegen Gotteslästerung zu zwei Monaten Haft verurteilt und vertreibt sich die Zeit im Gefängnis mit der Übersetzung von Adam Smiths *Wealth of Nations* ins Schwedische.

So hartnäckig Wicksell den Streit mit Obrigkeit und Klerus sucht, so sehr beeindruckt er seine Zeitgenossen durch sein unkonventionelles und uneitles Auftreten. Sein Biograph Torsten Gårdlund schreibt von «einem starken inneren Gegensatz, ja fast einer gespaltenen Persönlichkeit. [Wicksell] war radikaler Agitator und zugleich objektiver Wissenschaftler, ... hitziger Polemiker, aber auch feinfühlig und rücksichtsvoll gegenüber allen in seiner Nähe, er schmähte die Religion und sang Kirchenlieder ..., er bewunderte die starrköpfigsten Rechten, obwohl sein Platz auf der äußersten Linken war» (1956, S. 371, Übers. d. Verf.).

Nach der Emeritierung zieht Wicksell 1916 mit seiner Frau in die geliebte Heimatstadt Stockholm zurück. Seine Frau, die sich als Frauenrechtlerin und Pazifistin engagiert, schwedische Delegierte beim Völkerbund wird und als Mitglied der Ständigen Mandatskommission viel reist, blüht nun auf. Wicksell leidet unter Depressionen, bleibt aber wissenschaftlich produktiv. Themenschwerpunkte sind die Kapitaltheorie und die Geldpolitik, deren Neuorientierung nach dem Zusammenbruch des Goldstandards im Ersten Weltkrieg und den nachfolgenden Inflations- und Deflationswellen zu einer sozialen Frage ersten Ranges wird. Bereits seit 1915 als Berater der schwedischen Reichsbank tätig, avanciert Wicksell nun zum gefragten Gutachter für Parlamentsausschüsse. Ihm zu Ehren gründen Freunde, allen voran David Davidson und Eli Heckscher, den Volkswirtschaftlichen Club, der sich rasch zu einem bedeutenden Forum entwickelt (Henriksson, 1991). Der Club trägt wesentlich zur Bildung der Stockholmer Schule bei, die nach Wicksells Tod an dessen makroökonomische Arbeiten anknüpft.

Wicksell stirbt am 3. Mai 1926 in Stockholm an den Folgen einer Lungenentzündung.

2. Werk

Marginalanalyse. Wie die verdienstvolle, aber unvollständige Bibliographie von Knudtzon und Hedlund-Nyström (1976) zeigt, ist das Gesamtwerk Wicksells mit mehr als 800 Veröffentlichungen thematisch weit gefächert. Hier können nur die herausragenden Beiträge Wicksells zu den Themen Einkommensverteilung, Besteuerung, Kapital- und Zinsbildung sowie Inflation skizziert werden. Ihren gemeinsamen Ausgangspunkt kann man in Wicksells Bestreben erkennen, die gesamte Ökonomie auf der Grundlage des Marginalprinzips zu analysieren. In seinen *Vorlesungen* betont er, daß dieses Prinzip «in seinen Anwendungen weit über das eigentliche Gebiet des Warentausches hinausgeht und sich in die Gebiete der Produktion, der Verteilung, der Kapitalbildung und andere hineinerstreckt, mit einem Worte: ... alle Teile der Nationalökonomie beherrscht» (Wicksell, 1913, S. 60).

Leitidee der neoklassischen Ökonomik ist der Gedanke, daß die Preise der Güter bei vollkommener Konkurrenz durch den Grenznutzen des Konsums und die Grenzerträge der Produktion bestimmt seien – d. h. durch den Zugewinn an Nutzen bzw. Produktionsertrag, den die marginale, die letzte konsumierte bzw. eingesetzte Einheit erbringt. Als Wicksell in den 1890er Jahren seine zentralen Werke verfaßt, ist die Neoklassik noch kein einheitliches Gedankengebäude, sondern in der Bildung von Schulen begriffen, die sich streng voneinander abgrenzen. Wicksell versucht die verschiedenen Konstrukte der Marginalanalyse, die er bei Walras, Jevons, Marshall und Böhm-Bawerk vorfindet, zu einer Synthese zu verbinden und fehlende Bausteine zu ergänzen. Er greift auch auf die klassischen Theorien Ricardos und Johann Heinrich von Thünens zurück und führt von der Ideengeschichte systematisch zur eigenen Analyse. Im Unterschied zu anderen Synthetikern seiner Zeit, wie etwa Marshall oder Cassel, hebt Wicksell stets die Beiträge anderer Autoren hervor und stellt dabei häufig sein Licht unter den Scheffel.

Verteilungstheorie. Wie Uhr (1951, S. 842) schreibt, liegt eine besondere Leistung Wicksells darin, «die Grenznutzen-Grenzproduktivitäts-Theorien von Jevons und Menger zu nehmen, die hiervon abgeleitete Böhm-Bawerksche Kapitaltheorie hinzuzufügen und alles im Rahmen eines Walrasianischen Allgemeinen Gleichgewichts zu einem Produkt zu verschmelzen, um die vielfältigen kausalen Wechselbeziehungen im Theoriengebäude offenzulegen. Hierdurch wurde er zu einem Begründer der Grenzproduktivitätstheorie der funktionalen Verteilung» (Übers. d. Verf). Die neoklassische Theorie der Einkommensverteilung hat viele Väter; zumeist werden John Bates Clark und Philip Wicksteed genannt. Doch Wicksell hat sehr zu ihrer Präzisierung beigetragen und zugleich ihre Grenzen sichtbar gemacht.

Im Kern der Verteilungstheorie stehen zwei Aussagen. *Erstens* entsprechen die Preise der Produktionsfaktoren (Arbeitslohn, Grundrente, Kapitalzins) im Konkurrenzgleichgewicht der Grenzproduktivität der Faktoren, also dem Produktionsbeitrag der letzten eingesetzten Einheit; während die Klassik nur die Grundrente mit der Knappheit des betreffenden Faktors erklärt, baut die Neoklassik auf Knappheit als allgemeines Erklärungsprinzip. *Zweitens* wird bei Faktorentlohnung nach Grenzproduktivität das Sozialprodukt vollkommen ausgeschöpft. Eben dieses Ausschöpfungstheorem wird von Clark 1889 nur behauptet, von Wicksell hingegen 1893 (S. 146–153) bewiesen, wenn auch weniger elegant als von Wicksteed 1894. Wicksell (1900 und 1902) nimmt Wicksteed gegen Urheberschaftsansprüche von Walras in Schutz und bezeichnet ihn als Pionier der Grenzproduktivitätstheorie, wobei er den eigenen Beitrag zunächst außer Acht läßt. Er zeigt, daß das Ausschöpfungstheorem – anders als von Walras behauptet – nur gilt, wenn die gesamtwirtschaftliche Produktion durch eine linear-homogene

Funktion ersten Grades repräsentiert werden kann ([1900] 1958, S. 97–100). Wicksell weist darauf hin, daß Wicksteeds entsprechend zugrundeliegende Annahme konstanter Skalenerträge keineswegs die Allgemeingültigkeit beanspruchen kann, die dieser ihr zumißt, zeigt aber auch, daß die Annahme bei vollkommener Konkurrenz stets erfüllt ist, weil die Unternehmen dann zu minimalen Durchschnittskosten produzieren ([1902] 1958, S. 123–130). Analog hierzu beweist er in den *Vorlesungen* (1913, S. 188 f.), daß eine Faktorentlohnung nach Grenzproduktivität bei zunehmenden (abnehmenden) Skalenerträgen zur Überbeanspruchung (Unterbeanspruchung) des Sozialprodukts führen würde. Dabei geht er vom Referenzfall einer Produktionsfunktion mit einer Skalenelastizität von 1 aus. Diese avanciert später unter dem Doppelnamen Cobb-Douglas zur Standardformel der neoklassischen Produktions- und Verteilungstheorie.

Anders als viele Anhänger der Grenzproduktivitätstheorie behauptet Wicksell keineswegs, daß die entsprechende Faktorentlohnung stets zu Ergebnissen führe, die sowohl individuell als auch sozial optimal sind. In der Analyse der Einkommenseffekte von arbeitssparendem technischem Fortschritt betont er (1913, S. 195 ff.), daß die Grenzproduktivität der Arbeit durch technische Neuerungen nicht notwendig steigen muß – auch dann nicht, wenn das Gesamtprodukt wächst. Denn die Freisetzung von Arbeitskraft führt bei freier Konkurrenz zu einem Sinken der Arbeitslöhne. Dies macht, neben dem Betrieb der neuen Anlagen, die Einstellung von Arbeitslosen in alten Anlagen bei geringerer Grenzproduktivität lohnend, wodurch Grenzproduktivität und Lohnniveau insgesamt sinken.

Vor dem Hintergrund seiner unablässigen Warnungen vor Übervölkerung treibt Wicksell die Argumentation weiter: «Nicht einmal unter der Annahme, daß der Arbeitslohn sich bereits auf dem Lebensminimum befinde und also nach der gewöhnlichen Anschauungsweise nicht tiefer sinken könne, wird das Resultat anders ausfallen. In der Wirklichkeit können ja die Arbeitslöhne nicht nur zufälligerweise *unter* das Lebensminimum herabgedrückt werden, sondern auch unter ihm *stehen* bleiben» (1913, S. 203, Herv. i. O.). Wicksell plädiert in diesem Fall für beschäftigungssichernde Lohnsubventionen und gegen Mindestlöhne und Arbeitszeitverkürzungen, weil diese tendenziell zu dauerhafter Arbeitslosigkeit und Verarmung führen. Mit dieser Ansicht, die er bereits in den frühen 1890er Jahren vertreten hatte, verscherzt er sich Sympathien in Gewerkschaftskreisen, legt aber den Grund für eine neoklassische Begründung wohlfahrtsstaatlicher Politik. Mit dem Hinweis darauf, daß sich aus dem vergrößerten Sozialprodukt Lohnsubventionen zahlen lassen, plädiert er für eine steuerliche Umverteilung, die Wachstum fördert, indem sie durch Korrektur der funktionellen Einkommensverteilung die Kosten der Arbeitslosigkeit verringert.

Kollektivgüter und Besteuerungsprinzipien. Wicksells Beiträge zur Finanzwissenschaft gehen über das Plädoyer für soziale Flankierung marktmäßiger Allokationsprozesse hinaus. Im ersten Teil seiner *Finanztheoretischen Untersuchungen* (1896, S. 1–75) erörtert er die Steuerlastverteilung (Inzidenz), unter anderem im Vergleich von direkten und indirekten Steuern. Dabei ist er seiner Zeit voraus, indem er nachweist, daß (direkte) Steuern auf Unternehmensgewinne bei gleichem Aufkommen (indirekten) Wert- oder Mengensteuern vorzuziehen sind, weil bei letzteren wohlfahrtsmindernde Preis- und Mengeneffekte auftreten.

Geradezu revolutionär ist der zweite Teil der *Untersuchungen* (1896, S. 76–164), in dem Wicksell «ein neues Prinzip der gerechten Besteuerung» entwickelt. Zunächst kritisiert er die Praxis und Doktrin seiner Zeit, wonach die Einnahmen und Ausgaben des Staates nach Leistungsfähigkeit und Interesse getrennt betrachtet werden. Auch im öffentlichen Sektor solle das Prinzip der Gleichheit von Leistung und Gegenleistung und somit das Marginalprinzip zur Geltung kommen (Ausnahmen werden definiert). Es sei ungerecht, zunächst mit der Verteilung der Steuerlast das Steueraufkommen zu regeln und dann erst das Angebot an Kollektivgütern (z. B. Straßen, Postdienste und Theater) zu bestimmen. Für jede Staatsausgabe gebe es viele fiskalische Wege der Kostendeckung. Daher wird es «theoretisch, und annäherungsweise auch praktisch, immer möglich sein, eine solche Verteilung der Kosten zu vereinbaren, daß die betreffende Ausgabe, sobald sie überhaupt einen die Kosten übersteigenden Nutzen verspricht, allen Parteien als eine unzweifelhaft gewinnbringende erscheinen muss und insofern sogar einstimmig bewilligt werden könnte» (1896, S. 113). Falls keine Einstimmigkeit – oder «aus praktischen Gründen» wenigstens eine «relative

Einstimmigkeit» von 90 oder 75 Prozent (S. 116f.) – zustandekomme, müsse dies als Beweis gelten, daß der Nutzen des Projekts für die Gesellschaft geringer sei als seine Kosten. Es sei dann abzulehnen.

Wicksell (1896, S. 125) sieht den Vorteil seiner Konsensregel darin, daß die Finanzierung der Staatstätigkeit den Bürgern nicht als ungerechte Bürde erscheint, sondern als Mittel zur Versorgung mit Kollektivgütern. «Die Einstimmigkeit und volle Freiwilligkeit der Beschlüsse ist ... die einzige sichere und handgreifliche Garantie gegen Ungerechtigkeiten der Steuerverteilung» (1896, S. 114). Probleme der Erpressung durch Vetorechte oder der Trittbrettfahrerei räumt Wicksell ein, hält sie aber für geringfügig und regulierbar. Eine Voraussetzung für das Funktionieren der Regel bestehe gleichwohl in einer «gerechten Verteilung der Vermögen und Einkommen»: «Von Gleichheit zwischen Leistung und Gegenleistung kann sonst unmöglich gesprochen werden, und ebensowenig von Gleichheit der gebrachten Opfer; denn es ist ja überhaupt keine ‹Leistung› an den Staat und auch nicht ein ‹Opfer›, welches als solches anerkannt werden könnte, wenn jemand zurückzugeben gezwungen wird, was er mit Unrecht besitzt» (1896, S. 143). Hieraus folgt eine Teilung des Steuersystems in allokative und redistributive Bereiche. Neben die konsensgebundene Besteuerung für die Bereitstellung von Kollektivgütern muß eine demokratisch bestimmte, wenn auch mäßige Besteuerung von Erbschaften und Zufallsgewinnen treten (1896, S. 142–160). «In Wicksells Augen benötigt Adam Smiths Unsichtbare Hand im Laissez-faire die helfende Hand umverteilender Steuern und Transfers, bevor man die Grenznutzen der Individuen als ethisch vergleichbar betrachten kann» (Samuelson, 1988, S. 30).

Kapital und Zins. Allein aufgrund seiner verteilungs- und finanztheoretischen Beiträge könnte man Wicksell als einen Klassiker des ökonomischen Denkens betrachten. Seine bekanntesten Leistungen liegen aber auf den Gebieten der Kapital- und Geldtheorie, die durch das Zinsphänomen miteinander verbunden sind. Wie bereits erwähnt, hat Böhm-Bawerks Kapitaltheorie entscheidende Impulse zu Wicksells Synthese der neoklassischen Verteilungstheorie geliefert. Obwohl sich Wicksell stets auf Böhm-Bawerk beruft, führen seine Versuche der Präzisierung der Böhmschen Konzepte vom ersten Buch (von 1893) bis zum letzten Artikel (1928 posthum erschienen) letztlich zu fundamentaler Kritik und Modifikationen der eigenen Analyse (siehe Uhr, 1960, Kap. IV–VII; Kurz, 1998; Sandelin, 1998). Insbesondere hebt Wicksell (1893, S. 87f.) hervor, daß – anders als bei Böhm und etlichen seiner Vorgänger – strikt zwischen den «beiden Fragen der Entstehung des Zinses und der Entstehung des zinstragenden Kapitales» zu trennen sei.

Wicksells Bewunderung für Böhm-Bawerk ergibt sich aus einem Grundproblem der neoklassischen Verteilungstheorie. Sollen Faktorentlohnungen mit Knappheiten erklärt werden, müssen die Faktormengen unabhängig von den Faktorpreisen bestimmt sein. Die originären Produktionsfaktoren Boden und Arbeit lassen sich notfalls in physischen Einheiten (Fläche, Arbeitszeit) erfassen. Folglich entwickelt Wicksell seine Produktions- und Verteilungstheorie in den *Vorlesungen* (1913, S. 166–207) zunächst am Gedankenexperiment einer «kapitallosen Produktion», in der nur Boden und Arbeit zum Einsatz kommen. So kann er zeigen, daß das Marginalprinzip bei linear-homogenen Produktionsfunktionen und freier Konkurrenz die Einkommensverteilung schlüssig erklärt. Der Kapitalbestand einer Volkswirtschaft läßt sich hingegen nicht in einer Maßeinheit darstellen, die von den zu erklärenden Preisen unabhängig ist – jedenfalls nicht ohne fragwürdige Einschränkungen wie z. B. der Reduktion der gesamten Güterwelt auf ein einziges investier- und konsumierbares Geléegut. Auch bezeichnet Wicksell (1913, S. 209) es zunächst als Rätsel, «daß der Besitz des Kapitals ..., wenigstens scheinbar, etwas mehr mit sich bringt, nämlich im Kapitalzinse ein dauerndes Einkommen ohne Aufopferung oder mit unaufhörlichem Ersetzen des Kapitals selber.»

Aufbauend auf Ricardo, Thünen und Jevons hatte Böhm-Bawerk das «Zeitmoment der Produktion» hervorgehoben und zudem die intertemporale Struktur der Konsumentscheidungen in seine Kapital- und Zinstheorie einbezogen. Damit erfaßte er laut Wicksell (1913, S. 238) den «eigentliche[n] Kern des Kapitalbegriffs». Alle Produktion erfordert Zeit; verschiedene Produktionsprozesse erfordern einen Kapitaleinsatz von unterschiedlicher Dauer, zugleich aber im Konkurrenzgleichgewicht einen einheitlichen Zins. Dieser erscheint bei Böhm als Prämie für das Warten, als Ausgleich für entgangene Einkommen und Nutzen durch Konsumverzicht in der Gegenwart. Wicksell sieht in Böhms Konzept der Höherschätzung des Gegenwartskonsums (Zeitpräferenz) vornehmlich ein Erklärungsmoment für das Tempo der Kapitalbildung. Den Zins bestimmt er hingegen anhand von Böhms «drittem Grund», der «Mehrergiebigkeit längerer Produktionsumwege» und somit der Grenzproduktivität des gebildeten Kapitals; die Zeitpräferenz des Konsums wirkt nur indirekt durch ihren Einfluß auf die Größe des Kapitalbestands. Er verwirft auch Böhms Konzept der durchschnittlichen Produktionsperiode, weil es die Kapitalintensität der Produktion als verteilungsunabhängige Größe voraussetzt und mit Zinseszinsrechnung unvereinbar ist (1913, S. 251 f.). Er kritisiert andererseits den Zirkelschluß der «Walrasschen Schule», den Zins aus dem Wert des Kapitals und dieses wiederum aus den Produktionskosten abzuleiten, die ihrerseits durch die Größe des Kapitals und den Zins bestimmt sind (1913, S. 213). Letztlich kann er diesem Zirkelschluß aber auch nur dadurch entgehen, daß er die *Wert*summe des Kapitals einfach voraussetzt.

Wicksells eigener Ansatz in der zweiten Auflage seiner *Vorlesungen* ([1911] 1913, S. 211–252) läuft darauf hinaus, den Zins anhand der Grenzprodukte von datierten Boden- und Arbeitsleistungen zu bestimmen. Kapital wird als «ersparte Boden- und Arbeitskraft» und somit als Konglomerat von Boden- und Arbeitsleistungen vorheriger Perioden betrachtet. Im allgemeinen Gleichgewicht stimmen die zu den Güterpreisen bewerteten Grenzprodukte der datierten Boden- und Arbeitsleistungen mit den aufdiskontierten Renten- bzw. Lohnsätzen überein (1913, S. 221). Hieraus läßt sich ableiten, daß die Grenzproduktivität des Kapitals im Gleichgewicht dem Diskontsatz bzw. Zins entspricht.

Da das eingesetzte «Sozialkapital», d. h. der physische Kapitalbestand der Ökonomie, nur als eine Wertsumme in «Geld oder in einem Durchschnitt der Produkte», also «mit einer ihm selber fremden Einheit gemessen» werden kann, entdeckt Wicksell (1913, S. 212 f.) allerdings eine «Verkehrtheit», die die Symmetrie der Grenzproduktivitätstheorie der Verteilung zerstört. Eine Erhöhung des Kapitalbestands kann zur Folge haben, daß der Zins wegen der Konkurrenz um knappe Arbeitskräfte und Böden sinkt, das Wertgrenzprodukt des vergrößerten Kapitalbestands aber noch geringer ausfällt. Somit stimmen auch im Gleichgewicht der Zins und die (Wert-)Grenzproduktivität des Kapitals nicht notwendig überein. Diese «Verkehrtheit», mit der Wicksell die Grenzen der neoklassischen Verteilungstheorie aufzeigt, ist nach Uhr (1951) als Wicksell-Effekt in die Literatur eingegangen und spielte in späteren kapitaltheoretischen Kontroversen eine Rolle.

Geld und Kredit. Ähnlich wie Ricardo vor ihm sucht Wicksell nach einem unveränderlichen Maß für die Bewertung von Gütern und Kapital. Das gebräuchliche Wertmaß ist Geld, dessen Tauschwert in Gütern (gemessen in Veränderungen des Preisniveaus bzw. Inflationsraten) jedoch stark schwankt. In seiner Abhandlung über *Geldzins und Güterpreise* erklärt Wicksell (1898, S. 1 ff.) die Stabilität des Geldwerts zur sozialen Frage. Inflation benachteiligt Bezieher fester Einkommen und Personen mit geringer Marktmacht; sie löst zudem «Spekulationen mit dadurch veranlassten Kreditüberspannungen, Kreditstörungen und Krisen» aus. Deflation ist wegen ihrer «lähmenden Einwirkung auf das Geschäftsleben» kein geringeres Übel. Wicksell will daher einen Vorschlag zur Stabilisierung des Preisniveaus machen, wofür zunächst die Ursachen von Inflation und Deflation zu analysieren sind.

Als einzige Theorie, die Schwankungen des Geldwerts konsistent erklären kann, betrachtet Wicksell (1898, S. 34–45) die altehrwürdige Quantitätstheorie. Er bemängelt aber deren Realitätsferne, weil sie voraussetzt, daß die Geldmenge exogen variiert und die Geldumlaufsgeschwindigkeit konstant ist. Weitsichtig argumentiert er am Ende des 19. Jahrhunderts, daß in einer modernen Ökonomie Bargeld fast vollständig durch Bankeinlagen ersetzt ist, die endogen im Wege der Kreditvergabe von Banken geschaffen werden und im bargeldlosen Zahlungsverkehr zirkulieren. Er behandelt jede Veränderung der Menge dieses Giralgelds als Veränderung der Umlaufsgeschwindigkeit des zugrundeliegenden Bargelds, das die Liquiditätsreserve des Bankensystems für Abflüsse ins Ausland bildet. Wicksell entwickelt seine Version einer modernisierten Quantitätstheorie unter der Annahme einer «reinen Kreditwirtschaft», in der das Bankensystem keiner Reservebeschränkung unterliegt, z. B. weil es weltweit operiert. Die Banken, die am Kreditgeschäft verdienen, können in einem solchen System bei paralleler Kreditvergabe die Giralgeldmenge im Prinzip beliebig erhöhen.

Geldzins und Güterpreise. Mit dem Trick, die (Basis-)Geldmenge als konstant und die Umlaufsgeschwindigkeit als variabel zu betrachten, rückt Wicksell den durchschnittlichen Kreditzins als Bestimmungsgröße der Giralgeldmenge in den Mittelpunkt. Maßgeblich ist nicht der «Geldzins» allein, sondern sein Verhältnis zur Ertragsrate von Investitionen in die Güterproduktion. Ungeachtet der kapitaltheoretischen Schwierigkeiten der Messung der physischen Grenzproduktivität bezeichnet Wicksell (1898, S. 93–124) diejenige Ertragsrate als «natürlichen Zins», die dem Gleichgewichtszins in einer fiktiven Tauschwirtschaft entspricht, in der die Sparer Kapital «in natura» (z.B. in Form von verzehrbarem Saatgut) anbieten. In den *Vorlesungen* ([1906] 1922) spricht er vorsichtiger vom «neutralen Zins» als demjenigen Geldzins, der das Preisniveau unverändert läßt, weil die Kreditkosten mit den Grenzerträgen der Investitionen übereinstimmen.

Im Marktgeschehen tendiert der natürliche Zins infolge von Innovationen häufig dazu, den von den Banken festgelegten Zins zu übersteigen. Durch die Zinsspanne steigt die Kreditnachfrage, weil zusätzliche Investitionen lohnend werden. Bei entsprechenden Sicherheiten bedienen die Banken die Nachfrage und erhöhen die Giralgeldmenge. Wicksell geht von Vollbeschäftigung aus, so daß die aggregierte Güternachfrage das produzierbare Angebot übersteigt und eine Tendenz zu Preissteigerungen in Gang setzt. Diese verstärkt sich mit zunehmender Dauer, weil Inflationserwartungen in die Preisbildung eingehen. Es entsteht ein kumulativer Prozeß der Inflation, der anhält, bis sich der Geldzins «dem Stande des natürlichen Kapitalzinses anschliess[t]» (1898, S. 108), die Zinsspanne also auf Null reduziert wird. Dies kann lange dauern, da sich der Kapitalzins ständig ändert; warum es in einer reinen Kreditwirtschaft überhaupt geschehen sollte, läßt Wicksell offen. Den Fall der kumulativen Deflation bei einem natürlichen Zins, der unter den Geldzins fällt, behandelt er symmetrisch. Zwar könnten hierbei nicht nur die Preise, sondern auch die Gütermengen und die Beschäftigung sinken, doch Wicksell betrachtet die Mengenwirkungen als zweitrangig.

Fünf Punkte sind bemerkenswert an Wicksells Theorie der kumulativen Prozesse. *Erstens* handelt es sich um eine der ersten makroökonomischen Analysen, in denen aggregierte Preis- und Mengenentwicklungen auf Finanz-, Güter- und Arbeitsmärkten systematisch miteinander verbunden werden. *Zweitens* zeigt Wicksell, daß ein «falscher Preis» (der Geldzins) auf einem Markt Anpassungsreaktionen auf *anderen* Märkten erzeugt, durch die dieser Preis *nicht* selbstregulierend korrigiert wird und die erst aufhören, wenn eine Korrektur (ggf. durch politische Eingriffe) stattgefunden hat. *Drittens* besteht für Wicksell ein grundlegender Unterschied zwischen Preisstruktur und Preisniveau: Das System der relativen Preise ist stabil; es kehrt am Ende des kumulativen Prozesses zu seinem Ursprungsgleichgewicht zurück. Beim Preisniveau ist hingegen von einem indifferenten Gleichgewicht auszugehen: Am Ende des Inflations- oder Deflationsschubs unterscheidet es sich vom Ausgangsniveau, weil keine Marktkräfte auf eine automatische Umkehr der Preisbewegung hinwirken (1898, S. 72 f.). *Viertens* will Wicksell seine Geldtheorie nicht als Erklärung von Konjunkturzyklen verstanden wissen; diese erklärt er vielmehr mit der Ungleichzeitigkeit von technischen Fortschritten und Veränderungen der aggregierten Nachfrage (Wicksell, 1922, S. 238 ff.; Boianovsky und Trautwein, 2001b). *Fünftens* leitet Wicksell aus seiner Theorie eine einfache Politikregel für die Stabilisierung des Preisniveaus ab: Bei Inflation sollten die Zentralbanken den Geldzins so lange erhöhen, bis die Inflation aufhört, bei Deflation sollten sie ihn entsprechend senken (1898, S. 172 ff. und 1922, S. 253 ff.). So bliebe der soziale Frieden gewahrt.

3. Wirkung

Wicksells Beiträge zum Fortschritt der ökonomischen Theorie wurden zu seinen Lebzeiten außerhalb Schwedens kaum wahrgenommen. Dies wird zumeist damit erklärt, daß er wenig in englischer Sprache publizierte, sondern auf schwedisch und deutsch zu einer Zeit, in der in Deutschland die als theoriefeindlich angesehene Historische Schule dominierte. Es ist jedoch fraglich, ob Wicksells Werke so viel früher ihre Impulse gesetzt hätten, wenn sie bereits vor den 1930er Jahren ins Englische übersetzt worden wären. In mancher Hinsicht war Wicksell seiner Zeit voraus und manche seiner Ideen mußten im Lichte späterer Entwicklungen modifiziert werden, um nachhaltige Wirkung zu entfalten.

Im übrigen fanden Wicksells Ideen noch zu seinen Lebzeiten Verbreitung. Die *Vorlesungen* wurden in den 1920er Jahren als

Lehrbuch benutzt – zwar weniger als die *Theoretische Sozialökonomie* (1918) seines Landsmanns und Intimfeinds Cassel, aber durchaus Spuren in der Literatur hinterlassend. In Österreich setzte sich Ludwig von Mises um 1912 ausführlich mit Wicksells Geldtheorie auseinander. Erik Lindahl verfaßte 1919 als letzter schwedischer Ökonom eine deutschsprachige Dissertation über *Die Gerechtigkeit der Besteuerung*, in der er in Anlehnung an Wicksell eine marktähnliche Finanzierung öffentlicher Güter vorschlug.

Finanzwissenschaft. Zwei der bekanntesten Finanzwissenschaftler des 20. Jahrhunderts gründeten ihre recht gegensätzlichen Beiträge auf Wicksells *Finanztheoretische Untersuchungen*. Der deutschstämmige Richard Musgrave machte 1939 mit seiner Harvard-Dissertation Wicksells und Lindahls Arbeiten weltweit bekannt und baute sie mit sozialreformerischem Impetus zu eigenen Theorien der öffentlichen Güter, der optimalen Staatsausgaben und der Trennung von Allokation und Distribution aus. James Buchanan, der Begründer der *Public Choice*-Theorie, beschreibt in seiner Nobelpreisrede von 1986 eindrücklich den prägenden Einfluß, den Wicksells radikalliberale Ideen auf die eigene Entwicklung hatten.

Kapital- und Verteilungstheorie. In den kapitaltheoretischen Cambridge-Kontroversen der 1950er bis 1970er Jahre spielte der oben erwähnte Wicksell-Effekt eine zentrale Rolle (Cohen und Harcourt, 2003). Die Kontroversen – mit den Hauptkontrahenten Piero Sraffa und Luigi Pasinetti in Cambridge, England, sowie Paul Samuelson und Robert Solow in Cambridge, Massachusetts – drehten sich u. a. um die Fragen, ob man den Kapitalbestand einer Ökonomie als zinsunabhängiges Aggregat und die Wahl der Produktionstechnik unabhängig von der Einkommensverteilung betrachten könne. Cambridge, Mass. bejahte, Cambridge, England verneinte. Anhand einer Ausdifferenzierung des Wicksell-Effekts in Preis- und Mengeneffekte wurde nachgewiesen, daß die Bedenken der englischen Seite gerechtfertigt waren. Die Kontroversen führten dennoch zu keinem produktiven Konsens. Über den Geburtsfehler der neoklassischen Verteilungstheorie, den Wicksell als Erster diagnostiziert und zu heilen versucht hatte, breitet man seitdem weitgehend den Mantel des Schweigens.

Makroökonomik. Wicksells Geldtheorie hat die Entwicklung der modernen Makroökonomik entscheidend mitgeprägt. Das (zumindest zeitweilige) Versagen des Zinsmechanismus in der Koordination von Investitions- und Konsumplänen zu einem intertemporalen Gleichgewicht und die suboptimalen Anpassungsreaktionen auf den übrigen Märkten wurden zum zentralen Thema makroökonomischer Theorien in den 1920er und 1930er Jahren, die man mit Leijonhufvud (1981) als *Wicksell Connection* zusammenfassen kann. Vor dem Hintergrund der Krisen in jener Zeit lag es nahe, Wicksells Theorie der kumulativen Prozesse in eine Erklärung von Konjunkturzyklen und Krisen zu verwandeln. Die Österreicher Mises und Friedrich A. Hayek sowie die Stockholmer Schule um Lindahl, Gunnar Myrdal und Bertil Ohlin taten dies in ganz unterschiedlichen Versionen. John Maynard Keynes wählte in seiner *Allgemeinen Theorie des Geldes, Zinses und der Beschäftigung* (1936) die zu Wicksell entgegengesetzte Variante kumulativer Prozesse: Statt des Preisniveaus sinkt das reale Sozialprodukt durch Multiplikatorprozesse von Änderungen der effektiven Nachfrage bis hin zu einem Unterbeschäftigungsgleichgewicht. Wicksell hatte somit den methodischen Schlüssel zu dem Nachweis geliefert, dass Märkte kein selbstregulierendes System sind, das stets zu Vollbeschäftigung zurückführt.

Wicksells Ideen finden sich aber auch in monetaristischen und neuklassischen Varianten der Makroökonomik wieder, die die keynesianischen Schlussfolgerungen ablehnen. Milton Friedman (1968) prägte den Begriff der «natürlichen Arbeitslosigkeit» in Anlehnung an Wicksells natürlichen Zins, um die automatische Rückkehr des Systems zum Arbeitsmarktgleichgewicht zu postulieren. Es ist jedoch zu bezweifeln, daß Wicksell Friedmans Begriffsübertragung zugestimmt hätte (Boianovsky und Trautwein, 2003).

Mit der Neuen Neoklassischen Synthese hat die aktuelle Makroökonomik einen deutlichen Schwenk zurück zu Wicksell vollzogen. Im zentralen Beitrag von Woodford (2003) wird die Verbindung neuklassischer und neukeynesianischer Ansätze als «neowicksellianisches Modell» dargestellt, in dem Zinsspannen Abweichungen des Sozialprodukts vom Produktionspotenzial auslösen und nur durch eine Zinssteuerung vermieden werden können, die der Wicksellschen Regel für die Geldpolitik ähnelt. Allerdings geht die neue Synthese davon aus, daß sich das System stets im intertemporalen

Gleichgewicht befindet und somit durch die Zeitpräferenzrate des Konsums bestimmt ist. Es ist zu bezweifeln, daß Wicksell diesen Schwenk gebilligt hätte. Es besteht durchaus Anlaß zu der Vermutung, daß das kreative Potenzial der Wicksellschen Ideen noch nicht ausgeschöpft ist.

Literatur

1. Werke

Wicksell, K. 1893. Über Wert, Kapital und Rente. Nach den neueren nationalökonomischen Theorien, Jena.

Wicksell, K. 1896. Finanztheoretische Untersuchungen nebst Darstellung und Kritik des Steuerwesens Schwedens, Jena.

Wicksell, K. 1898. Geldzins und Güterpreise. Eine Studie über die den Tauschwert des Geldes bestimmenden Ursachen, Jena.

Wicksell, K. 1900. Om gränsproduktiviteten såsom grundval för den nationalekonomiska fördelningen, in: Ekonomisk Tidskrift, Bd. 3, S. 305–337. Engl. Übersetzung in: Wicksell (1958), S. 93–120.

Wicksell, K. 1902. Till fördelningsproblemet, in: Ekonomisk Tidskrift, Bd. 5, S. 424–433. Engl. Übersetzung in: Wicksell (1958), S. 121–130.

Wicksell, K. 1913. Vorlesungen über Nationalökonomie auf Grundlage des Marginalprinzipes, Bd. 1: Theoretischer Teil, Jena (nach der 2. Aufl., 1911, der Föreläsningar i nationalekonomi, I: Teoretisk nationalekonomi, Lund, 1901).

Wicksell, K. 1914. Lexis och Böhm-Bawerk, in: Ekonomisk Tidskrift, Bd. 16, S. 294–300 und S. 322–334. Engl. Übersetzung in: Wicksell (1997), S. 26–40.

Wicksell, K. 1922. Vorlesungen über Nationalökonomie auf Grundlage des Marginalprinzipes, Bd. 2: Geld und Kredit, Jena (nach der 2. Aufl., 1915, der Föreläsningar i nationalekonomi, II: Penningar och kredit, Lund, 1906).

Wicksell, K. 1928. Zur Zinstheorie (Böhm-Bawerks Dritter Grund), in: H. Mayer et al. (Hrsg.), Die Wirtschaftstheorie der Gegenwart, Bd. 3: Einkommensbildung, Wien, S. 199–209. Engl. Übersetzung in: Wicksell (1997), S. 41–53.

Wicksell, K. 1958. Selected Papers on Economic Theory, hrsg. von E. Lindahl, London.

Wicksell, K. 1997. Knut Wicksell – Selected Essays in Economics, Vol. I, hrsg. von B. Sandelin, London.

2. Weiterführende Literatur

Boianovsky, M., und Trautwein, H.-M. 2001a. An Early Manuscript by Knut Wicksell on the Bank Rate of Interest, in: History of Political Economy, Bd. 33, S. 485–516.

Boianovsky, M., und Trautwein, H.-M. 2001b. Wicksell's Lecture Notes on Economic Crises (1902/05), in: Structural Change and Economic Dynamics, Bd. 12, S. 343–365.

Boianovsky, M., und Trautwein, H.-M. 2003. Wicksell, Cassel and the Idea of Involuntary Unemployment, in: History of Political Economy, Bd. 35, S. 385–436.

Cohen, A., und Harcourt, G. 2003. Whatever happened to the Cambridge Capital Theory Controversies?, in: Journal of Economic Perspectives, Bd. 17, S. 199–214.

Friedman, M. 1968. The Role of Monetary Policy, in: American Economic Review, Bd. 54, S. 1–17.

Gårdlund, T. 1956. Knut Wicksell. Rebell i det nya riket, Stockholm. Engl. 1958. The Life of Knut Wicksell, Stockholm.

Grossekettler, H. 1998. Knut Wicksells «Finanztheoretische Untersuchungen». Zum 100. Geburtstag eines erstaunlich modernen Versuchs, besser zu verstehen, um besser gestalten zu können, in: E. Streissler (1998), S. 217–249.

Henriksson, R. 1991. The Political Economy Club and the Stockholm School, 1917–1951, in: L. Jonung (Hrsg.), The Stockholm School of Economics Revisited, Cambridge, S. 41–74.

Kurz, H. D. 1998. Über das «Perpetuum mobile des Volkswirtschaftsmechanismus» und eine «theoretische Verkehrtheit». Knut Wicksell und die Einheit von Produktions- und Distributionstheorie, in: E. Streissler (1998), S. 131–186.

Knudtzon, E., und Hedlund-Nyström, T. (Hrsg.) 1976. Knut Wicksells tryckta skrifter 1868–1950, Lund.

Leijonhufvud, A. 1981. The Wicksell Connection: Variations on a Theme, in: A. Leijonhufvud, Information and Coordination. Essays in Macroeconomic Theory, New York, S. 131–202.

Lindahl, E. 1958. Introduction: Wicksell's Life and Work, in: Wicksell (1958), S. 9–48.

Samuelson, P. 1988. Wicksells Werk und Persönlichkeit, in: P. Samuelson, R. A. Musgrave und B. Sandelin, Knut Wicksells Opus – Eine kritische Würdigung, Düsseldorf 1988, S. 25–36.

Sandelin, B. 1998. Three Features of Wicksell's Theory of Capital, in: E. Streissler (1998), S. 112–130.

Streissler, E. (Hrsg.) 1998. Knut Wicksell als Ökonom. Studien zur Entwicklung der Ökonomischen Theorie, Bd. XVIII, Berlin.

Uhr, C. 1951. Knut Wicksell – A Centennial Evaluation, in: American Economic Review, Bd. 41, S. 829–860.

Uhr, C. 1960. Economic Doctrines of Knut Wicksell, Berkeley und Los Angeles.

Woodford, M. 2003. Interest and Prices. Foundations of a Theory of Monetary Policy, Princeton.

Reinhard Penz
Birger Priddat

Thorstein B. Veblen
(1857–1929)

I. Leben und Wirkung

Thorstein Bunde Veblen wird am 30. Juli 1857 auf einer Farm in Manitowoc County/Wisconsin (USA) als sechstes von zwölf Kindern norwegischer Einwanderer geboren. Er gilt, neben John Roger Commons und Wesley Clair Mitchell, als Begründer des *amerikanischen Institutionalismus*, einer ökonomischen Schule, die bis in die heutige Zeit ausdrücklich die Kennzeichnung *evolutionary* für sich in Anspruch nimmt.

1874 bis 1877 besucht Veblen die Congregational Carleton School. Anschließend geht er auf das Carleton College. Dort hat Veblen Unterricht bei John Bates Clark, der später ein führender Vertreter der neoklassischen Ökonomie in den Vereinigten Staaten wird. Nachdem er 1880 seinen Bachelor of Arts am Carleton College erwirbt, wird Veblen Lehrer an der Monona Academy in Madison/Wisconsin.

Veblen studiert ab 1881 Philosophie und Politische Ökonomie an der Johns Hopkins University, wo er Vorlesungen des Pragmatisten Charles Sanders Peirce hört. An der Yale University lernt Veblen den Protagonisten des Sozialdarwinismus William Graham Sumner kennen, promoviert jedoch 1884 bei dessen Antipoden Noah Porter, einem Moralphilosophen, mit einer Arbeit über *Ethical Grounds of a Doctrine of Retribution*. Veblen findet anschließend trotz bester Referenzen keine Anstellung und kehrt auf den zweiten Hof seiner Eltern bei Northfield/Minnesota zurück. Dort widmet er sich der Übersetzung der isländischen *Laxdæla Saga* ins Amerikanische (abgeschlossen und veröffentlicht 1925). Thorstein Veblen heiratet 1888 Ellen Rolfe.

Von 1891 bis 1909 erstreckt sich eine Periode intensiver akademischer Tätigkeit an der Cornell University, der neu gegründeten University of Chicago und der Stanford University. Zunächst wird Veblen Post-doc-Stipendiat an der Cornell University. 1892 kommt er an die neugegründete University of Chicago. Veblen ist zunächst

«Fellow» und ab 1895 Dozent; er veranstaltet Seminare in Ökonomie und sozialistischer Theorie. 1892 bis 1906 ist Thorstein Veblen De-facto-Herausgeber des neu gegründeten *Journal of Political Economy*. Mit dem Jahr 1900 wird Veblen «Assistant Professor» an der University of Chicago und 1906 bis 1909 ist er «Associate Professor» an der Stanford University.

Während dieser Lebensphase entstehen *The Theory of the Leisure Class* (1899), *The Theory of Business Enterprise* (1904) und eine Reihe grundlegender Aufsätze, so unter anderem eines der methodologischen Gründungsdokumente der Evolutorischen Ökonomik: *Why is Economics not an Evolutionary Science?* (1898). Die Evolutorische Ökonomik sieht die Wirtschaft als einen Entwicklungszusammenhang, der auf historischen Bedingungen beruht und dabei andauernd neue Optionen erzeugt und wieder selektiert. Anders als in der neoklassischen Ökonomie gibt es kein Gleichgewicht der Märkte, sondern ständige Variationen, Übergänge und eine offene Zukunft. Veblen hebt vor allem die Evolution der gesellschaftlichen Institutionen hervor, ihren sowohl ermöglichenden als auch behindernden Charakter. Er betont insbesondere ihre Verankerungen in den individuellen Denkgewohnheiten.

Berühmt geworden ist Thorstein Veblen jedoch vor allem für den sogenannten *Veblen-Effekt* (Veblen, 1899/1986, 79ff.): Bei bestimmten Gütern steigt die Nachfrage mit dem Preis (gleichsam umgekehrt als im Normalfall auf Märkten). Veblen erklärt das mit dem Prestigekonsum bzw. mit dem demonstrativen Konsum (*conspicious consumption*). Konsumenten kaufen diese Güter mit Vorliebe gerade wegen ihres hohen Preises, um zu zeigen, daß sie sich diese, wie nur wenige andere auch, leisten können – aus Prestige- oder Statusgründen. Dieses auf öffentliche Aufmerksamkeit zielende Konsumhandeln entwickelt Veblen in der oben bereits genannten *Theorie der feinen Leute* (Veblen, 1899/1986), einer frühen Wirtschaftssoziologie. Konsum ist folglich kein rein ökonomisches Phänomen, sondern abhängig von den individuellen Einstellungen und Gewohnheiten sowie der Sozialisation insgesamt.

Diese Theorie geht als Spezialfall in die spätere Mikroökonomie ein, ist bei Veblen aber als Kritik der führenden Schichten und ihr institutionell überformtes Verhalten gemeint. Die Klasse der Müßiggänger (*leisure class*) verhielte sich parasitär zur Gesellschaft: sie vermehre nur Geld, um ihren Reichtum sichtbar zur Schau zu stellen. Als Konsequenz stelle sich degeneriertes Verhaltens in der Form des demonstrativen Konsums ein, welches nur noch der Statussicherung diene. Die zugrundeliegende institutionelle Logik sei unproduktiv und entwicklungshemmend. Sie unterscheide sich insbesondere vom funktionalen Werkinstikt (*instinct of workmanship*) anderer Klassen, z. B. der technischen Intelligenz.

1909 erfolgt die Trennung von seiner Frau Ellen Rolfe. Für Veblen beginnt eine Zeit der Unsicherheit und prekärer Beschäftigungsverhältnisse: Von 1909 bis 1911 hat er keine Anstellung. Gelder für ein anthropologisches Forschungsvorhaben werden von der Carnegie-Gesellschaft/Washington nicht bewilligt. 1911 wird Veblen «Lecturer» an der University of Missouri ohne feste Anstellung; Veblen arbeitet auf der Basis von einjährigen Zeitverträgen. Er heiratet 1914 seine zweite Frau Ann Fessenden Bradley, die bereits 1920 verstirbt. 1918 arbeitet Veblen fünf Monate in der «United States Food Administration» in Washington. 1919 bis 1922 wirkt Thorstein Veblen als Dozent an der neu gegründeten New School for Social Research in New York. 1923 lehnt er die ihm angebotene Präsidentschaft der «American Economic Association» ab.

Trotz privater Probleme bleibt Veblens Produktivität auch in dieser Zeit ungebrochen, wie unter anderem die Monographien *The Instinct of Workmanship and the State of the Industrial Arts* (1914), *The Higher Learning in America* (1918) und *Absentee Ownership and Business Enterprise in Recent Times* (1923) bezeugen. In seiner letzten Schaffensperiode befasst sich Veblen vor allem mit der Unterscheidung zwischen der nach seiner Ansicht veralteten, nur am finanziellen Ertrag orientierten institutionellen Ausprägung des Geschäftslebens und der neuen industriellen Sachlichkeit des modernen Technikers. Rein pekuniäres Interesse steht einem industriellen, technologisch geprägten Verhalten gegenüber. Die Wirtschaft der USA sieht Veblen zu seiner Zeit in einem evolutionären Übergang zu einer Art planenden Sachlichkeit (Veblen, 1904/1975). Der Werkinstinkt – das Streben nach Nützlichkeit und Leistung – ist für Veblen nicht profitgetrieben, sondern auf sozialen Fortschritt ausgelegt (Veblen, 1914/1964). In dieser Spannung analysiert Veblen die Übergänge und die Bestimmungsfaktoren dieses Institutionenwandels, also insbesondere, welche Institutionen (im Sinne von Gewohnheiten, Normen, Denkmustern) die neue funktionale und technikgetriebene Industriewirtschaft forcieren und welche sie behindern.

Zuletzt lebt Thorstein Veblen zurückgezogen. Er stirbt am 3. August 1929 in Palo Alto/Kalifornien (Edgell, 2001; Jorgensen/Jorgensen, 1999). Veblens Theorie hatte nach seinem Tod großen Einfluß auf die amerikanische Ökonomie besonders der 30er Jahre des 20. Jahrhunderts. Später wurde er stark vom amerikanischen Neo-Institutionalismus rezipiert (Mirowski, 1987; Hodgson, 1993 und 1998; Rutherford, 1984). Die neuere Institutionenökonomik (Williamson, 2000) sieht zumindest Anknüpfungspunkte, obwohl sie konzeptionell in einer erweiterten Mikroökonomik verankert ist und damit einen anderen Ausgangspunkt als Veblen wählt. Unmittelbar sind dagegen die Verbindungen Veblens zur modernen Evolutionsökonomik (Foss, 1988; Reuter, 1994; Penz, 1996; Herrmann-Pillath, 1996) und zu Douglas C. North und seiner Theorie des institutionellen Wandels. Dieser argumentiert unter anderem auf der Grundlage der Evolution von *shared mental models* (gemeinsam geteilte mentale Vorstellungen), einem Begriff, der Veblens Vorstellungen über die Bedeutung von *Denkgewohnheiten* für die Entstehung und den Wandel von Institutionen sehr nahe kommt.

2. Kritik als Ausgangspunkt

Ein wichtiger Ausgangspunkt des Veblenschen Denkens ist seine Kritik an der Wirtschaftstheorie seiner Zeit: «The ultimate laws and principles which they formulated were laws of the normal or the natural, according to a preconception regarding the ends to which, in the nature of things, all things tend. In effect, this preconception imputes to all things a tendency to work out what the instructed common sense of the time accepts as the adequate or worthy end of human effort. It is a projection of the accepted ideal of conduct.» (Veblen, 1919/1990, S. 65) Die damals vorherrschende Wirtschaftswissenschaft vertrete die Auffassung, daß es eine natürliche Ordnung der Dinge gebe, die zwangsläufig dazu führe, daß die Wirtschaft einen gesellschaftlich optimalen Ruhepunkt erreiche. Allgemein und zeitlos gültige Gesetzmäßigkeiten führten die ökonomische Entwicklung immer wieder in ihr Gleichgewicht zurück.

Veblen setzt sich verschiedentlich mit der klassischen Ökonomie auseinander (Adam Smith, David Ricardo, James Mill, John Stuart Mill; in Veblen, 1906), aber auch mit der aufkommenden Grenznutzentheorie. Er hält der klassischen Ökonomie vor, den Menschen nur als Vermittler von naturgesetzlichen Harmonien zu sehen, statt die Evolution der Denkgewohnheiten im 19. Jahrhundert mit zu vollziehen und die Wirtschaftswissenschaft zu einer erklärenden als nur zu einer beschreibenden Wissenschaft zu machen. Der Grenznutzentheorie hält er eine hedonistische Psychologie vor (Veblen, 1909).

Diese Idee allgemeingültigen Gesetzmäßigkeiten folgender Entwicklungspfade sei nach Veblen eher «spirituell» oder «animistisch» als wissenschaftlich zu nennen. Die Ökonomie verpasse damit den Anschluß an die moderne Wissenschaftsentwicklung und sei «helplessly behind the times» (Veblen, 1919/1990, S. 56). Phänomene seien analytisch zu entschlüsseln und nicht von vornherein in ein metaphysisches Raster zu zwängen. Die Ökonomie müsse ihre teleologische Perspektive verlassen und sich zu einer «post-Darwinian science» wandeln mit einer «new distribution of emphasis», (Veblen, 1919/1990, S. 37), einer neuen Betonung der Untersuchung von Ursachen und Wirkungen.

In einer post-darwinistischen Sprache bedeutet dies: Zweckorientiertes, in einem schwachen Sinne «teleologisches» Verhalten ist kausal durch die ultimativen Folgen einer Handlung, also die Konsequenzen für die reproduktive Fitneß, erklärbar. Die Handelnden haben keine freie Zweckorientierung, sondern sind in die Funktionsbedingungen eines Systems eingebettet. Evolutiv entstehen immer wieder neue Systembedingungen, die nicht ohne weiteres aus den vorhergehenden abgeleitet werden können. So entfalten sich Institutionen evolutiv. Die Systembedingungen geben der Evolution für einen historischen Zeitraum eine Richtung, ohne damit aber die Entwicklung determinieren zu können.

Eine wesentliche intellektuelle Ressource dieser evolutionstheoretisch inspirierten Kritik an der ökonomischen Theorie ist in Veblens pragmatistischem Hintergrund zu suchen. Der Pragmatismus, insbesondere verbunden mit den Namen Charles Sanders Peirce, John Dewey und William James, hält die Begründung von positiven und normativen Aussagen für prinzipiell kontingent: fehlbar und in Raum und Zeit variierend (Peirce, 1877/1967; Dewey, 1927/1996; James, 1907/1991). Zwar ließen sich Normen und empirische Behauptungen durchaus in einer jeweils adäquaten theoretischen Sprache begründen, doch die dabei entstehende Evidenz sei immer kulturell und historisch gebunden. Indem Aussagen keine Allgemeingültigkeit und Zeitlosigkeit beanspruchen könnten, sei ihre Wahrheit immer nur in bezug auf ein bestimmtes Auditorium gültig (Rorty, 1994, S. 30 ff.). Versuche der Letztbegründung verstrickten sich in Widersprüche und enthielten notwendig kontextabhängige Wahrheitsregeln (Methodologien) und normative Prämissen, die sich mit der Evolution des Kontextes ebenfalls veränderten und somit den Begründungsversuch hinfällig machen können. Die Quintessenz des Pragmatismus besteht also nicht vorrangig in seiner Orientierung an der gesellschaftlichen Praxis, wie gemeinhin angenommen wird, sondern in einem nicht-kognitivistischen Ansatz der Dekonstruktion und Kritik von Denkgewohnheiten (*habits of thought*; Peirce, 1877/1967, S. 297), welche auch die Praxis prägen. Veblen selbst lehnte eine rein instrumentalistische Auffassung von Wissenschaft und somit ein unreflektiertes Verständnis der pragmatistischen Philosophie entschieden ab (Veblen, 1919/1990, S. 1 ff.).

Bedenkt man diese Quelle des Veblenschen Denkens, fällt die Verwunderung oder bisweilen Verärgerung über Unbestimmtheit und Doppeldeutigkeit seiner Texte, die weit verbreitet ist, ein wenig geringer aus. Eine abgeschlossene Theorie anzufertigen wäre ein wirklicher Selbstwiderspruch in einem evolutorischen Denken, das immer und überall Offenheit akzeptieren muß. Offenheit aber impliziert Indeterminiertheit in der Theorie. Veblen betrachtet den historischen Selektionsprozeß, unter dessen Bedingungen sich Traditionen, Sitten und Routinen reproduzieren, und bietet dabei keine kohärente, geschweige denn prognosefähige Theorie. Er experimentiert mit Sichtweisen und beharrt auf einem kritischen Standpunkt – vor allem gegenüber den herrschenden Denkgewohnheiten (Peukert, 1996). Dabei meinen manche Interpreten sogar die (post-)moderne Tugend der Selbst-Referenz bei Veblen zu erkennen (Samuels, 1990).

Dieser philosophische Kontext impliziert einen im weiten Sinne darwinistischen Ansatz in den Sozialwissenschaften, setzt ihn aber keineswegs voraus. Sein Argument muß als ein logisches und nicht als ein ideengeschichtliches gelten. Pragmatistisches Denken ist systematisch anti-teleologisch und weist somit eine Affinität zur Evolutionstheorie auf (Rorty, 1994, S. 34 ff.).

Thorstein Veblen verschaffte sich erstmals 1898 mit seinem im *Quarterly Journal of Economics* erschienenen Aufsatz «Why is Economics not an Evolutionary Science?» in den USA eine breitere Aufmerksamkeit, bevor ihn dann, ein Jahr später, die *Theory of the Leisure Class: an Economic Study of the Evolution of Institutions* weit über den wirtschaftswissenschaftlichen Kreis hinaus bekannt machte. Begleitend erschien 1899/1900, ebenfalls im *Quarterly Journal of Economics*, die dreiteilige Abhandlung über *The Preconceptions of Economic Science*, und 1904 folgte die *Theory of Business Enterprise*.

Diese vier Veröffentlichungen begründeten Veblens Ruf: Kritiker der orthodoxen Nationalökonomie, Vertreter einer Sichtweise des sozioökonomischen Wandels als Resultat der Wechselwirkung von Institutionen und Technologie im allgemeinen und als Folge des sozialen Wettbewerbs im besonderen, Kritiker einer gesellschaftlichen Ordnung, deren Triebkraft eine dysfunktionale Statuskonkurrenz ist; zudem Kapitalismuskritiker, speziell des amerikanischen Wirtschaftssystems. Man kann in den genannten Publikationen den Kern der Veblenschen Auffassungen finden, wenngleich das eine oder andere Thema später elaboriert wurde, z.B. die kontrovers diskutierte «Instinktlehre» in *The Instinct of Workmanship and the State of the Industrial Arts* (1914).

Veblens Antwort auf die Frage, warum die Ökonomik keine evolutorische Wissenschaft sei, war in der Tat eine umfassende und pointiert vorgetragene Kritik – vornehmlich an Klassik und Neoklassik, an ihrem Erkenntnisobjekt, ihren Methoden, ihren wirtschaftspolitischen Implikationen. Veblen konstatiert, die Ökonomik habe den Anschluß an die moderne – durch die darwinistische Entwicklungstheorie modernisierte – Wissenschaftsentwicklung verpaßt und beschäftige sich «with repairing a structure and doctrines and maxims resting on natural rights, utilitarianism, and administrative expediency» (Veblen, 1898, S. 374). Eine moderne Ökonomik dagegen würde durch kritische Analogiebildung die innovative Form einer Evolutionstheorie nutzen, die in den Natur- und Sozialwissenschaften (Biologie und Rassenanthropologie; Psychologie, Ethnologie und Kulturanthropologie) erhebliche Umwälzungen auslöste. Diese blieben in der Ökonomik bislang folgenlos. Drei Aspekte stehen im Mittelpunkt seiner Argumentation: (1) Teleologische Entwicklungspfade, (2) die utilitaristisch-»hedonistische» Psychologie der Grenznutzenschule und (3) die deduktive Methode.

(1) Die Kritik richtet sich darauf, daß bei der Analyse komplexer

Systeme Entwicklungspfade unterstellt würden, die wiederum die analytische Bewertung von Fakten beeinflußten. Die Ökonomen hätten eine «spiritual attitude», über Ursache-Wirkung-Zusammenhänge hinaus Entwicklungspfade als raum-zeitlich unabänderliche Gesetze *vorauszusetzen*. Hier spricht Veblen Konzepte der klassischen Ökonomie an, die – wie beispielsweise durch die ‹invisible hand›-Metapher von Adam Smith symbolisiert – vermeintlich unkoordiniertes wirtschaftliches Handeln in Ordnung und Gleichgewichte überführen. Diese ahistorischen «sozialen Naturgesetze» bilden, so Veblen, den apriorischen Kern, um den herum alle ökonomischen Prozesse ablaufen. Sie beherrschen zwingend das Bild der Wirtschaftswissenschaft von den Ereignisfolgen: Festgestellte Abweichungen und widersprüchliche Kausalitäten würden als «disturbing factors» klassifiziert, also als sekundär und nicht eigentlich dem wirtschaftlichen Prozeß innewohnend. Die Ökonomik zeige hierin «too many reminiscences of the ‹natural› and the ‹normal›, of ‹verities› and ‹tendencies›, of ‹controlling principles› and ‹disturbing causes›» (Veblen, 1898, S. 381).

Eine evolutorische Konzeption, die in Analogie zur darwinistischen Entwicklungsvorstellung das Kriterium der *prinzipiellen Offenheit der Entwicklung* beinhaltet, habe sich auf Kausalzusammenhänge zu beschränken, auf einen «test of causal relation or quantitative sequence» (S. 377). Dieses Prinzip sei, so Veblen, zur Erklärung komplexer Entwicklungsprozesse auch für andere, nicht-biologische Systeme geeignet.

Gleichgewichtstheorien der Wirtschaftswissenschaften stellten, so Veblen, teleologische Prozeßbeschreibungen dar, die ohne *spezifische* Annahmen über das Verhalten ökonomischer Akteure auskommen. Adam Smiths Allokations- und Distributionsmechanismus der *unsichtbaren Hand* als Beispiel bedarf lediglich eines bestimmten Institutionenrahmens (einer liberalen wettbewerblichen Wirtschaftsordnung) zur Funktionssicherung; alternative Verhaltensweisen sind, sofern sie den Wettbewerbsrahmen nicht zerstören, prozeßirrelevant. Um jedoch den Entwicklungsprozeß der Wirtschaft und Gesellschaft mit einem dynamischen und kreativen Faktor auszustatten, ist nach Veblen eine auf die Rolle von Institutionen abzielende *verhaltenstheoretische Fundierung von Handlungen* erforderlich. Diese verstehe Handlungen nicht mehr verhaltensgleich als konditionierten Reflex auf die Variation ökonomischer Restriktionen, sondern stelle ihre gestaltende und Entwicklung induzierende Wirkung in den Vordergrund. Dazu sei allerdings die Kenntnis von verhaltenstheoretischen (und anderen) Kausalzusammenhängen erforderlich.

(2) Handeln ist für Veblen in diesem Sinne eingebunden in eine «coherent structure of propensities and habits which seeks realization and expression in an unfolding activity» (eine kohärente Struktur von Neigungen und Gewohnheiten, die sich in einer entfaltenden Aktivität zu verwirklichen und auszudrücken sucht, S. 390), ganz im Gegensatz zur «hedonistischen», «benthamitischen» «passive... and immutably given human nature» (einer passiven und unveränderlich gegebenen menschlichen Natur, S. 389). Die utilitaristische Psychologie der Grenznutzenschule nach Menger und Jevons (Veblen 1909) formuliere Handlungen völlig inadäquat als Resultat externer Einflüsse und reduziere den zirkulären Zusammenhang auf einen stets einseitig gerichteten Anpassungsprozeß. Zudem sei die Anpassung noch in der einfachsten, aber unrealistischen Form des maximierenden Verhaltens unterstellt. Die Ökonomik sei nun gefordert, die «überkommenen anthropologischen Vorurteile» durch eine interdisziplinäre und verhaltenstheoretisch fundierte Handlungstheorie zu ersetzen.

(3) In seiner Ablehnung einer deduktiven, also aus allgemeinen Grundsätzen abgeleiteten Methode setzt Veblen seine Argumentation aus (1) fort: Erst die Kritik an der deduktiven Methode führt zur Aufdeckung der teleologischen Prozesse, welche die ökonomische Theorie charakterisieren. Um diesen Zusammenhang zu deuten, scheint uns vor allem der pragmatistische Einfluß maßgeblich. Die erkenntnistheoretische Position des zeitgenössischen Pragmatismus unterschied Deduktion und Induktion hinsichtlich ihres Gehaltes an theoretischen Vorfestlegungen («preconceptions»). Und Veblen folgte dieser Auffassung: Induktion stelle eine entpersonalisierte, objektive, die Partikularinteressen ausgrenzende «matter-of-fact»-Methode dar; hingegen beinhalte die deduktive Methode immer den subjektiven, interessegeladenen Standpunkt des Untersuchenden. Nur wenn Veblen verneint, daß jegliche Wahrnehmung theoriegeleitet ist, kann er behaupten, die induktive Methode sei voraussetzungslos und enthalte keine Apriori. Hier wird deutlich, warum es gerechtfertigt ist, Veblens Kritik an teleologischen Entwicklungspfaden und an der hedonistischen Psychologie «as only

different aspects of a single underlying argument» (als lediglich verschiedene Aspekte ein und desselben zugrundeliegenden Arguments) zu sehen (Walker 1977, S. 215). Folgt man Veblen, dann leistet die deduktive Methode zur Analyse des sozioökonomischen Wandels nichts, wenn das Theoriegebäude die institutionellen, d. h. verhaltensrelevanten Einflüsse als gegeben und unveränderbar auffaßt. Eine realistische Theorie der wirtschaftlichen Entwicklung könne daraus nicht hervorgehen; vielmehr drohe hier die Gefahr, historisch-institutionell bedingte Kausalzusammenhänge als ahistorische Gesetzmäßigkeiten aufzufassen.

Was folgt an konstruktiver Theorie aus dieser fulminanten Attacke auf die Profession? Zieht man aus (1–3) den Umkehrschluß, so habe eine evolutorische Theorie den sozioökonomischen Wandel zu fokussieren und basiere auf der «induktiven» Methode kumulativer Verursachung («cause and effect») sowie auf einer verhaltenstheoretischen Fundierung von Handlungen.

Ist dies nun eine weitere psychologisierende Variante ökonomischer Theorie, wie einige Interpreten meinten? Oder ist Veblen ein Historist? Veblens Kritik und die daraus folgende bzw. in seinen Werken umgesetzte positive Theorie sind mitnichten eindeutig und auch zeitgenössisch nur schwer rekonstruierbar. Darauf wurde in der Sekundärliteratur immer wieder hingewiesen. Es bedarf ohne Frage einer Interpretation methodologisch wie erkenntnistheoretisch undeutlicher und (faktisch oder scheinbar) widersprüchlicher Passagen. Mit anderen Worten, es bestehen zwei Möglichkeiten: Entweder betont man nach eingehender hermeneutischer Analyse die in den Veblenschen Texten auftretenden Ambiguitäten und Inkonsistenzen und kommt so zu einer negativen Einschätzung von Veblens Beitrag zur konstruktiven Theorienbildung, oder man versucht durch das Verfahren der «systematischen Vervollständigung» (Rutherford, 1984; Hodgson, 1993), den (rudimentären) Kern der Veblenschen Theorie produktiv zu nutzen.

Es kann hier naturgemäß keinen «richtigen Weg» geben; das Erkenntnisinteresse ist maßgeblich. Auf jeden Fall führt die letztgenannte Vorgehensweise in der Regel zu einer konstruktiv-wohlwollenden Einschätzung des Veblenschen Ansatzes, wie sie auch im folgenden Abschnitt versucht wird.

3. Theorie des institutionellen Wandels

Veblens Kritik an der ökonomischen Theorie seiner Zeit spielte sich von Anfang an vor einem bestimmten Problemkontext ab: der Frage nach den Bestimmungsfaktoren des institutionellen Wandels. Da Institutionen den Wandel der Wirtschaft in der Zeit bestimmten, benötige man eine Theorie, die wiederum den institutionellen Wandel beschreib- und erklärbar mache. Die orthodoxe Ökonomik sei für diesen Zweck ungeeignet. Auf einer individualistischen Basis Aussagen über die Entstehung und Veränderung von Institutionen zu machen stehe fundamental im Widerspruch zu einem neoklassischen Verhaltensmodell, in dem die Individuen nur auf externe Umstände reagierten. Statt dessen benötige man eine theoretische Perspektive, in der die gegenseitige Beeinflussung von menschlichem Verhalten und institutioneller Umwelt geklärt sei, wobei «both the agent and his environment being at any point the outcome of the last process» (der Akteur und seine Umwelt sind beide in jedem Moment das Ergebnis des vorangegangenen Prozesses (Veblen, 1919/1990, S. 75; Herrmann-Pillath, 1996)). Individuen, die nicht lernen könnten, deren Motive und Wahrnehmungen stabil blieben, die nicht kreativ seien und keine Gewohnheiten hätten, seien für ein solches Vorhaben denkbar ungeeignet:

> The hedonistic conception of man is that of a lightning calculator of pleasures and pains, who oscillates like a homogeneous globule of desire of happiness under the impulse of stimuli that shift him about the area, but leave him intact. He has neither antecedent nor consequent. He is an isolated, definitive human datum, in stable equilibrium except for the buffets of the impinging forces that displace him in one direction or another. Self-poised in elemental space, he spins symmetrically about his own spiritual axis until the parallelogram of forces bears down upon him, whereupon he follows the line of the resultant. When the force of the impact is spent, he comes to rest, a self-contained globule of desire as before. Spiritually, the hedonistic man is not a prime mover. He is not the seat of a process of living, except in the sense that he is subject to a series of permutation enforced upon him by circumstances external and alien to him. (Veblen, 1919/1990, S. 73 f.)

Auf dieser kritischen Grundlage erwächst nun bei Veblen das kategoriale Gerüst einer institutionellen Theorie mit anthropologischen Zügen (Penz/Wilkop, 1996; Palitzsch, 1995; Reuter, 1994). Der Ausgangspunkt ist das Konzept von den instinktiven Verhaltensmustern des Menschen; wobei der Instinktbegriff hier mehr im Sinne von Neigungen (*propensities*) zu verstehen ist. Die grundlegendste von ihnen wird als Werkinstinkt (*instinct of workmanship*) beschrieben. Dieser bezeichnet die produktive, schöpferische und nutzenbringende Beschäftigung mit den Dringlichkeiten (*exigencies*) der materiellen Umwelt. Als zweiten Instinkt führt Veblen die bloße Neugier (*idle curiosity*) ein. Gemeinsam mit dem Werkinstinkt bildet dieser die Keimzelle für institutionelle Variationen im Veblenschen Ansatz. Schließlich nennt Veblen noch den Fürsorgetrieb (*parental bent*), ohne daß diesem eine wesentliche Bedeutung in seiner Argumentation zukommt.

Umstritten ist, ob es bei Veblen auch so etwas wie einen «Wettbewerbstrieb» gibt. Aus der Lektüre seiner *Theory of the Leisure Class* kann man allerdings entnehmen, daß es sich hierbei um ein kulturell überformtes, also letztendlich institutionell bedingtes Verhalten handelt. Veblen interpretiert hier Wettbewerb als Statuskonkurrenz, in der durch demonstrativen Konsum (*conspicuous consumption*) Sozialprestige und -status erreicht werden soll. Dies ist die Basis für den oben bereits eingeführten sogenannten Veblen-Effekt, bei dem die individuelle Nachfrage nach einem Produkt mit seinem Preis steigt, da der Konsum von teuren bzw. luxuriösen Gütern die Abgrenzung von Schichten und Milieus ermöglicht, welche die müßige Klasse im Status nachrangig wähnt oder zumindest wähnen möchte. In der modernen Soziologie hat Pierre Bourdieu dieses Thema wieder aufgenommen (Bourdieu, 1987).

Die instinktiven Verhaltensmuster sind der *prime mover* in der Veblenschen Theorie – in Analogie zu Aristoteles der ‹erste Beweger›, hier: das menschliche Grundmotiv; und trotz der anthropologischen Attitüde der Begriffe steht ihr funktionaler Wert für die Erklärung der Institutionengenese im Mittelpunkt. Sie sind somit als Komponenten eines alternativen Handlungsmodells zu interpretieren, welches die kreativen Merkmale intentionalen menschlichen Verhaltens betont (Rutherford, 1984). Während in der neoklassischen Theorie Arbeit als Mittel zum Zweck der Einkommenserzielung «Leid» erzeugt, tritt im Veblenschen Denken der arbeitende Mensch als ein schöpferisches und glückliches Wesen auf – wenn die gesellschaftlichen Umstände es erlauben.

Von zentraler Bedeutung in Veblens Denken ist der Begriff der *habits of thought*. In der instinktiven Auseinandersetzung mit der materiellen Umwelt entstünden sich verfestigende Gewohnheiten und technische Routinen (*habit formation*), die durch ihre entlastende und stabilisierende Wirkung den Individuen hülfen, ihre instinktiv geformten Ziele zu erreichen. (Veblen, 1899/1986, S. 186 ff.) Veblen begnügt sich, abseits der genannten Abstraktionen, zumeist mit historischen Plausibilisierungen dieses Vorgangs. Es fehlen weitergehende theoretische Verallgemeinerungen. Dies ist allerdings durchaus kohärent mit einem pragmatistischen Denkstil. Die Entstehung von Denkgewohnheiten ist eine Sache der Praxis, und abstrakte *preconceptions* bergen, wie oben ausgeführt, zunächst die Gefahr in sich, daß der intuitive Blick auf das Geschehen verstellt wird. Dabei ist sich Veblen im Klaren, daß jede Anschauung Denkvoraussetzungen enthält. Entscheidend ist ihre *selbst*bewußte Explikation (Samuels 1990).

Denkgewohnheiten realisieren sich nach Veblen phänotypisch in der Form von Institutionen: «An institution is of the nature of a usage which has become axiomatic and indispensable by habituation and general acceptance» (eine Institution ist von ihrer Natur her durch Gewöhnung und allgemeine Akzeptanz grundsätzlich und unabdingbar geworden, Veblen, 1919/1990, S. 239). Sie sind «settled habits of thought common to the generality of men» (verfestigte Denkgewohnheiten, die den Menschen allgemein selbstverständlich sind, ebenda). Die soziokulturelle Verallgemeinerung der Denkgewohnheiten führe zur Herausbildung von Institutionen. Institutionen bildeten eine eigene Logik des Denkens und Handelns aus, und diese Logik greife in die gesamte Kultur über (*grafting and crossing*). Der institutionelle Wandel wird nun in darwinistischer Manier als Selektionsprozeß beschrieben: «Die Entwicklung der gesellschaftlichen Struktur stellt einen Prozeß der natürlichen Auslese von Institutionen dar. Die in den menschlichen Institutionen und im menschlichen Charakter erzielten Fortschritte können allgemein auf eine natürliche Selektion der geeignetsten Denkgewohnheiten und auf einen erzwungenen Anpassungsprozeß der Individuen an eine Umwelt zurückgeführt werden, die sich mit der Entwicklung der Gesellschaft und mit dem Wandel der menschlichen Institutionen allmählich verändert. Die Institutionen sind nicht nur selbst das Ergebnis eines selektiven Anpassungsprozesses, der die vorherrschenden geistigen Haltungen und Neigungen prägt, sondern sie stellen gleichzeitig Mittel dar, mit deren Hilfe das Leben und die menschlichen Beziehungen gestaltet werden; sie sind somit selbst wichtige Faktoren im Ausleseprozeß.» (Veblen, 1899/1986, S. 184)

Überträgt man Veblens Gedanken in eine moderne Begrifflichkeit, prägen genaugenommen zwei Selektionsprozesse den institutionellen Wandel: Einerseits wirkt die *interne Selektion von habits* innerhalb der bestehenden institutionellen Logik. Institutionen unterstützen nur diejenigen Denk- und Handlungsgewohnheiten, die sich in ihr Regelgefüge einordnen (*institutionelles Verhalten*), und stabilisieren sich durch diese Rückkopplung selbst. Andererseits gibt es die *externe Selektion von habits* durch die instinktive Auseinandersetzung mit der materiell-technologischen Umwelt (*instrumentelles Verhalten*) (Bush, 1988). Durch diesen Vorgang, der das progressive Element bildet, entstehen neue Denkgewohnheiten, die in Konkurrenz zur alten institutionellen Logik treten. Aufgrund des Fortgangs der technologischen Entwicklung besitzen sie einen Selektionsvorteil. Auf diese Weise werden die alten *habits* verdrängt, und es wird eine neue institutionelle Logik etabliert, die sich auf die oben beschriebene Weise abermals intern stabilisiert.

Damit sind die grundlegenden Kategorien eines evolutorischen Ansatzes enthalten: Die *Reproduktion* des Prozesses geschieht über die kulturelle Weitergabe von *habits of thought*. *Variationen* entstehen in der instinktiven Auseinandersetzung der handelnden Individuen mit der materiellen Umwelt. Die *Selektion* der *habits* findet auf zwei Ebenen statt: intern, durch die Bedingungen der institutionellen Logik, und extern, durch die Bedingungen der materiellen Umwelt. Die *Stabilisation* ist ein Ergebnis der Rückkopplung durch die interne Selektion (Penz, 1996, 63 ff.).

Veblen behauptet nun, daß institutionelles (zuweilen auch *zeremoniell* genanntes) und instrumentelles Verhalten mit der Zeit in ein antagonistisches Verhältnis geraten. Institutionelle Sklerose verhindere gesellschaftlich sinnvolle technologische Entwicklungen (Veblen, 1914/1964; Bush, 1988). Veblen versucht aufzuzeigen, wie die *pecuniary calculation* der Unternehmer, also ihr Gewinnmaximierungsverhalten, dazu führt, nützliche technologische Investitionen zu unterlassen. Entsprechend der evolutionstheoretischen Vorgabe, Intentionen kausal zu erklären, zeigt Veblen, wie die institutionelle Logik der kapitalistischen Gesellschaft auf der Nachfrageseite Statusmaximierung als Zielgröße der *leisure class* (Veblen, 1899/1986) und auf der Angebotsseite Gewinnmaximierung als Zielgröße der *business class* (Veblen, 1904/1975) erzeugt. Durch diese Maximierungsziele des institutionellen Verhaltens würden ökonomische Entscheidungen getroffen, die vor dem Hintergrund instrumenteller Nützlichkeit nicht funktional seien.

4. Normative Implikationen?

In der Vorstellung einer sich verhärtenden institutionellen Logik, die den technischen Fortschritt behindert, deutet sich bei Veblen die Grundfigur der institutionalistischen Werttheorie, *instrumental value theory* (Tool, 1993) genannt, an. Eine verbreitete Lesart versteht diese so, daß nach Veblens Auffassung die Erzeugung technologischen Wissens und die Ausweitung der industriellen Produktion, soweit sie ein Produkt instrumentellen Verhaltens sind, prinzipiell nützlich, effizient und der gesellschaftlichen Wohlfahrt förderlich seien. Auf der anderen Seite stehe die wohlfahrtsfeindliche Welt zeremonieller Institutionen, die ihr Reglementarium als Selbstzweck prozessiere (Bush, 1988). Auf den Begriff gebracht handelt es sich um die Dichotomie zwischen Technologie und Institutionen. Die normativen Prämissen sind in Veblens Instinktlehre verborgen: Das Voranschreiten der technologischen Entwicklung bedeute, daß der Mensch seinen eigentlichen Neigungen nachgehen könne. Nur im Ausleben seiner Instinkte in der schöpferischen Beschäftigung mit Technik sei der Mensch wirklich eins mit seiner Natur. Die institutionellen Bedingungen stünden diesem Ansinnen häufig im Wege, indem sie veraltete Denkweisen und Techniken vor der Verdrängung durch neue, bessere *habits* der Lebensbewältigung schützten. (Veblen, 1914/1964)

Diese normative Anthropologie ist natürlich ein aus heutiger Sicht unbefriedigendes Konzept. Wer bei Veblen eine entsprechend formulierte Kapitalismuskritik sucht, deren wesentlicher und ziemlich geläufiger Gedanke in der produktivitätshemmenden Wirkung gesellschaftlicher Umstände besteht, wird sicherlich problemlos fündig (Veblen, 1899/1986); und die sogenannte Instinktlehre wird zuweilen in der beschriebenen Form normativ gewendet. Aber dagegen steht seine grundsätzliche Skepsis gegenüber Werturteilen und politischen Aussagen in der Wirtschaftswissenschaft:

> The theoretical outcome for which such a foundation is prepared is necessarily of a genetic kind. It necessarily seeks to know and explain the structure and functions of economic society in terms of how and why they have come to be what they are, not, as so many economic writers have explained them, in terms of what they are good for and what they ought to be. It means, in other words, a deliberate attempt to substitute an inquiry into efficient causes of economic life in the place of empirical generalisations, on the one hand, and speculations as to the eternal fitness of things, on the other hand. It follows from the nature of the case that an economics of this genetic character, working on grounds of the kind indicated, comprises nothing in the way of advice or admonition, no maxims of expediency, and no economic, political, or cultural creed. (Veblen, 1919/1990, S. 267 f.)

Ebenso wie bei Veblens Kritik der orthodoxen Ökonomie findet die Beurteilung der vorherrschenden *habits of thought* des Kapitalismus und der in ihnen verborgenen *preconceptions* nicht von einem objektiven externen Standpunkt aus statt, sondern auf der Basis der ihm, Veblen, eigenen Denkgewohnheiten – und die werden vielfach offengelegt: Orientierung an den Kausalitäten des Faktischen und Ablehnung jeglicher Teleologie. Dies schreibt Veblen jedoch in einem pragmatistischen Verständnis, das keine positivistischen Ansprüche an den Korrespondenzgehalt dieses Denkstils erhebt und die unentrinnbare Zirkularität von theoretischen Argumenten anerkennt. Ernüchternd lautet Veblens Diktum: «Science creates nothing but theories. It knows nothing of policy or utility, of better or worse.» (Veblen, 1919/1990, S. 19)

In diesem Sinne produziert auch Veblen *nichts als Theorie*, und die vermeintlich instrumentell nützlichen *habits of thought* einer technischen Intelligenz, mit denen er sympathisiert, sind ebenso (s)eine Kopfgeburt. Aus diesem Blickwinkel erkennt man, daß Veblen nichts anderes macht, als Denkgewohnheiten gegeneinander auszuspielen und den auf diese Weise von ihm selbst etablierten gedanklichen Selektionsprozeß zu begutachten (Peukert 1996). Das kann man normativ mißverstehen.

Betrachtet man den politischen Gehalt des Veblenschen Denkens noch eingehender, erscheint seine Analyse des institutionellen Wandels *innerhalb* einer Gesellschaftsstufe, also die Betrachtung des Prozesses der internen Selektion, als defizitär (Rutherford, 1984; Hodgson, 1993). Intentionalem Verhalten kommt hier für die gesellschaftliche Entwicklung eine entscheidende Bedeutung zu. Das

Veblensche Argument, daß die zweckorientierte Gestaltung von Institutionen immer geprägt ist von den kulturellen Voraussetzungen der herrschenden institutionellen Logik und somit nicht in der Lage, über diese hinauszuweisen, ist richtig, aber zugleich unvollständig. Stabile institutionelle Ordnungen zeichnen sich gerade dadurch aus, daß sie Varietät und Ambiguität enthalten, um langfristig lebensfähig zu sein. Hier hat eine sozial begründungsfähige Intentionalität ihre Bedeutung: Die Legitimität von Institutionen stellt in liberalen Gesellschaften eine wesentliche Selektionsbedingung für den institutionellen Wandel dar. Eine institutionelle Ökonomik sollte sich diesen normativen Fragen stellen und *gleichzeitig* die Kontingenz der Geschichte berücksichtigen. Evolutorisches Denken ist folglich in der Lage, die vermeintliche Alternativlosigkeit unserer wohlfahrtstheoretischen Denkgewohnheiten zu hinterfragen. Das kann man mindestens von Veblen lernen.

Literatur

1. Werke

Veblen, T.B. 1898. Why is Economics not an Evolutionary Science?, in: The Quarterly Journal of Economics, Bd. 12, S. 373–397. Reprinted in: Ders. 1919/1990. The Place of Science in Modern Civilization and Other Essays, New Brunswick und London, S. 56–81.

Veblen, T.B. 1899/1986. Theorie der feinen Leute: Eine ökonomische Untersuchung der Institutionen, Frankfurt am Main.

Veblen, T.B. 1899/1900. The Preconceptions of Economic Science I and II, in: The Quarterly Journal of Economics, Bd. 13, S. 121–150 und 397–426. The Preconceptions of Economic Science III, in: The Quarterly Journal of Economics, Bd. 14, S. 240–269. Reprinted in: Ders. 1919/1990. The Place of Science in Modern Civilization and Other Essays, New Brunswick und London, S. 82–179.

Veblen, T.B. 1901. Gustav Schmoller's Economics, in: The Quarterly Journal of Economics, Bd. 16, S. 69–93. Reprinted in: Ders. 1919/1990. The Place of Science in Modern Civilization and Other Essays, New Brunswick und London, S. 252–278.

Veblen, T.B. 1904/1975. The Theory of Business Enterprise, Clifton (Reprint).

Veblen, T.B. 1906. The Place of Science in Modern Civilisation, in: The American Journal of Sociology, Bd. 3, S. 585–609. Reprinted in: Ders. 1919/1990. The Place of Science in Modern Civilization and Other Essays, New Brunswick und London, S. 1–31.

Veblen, T.B. 1909. The Limitations of Marginal Utility, in: The Journal of Political Economy, Bd. 17, S. 620–636. Reprinted in: Ders. 1919/1990. The Place of

Science in Modern Civilization and Other Essays, New Brunswick und London, S. 231–251.
Veblen, T.B. 1914/1964. The Instinct of Workmanship and the State of the Industrial Arts, New York (Reprint).

2. *Weiterführende Literatur*

Bourdieu, P. 1987. Die feinen Unterschiede, Frankfurt am Main.
Bush, P.D. 1988. The Theory of Institutional Change, in: M.R. Tool (Hrsg.): Evolutionary Economics, Bd. 1, Armonk, S. 125–166.
Dewey, J. 1927/96. Die Öffentlichkeit und ihre Probleme, Bodenheim.
Edgell, St. 2001. Veblen in Perspective: his life and thought, New York und London.
Foss, N.J. 1998. The Competence_Based Approached: Veblenian Ideas in the Modern Theory of the Firm, in: Cambridge Journal of Economics, Bd. 2274, 1998, S. 479–495.
Herrmann-Pillath, C. 1996. Thorstein Veblens Menschenbild. Theoretische Grundlagen und empirische Relevanz, in: R. Penz und H. Wilkop (Hrsg.): Zeit der Institutionen – Thorstein Veblens evolutorische Ökonomik, Marburg, S. 83–131.
Hodgson, G.M. 1993. Economics and Evolution. Bringing Life back into Economics, Cambridge.
Hodgson, G.M. 1998. The Approach of Institutional Economics, in: Journal of Economic Literature, Bd. 36/1, S. 166–192.
James, W. 1907/1991. Pragmatism, Buffalo.
Jorgensen, E.W., und Jorgensen, H.I. 1999. Thorstein Veblen. Victorian Firebrand, New York und London.
Mirowski, P. 1987. The Philosophical Bases of Institutional Economics, in: Journal of Economic Issues, Bd. 3/1, S. 1001–1038.
Palitzsch, A. 1995. Entstehung und Gegenstand der evolutionär-institutionellen Ökonomie, St. Gallen.
Peirce, C.S. 1877/1967. Die Festlegung einer Überzeugung, in: Ders.: Schriften I. Zur Entstehung des Pragmatismus, Frankfurt am Main, S. 293–325.
Penz, R. 1996. Thorstein Veblens evolutorische Methodik, in: R. Penz und H. Wilkop (Hrsg.), S. 51–81.
Penz, R., und Wilkop, H. 1996 (Hrsg.). Zeit der Institutionen – Thorstein Veblens evolutorische Ökonomik, Marburg.
Peukert, H. 1996. Thorstein Veblens negative Dialektik. Ökonomischer Rationalismus, Empirismus und Evolutionismus – eine Kritik, in: R. Penz und H. Wilkop (Hrsg.), S. 219–264.
Reuter, N. 1994. Der Institutionalismus, Marburg.
Rorty, R. 1994. Wahrheit ohne Realitätsentsprechung, in: Ders.: Hoffnung statt Erkenntnis. Eine Einführung in die pragmatische Philosophie, Wien, S. 11–36.
Rutherford, M. 1984. Thorstein Veblen and the Processes of Institutional Change, in: History of Political Economy, Bd. 16, S. 331–348.
Samuels, W.J. 1990. The Self-referentiability of Thorstein Veblen's Theory of the Preconceptions of Economic Science, in: Journal of Economic Issues, Bd. 24, S. 695–718.

Tool, M. R. 1993. The Theory of Instrumental Value: Extensions, Clarifications, in: Ders. (Hrsg.): Institutional Economics: Theory, Method, Policy. Dordrecht und Norwell, S. 119–159.
Walker, D. A. 1977. Thorstein Veblen's Economic System, in: Economic Inquiry, Bd. 15, S. 213–237.
Williamson, O. E. 2000. The New Institutional Economics: Taking Stock, Looking Ahead, in: Journal of Economic Literature, Bd. 38/3, S. 595–613.

Harald Hagemann

Irving Fisher
(1867–1947)

I. Leben

Irving Fisher wurde am 27. Februar 1867 als drittes von vier Kindern einer Pastorenfamilie in Saugerties-on-Hudson im Bundesstaat New York geboren. Im August 1868 übersiedelte die Familie nach Peace Dale, Rhode Island, wo sein Vater George Whitefield Priester der neu gegründeten Kongregationskirche wurde. Seine Mutter Ella Wescott entstammte einer alteingesessenen Neuenglandfamilie. Ende 1880 zog die Familie nach New Haven, Connecticut, wo Irving sich auf das Studium am Yale College vorbereitete. Als sein Vater jedoch 1882 eine neue Stelle in Cameron in der Nähe von Kansas City, Missouri, erhielt, zog er zu seiner Tante May, deren Mann Professor an der Washington University in St. Louis war. Dort absolvierte Fisher die Smith Academy und freundete sich mit Will Eliot, dem Sohn des Schulgründers und Onkels von T. S. Eliot, an. Nur wenige Wochen nach Irving Fishers Graduierung im Juni 1884 starb sein Vater im Alter von 53 Jahren an Tuberkulose. Die Familie zog sogleich nach New Haven zurück, wo Fisher am 5. Juli in Yale immatrikuliert wurde.

Fisher sollte für sein ganzes weiteres Leben eng mit Yale verbunden bleiben. Bereits als Student erhielt er zahlreiche Auszeichnungen und durfte 1888 als Jahrgangsbester die akademische Abschiedsrede halten. Darüber hinaus publizierte er Gedichte sowie politische Kommentare und war als Ruderer erfolgreich. Ermöglicht durch Stipendienauszeichnungen folgten dreijährige Graduiertenstudien in Mathematik, Philosophie, Naturwissenschaften sowie Wirtschafts- und Sozialwissenschaften. Sein wichtigster Lehrer und Mentor war der bedeutende Physiker und Mathematiker Josiah Willard Gibbs. In der Ökonomie beeinflußten ihn vor allem Arthur Twining Hadley, Industrieökonom und späterer Präsident der Yale Universität, der Fisher veranlaßte, die Werke von Francis Amasa Walker zu lesen, dem Gründungspräsidenten der American Economic Association, sowie der Liberale William Graham Sumner. Obwohl Fisher mit dessen marktradikalen wirtschaftspolitischen Positionen keineswegs konform ging, war es gerade Sumner, der Fisher den entscheidenden Anstoß gab, sich intensiver mit mathematischer Ökonomik zu befassen und das kurz zuvor erschienene Werk *Untersuchungen über die Theorie des Preises* (1889) von Auspitz und Lieben zu studieren. 1891 promovierte Fisher mit seiner mittlerweile klassischen Studie *Mathematical Investigations in the Theory of Value and Prices* (1892) als erster Doktorand in reiner Wirtschaftstheorie an der Yale Universität, deren Mathematische Fakultät ihn unmittelbar danach zum Assistenzprofessor ernannte.

Aus der 1893 mit Margaret Hazard geschlossenen Ehe gingen drei Kinder hervor. Im Sommer 1893 begab sich das junge Paar auf eine 14monatige Europareise, während der Fisher persönliche Kontakte zu nahezu allen bedeutenden zeitgenössischen Ökonomen aufbaute, die für sein eigenes Werk wichtig werden sollten: so Edgeworth in Oxford, Marshall in Cambridge, Walras und Pareto in Lausanne, Pantaleoni in Rom, Barone in Florenz sowie Menger, Böhm-Bawerk und Lieben in Wien. Während seines mehrmonatigen Aufenthaltes in Berlin studierte er vor allem Mathematik und Physik bei Frobenius und Helmholtz. Gleich nach der Rückkehr nach Yale nahm Fisher im Herbst 1894 seine Lehrtätigkeit wieder auf, u.a. mit einem Kurs über Zahlentheorie, die er in Berlin studiert hatte. Im darauffolgenden Sommer wechselte der stark umworbene Wissenschaftler an den Fachbereich für Politische Ökonomie. Unmittelbar nach seiner Ernennung zum Full Professor erkrankte Fisher 1898 schwer an Tuberkulose, die ihn zu einem dreijährigen Sanatoriumsaufenthalt zwang. Hierin liegen die Wurzeln, daß Fisher, der zuvor schon Tabak und Alkohol abgelehnt hatte und Vegetarier war, einen anschließenden lebenslangen Kreuzzug für eine gesündere Ernährung und hygienischere Lebensverhältnisse führte. So trugen viele amerikanische Soldaten im Ersten Weltkrieg Fishers Schrift (1907a) über die Wirkungen der Diät auf die Ausdauer im Tornister. Fisher war zudem ein überzeugter Eugeniker. Zusammen mit Harold A. Ley gründete Fisher 1913 das Life Extension Institute, mit dessen Geschäftsführer Fisk er 1915 das Werk *How to Live. Rules for Healthful Living Based on Modern Science* herausgab, das sich schnell zum Standardhygiene-Lehrbuch entwickelte, in den nachfolgenden drei Jahrzehnten 21 Revisionen erfuhr und in 90 Auflagen eine knappe halbe Million Mal verkauft wurde.

Nach seiner Genesung hatte Fisher 1903 die Lehrtätigkeit in Yale wiederaufgenommen. Es folgte eine Periode großer wissenschaftlicher Produktivität, in der die Zins- und Kapitaltheorie sowie das Problem des schwankenden Geldwerts im Zentrum standen. Der noch vor seiner Erkrankung publizierten Schrift *Appreciation and Interest* (1896), die 1961 zusammen mit seiner Doktorarbeit in einem Band neu aufgelegt wurde, folgten nun innerhalb weniger Jahre die wichtigen Werke *The Nature of Capital and Income* (1906), *The Rate of Interest* (1907b) und die quantitätstheoretische Analyse in *The Purchasing Power of Money* (1911a), mit denen Fisher zum führenden Wirtschaftstheoretiker der USA aufstieg. Darüber hinaus verfasste er das einführende Lehrbuch *Introduction to Economic Science* (1910), das unter dem Titel *Elementary Principles of Economics* (1911b) noch drei Auflagen erfuhr, sowie einen Bericht über die nationale Gesundheit (1909) für die amerikanische Regierung.

Fisher war ein ebenso unermüdlicher Kämpfer für den Weltfrieden wie ein rastloser Erfinder. Nachdem er sich bereits vor Ausbruch des Ersten Weltkriegs in zahlreichen Vorträgen vergebens für den Frieden engagiert hatte, trat er vor allem nach Ende des Krieges bis in die späten 1920er Jahre in zahlreichen Publikationen und Vorträgen für die Gründung der Vereinten Nationen und institutionelle Absicherungen für einen dauerhaften Frieden ein. So unterrichtete er auch 1927 an der School of International Studies in Genf und interviewte Benito Mussolini.

Sein Tätigkeitsfeld als Erfinder reichte von der frühzeitigen Verbesserung des Mechanismus eines Klaviers bis zur Entwicklung einer präzisen Sonnenuhr. Sein größter kommerzieller Erfolg war das von ihm ab 1910 entwickelte Karteikartensystem des *visible card index*, das er zwischen 1912–15 patentieren ließ. Durch den Verkauf und die Fusion seiner eigenen Firma Index Visible an den größten Konkurrenten Kardex Rand 1925 – Fisher wurde einer der Direktoren – und einer weiteren Fusion zu Remington Rand 1927, wurde Fisher sehr wohlhabend, wodurch er seine zahlreichen Aktivitäten, vor allem für Frieden, Gesundheit, Eugenik und einen stabilen Geldwert finanzieren konnte (Allen, 1993, S. 186). Zugleich jedoch war hierin der Keim für seinen späteren finanziellen Ruin angelegt. Fisher ließ sich durch den grassierenden Optimismus der ‹goldenen› zwanziger Jahre anstecken und nahm auf der Höhe des

Börsenbooms umfangreiche Kredite auf, um seine Rechte zum Kauf zusätzlicher Rand-Aktien wahrzunehmen. Der Wall Street Crash vom Herbst 1929 wurde für Fisher somit auch zum persönlichen Verhängnis. Mit knapp zehn Millionen Dollar verlor Fisher nicht nur sein gesamtes Vermögen und das seiner Familie, sondern, was für ihn noch schlimmer wog, bei vielen Zeitgenossen auch sein Ansehen als Wirtschaftswissenschaftler. So hatte er zur Demonstration seines Vertrauens in die Zukunft im Sommer ein teures neues Auto erworben, den nach Erreichen eines neuen Spitzenwertes des Aktienindexes am 3. September u. a. von Roger Babson prognostizierten Crash in einem berühmten Interview in der *New York Times* drei Tage später entschieden zurückgewiesen und selbst am 29. Oktober, dem «schwarzen Dienstag», in einer Rede vor versammelten Bankern in New Haven optimistische Prognosen abgegeben. Kurz danach mußte die Yale Universität Fishers Haus erwerben, um ihn vor der Zwangsräumung zu retten.

Der Wirtschaftswissenschaftler Fisher arbeitete den Börsenkrach von 1929 und die sich anschließende Weltwirtschaftskrise zügig auf und publizierte *The Stock Market Crash – and After* (1930a). Noch im selben Jahr erschien *The Theory of Interest* (1930b), die überarbeitete Fassung seiner 1907 erschienenen *The Rate of Interest* und sein bis heute wohl wichtigstes Werk. Vor allem setzte sich Fisher aber nun mit der Erklärung von Konjunkturschwankungen wie in *Booms and Depressions* (1932) auseinander.

Auf dem Höhepunkt der Weltwirtschaftskrise warnte er zu Recht vor den großen Gefahren einer Deflation und entwickelte eine Theorie, die die Konsequenzen einer steigenden Reallast von Schulden bei fallendem Preisniveau betonte (1933a), deren volle Bedeutung jedoch erst später erkannt wurde. Von 1932 bis 1937 beriet Fisher Präsident Roosevelt und den amerikanischen Kongreß zu Problemen der Geld- und Konjunkturpolitik.

1935 emeritierte Fisher von der Yale University. Hier hatte er seine Lehrtätigkeit nach dem Ersten Weltkrieg wegen seiner intensiven geschäftlichen Aktivitäten und seiner zahlreichen Kampagnen zur Verbesserung der Welt stark reduziert. Gleichwohl waren ihm auch in dieser Zeit einige bemerkenswerte wissenschaftliche Beiträge gelungen, so seine Pionierarbeiten über Indexmaße wie *The Making of Index Numbers* (1922), die insbesondere für seine lebenslangen wissenschaftlichen wie politischen Bemühungen, den Geldwert zu sichern, eine entscheidende Rolle spielten. Fisher betonte die schädlichen Wirkungen eines «Tanzes des Dollars» (1923). Obwohl er den damaligen Goldstandard akzeptierte, kritisierte er zugleich, daß dieser keine Stabilität des Preisniveaus garantiere, da Gold zwar ein gutes Tauschmittel, jedoch kein stabiler Wertstandard sei. Es paßt zu Fisher, daß er 1923 auch ein Index Number Institute INI gründete, das als erstes einen wöchentlichen Großhandelspreisindex zur Erfassung der Kaufkraft des Geldes an die Medien und andere Interessenten verkaufte und bis 1936 zahlreiche weitere wirtschaftliche Daten publizierte. Fisher führte in den 1920er Jahren die Technik der zeitlich verteilten Verzögerungen (*distributed lags*) ein und war auch einer der Pioniere der Korrelationsanalyse in der Volkswirtschaftslehre. Sein erstmals 1926 publizierter Aufsatz über den Zusammenhang zwischen Arbeitslosigkeit und Änderungen des Preisniveaus wurde 1973 unter dem Titel «Ich entdeckte die Phillips-Kurve» in einer führenden Fachzeitschrift erneut publiziert. Allerdings verläuft in Fishers ursprünglichem Artikel die Kausalität von Änderungen des Geldwertes zur Arbeitslosigkeit, während bei Phillips (1958) die Arbeitslosigkeit die Lohnänderungen beeinflußt. Im selben Jahr veröffentlichte Fisher, der einer der vehementesten Kämpfer für die Prohibition war, unter hoher öffentlicher Beachtung sein diesbezüglich wichtigstes Werk *Prohibition at Its Worst* (1926b), das im Wesentlichen seine Stellungnahme vor dem Subcommittee on Prohibition des Senats zusammenfaßte. Obwohl er unglücklich war über die seiner Ansicht nach zu frühe Einführung der Prohibition, die fehlenden pädagogischen Begleitprogramme und die kriminellen Folgeerscheinungen, hielt Fisher selbst eine «prohibition at its worst» für besser als jegliche Form der Legalisierung von Alkohol. Die spätere Abschaffung der Prohibition durch Präsident Roosevelt hat Fisher, dessen Mutter bereits in der Abstinenzbewegung aktiv gewesen war, Roosevelt stets verübelt.

Fishers Produktivität blieb auch nach seiner Emeritierung zunächst ungebrochen. Seine Bücher über *Stable Money* (1934) und *100% Money* (1935) leiteten eine neue propagandistische Phase für einen stabilen Geldwert ein. Mit seinem Bruder Herbert publizierte er während des Krieges sein letztes ökonomisches Buch *Constructive Income Taxation* (1942), das ein vehementes Plädoyer für eine radikale Steuerreform weg von einer Einkommensbesteuerung und hin zu einer Ausgabensteuer hält. Fisher, der nach dem Tod seiner geliebten Ehefrau 1940 zunehmend vereinsamte, erlag am 29. April 1947 in New York einem Krebsleiden.

2. Werk

James Tobin (1987, S. 369) hat zu Recht betont, daß ein Großteil der modernen neoklassischen Theorie im Ursprung, Stil, Geist und in der Substanz «Fisherian» sei. Dies gilt bereits in hohem Maße für sein Frühwerk *Mathematical Investigations in the Theory of Value and Prices*, das gemäß dem Urteil von Paul Samuelson (1967, S. 22) «die herausragendste Dissertation ist, die jemals in der Wirtschaftswissenschaft geschrieben wurde» (Übers. d. Verf.). Beeindruckt durch die formalen Analogien der Lehre zur Thermodynamik seines Mentors Gibbs und ökonomischen Systemen, sowie inspiriert durch *The Theory of Political Economy* von Jevons (1871) und die *Untersuchungen über die Theorie des Preises* von Auspitz und Lieben (1889), analysiert Fisher eingehend die Mathematik der Nutzenfunktionen und ihrer Maximierung. Er verallgemeinert dabei die Ansätze von Jevons sowie Auspitz und Lieben und formuliert ein Gleichungssystem für ein allgemeines Tauschgleichgewicht, das formal äquivalent zu dem von Walras ist. Im Gegensatz zu Edgeworth, mit dem er sich später anfreunden sollte, lehnt Fisher es ab, die Nachfragetheorie psychologisch zu fundieren. Seine allgemeine Formulierung macht den (Grenz-)Nutzen jeden Gutes abhängig von den konsumierten Mengen aller Güter. Gleichzeitig betont Fisher, daß für die Bestimmung des Gleichgewichts weder ein interpersoneller Nutzenvergleich noch ein kardinaler, d. h. zahlenmäßig meßbarer Nutzen für jedes Wirtschaftssubjekt erforderlich sei. Obwohl Fisher somit einer der ersten Ökonomen war, der realisierte, daß zur Formulierung einer Nachfragetheorie ein ordinaler Nutzen ausreichend war, behielt er gleichwohl eine lebenslange Neigung zur Berechnung kardinalen Nutzens bei. Die Angebotsseite ist noch rudimentär entwickelt, und Fishers frühes allgemeines Gleichgewichtssystem kennt noch kein Kapital und keinen Zins. Dies sollte sich jedoch, beginnend mit *Appreciation and Interest* (1896), schnell ändern.

Zinstheorie. Als Meisterwerk Fishers muß seine Zinstheorie gelten, die in *The Rate of Interest* (1907b) und in vollendeter Form in *The Theory of Interest* (1930b) mit dem symmetrischen Untertitel «As Determined by Impatience to spend income and Opportunity to invest it». Fisher selbst weist in einer Gedenknotiz darauf hin, daß es neben John Rae, von dem er die Praxis übernimmt, alternative Investitionsprojekte gemäß ihren internen Ertragsraten zu ordnen, vor allem Böhm-Bawerk war, der die Fundamente zu seinen zinstheoretischen Erörterungen legte. Zentral ist für Fisher der Gedanke, daß der Wert des Kapitalstocks gleich dem diskontierten Wert der zukünftigen Nettoeinnahmen ist, die der Kapitalstock im Rahmen eines Investitionsprojekts ermöglicht. Für Fisher, der ein reines Konsumkonzept des Einkommens vertritt, stellt Einkommen das «Alpha und Omega» der Ökonomie dar. Die grundlegende Idee der Fisherschen Zinstheorie besteht folglich in der Vorstellung eines *trade-offs zwischen gegenwärtigem und zukünftigem Konsum.* In diesem Sinne fungieren die Investitionen als Instrument zur zeitlichen Distribution des Konsums, d. h. eine Investition bzw. Ersparnis bedeutet die Aufopferung gegenwärtigen zugunsten zukünftigen Konsums. Die datierten Konsummengen sind letztlich die einzigen Wahlobjekte; dabei werden zwei Stufen der Konsumoptimierung auf vollkommenen Märkten strikt voneinander unterschieden (*Fishersches Trennungstheorem*). Auf der einen Seite (Produktions- bzw. Investitionsmöglichkeiten) entscheidet der Vergleich zwischen der Ertragsrate ς der zu produzierenden Güter, ihrer «rate of return over cost», und dem Marktzinssatz r über die Wahl der Produktionstechnik. Auf der anderen Seite (Tauschmöglichkeiten) entscheidet der Vergleich zwischen der Zeitpräferenzrate δ und dem Marktzinssatz darüber, ob ein Individuum zum Kreditgeber oder zum Schuldner wird. Fishers Verdienst liegt in der klaren Unterscheidung zwischen Produktions- und Tauschmöglichkeiten. Seine graphische Illustration des doppelten Entscheidungsprozesses des einzelnen Wirtschaftssubjektes, für das der Marktzins ein Datum ist, ist für den einfachen Zweiperiodenfall als Standarddiagramm in viele heutige Lehrbücher eingeflossen (vgl. Abb.).

Die Abbildung verdeutlicht die Schlüsselrolle, die die Begriffe der «Gegenwartsvorliebe» (positive Zeitpräferenzrate) und der «Investitionsmöglichkeit» in der Fisherschen Zinstheorie einnehmen.

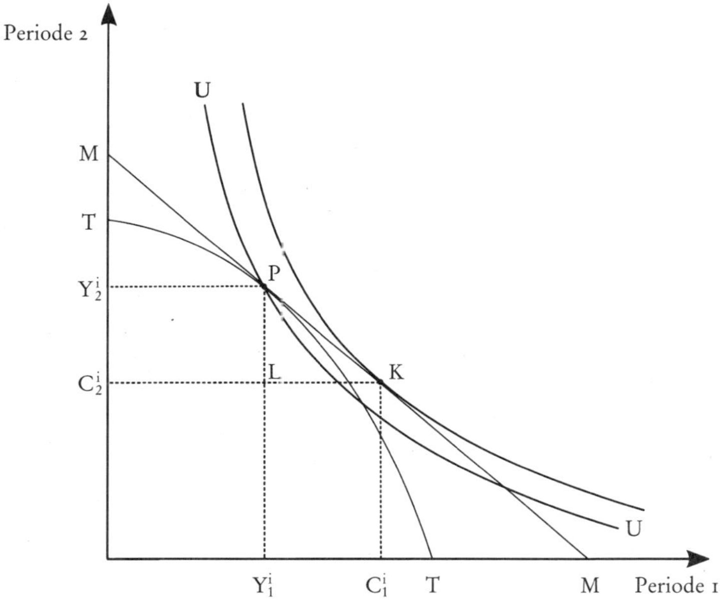

Abb. Fisher-Separation

Die Gerade MM besitzt die Steigung –(1+*r*), gibt also den Zinsfaktor wieder, mit dem wir das nächstjährige Einkommen (Konsum) diskontieren müssen, um es mit dem diesjährigen Einkommen (Konsum) zu vergleichen. Die Kurve TT ist die Transformationskurve zwischen diesjährigem und nächstjährigem Konsum, d.h. sie bringt die Investitionsmöglichkeiten zum Ausdruck, die dem Individuum zur Verfügung stehen. Das zentrale Konzept bei der Ermittlung des Produktionsoptimums ist das der *Rate of Return,* d.h. die Relation aus dem künftigen Konsumgewinn und dem Konsumverzicht, der für die dazu notwendigen Investitionen in der Gegenwart erforderlich ist. In welchem Ausmaß wird nun in der Gegenwart Konsumverzicht geleistet, d.h. investiert? Die Fishersche Antwort ist eindeutig: Es wird solange investiert, bis die Grenzertragsrate (*marginal rate of return*), d.h. die Ertragsrate der zuletzt eingesetzten Investitionseinheit, gleich dem Marktzinssatz ist. Das *Produktionsoptimum* ist folglich durch den Punkt P charakterisiert, d.h. dem Individuum *i* steht in der ersten Periode ein Einkommen in Höhe von Y_1^i und in der zweiten Periode Y_2^i für Konsumzwecke zur Verfügung.

Damit ist jedoch keineswegs gesagt, daß dessen tatsächlicher Konsum diesen Werten entspricht. Dieser hängt vielmehr von der Gestalt der intertemporalen Indifferenzkurven ab, die alle Kombinationen von dies- und nächstjährigem Konsum angeben, die das betreffende Individuum in gleicher Weise befriedigen. Die Krümmung der Indifferenzkurve ist ein Maß für die Zeitpräferenzrate, die durch den Mehrkonsum im zweiten Jahr bestimmt wird, der das Individuum für den Konsumverzicht im ersten Jahr entschädigt. Zielsetzung des Individuums ist es, die höchstmögliche Indifferenzkurve zu erreichen. Dies ist genau dort der Fall, wo die durch P verlaufende Marktzinsgerade zur Tangente an eine Indifferenzkurve wird. Der Punkt K stellt das *Konsumoptimum* dar, in dem die marginale Zeitpräferenzrate genau gleich dem Marktzins ist. In unserem Beispiel gelingt es also dem Individuum durch Kreditaufnahme in Höhe der Summe LK in der ersten Periode eine gegenüber dem Produktionsoptimum P höher gelegene Indifferenzkurve und damit ein höheres Nutzenniveau zu erreichen.

Im Gleichgewicht gilt, daß die marginalen Ertragsraten und die marginalen Zeitpräferenzraten mit dem Marktzins übereinstimmen, d. h.: $\varsigma = r = \delta$. Wie jedoch bestimmt sich der Marktzins? Dieser wird letztlich determiniert durch das Zusammenspiel der Ertrags- und Zeitpräferenzraten *aller* Individuen. Es läßt sich nämlich mit Hilfe der Kurven der Investitionsmöglichkeiten (objektive Komponente) sowie der intertemporalen Indifferenzkurven (subjektive Komponente) für jeden Zinssatz das Angebot bzw. die Nachfrage jedes Wirtschaftssubjektes auf dem Kapitalmarkt ermitteln. Der Marktzins ergibt sich dann als derjenige Zinssatz, bei dem die angebotene Summe auf dem Kapitalmarkt gleich der nachgefragten ist.

Der Haupteinwand gegen die Fishersche Zinstheorie richtet sich dagegen, daß Fisher seine kapitaltheoretischen Überlegungen im Rahmen einer *partiellen* Gleichgewichtsanalyse angestellt hat. Obwohl er die Ertragsrate der Produktion stets aus der Sicht eines einzelnen Investors abhandelt, kommt ihr jedoch auch eine gesamtwirtschaftliche Bedeutung zu, da die individuellen Ertrags- und Zeitpräferenzraten zusammen den Marktzins bestimmen, dessen

Erklärung Fishers entscheidendes Anliegen ist: «Die Zielsetzung dieses Buches ist es zu zeigen, wie der Zinssatz verursacht oder bestimmt wird.» (Fisher, 1930b, S. 13). An dieser Stelle, d.h. beim Pendeln von der Ebene des einzelnen Investors (für den allein das Preissystem und der Zinssatz als gegeben anzusehen sind) zu der Ebene der Ökonomie als Ganzer wird das Dilemma der Fisherschen Zinstheorie sichtbar. Der nur simultan zu behandelnde Zusammenhang zwischen dem Zinssatz und dem Preissystem wird von Fisher nämlich in zwei isolierte Teilkomplexe aufgelöst, so daß einerseits die Preistheorie eine Konstanz des Zinssatzes unterstellt, während andererseits Fisher (1930b, S. 131) in seiner Zinstheorie die Preise als gegeben annimmt. Diese *Fixpreisannahme* erlaubt es Fisher, alle Größen in Geldeinheiten auszudrücken und mit der Investierung von Wertsummen zu operieren. Das wäre nicht möglich, wenn gleichzeitig mit dem Zinssatz auch die Preise aller Produkte sowie der Lohnsatz zu bestimmen wären. Infolge der Bedeutung des Kapitalmarktes für die gesamte Ökonomie können die Feedback-Effekte auf andere Märkte aber nicht vernachlässigt werden. Fishers Partialanalyse und die mit ihr verbundene Fixpreisannahme erweist sich als untauglich und unstatthaft, d.h. die Zinstheorie muß sinnvollerweise im Rahmen einer *allgemeinen* Gleichgewichtsanalyse behandelt werden. In einem solchen totalanalytischen Kontext nehmen Zinssätze aber über Veränderungen des Lohnsatzes und der Produktpreise Einfluß auf die Nettoertragsreihen alternativer Investitionsprojekte.

Fisher selbst sieht zwar die Interdependenz zwischen dem Zinssatz und den Preisen, was am deutlichsten bei der Diskussion der Profitabilitätsrangfolge der einzelnen Investitionsprojekte zum Ausdruck kommt, wo Fisher (1930b, S. 170ff.) nicht nur die Rangfolge, sondern darüber hinaus auch die Höhe der einzelnen Komponenten der Einkommensströme als verteilungsabhängig erkennt. Hierin wird jedoch nichts anderes reflektiert als die Tatsache, daß zu einem anderen Zinssatz auch ein anderes Preissystem korrespondiert, mithin bei einer Makrobetrachtung, die den Zinssatz erklären will, nicht a priori ein Fixpreissystem unterstellt werden darf. Da er diese Komplikation der Analyse jedoch als «eher verwickelt denn bedeutsam» ansah, zieht er aus diesen Gedanken keine Konsequenzen für seine kapitaltheoretische Analyse. Obwohl Fisher neben Walras als der zweite Ahnherr der modernen Version der

Allgemeinen Gleichgewichtstheorie gilt, der er besonders im Hinblick auf die *zeitliche* Disaggregation entscheidende Impulse verleiht, bleibt er dennoch der Partialanalyse verhaftet.

Kaufkraft des Geldes. Zu Lebzeiten Fishers galt *The Purchasing Power of Money* (1911a) als sein größtes Werk, mit dem er die Absicht verfolgte, die Quantitätstheorie des Geldes zu erneuern. Der Kern seiner Ideen fand Niederschlag in der berühmten Yale-Gleichung bzw. *Fisherschen Verkehrsgleichung* $MV + M'V' = PT$.

Die Kaufkraft des Geldes bzw. ihr Kehrwert, das allgemeine Preisniveau P, hängt nach Auffassung Fishers von fünf Faktoren ab: der umlaufenden Geldmenge M, den Sichteinlagen bei Banken M', den jeweiligen Umlaufgeschwindigkeiten V und V' sowie dem gesamtwirtschaftlichen Transaktionsvolumen T. Bemerkenswert ist Fishers Berücksichtigung

- der wachsenden Bedeutung von Bankeinlagen,
- der Vielfalt technischer, institutioneller und verhaltensmäßiger Bestimmungsfaktoren der beiden Umlaufgeschwindigkeiten und
- der Gesamtheit der Transaktionen einer Periode (im Unterschied zu den Marshallianern in Cambridge, die nur den Handel mit Endprodukten bzw. das Volkseinkommen berücksichtigten).

Fishers Auseinandersetzung mit dem Problem des schwankenden Geldwertes führte ihn auch zu einer klaren Trennung des nominalen vom realen Zinssatz. Unter den Annahmen eines vollkommenen Marktes, vollkommener Voraussicht der Marktteilnehmer und der Nichtexistenz von Transaktionskosten gilt $i = r + \hat{p}$, d.h. der nominale Zinssatz i ist gleich der Summe aus dem realen Zinssatz r und der Inflationsrate $\hat{p}$, ein Zusammenhang, der als *Fisher-Gleichung* in die Theoriegeschichte eingegangen ist. Ebenso wie die Verkehrsgleichung stellt sie zunächst eine Identität dar, die es z.B. ermöglicht, den Realzinssatz aus den empirischen Beobachtungen der beiden anderen Größen zu berechnen. Interessanter ist die Fisher-Gleichung als Gleichgewichtsbedingung für Finanzmärkte, was die Einbeziehung der *erwarteten* Inflationsrate $\hat{p}_e$ erfordert. Während im langfristigen Gleichgewicht $\hat{p} = \hat{p}_e$ gilt, ist es andererseits ein Charakteristikum von Anpassungsprozessen, daß Änderungen des Preisniveaus nur unvollkommen im Geldzinssatz antizipiert werden. Der für die Investitionsentscheidungen relevante Realzinssatz ist vielfach im Aufschwung zu niedrig und im Abschwung zu hoch. In der Weltwirtschaftskrise Anfang der dreißiger Jahre war dies bei deflationärer Entwicklung in besonders ausgeprägter Weise der Fall.

Zwar liegt für Fisher der Schlüssel zum Verständnis inflatorischer Entwicklungen langfristig in der Quantitätstheorie. Es ist jedoch bemerkenswert, wie dieser genuine Quantitätstheoretiker nicht nur von Beginn an ungleichgewichtige Anpassungsprozesse, z.B. bei variabler Umlaufgeschwindigkeit, analysiert hat, sondern auch einen Großteil seines späteren Werkes darauf verwendet hat, die kurzfristige Nicht-Neutralität des Geldes im Konjunkturzyklus aufzuzeigen. Vor dem Hintergrund der Weltwirtschaftskrise gelangte Fisher zur Erkenntnis, daß reale Größen wie Produktion und Beschäftigung von der Änderungsrate des Preisniveaus abhängig sind. Eine deflationäre Entwicklung führt zu einer Umverteilung des Realvermögens von Schuldnern zu Gläubigern. Wenn nun die Ausgabenneigung der Schuldner systematisch größer ist als die der Gläubiger, wofür gute Gründe sprechen, dann folgt daraus, daß die Mehrnachfrage der Gläubiger durch den Nachfrageausfall der Schuldner überkompensiert wird. Damit ergibt sich hinsichtlich des «Innengeldes» per Saldo ein negativer Struktureffekt der Deflation auf die Gesamtausgaben, der dem auf das «Außengeld» bezogenen Pigou-Effekt entgegengerichtet ist. James Tobin (1980, S. 11 ff.) hat diesen erstmals von Fisher in ‹The Debt–Deflation Theory of Great Depressions› (1933a) diskutierten Schuldner-Gläubiger-Effekt als weiteren *Fisher-Effekt* in die moderne makroökonomische Debatte eingeführt. Hinzu kommt, daß die steigende Reallast der Kredite in der Deflation die Schuldner schnell in eine Zahlungsunfähigkeit führen kann. Die Folge sind Bankrotte, eine Zunahme der allgemeinen Unsicherheit und eine, auch von Keynes betonte, Überschuldungskrise. Fisher betrachtete «eine Überschuldung zu Beginn und eine bald nachfolgende Deflation» (1933a, S. 341) als die beiden Haupterklärungsfaktoren von Booms und Depressionen.

Es sind vor allem elastische Preiserwartungen, d.h. eine Baissespekulation in der Krise, die das Ungleichgewicht verschärfen. Fishers Beobachtung steigender Geldhortung während großer Krisen und seine Erkenntnis, daß eine Stabilisierung des Preisniveaus auch zur Stabilisierung realökonomischer Größen beiträgt, animierten ihn neben der Forderung nach Reflation zu einem weiteren Reformvorschlag: der Einführung von Schwund- oder Stempelgeld, um die wachsende Neigung zur Geldhortung in der Deflation zu bekämpfen (1933b). Diese Idee war ursprünglich von Silvio Gesell und in dem kongenialen Vorschlag einer Besteuerung der Geldhaltung von Nicholas Johannsen entwickelt worden. Deren im Kollegenkreis verbreitete Geringschätzung als «komische Käuze» (cranks) färbte nun auch auf Fisher ab.

3. Wirkung

Fisher war ein enorm produktiver und begabter Autor. Das von seinem Sohn herausgegebene Schriftenverzeichnis weist mehr als 2000 Titel auf (Irving Norton Fisher, 1961). Die von William J. Barber (1997) für die American Economic Association herausgegebene Zusammenstellung seiner wichtigsten wissenschaftlichen Werke und wirtschaftspolitischen Schriften summiert sich auf vierzehn stolze Bände. Sie verdeutlichen das beeindruckende wissenschaftliche Werk eines genialen Ökonomen, andererseits mit den in Band 13 («Fisher as a Crusader for Social Causes») ausgewählten Schriften aber auch einen Exzentriker und Außenseiter, der mit seinen missionarischen Kampagnen und Traktaten gegen den Alkoholismus und für eine gesunde Lebensführung, Erbgesundheitslehre und die Einführung von Stempelgeld seinen Zeitgenossen manchmal gehörig auf den Nerv ging. Hinzu kommt, daß er aufgrund seiner langjährigen Krankheit und der reduzierten Lehrtätigkeit wegen seiner zahlreichen, lange Zeit erfolgreichen kommerziellen Aktivitäten nur wenige Schüler hervorgebracht hat. Das wirtschaftliche Fiasko in der beginnenden Weltwirtschaftskrise und sein zunächst unveränderter Optimismus führte zu einem Reputationsverlust als Ökonom. Mit seinen herausragenden wissenschaftlichen Arbeiten, obwohl exzellent geschrieben, war er seiner Zeit vielfach weit voraus. Dies führte vor allem in den USA anfangs zu einem gespaltenen Echo. Während er bereits 1918 zum Präsidenten der American Economic Association gewählt wurde, wird er dagegen in Homans einflußreichem Band *Contemporary Economic Thought* (1928) völlig ignoriert. Im Gegensatz dazu erscheint dort, nicht untypisch für die Zeit, John Bates Clark, der zweite große Wegbereiter für die neoklassische Theorie in den USA (Tobin, 1985), als leuchtender Stern am Firmament.

Fishers Ansehen unter international führenden Wirtschaftswissenschaftlern war dagegen seit dem Erscheinen seiner Dissertation stets herausragend. Dies dokumentieren beispielhaft seine frühe lebenslange Freundschaft mit Edgeworth ebenso wie spätere Würdigungen z.B. durch Allais (1968), aber insbesondere auch die einflußreichen Unterstützungen durch Schumpeter und Ragnar Frisch. Der norwegische Ökonom, der später mit Tinbergen für seine Pionierarbeiten zur Ökonometrie 1969 den ersten Nobelpreis in den Wirtschaftswissenschaften erhalten sollte, war ein lebenslanger Verehrer von Fisher, und neben Charles F. Roos (Cornell) und Schumpeter wichtigster Unterstützer bei der Realisierung von Fishers Lebenstraum: der Gründung einer internationalen Vereinigung zur Förderung der mathematischen und statistischen Methoden in den Wirtschaftswissenschaften. Ende Dezember 1930 wurde Fisher in Cleveland zum ersten Präsidenten der neuen *Econometric Society* gewählt. In derem Publikationsorgan, *Econometrica*, die heute eine der anerkanntesten wirtschaftswissenschaftlichen Fachzeitschriften ist, veröffentlichten Frisch (1947) eine Würdigung Fishers zu dessen 80. Geburtstag, und kurz darauf Schumpeter (1948) einen ausführlichen Nachruf, mit dem die Wende zu einer nachhaltigen Anerkennung des wissenschaftlichen Ranges von Fisher auch unter amerikanischen Ökonomen endgültig vollzogen wurde. Schumpeter, der als junger Ökonom stark von Böhm-Bawerk beeinflußt worden war und Fisher schon als 30jähriger 1913 in Yale besucht hatte, bezeichnete dessen *Theory of Interest* nun als «eine wunderbare Errungenschaft, die Spitzenleistung in der zinstheoretischen Literatur» (Schumpeter [1948] 1951, S. 230) und würdigte Fisher als «Amerikas größten wissenschaftlichen Ökonomen» (Schumpeter 1954, S. 872) in der ersten Hälfte des 20. Jahrhunderts. In Oslo erhielt Fisher 1946 auf Betreiben Frischs nach Athen und Lausanne (1937) seine dritte Ehrendoktorwürde in Europa. Frisch war es auch, der zusammen mit Fisher 1932 den Geschäftsmann Alfred Cowles bewogen hatte, die Cowles Commission for Research in Economics zu gründen und finanziell zu unterstützen. Unter der Leitung von Jacob Marschak sowie Tjalling Koopmans gewann sie vor allem mit ihren Forschungsarbeiten zur Modellierung simultaner Gleichungssysteme und zum wahrscheinlichkeitstheoretischen Ansatz in der Ökonometrie enormen Einfluß auf die Entwicklung der Wirtschaftswissenschaft nach dem Zweiten Weltkrieg. Als James Tobin 1955 die Leitung der Cowles Commission übernahm, die nun zur Cowles Foundation wurde, wechselte sie von Chicago an die Yale Universität, ein passender Tribut an Fisher.

Während Fisher zum 70. Geburtstag lediglich von Freunden eine Festschrift erhielt (Gayer, 1937), war es 1942 nicht Yale, sondern das Harvard Economics Department, das auf Betreiben Schumpeters Fisher zum 75. Geburtstag ehrte. Es dauerte bis zum hundertsten Geburtstag, bis seine alte Alma Mater Fisher ehrte und zehn bedeutende Ökonomen, allen voran Samuelson (1967), Tobin und Koopmans Studien in seiner Tradition vorstellten. Spätestens jetzt nahm Fisher auch an der Yale Universität unter den zeitgenössischen amerikanischen Ökonomen den Spitzenrang ein, den er im *Social Science Citation Index* vor Wesley Mitchell, John Bates Clark und Frank W. Taussig schon lange aufwies (Tobin, 1985, S. 29). Zu seinem 50. Todestag veranstaltete die Yale Universität ebenso eine große internationale Fachtagung (Dimand und Geanakoplos, 2005) wie die Irving-Fisher-Gesellschaft in Deutschland (Loef und Monissen, 1999).

Als Fishers *opus magnum* gilt heute seine *Theory of Interest*. Gemäß Samuelson (1967, S. 18) «fällt es schwer, sich ein besseres Buch vorzustellen, das es sich auf eine einsame Insel mitzunehmen lohnt als diesen Klassiker von 1930». Bekanntermaßen sah bereits Keynes sein in der *Allgemeinen Theorie* entwickeltes Konzept der ‹Grenzleistungsfähigkeit des Kapitals› als identisch mit dem Fisherschen Konzept der ‹Grenzrate des Ertrags über die Kosten› an und betonte, «daß es keinen nennenswerten Unterschied zwischen seiner Kurve der Grenzleistungsfähigkeit des Kapitals oder der Nachfragekurve nach Investitionen und der von einigen klassischen Autoren betrachteten Nachfragekurve nach Kapital gebe» (Keynes, 1936, S. 140 und 178). Es ist jedoch unmöglich, eine Nachfragekurve nach Investitionen auf Basis der von Fisher verwendeten Fixpreisannahme allein durch Variationen des Zinssatzes zu konstruieren. Die Schwierigkeiten, denen sich die Analysen von Fisher und Keynes ausgesetzt sehen, werden aus unterschiedlichen Perspektiven von Alchian (1955) und Garegnani (1978–79) illustriert.

Die von Fisher durchgeführte zins- und kapitaltheoretische Analyse ist in der modernen Wirtschaftstheorie entscheidend von Hirshleifer (1970) weiterentwickelt worden. Danach führen die beiden von Fisher verwendeten alternativen Kriterien bei der Investitionsentscheidung, die Kapitalwertmethode und die interne Ertragsratenmethode, nur dann zum gleichen Ergebnis, wenn der Marktzins größer ist als derjenige Zinssatz, bei dem die Kapitalwerte zweier Investitionsvorhaben übereinstimmen. Das Versagen der internen Ertragsratenmethode ist auf die in der Regel ökonomisch sinnlose Unterstellung zurückzuführen, daß die negativen bzw. positiven Nettoerträge eines Investitionsvorhabens während seiner Laufzeit zum internen Zinssatz und nicht zum Marktzinssatz geborgt bzw. verliehen werden können (Reinvestitionsproblem). Im Gegensatz dazu ist die Kapitalwertmethode als Regel für die Auswahl eines Investitionsprojektes bei Existenz eines vollkommenen Kapitalmarktes sowie bei unabhängigen und sich gegenseitig nicht ausschließenden Investitionsmöglichkeiten von allgemeiner Gültigkeit.

Solow hat 1963 mit der Rate of Return ein zentrales Konzept von Fisher aufgegriffen und im makroökonomischen Kontext weiterentwickelt. Dabei schaltet Solow Probleme der Unsicherheit ebenso aus der Betrachtung aus wie das subjektive Element der Zeitpräferenzrate. Mit der Formulierung des Theorems von der Gleichheit der sozialen Ertragsrate (*Rate of Return*) eines marginalen Konsumverzichts und der Profitrate leitete Solow eine neue Runde der kapitaltheoretischen Cambridge-Cambridge-Kontroverse ein. Dabei ist aufgezeigt worden, daß die soziale Ertragsrate bei Heterogenität der Kapitalgüter nicht mehr wie in der Eingutökonomie als physische Größe, d.h. unabhängig von der Profitrate bzw. dem Lohnsatz und vor Kenntnis des Systems der relativen Preise, ermittelt werden und daher auch nicht Teil einer Erklärung der Profitrate sein kann. Darüber hinaus erfordert die Gleichheit zwischen der *Rate of Return* und der Profitrate eine Fülle restriktiver Voraussetzungen, die die Reichweite des Solowschen Theorems entscheidend begrenzen (Hagemann, 1977).

In der nachfolgenden kapitaltheoretischen Debatte hat insbesondere Dougherty (1980) im Geiste Fishers argumentiert. Dabei ist auch deutlich geworden, daß es bei Fisher im Gegensatz zu anderen neoklassischen Autoren wie John Bates Clark keine Identität zwischen dem Zinssatz und der Grenzproduktivität des *aggregierten* Kapitals gibt, da Fisher (1930, S. 91f. und 150f.) die Gefahr eines Zirkelschlusses eindeutig erkannt und den ambivalenten Begriff der

«Kapitalproduktivität» daher bewußt vermieden hat. Andererseits spielt die Grenzproduktivität *einzel*wirtschaftlicher Investitionen in Gestalt der marginalen Ertragsrate eine Schlüsselrolle in Fishers Zins- und Kapitaltheorie, die durch die vorkeynesianische Vorstellung geprägt ist, daß der Zinssatz für die Übereinstimmung der Investitionsnachfrage mit den angebotenen Ersparnissen und damit für ein Vollbeschäftigungsgleichgewicht sorgt. Da Fisher ebenso wie Wicksell die Problematik eines wertmäßigen Kapitalaggregats frühzeitig erkannt hat, begreift er den Zinssatz als Gleichgewichtswert für eine Stromgröße (Investitionen) anstelle einer Bestandsgröße (Kapital).

Abschließend bleibt festzustellen, daß Fishers Leistung in der Neuformulierung der Quantitätstheorie des Geldes noch heute eine wichtige Rolle spielt. So verfolgt die Europäische Zentralbank EZB eine Zweisäulenstrategie, in deren monetärer (seit 2003 zweiter) Säule die Fishersche Verkehrsgleichung von grundlegender Bedeutung für die Berechnung des Referenzwertes für das Trendwachstum des weit gefaßten Geldmengenaggregats M3 ist, für das gilt: $\Delta M = \Delta Y_{real} + \Delta P - \Delta V$. Dabei entspricht ΔY_{real} dem realen Wachstum des Bruttoinlandsprodukts und die Veränderung der Geldmenge ΔM der Veränderung des nominalen Transaktionsvolumens $\Delta Y_{real} + \Delta P$ abzüglich der langfristig-strukturell bedingten Veränderung der Umlaufgeschwindigkeit ΔV (EZB, 2004, S. 68).

Literatur

1. Werke

Fisher, I. 1892. Mathematical Investigations in the Theory of Value and Prices, PhD. Thesis, in: Transactions of the Connecticut Academy of Arts and Sciences, Bd. 9, S. 1–124, New Haven. Reprint New York 1961.

Fisher, I. 1896. Appreciation and Interest, in: Publications of the American Economic Association, Serie 3, Bd. 11, S. 331–442, Reprint New York 1961.

Fisher, I. 1906. The Nature of Capital and Income, New York.

Fisher, I. 1907a. The Effect of Diet on Endurance, in: Transactions of the Connecticut Academy of Arts and Sciences, Bd. 13, S. 11–46.

Fisher, I. 1907b. The Rate of Interest. Its Nature, Determination and Relation to Economic Phenomena, New York.

Fisher, I. 1909. Report on National Vitality. Its Wastes and Conservation, Washington.

Fisher, I. 1910. Introduction to Economic Science, New York.

Fisher, I. 1911a. The Purchasing Power of Money. Its Determination and Relation to Credit, Interest and Crises (mit Harry G. Brown), New York; dt.: Die Kaufkraft des Geldes, Berlin 1916.
Fisher, I. 1911b. Elementary Principles of Economics, New York.
Fisher, I. (Hrsg.) 1915. How to Live. Rules for Healthful Living Based on Modern Science; veröffentlicht mit Eugene Lyman Fisk, New York.
Fisher, I. 1922. The Making of Index Numbers, Boston.
Fisher, I. 1923. The Business Cycle Largely a «Dance of the Dollar», in: Journal of the American Statistical Association, Bd. 18, S. 1024–1028.
Fisher, I. 1925. Our Unstable Dollar and the So-Called Business Cycle, in: Journal of the American Statistical Association, Bd. 20, S. 179–202.
Fisher, I. 1926a. A Statistical Relation between Unemployment and Price Changes, in: International Labour Review, Bd. 13, S. 785–792; Wiederabdruck als: I discovered the Phillips curve – Irving Fisher, in: Journal of Political Economy, Bd. 81, 1973, S. 496–502.
Fisher, I. 1926b. Prohibition at Its Worst, New York.
Fisher, I. 1930a. The Stock Market Crash – and After, New York.
Fisher, I. 1930b. The Theory of Interest, New York; dt.: Die Zinstheorie, Jena, 1932.
Fisher, I. 1932. Booms and Depressions, New York.
Fisher, I. 1933a. The Debt-Deflation Theory of Great Depressions, in: Econometrica, Bd. 1, S. 337–357.
Fisher, I. 1933b. Stamp Scrip, New York.
Fisher, I. 1934. Stable Money. A History of the Movement, New York.
Fisher, I. 1935. 100 % Money, New York.
Fisher, I. 1942. Constructive Income Taxation; veröffentlicht mit Herbert W. Fisher, New York.
Fisher, I. 1997. The Works of Irving Fisher, hrsg. von W. J. Barber, 14 Bde., London.

2. *Weiterführende Literatur*

Alchian, A. A. 1955. The rate of interest. Fisher's rate of return over costs and Keynes' internal rate of return, in: American Economic Review, Bd. 45, S. 938–943.
Allais, M. 1968. Irving Fisher, in: D. L. Sills (Hrsg.), International Encyclopedia of the Social Sciences, London und New York, Bd. 5, S. 475–485.
Allen, R. L. 1993. Irving Fisher: A Biography, Cambridge, Mass. und Oxford.
Auspitz, R., und Lieben, R. 1889. Untersuchungen über die Theorie des Preises, Leipzig.
Dimand, R. W. (Hrsg.) 2007. Irving Fisher. Critical Responses, 3 Bde., London und New York.
Dimand, R. W., und Geanakoplos, J. (Hrsg.) 2005. Celebrating Irving Fisher. The Legacy of a Great Economist, Oxford.
Dougherty, C. 1980. Interest and Profit, London.
Europäische Zentralbank. 2004. Die Geldpolitik der EZB, Frankfurt am Main.
Fisher, I. N. 1956. My Father Irving Fisher, New York.
Fisher, I. N. 1961. A Bibliography of the Writings of Irving Fisher, New Haven.

Frisch, R. 1947. Irving Fisher at Eighty, in: Econometrica, Bd. 15, S. 71–74.

Garegnani, P. 1978–79. Notes on Consumption, Investment and Effective Demand, I and II. in: Cambridge Journal of Economics, Bd. 2 (4), S. 335–353 und Bd. 3 (1), S. 63–82.

Gayer, A.D. (Hrsg.) 1937. The Lessons of Monetary Experience. Essays in Honour of Irving Fisher, New York.

Hagemann, H. 1977. Rate of Return und Profitrate. Eine kapitaltheoretische Kontroverse zwischen Neoklassikern und Postkeynesianern im Rahmen der Cambridge-Debatte, Meisenheim am Glan.

Hirshleifer, J. 1970. Investment, Interest, and Capital, Englewood Cliffs.

Homan, P.T. 1928. Contemporary Economic Thought, New York.

Jevons, W.S. 1871. The Theory of Political Economy, London.

Keynes, J.M. 1936. The General Theory of Employment, Interest and Money, London.

Loef, H.-E., und Monissen, H.G. (Hrsg.) 1999. The Economics of Irving Fisher, Reviewing the Scentific Work of a Great Economist, Cheltenham, UK und Northampton, Mass., USA.

Monissen, H.G. 1989. Irving Fisher (1867–1947), in: J. Starbatty (Hrsg.), Klassiker des ökonomischen Denkens, Bd. 2, München, S. 211–230.

Phillips, A.W. 1958. The relation between unemployment and the rate of change in money wage rates in the United Kingdom 1861–1957, in: Economica, Bd. 25, S. 283–299.

Rae, J. 1834. The Sociological Theory of Capital, Reprint New York 1905.

Samuelson, P.A. 1967. Irving Fisher and the Theory of Capital, in: William Fellner (Hrsg.), Ten Economic Studies in the Tradition of Irving Fisher, New York, S. 17–38.

Schefold, B. (Hrsg.) 1994. Irving Fishers «The Rate of Interest». Vademecum zu einem Klassiker der Zinstheorie, Düsseldorf.

Schumpeter, J.A. 1948. Irving Fisher's econometrics, in: Econometrica, Bd. 6, S. 219–231. Wiederabdruck in: Joseph A. Schumpeter, Ten Great Economists, From Marx to Keynes, London, Oxford und New York, 1951, S. 222–238.

Schumpeter, J.A. 1954. History of Economic Analysis, New York und Oxford.

Solow, R.M. 1963. Capital Theory and the Rate of Return, Amsterdam.

Tobin, J. 1980. Asset Accumulation and Economic Activity, Oxford.

Tobin, J. 1985. Neoclassical Theory in America: J.B. Clark and Fisher, in: American Economic Review, Bd. 75 (6), S. 28–38.

Tobin, J. 1987. Fisher, Irving (1867–1947), in: J. Eatwell u.a. (Hrsg.), The New Palgrave, Bd. 2, London, S. 369–376.

Richard Sturn

Artur Cecil Pigou
(1877–1959)

I. Leben

Pigou wird am 18. November 1877 in Ryde auf der Insel Wight als Sohn von Nora und Clarence Pigou, eines pensionierten Armeeoffiziers, geboren. Während seiner Schulzeit an der renommierten Knabeninternatsschule von Harrow und seiner Studienzeit am King's College in Cambridge (wo er ab 1897 Geschichte und später Moralwissenschaften studiert, die zu dieser Zeit Ökonomie inkludierten) tut er sich bereits durch vorzügliche Leistungen hervor. Für eine Ode und zwei Essays (über Robert Browning als religiösen Lehrer und über Agrarpreisentwicklung) wird er mit verschiedenen Auszeichnungen bedacht. Sein wirtschaftshistorisches Werk trägt ihm die Wahl zum Fellow am King's College ein, welches zeitlebens seine akademische Heimstatt sein wird. Er verstirbt dort am 7. März 1959. Schon 1901 hält er seine ersten Lehrveranstaltungen ab, 1904 wird er zum *Girdler's Lecturer* ernannt. Alfred Marshall schätzt Pigous Potential als Lehrer im Rahmen des neu etablierten *Economics Tripos* und unterstützt den 31jährigen bei der nicht ohne Konflikte ablaufenden Nachbesetzung seines Lehrstuhls im Jahre 1908. Tatsächlich zieht die Berufungskommission Pigou mehrheitlich seinem deutlich älteren, weniger theoretisch ausgerichteten und Marshall langjährig freundschaftlich verbundenen Konkurrenten H.S. Foxwell vor. Von Zeitgenossen wie Hugh Dalton wird Pigous eindrucksvolle Erscheinung im Hörsaal und die hohe didaktische Qualität und Klarheit seiner Vorlesungen hervorgehoben – Vorzüge, die zunächst primär dem Unterricht der Hauptlinien von Marshalls *Principles* zugute kommen.

Als überzeugter Pazifist dient Pigou im Ersten Weltkrieg während des Urlaubs freiwillig als Sanitäter. Das Fronterlebnis erschüttert ihn tief und wird vielfach als Auslöser seines schrittweisen Rückzugs aus sozialen Beziehungen gedeutet. Zunehmend scheut er Öffentlichkeit, Gremienarbeit und Administration. Seine diesbezüglich mangelnde Effektivität soll für Marshall ebenso eine Enttäuschung gewesen sein wie die Neigung Pigous, Klarheit und

Eindeutigkeit um den Preis der Ausblendung von Komplikationen zu erkaufen. Pigous exzentrische Haltung akzentuiert sich indes im Laufe der Zeit: Er ist immer weniger bereit, ökonomische Probleme außerhalb des Hörsaals zu diskutieren. Seine Publikationstätigkeit jedoch bricht im Gegensatz dazu keineswegs ab – und sie wendet sich auch keineswegs esoterischen Problemstellungen zu. Fast durchwegs arbeitet Pigou, der sich in einer wirtschaftspolitischen Kontroverse zu Beginn des Jahrhunderts schon früh prononciert zugunsten einer freihändlerischen Position engagiert hatte, an wirtschaftspolitisch relevanten Fragestellungen. Ökonomischer *common sense* ist ein charakteristisches Merkmal seiner Modellierungen wie auch der vorgeschlagenen wirtschaftspolitischen Ansätze.

Freundschaften mit Studienkollegen und Personen wie seinem Tutor in Cambridge, Oscar Browning, die als homosexuell gelten, nähren entsprechende Gerüchte in bezug auf Pigou selbst. Aus Briefwechseln und teils skurrilen Anekdoten dokumentiert ist dagegen seine Misogynie (Aslanbeigui, 1997), die von seiner männerbündisch-viktorianischen Sozialisation her verständlich sein mag, sich jedoch nicht in einem persönlichen Reifungsprozeß abschwächte. Seine Aversion richtet sich vordergründig gegen die Distinktionsrituale von Frauen der Oberschicht, kulminiert jedoch in der wiederholt artikulierten Vermutung eines weiblichen Intelligenzdefizits. Fachlichen Respekt bekundet er immerhin gegenüber Beatrice Webb und (ambivalenter) gegenüber Joan Robinson. Die sozialpolitische Ernsthaftigkeit, mit der er Probleme der Doppelbelastung von Frauen der Arbeiterklasse diskutiert, steht hingegen außer Zweifel, wenngleich die von ihm vorgeschlagenen Remedien nicht frei sind von zeitbedingten Prägungen: Wie auch bei Marshall und anderen steht die Abschaffung des *Zwangs zur Erwerbstätigkeit* (die Absicherung der Mutterrolle) im Zentrum diesbezüglicher sozialpolitischer Überlegungen.

Nach einem ersten Besuch der Alpen 1907 wird Alpinismus zu einer ernsthaften Passion Pigous. Er klettert mit einschlägigen Koryphäen wie George Mallory, dem in Gipfelnähe verschollenen Beinahe-Erstbesteiger des Mount Everest, und besucht noch einmal 1958 kurz vor seinem Tode Zermatt. Die Ehegattinnen seiner alpinistischen Freunde – Pigou selbst bleibt unverheiratet – gehören zu den wenigen Frauen, die in seinem kleinen Zirkel willkommen sind. Die Beteiligung von Frauen an seinen eigenen alpinistischen Unternehmungen ist ihm jedoch weniger lieb, während er mit anerkennender Verwunderung (aber keineswegs ganz entspannt) auf Leistungen weiblicher Alpinistinnen «*sans guide*, ja sogar *sans hommes*» reagiert.

2. Werk

Pigous Werk hat viele Facetten, aber die vor allem an seine Lehrer Marshall und Sidgwick anschließende Konzeption und Ausführung der Wohlfahrtsökonomik stellt alles in den Schatten, was sonst noch in seinem Werk an Interessantem zu finden ist. Mit der Ausarbeitung dieser Wohlfahrtsökonomik hängen auch viele spezifischere Beiträge Pigous zusammen. Deren bekanntester betrifft das von Marshall übernommene, aber von Pigou für die wohlfahrtstheoretische Anwendung ausformulierte Konzept der positiven und negativen *Externalitäten*. Gemäß Pigou werden Aktivitäten, die *positive Externalitäten* auslösen, in *zu geringem* Umfang betrieben: Wenn eine Firma Fachkräfte ausbildet, nutzt sie nicht nur sich selbst. Auch die Mitbewerber in der Branche haben durch den verbesserten Pool an Fachkräften Vorteile, wofür die ausbildende Firma nicht ausreichend kompensiert wird. Ausbildungssubventionen sollen dafür sorgen, daß gesamtwirtschaftlich optimale Anreize für entsprechende Ausbildungsaktivitäten bestehen. Der klassische Fall von *negativen Externalitäten* sind Emissionen, die anderen schaden, für die Emittenten jedoch unentgeltlich sind. Würden die Emittenten die externen Kosten einkalkulieren, dann würde weniger emittiert. Pigou selbst wählt zur Illustration die funkensprühenden Dampfloks, die gelegentlich Brände in den Feldern der Anrainer von Eisenbahnstrecken verursachen. Aktueller sind heute die vieldiskutierten Probleme von Lärm, Luft- und Wasserverschmutzung bis hin zur CO_2-Problematik. Für Pigou sind Externalitäten der wichtigste jener Fälle, in denen der unkorrigierte Markt falsche Anreize bezüglich bestimmter Aktivitäten auslöst (zuviel Emissionen, zuwenig Bildung). Diese Fälle stellen Marktversagen dar, welches staatliches Eingreifen (Pigou, 1937a, S. 87) begründet. Daran ist das seit den 1960er Jahren mit Pigous Namen verbundene Instrument der *korrigierenden Steuer bzw. Subvention* geknüpft. Eine *Pigou-Steuer* sieht die steuerliche Belastung von Bemessungsgrundlagen (z.B. CO_2-Emissionen) nach Maßgabe der durch diese ausgelösten, in Geld bewerteten Grenzschäden vor. Besonders die CO_2-Pigou-Steuer wird heute von einem in den USA gegründeten Pigou-Club propagiert, dem neben dem ehem. US-Vizepräsidenten Al Gore eine Reihe prominenter Ökonomen angehört.

Andere Beiträge Pigous betreffen

- natürliche Monopole (z.B. entwickelt er Preisdifferenzierung in verschiedenen Varianten als Schemata, die Defizitfreiheit mit der Forderung verbinden, alle Nachfrager zu bedienen, die zumindest die Grenzkosten der Bereitstellung zu zahlen bereit sind);
- Indexprobleme und Ungleichheitsmessung (z.B. das Pigou-Dalton-Kriterium);
- Arbeitsmarktökonomik, industrielle Beziehungen und die Theorie der Firma;
- Geld und Konjunktur.

Auf dem letztgenannten Gebiet sichert(e) ihm nicht zuletzt der nach ihm benannte *Pigou-Effekt* markante Präsenz in den Textbüchern. Der Pigou-Effekt resümiert eine von Pigou prägnant vorgebrachte, aber in Cambridge wohl schon lange vorher bekannte und von D.H. Robertson Keynes zugeschriebene Hypothese betreffend einen Realvermögenseffekt bei Deflation. Demnach führen Lohnsenkungen – entgegen Keynes' *General Theory*, aber in Übereinstimmung mit der orthodoxen Lehre – zu Wirtschaftswachstum, weil sie zunächst Preissenkungen bewirken, was eine Erhöhung des Realwerts des Geldvermögens der Haushalte und letztlich eine Erhöhung des privaten Konsums zur Folge hat. Fokussierungen auf Zusammenhänge wie jene, die dem Pigou-Effekt zugrunde liegen, unterstreichen die tiefe, sogleich nach Erscheinen der *General Theory* in *Economica* (Pigou, 1936) artikulierte Skepsis, welche er gegenüber der Konjunkturtheorie seines langjährigen Cambridger Kollegen Keynes zunächst hegt. Vermutlich auch deswegen, weil er sich als der eigentliche Experte für Arbeitsmärkte und deren Störungen – in Cambridge und darüber hinaus – betrachtet. In den vierziger Jahren revidiert Pigou (1941, 1950) seine Position insofern, als er Keynessche Argumente zur Unterbeschäftigung als stabilisierungspolitisches Marktversagen nicht nur anerkennt, sondern die einschlägige Diskussion mit beachtlichen Arbeiten bereichert, etwa einem systematisch-modelltheoretischen Vergleich der keynesianischen mit der «klassischen» Position (1943). In *Employment and Equilibrium* (1941) unternimmt er es, die Multiplikatortheorie mit mehreren Multiplikatoren in einem allgemeineren Modell anzuwenden.

Die in *Economics of Welfare* entwickelte Wohlfahrtsökonomik ist nichts anderes als der erste wichtige, rigoros und systematisch organisierte Versuch, die wirtschaftspolitische Nutzanwendung des Marshallschen Systems auszubuchstabieren. Der normative Rahmen, den Pigou zu diesem Zweck entwickelt, ist von den utilitaristischen Diskussionen im Anschluß an Sidgwick geprägt. Sidgwick hatte sich ausführlich mit der Frage beschäftigt, wie jene Implementationsprobleme zu lösen sind, welche der Realisierung des utilitaristischen Ideals *unter Bedingungen der realen Welt* in vielfältiger Weise entgegenstehen. Aus dieser Problemlage heraus entwickelt Pigou eine Art Wohlfahrtstheorie, die zwar vom Grundzug her utilitaristisch beeinflußt ist, im Hinblick auf Informations- und Meßerfordernisse jedoch den Bedenken Rechnung zu tragen versucht, die gegen den Utilitarismus typischerweise vorgebracht werden. Die von aller Kritik im einzelnen unberührte *Bedeutung* von *Economics of Welfare* liegt darin, daß es der erste

- in seinen Fundierungen groß angelegte,
- hinsichtlich einer Fülle wirtschaftspolitischer Detailfragen ausgeführte und
- wirkungsgeschichtlich einflußreiche

Forschungsansatz ist, der ausdrücklich die mikrotheoretisch und normativ fundierte quantitative Analyse ökonomischer Zusammenhänge mit wirtschaftspolitischem Anwendungshorizont zum Ziel hat.[1]

Man wird Pigou daher nicht gerecht, wenn man ihn vorwiegend als Gegner oder Vorläufer siegreicher Strömungen (etwa Keynes' oder der *New Welfare Economics*) charakterisiert. Die «Überwindung» seiner Wohlfahrtsökonomik durch die ordinalistische *New Welfare Economics* und seine Gegnerschaft zu Keynes auf makro-

[1] Von Marshallschen Diagnosen und Einschätzungen zur quantitativen Analyse ausgehend, entwickelt auch Wesley Mitchell (vgl. 1925) ein Forschungsprogramm, in dessen Zentrum der quantitativ gestützte Bezug zur Empirie steht. Mitchell, der langjährige Direktor des *National Bureau of Economic Research* in Cambridge, Massachusetts, interessiert sich aber weniger für die Problemstellungen von *Economics of Welfare*, sondern eher für konjunkturpolitische Fragestellungen.

ökonomisch-konjunkturtheoretischem Terrain prägte gewiß lange Zeit weithin die Wahrnehmung des Gesamtwerks Pigous. Diese Einschätzung vernachlässigt jedoch einige für die Entwicklung der Ökonomik wichtige Aspekte: Durch Pigous Wohlfahrtstheorie wird ein neuer Stil von moderner Wirtschaftspolitik und professioneller Politikberatung inauguriert, gemäß dem der Ökonom als zünftiger und mit quantitativen Instrumenten ausgerüsteter Experte für abgrenzbare Fragen (wie etwa die Eigenschaften einer bestimmten Steuer) auftritt.

Die grundlegende Bedeutung dieses Ansatzes ist nicht ohne zwei Haupteinflüsse zu würdigen: (1) Der *Utilitarismus Sidgwicks* leitet Struktur, Form und Umfang des gesamten öffentlichen Wirkens – vom konstitutionellen Rahmen über die Gestaltung von Märkten bis hin zu einzelnen Maßnahmen der verschiedenen Gebietskörperschaften – als Antwort auf verschiedene *Implementationsprobleme* sozialer Wohlfahrtsmaximierung ab. Institutionen und Maßnahmen werden an ihrer diesbezüglichen Zweckmäßigkeit gemessen. (2) Das professionelle, disziplinär geprägte Selbstverständnis einer ökonomischen Ausbildung, welches ihren curricularen Niederschlag im Ringen um ein selbständiges *Economics Tripos* in Cambridge findet: Ökonomik wird in diesem Rahmen zu einem routiniert lehrbaren Handwerk, wobei das Handwerkszeug der quantitativen Analyse (die «Toolbox») die Hauptsache ist. Pigous Sache sind weder große ordnungspolitische Botschaften noch die epochengeprägte und -prägende vielschichtige Politikrelevanz des Keynesschen Œuvres. Dem setzt er die Analyse des spezifischen Einzelproblems unter den jeweils vorliegenden Rahmenbedingungen entgegen, wobei handwerkliche Kompetenz des quantitativ arbeitenden Ökonomen und ökonomischer *Common Sense* sich zu ergänzen haben: «Hochtrabende Verallgemeinerungen sind auf diesem Gebiete (‹freies Spiel der Kräfte contra staatliches Eingreifen›, R.S.) nutzloses Feuerwerk. Sie mögen in politischen Reden am Platze sein, nicht aber im praktischen Leben.» (Pigou, 1937a, S.90).

Pigou beginnt sein Hauptwerk *Economics of Welfare* im 1. Kapitel mit grundlegenden Reflexionen über den systematischen Ort der modernen Wissenschaft im Allgemeinen und der Ökonomik im Besonderen, von der die moderne Gesellschaft *«light and fruit»* erwarte: Licht in Form eines grundsätzlichen Verständnisses ökonomischer Prozesse und die Früchte einer daraus folgenden guten Wirtschaftspolitik. Um diese Früchte bereitzustellen, muß die Ökonomik neben der qualitativen Analyse, in der sie (wie Pigou und sein Lehrer Marshall zu betonen pflegen) schon *sehr weit fortgeschritten* ist, vor allem das erst rudimentär vorhandene quantitative Instrumentarium weiterentwickeln. Erst daraus resultieren die *Früchte* in Form wirtschaftspolitischer Beratungskompetenz, welche in der Figur des zünftig ausgebildeten, sein quantitatives Handwerkszeug beherrschenden Experten personifiziert ist.

Als Pionier der normativen Ökonomik ist Pigou kein naiver Utilitarist. Das normative Gerüst der *Economics of Welfare* ist in vielerlei Hinsicht geradezu als Antwort auf utilitaristische Meß- und Informationsprobleme konzipiert, welche die normative Ökonomik bis heute beschäftigen: Auf welcher Basis kommen wir zu Urteilen über die Vorzugswürdigkeit verschiedener Politikvarianten? Welche Konsequenzen sind aus dem schwer widerlegbaren Argument zu ziehen, daß Nutzen interpersonell nicht vergleichbar ist? Unter welchen Voraussetzungen und für welche Fragestellungen ist etwa das vielkritisierte Volkseinkommen (in Geldgrößen ausgedrückt) ein brauchbares Maß? Charakteristisch für Pigou ist eine Kombination von philosophisch subtilen Problemexpositionen und der Bereitschaft zu einfachen, robusten, möglichst problemadäquaten Lösungen. Den für seinen Ansatz unentbehrlichen normativen Rahmen entwickelt Pigou aus einer aus drei Teilen bestehenden Abstufung, welche den Sinn hat, Probleme der Messung und Quantifizierung als Voraussetzung für die normative ökonomische Analyse handhabbar zu machen:

1. utilitaristisch konzipierte *Welfare* (gesellschaftliche Wohlfahrt),
2. geldförmig messbare *Economic Welfare* als Teilaspekt von (1.) und
3. auf der Basis faktischer Tauschakte messbare *national dividend* (Volkseinkommen) als Teilaspekt von (2.).

Pigou versucht nun die Bedingungen herauszuarbeiten, unter welchen eine Steigerung der *national dividend* auch eine Steigerung von *economic welfare* bzw. *welfare* garantiert. Er leitet unter bestimmten Bedingungen einen positiven Zusammenhang zwischen diesen Größen als Arbeitshypothese ab. Im Anschluß daran fährt er (1932, S. 89) fort: «On this basis it is desired... to establish some connection between changes in the distribution of the national dividend and changes in economic welfare, corresponding to the connection established... between changes in the size of the national dividend and changes in economic welfare.» Die Verteilung wird also ausdrücklich als Teil des ökonomischen Wohlfahrtsproblems begriffen. Sie wird nicht in jener Schärfe von der Allokation getrennt, die später etwa Little (1950) im Sinne des Desiderats einfordern wird, verteilungsethische Urteile müßten explizit gemacht werden. Auf der Basis der Annahme *sinkender Grenznutzen* der Einkommen kommt Pigou zu einer von den Informationsvoraussetzungen her praktikablen Integration von Verteilungsaspekten. Diese impliziert keineswegs eine utilitaristisch-formale Repräsentation der Wohlfahrt in Form einer Sozialen Wohlfahrtsfunktion mit ihren anspruchsvollen Informationsvoraussetzungen. Sie ist vielmehr als Teilordnung konzipiert (Cooter und Rappoport, 1984, S. 513 ff.). Die Beurteilung der Vorzugswürdigkeit sozialer Zustände können wir wie folgt zusammenfassen: *Die ökonomische Wohlfahrt steigt, wenn die* national dividend *bei gleicher Verteilung größer wird oder wenn bei gleich hoher oder höherer Dividende sich die Verteilung zugunsten der Armen ändert (und* vice versa*). Keine Relation der Vorzugswürdigkeit kann geltend gemacht werden, wenn eine Dividendenerhöhung mit einer Verteilungsänderung zu Lasten der Armen gekoppelt ist.* Pigous Ansatz impliziert, daß Maßnahmen, welche den Schlechtestgestellten unkompensierte Nachteile bringen, keinesfalls empfohlen werden können. Hingegen ist eine Umverteilung zugunsten der Schlechtestgestellten bei konstanter *national dividend* jedenfalls wohlfahrtssteigernd.

Wie eine interpersonelle Egalisierung der Verteilung wirkt analog auch eine Glättung zyklischer Schwankungen der *national dividend* im Zeitablauf wohlfahrtssteigernd. Es verdient hervorgehoben zu werden und ist ebenso wie die Neigung zu «robusten» Lösungsvorschlägen für Pigous Stil charakteristisch, daß er die für diese Lösung benötigten Ingredienzien ausführlich diskutiert und problematisiert, bevor er sie als vertretbar in Hinblick auf den jeweiligen Zweck akzeptiert. In diesem Fall sind dies etwa Annahmen über die individuellen Präferenzen wie auch die Frage der Messung von Vermögensverteilung bzw. Armut in Gesellschaften mit mehr als zwei Personen. In den letzten beiden Kapiteln von Teil I behandelt Pigou die Wohlfahrtsimplikationen von «Anzahl und Qualität» der Bevölkerung.

Teil II der *Economics of Welfare* beschäftigt sich mit verschiedenen Allokationsproblemen und -störungen, die zu Ineffizienz (Marktversagen) führen können. Dazu gehören unvollkommenes Wissen und mangelnde «teleskopische Fähigkeiten» hinsichtlich zukünftiger Nutzen und Kosten, Externalitäten und (natürliche) Monopole. Für jeden dieser Fälle diskutiert Pigou ein zweckmäßiges Instrumentarium zur Steigerung der *national dividend.* Bei all diesen Analysen läßt sich gut nachvollziehen, wie klar und allgemein er die konzeptuelle Trennung abstrakter Effizienzbedingungen einerseits von der Analyse von Märkten bzw. des umgebenden institutionellen Milieus andererseits durchführt. Effizienzbedingungen werden zunächst *in abstracto* etabliert, um dann ihre praktische Realisierung über Märkte oder – wenn Märkte fehlen oder nicht effizient funktionieren – andere Mechanismen und Institutionen zu diskutieren und – in anderen Fällen – ihre Störung durch verzerrende Steuern und andere staatliche Eingriffe zu analysieren.

Pigou (1932, Teil III) behandelt die Organisation von Arbeit sowie Arbeitsmärkte. Kurz- und längerfristige Effizienz, Lebensstandardsicherung und Fairneß sind hierbei die wesentlichen Koordinaten. Breiten Raum nimmt die Evaluation unterschiedlicher Politikansätze, vor allem in der Arbeitsmarkt- und Steuer- bzw. Transferpolitik ein. Pigou analysiert in diesem Zusammenhang Mindestlöhne (denen er mit differenzierter Skepsis gegenübersteht) und transfergestützte Mindesteinkommen, wobei er jeweils insbesondere Maßnahmen und Effekte in Hinblick auf Weiterbildung und zukünftige Beschäftigungsfähigkeit in die Betrachtung einbezieht. Ein Kapitel handelt von «interference to raise wages in places and occupations where they are unfair», wobei «unfair» heißt: unterhalb des Wertgrenzprodukts liegend oder das Prinzip «Gleicher Lohn für gleiche Arbeit» verletzend (1932, S. 549 ff.). Teil IV untersucht die empirische Relevanz der Möglichkeit eines verteilungsmäßig disharmonischen Wachstums der *national dividend:* «... how far in actual fact causes that affect economic welfare in one sense through the size of the dividend are liable to affect it in a different sense through distribution of the dividend, and to study the problems that arise when this sort of disharmony is manifested.» (1932, S. 124).

Allerdings ist Pigou kein naiver Befürworter von Umverteilung durch das Steuer- und Transfersystem, denn dies führt in vielen Fällen zu einer Senkung der *national dividend*. Er betont die Tendenz solcher Umverteilungspolitik zur Auslösung von Allokationsverzerrungen durch *announcement effects*, die er in Antizipation der Optimalsteuertheorie herausarbeitet (1928, v.a. S. 102–113). Seine Aufmerksamkeit und Präferenz gilt jenen Maßnahmen zur Hebung der Lebensumstände der Armen, die neben günstigen Verteilungseffekten auch langfristig effizienzfördernde Effekte haben. Diese Ansätze (auf Gebieten wie Gesundheit, Bildung, Wohnen, Arbeitsbedingungen, Familienpolitik) atmen den Geist eines aufgeklärten Paternalismus.

3. Wirkungsgeschichte

Die Rezeption von Pigous Wohlfahrtstheorie ist von einer merkwürdigen Dialektik überlagert. Außer Zweifel steht der bis heute prägende Einfluß seiner Grundlegung einer normativ ausgerichteten Ökonomik mit politischem Anwendungshorizont – nicht nur in Bezug auf die Pigou-Steuer, sondern auch und gerade in bezug auf jene konzeptuellen Teile dieser Grundlegung, die in derart hohem Maße in den Fundus ökonomischer Basiskonzepte eingegangen sind, daß sich Pigous Autorschaft im Bewußtsein der Anwender verflüchtigt. Wie de Graaff (1987, S. 878) mit Recht feststellt, hat sich der von Pigou eingeführte Apparat als «erstaunlich robust» erwiesen. Gleichwohl ist die Rezeption seiner bedeutendsten Werke auf dem Gebiet der Wohlfahrts- wie auch der Konjunkturtheorie durch Wellen der Kritik bestimmt. Schon in den 1930er Jahren wurde die Pigovianische Wohlfahrtsökonomik durch die Vertreter der (später so genannten) *New Welfare Economics* einer Fundamentalkritik unterzogen: Pigou setze ethische Urteile im Sinne des Utilitarismus voraus, wohingegen der neue Ansatz auf der Basis ordinaler, interpersonell nichtvergleichbarer Nutzen strikt wissenschaftliche Wohlfahrtsurteile auf der Basis beobachtbarer Wahlakte ermögliche. Obschon Pigous Wohlfahrtstheorie im Lichte der *New Welfare Economics* überholt schien, kann sie im Hinblick auf ihre Problemstellungen nicht als überwunden gelten. Ihre «erstaunliche Robustheit» wird durch drei Überlegungen verständlich:

(1) Arrows (Un)möglichkeitstheorem zeigt, daß auf der Basis ordinaler individueller Nutzen keine ethisch attraktive und robuste formale Repräsentation der Sozialen Wohlfahrt möglich ist.

(2) Die *New Welfare Economics* sah sich bald der Kritik ausgesetzt, kaum relevante Politikempfehlungen fundieren zu können. Denn Reformen, bei denen es neben Gewinnern *auch Verlierer* gibt (und dies trifft leider meist zu), sind aus ihrer Sicht auf Basis rein ökonomischer Kriterien nie vorzugswürdig. Als Lösung wurde das Kaldor-Hicks-Kriterium entwickelt: Reformen sind demgemäß vorzugswürdig, wenn die Gewinner *die Verlierer kompensieren können* und trotzdem besser gestellt sind als in der Ausgangssituation. Kritik wie jene von Scitovsky oder Chipman machte logische Fallstricke dieser intuitiv einleuchtenden Kompensationstests deutlich. Sie leisten als Beurteilungskriterien deutlich weniger, als sie versprechen. Als einziger Ausweg zeichnet sich eine Pointierung der *Struktur* von Bewertungsfragen ab: Eine scharfe und explizite Trennung von Allokationseffizienz und Verteilungsgerechtigkeit wird als *strukturelles Prinzip der normativen Ökonomik* abgeleitet (Little, 1950, ch. VI). Die Bestimmung von Verteilungskriterien wird als separates *ethisches* Problem und nicht als Teil des ökonomischen Problems gesehen. Der analytische Stellenwert dieser Diskussion mag hoch zu veranschlagen sein, jedoch stellt sie keinen kohärenten und brauchbaren Evaluationsrahmen für ökonomische Maßnahmen bereit, der als überlegene Alternative zu Pigou gelten könnte. Dies zeigt die moderne Diskussion: Bedeutende zeitgenössische Ökonomen wie Peter Hammond betonen die Unentbehrlichkeit von interpersonellen Nutzenvergleichen im Rahmen der normativen Ökonomik, während andere (wie Amartya Sen) darüber hinaus den systematischen Einbezug von nicht-nutzenbasierten Beurteilungsdimensionen fordern.

(3) Es ist eine offene Frage, in *welchem Maße* Pigous Konstruktion des Welfarismus tatsächlich utilitaristische Werturteile im engeren Sinn impliziert bzw. analog weitreichende Informationsvoraussetzungen aufweist (vgl. Mongin, 2002, S. 146).

In den Debatten im Anschluß an die *General Theory* ist Pigou ein bevorzugtes Angriffsziel der Keynesianer. Um 1960 kommen sodann gleich von mehreren Seiten Attacken, die Pigou oder «die Pigovianische Tradition» im Visier haben, und zwar seine angeblich unkritisch-technokratische Konzeption von Staat und staatlicher Intervention. Sehr scharf und explizit gegen Pigous Behandlung externer Effekte gerichtet ist die Frontalattacke von Ronald Coase

(1993, S. 176 f.): «Es ist sonderbar, daß eine Lehrmeinung, die so fehlerhaft wie die von Pigou entwickelte ist, solch großen Einfluß gehabt haben sollte ... Ich möchte die Unzulänglichkeit dieser Pigouschen Tradition aufzeigen, indem ich demonstriere, daß sowohl die Analyse als auch die daraus gezogenen Folgerungen für die Wirtschaftspolitik unzutreffend sind.» Im einzelnen kritisiert Coase Pigou-Steuern als Instrument zur Internalisierung von Externalitäten, weil diese nicht der Tatsache Rechnung trügen, daß es bei Externalitäten immer um symmetrische Probleme verschiedener rivalisierender Nutzungsinteressen gehe. Es sei aus rein ökonomischer Sicht (ohne ethische Implikationen) gar nicht möglich, eine Seite als Verursacher einzustufen und diesen mit einer spezifischen Steuerpflicht zu belegen. Coase betrachtet die institutionelle Internalisierung von Externalitäten vom Referenzpunkt privater Verhandlungen und privatrechtlicher Kompensationsschemata aus, die der Staat allenfalls durch Senkung von Transaktionskosten bzw. Spezifizierung privater Eigentumrechte (marktschaffende Maßnahmen) stützen kann.

Hayek (1971, S. 289) hingegen hat an der theoretischen Externalitäten-Modellierung Pigous nichts auszusetzen, bezweifelt aber deren empirische Relevanz: «Schließlich gibt es noch den theoretisch interessanten, wenn auch *praktisch nicht sehr bedeutsamen Fall*, daß zwar gewisse Dienstleistungen durch privaten Wettbewerb erbracht werden können, aber entweder nicht alle damit verbundenen Kosten oder nicht alle sich ergebenden Vorteile in die Kalkulationen des Marktes eingehen würden, und darum mag es wohl wünschenswert sein, allen denjenigen, die eine solche Tätigkeit ausüben, spezielle Kosten aufzuerlegen oder Sondervergünstigen zu gewähren. ... A.C. Pigou, der wie kein anderer die Aufmerksamkeit auf diese Fälle gelenkt hat, gibt jetzt selbst zu, daß sie nicht von großer praktischer Bedeutung sind» (Herv. d. Verf.).

Ein Kommentar zu diesen Bemerkungen scheint sich angesichts der aktuellen Diskussion um die Klimaökonomie zu erübrigen. In der Tat war jedoch die Wahrnehmung der empirischen und wirtschaftspolitischen Relevanz der Externalitäten-Konzeption in den verschiedenen Bereichen der angewandten Ökonomik seit den 1960er Jahren von einem Auf und Ab geprägt, wobei es Phasen gab, in denen skeptische Stimmen à la Hayek zu überwiegen schienen.

Einen größeren Beitrag zu einer zeitweiligen Diskreditierung Pigous leistete jedoch Coase (1993). Bei allen vielfältigen Anstößen, welche Rechts-, Institutionen- und Transaktionskostenökonomik durch Coase erhalten haben, erstaunt doch der Mangel an allokationstheoretischer Substanz, den die gegen die «Pigovianische Überlieferung»[2] gerichteten Angriffe Coases im Lichte von Pigou (1928, 1932) besitzen. Auch die von Coase vielfach eingeforderte Analyse der Umstände des spezifischen Problems und die Berücksichtigung der «Gesamtheit der Auswirkungen» (Coase, 1993, S. 183) steht schon seit jeher ganz oben auf der Agenda Pigous. Pigou ist allenfalls vorzuhalten, daß er im Anschluß an Diskussionen um Konzeptualisierung und politisch-institutionelle Implikationen von Externalitäten es unterlassen hat, triftige Kritik (z. B. von Knight, 1924) hinreichend prägnant in seinen Standardwerken zu verarbeiten.

Von der theoretischen Substanz her ist jene in den 1960er Jahren aufkommende Kritik an Pigou am produktivsten, die sich auf einen in der Tat blinden Fleck bei Pigou bezieht. Pigou nimmt weder Wicksell noch jene italienischen Autoren wahr, welche die spezifische Logik, Problematik und Verzerrungsanfälligkeit kollektiver (politischer) Entscheidungsprozesse im Hinblick auf öffentliche Güter und deren Finanzierung in ökonomischen Modellierungen untersuchten. James M. Buchanan und Gordon Tullock griffen diese Ansätze in den 1960er Jahren wirkungsvoll auf. Der Deutsch-Amerikaner Richard Musgrave hatte schon seit den späten 1930er Jahren versucht, sie im angelsächsischen Raum bekannt zu machen.

Pigou unternimmt hingegen keine systematischen Bemühungen in Richtung der Analyse kollektiver Entscheidungsprozesse. Dies heißt aber nicht, daß Pigou die Kunstfigur des wohlwollenden und allwissenden Diktators für eine wohlfahrtsökonomisch brauchbare Fiktion hält. Im Gegensatz zu dem, was manche Anhänger Buchanans, aber auch Coase suggerieren, diskutiert Pigou durchaus in Sidgwickscher Tradition an vielen Stellen ohne formale Modellie-

[2] Wirkungsgeschichtlich aufschlußreich ist folgende Coasesche (1993, S. 177) Einleitungsbemerkung zum Abschnitt «Die Pigousche Tradition»: «Ich habe nicht vor, meine Sicht der herrschenden Lehre durch weitschweifige Literaturzitate zu rechtfertigen. .... Aber der Hauptgrund für meinen Verzicht auf Zitate liegt darin, daß die Lehrmeinung, obwohl auf Pigou fußend, sich weitgehend als das Produkt einer mündlichen Überlieferung gebildet haben muß.»

rung Staatsversagen, Verzerrungen durch Interessengruppen u.ä., wobei er jedoch die sich daraus ergebenden Implikationen sorgfältig differenziert und nicht zu einer pauschalen Politikskepsis zuspitzt. Auch heute sei der politische Prozeß der Verzerrung durch Cliquen und Lobbys ausgesetzt, aber Bildung, die Professionalisierung der Beamtenschaft und eine zweckmäßige Institutionalisierung von öffentlichen Agenturen in relativer Unabhängigkeit vom politischen Tagesgeschehen hätten doch die Voraussetzungen für «unsere heutigen Behörden ... für ein erfolgreiches Arbeiten» erheblich verbessert (Pigou, 1937a, S. 85).

Diese und andere Überlegungen mögen in jener von Coase (1993, S. 177) als Mainstream-Überlieferung dargestellten «Pigouvianischen Tradition» in den Hintergrund getreten sein: Vielleicht ein Preis dafür, daß es im Alltag der ökonomischen Ausbildung primär um die Vermittlung handwerklicher Fertigkeiten geht und die von Pigou selbst durchaus differenziert diskutierten Grundfragen wirtschaftspolitischen Handelns in jenen Bereich prä-analytischer Visionen ausgelagert sind, die von zeitbedingten ideologischen Moden kaum freizuhalten sind.

Nimmt man indes Pigous Werk zum Referenzpunkt, hat sich die in den frühen 1960er Jahren aufgekommene Kritik an Pigou, welche dem wohlfahrtstheoretischen Ansatz unterstellte, «Staatsversagen» auszublenden, eines Popanz bedient (vgl. auch Buchanan/Musgrave, 1999). Dennoch war diese Kritik imstande, weithin eine Re-Orientierung der prä-analytischen Visionen vieler Ökonomen in Richtung größerer Politikskepsis zu bewirken. Die auf die Entwicklung der Disziplin bezogene Agenda Pigous – die handwerklich-quantitative Orientierung der ökonomischen Ausbildung – vermochte sie indes kaum zu beinträchtigen.

Literatur

1. Werke

Pigou, A.C. 1901. Robert Browning as a Religious Teacher, London.
Pigou, A.C. 1903. The Riddle of the Tariff, London.
Pigou, A.C. 1905. Principles and Methods of Industrial Peace, New York.
Pigou, A.C. 1906. Protective and Preferential Import Duties; republished in 1935, London.

Pigou, A.C. 1912. Wealth and Welfare, London.
Pigou, A.C. 1914. Unemployment, New York.
Pigou, A.C. 1920. A Capital Levy and a Levy on War Wealth, New York.
Pigou, A.C. 1921. The Political Economy of War, New York.
Pigou, A.C. 1923. Essays in Applied Economics, London.
Pigou, A.C. (Hrsg.) 1925. In memoriam: Alfred Marshall. Memorials of Alfred Marshall, London.
Pigou, A.C. 1927. Industrial Fluctuations, London.
Pigou, A.C. 1928. A Study in Public Finance; 3rd edition, London, 1947.
Pigou, A.C. 1932. The Economics of Welfare; 4th edition, London. Erste Auflage 1920. Die 3. und 4. Auflage enthalten bedeutende Änderungen gegenüber der 1. Auflage.
Pigou, A.C. 1933. The Theory of Unemployment, London.
Pigou, A.C. 1935a. Economics in Practice, London.
Pigou, A.C. 1935b. The Economics of Stationary States, London.
Pigou, A.C. 1936. Review of ‹The General Theory of Employment, Interest and Money› by J.M. Keynes, in: Economica, Bd. 3, S. 115–132.
Pigou, A.C. 1937a. Praktische Fragen der Volkswirtschaft. Sechs Vorlesungen über aktuelle Fragen, Jena.
Pigou, A.C. 1937b. Socialism Versus Capitalism, London.
Pigou, A.C. 1941. Employment and Equilibrium, London.
Pigou, A.C. 1945. Lapses from Full Employment, London.
Pigou, A.C. 1946. Income: An Introduction of Economics, London.
Pigou, A.C. 1947. Aspects of British Economic History, 1918–1925, London.
Pigou, A.C. 1949. The Veil of Money, London.
Pigou, A.C. 1950. Keynes's General Theory: A Retrospective View, London.
Pigou, A.C. 1951. Some aspects of welfare economics, in: American Economic Review, Bd. 41, June, S. 287–302.
Pigou, A.C. 1952. Essays in Economics, London.
Pigou, A.C. 1953. Alfred Marshall and Current Thought, London.

2. Weiterführende Literatur

Arrow, K.J. 1983. Contributions to Welfare Economics, in: E.C. Brown und R.M. Solow (Hrsg.), Paul Samuelson and Modern Economic Theory, New York, S. 15–29.
Aslanbeigui, N. 1997. Rethinking Pigou's Misogyny, in: Eastern Economic Journal, Bd. 23/3, S. 301–316.
Buchanan, J.M., und Musgrave, R.A. 1999. Public Finance and Public Choice, Cambridge, Mass.
Coase, R. 1993. ‹Das Problem der sozialen Kosten›, in: In H.-D. Assmann, Ch. Kirchner und E. Schanze (Hrsg.), Ökonomische Analyse des Rechts, Uni Taschenbücher Nr. 1685, Tübingen, S. 129–183.
Cooter, R., und Rappoport, P. 1984. ‹Were the Ordinalists Wrong About Welfare Economics?›, in: Journal of Economic Literature, Bd. 22, S. 507–530.
Graaff, J. v. de 1987. ‹Pigou, Arthur Cecil (1877–1959)›, in: J. Eatwell, M. Milgate und P. Newman (Hrsg.), The New Palgrave. A Dictionary of Economics, Vol. 3: K to P, London, S. 876–879.

Hayek, F.A. v. 1971. Die Verfassung der Freiheit, Tübingen.
Knight, F.H. 1924. Some fallacies in the interpretation of social cost, in: Quarterly Journal of Economics, Bd. 38, S. 582–606.
Little, I.M.D. (Hrsg.) 1950 [1957]. A Critique of Welfare Economics, 2. Aufl., Oxford.
Mitchell, W.C. 1925. Quantitative Analysis in Economic Theory, in: American Economic Review, Bd. XV, S. 1–12.
Mongin, P. 2002. ‹Is there progress in normative economics?›, in: S. Böhm, Ch. Gehrke, H.D. Kurz und R. Sturn (Hrsg.), Is There Progress in Economics? Knowledge, Truth and the History of Economic Thought, Cheltenham, S. 145–170.

Stephan Böhm

Joseph A. Schumpeter
(1883–1950)[1]

«Die meisten Schöpfungen des Verstandes oder der Phantasie entschwinden für ewig nach einer Frist, die zwischen einer Stunde nach dem Essen und einer Generation dauern kann» (Schumpeter, 1993, S. 17). So betrachtet, sind Schumpeters Beiträge zu den Sozialwissenschaften zweifellos schwer verdauliche Brocken.

Um Schumpeter ranken sich derart viele Anekdoten, Legenden, Schnurren und Geschichten – teilweise von ihm selbst mit Nachdruck in die Welt gesetzt oder jedenfalls nicht entkräftet –, daß ihr Wahrheitsgehalt sich schon längst in Unterhaltungswert verflüchtigt hat. Die Aura des Geheimnisvollen, die Schumpeters Biographie umhüllt, beginnt schon mit seiner Herkunft: «Schumpeter» wäre eine Verballhornung von «Giampietro»; für eine italienische Abstammung spräche auch der vom Vater geerbte dunkle Teint. Nichts davon konnte bestätigt werden; genausowenig wie das Gerücht, er wäre der uneheliche Sohn eines österreichischen Adeligen in hoher Regierungsposition.

Was hat man ihn nicht alles genannt? «*Enfant terrible* der Wiener Schule», «Schummelpeter», «Wundermann aus Mähren», «Girardi der Finanzwelt»[2], «Austauschprofessor seiner Überzeugungen» (Karl Kraus) – das sind nur einige der wenig schmeichelhaften Bezeichnungen. Wie er sich selbst gern gesehen hat? Da gibt es die gebetsmühlenartig wiederholte Geschichte von seinen drei Lebenszielen, die in *einer* Version – die Dynamik ist den Biographen längst entglitten – lauten: begehrtester Liebhaber Wiens, bester Herrenreiter Österreichs und größter Ökonom der Welt.[3] *Ein* Ziel habe er verfehlt, fügte er bescheiden hinzu, – und seither rätselt die Nachwelt, was wohl gemeint war?

[1] Ich danke Jonathan Beck und Heinz Kurz für eine kritische Durchsicht.

[2] Alexander Girardi (1850–1918), österreichischer Volksschauspieler.

[3] Theodore Morgan, Lektor an der Harvard University in den 1940er Jahren, berichtet in einem Leserbrief an den *Economist* (24.12.1983) von zwei weiteren Ambitionen: «to be an accomplished connoisseur of art, and to be successful in politics».

Das Bild, das biographische Studien von Schumpeter zeichnen, bietet faszinierend-widersprüchliche Züge:[4] das Muttersöhnchen; der eitle Geck, der prüfend vor dem Spiegel sein seidenes Stecktuch und die Nelke im Knopfloch adjustiert; der Weiberheld, der auf peinliche Art seiner sexuellen Eskapaden sich rühmt (vgl. z.B. Goodwin, 1993, S. 611); der charmante, geistreiche Plauderer, der seine Gesprächspartner gerne mit politisch höchst inkorrekten Ansichten brüskiert; der stets um *effortless superiority* bemühte berserkerhaft Arbeitende; der liebende Ehemann und trauernde Witwer; der Schuldner, der gewissenhaft seine hohen Rückstände abstottert; der Universitätslehrer, der mit Rat und Tat seinen Studenten zur Seite steht; der Schiffbruch erleidende Bankier; der Politiker, der in aussichtsloser Lage das Unmögliche wagt.

Vor allem aber ist Schumpeter ein Mann der Wissenschaft, ein bedingungsloser Verfechter des Weberschen Postulats der Wertfreiheit. In der Geschichte des ökonomischen Denkens im 20. Jahrhundert spielt er eine besondere Rolle: als Ökonom aufgewachsen mit der österreichischen Variante der Theorie des subjektiven Werts, die selbst dort durchschimmert, wo er sich vermeintlich von ihr entfernt, rezipiert er früh theoretische Traditionen anderer Länder (Frankreich, Italien, England, Vereinigte Staaten). Sein Frühwerk (1908) ist ein Plädoyer für die Autonomie der Ökonomik als Wissenschaft, versinnbildlicht durch das interdependente Preisgerüst der Walrasianischen Statik. In der Manier eines methodologischen Herkules verkündet er eine «Monroe-Doktrin» (1908, S. 536) zugunsten einer minimalistischen, «reinen» Theorie, gesäubert von metaphysischem Beiwerk und immun gegen die Anfechtungen von Ethnologie, Soziologie und Psychologie. Selbstredend ist er der erste, der sich an dieses Programm nicht halten wird. Den Methodenstreit, der die deutschsprachige Sozialwissenschaft über Jahrzehnte entzweit, verniedlicht er als reine Zeitverschwendung. Er selbst arbeitet, inspiriert von Marx und Weber, an einer imposanten Synthese von Theorie und Geschichte. Später, in den Vereinigten Staaten, begleitet er wohlwol-

4 Vgl. z.B. Allen (1991); Kurz (2005); März (1983); McCraw (2007); Swedberg (1991). Für eine rezente Gesamtdarstellung des Schumpeterschen Werks vgl. Reisman (2004).

lend den Aufstieg der Ökonomik zur Ingenieurwissenschaft und wirbt für den Einsatz mathematischer und statistischer Methoden.

Worüber soll man sich mehr wundern: über den Mittzwanziger, der eine Habilitationsschrift über die Grundlagen der Wirtschaftstheorie seiner Zeit vorlegt; über den jüngsten Ordinarius der Monarchie; oder über den Dreißigjährigen, den die Columbia University mit einem Ehrendoktorat auszeichnet?

In seinem Nachruf auf Schumpeter erwähnt Arthur Smithies (1951, S. 16f.) Notizen für einen Roman, der niemals erschienen ist: «Schiffe im Nebel» (*Ships in the Fog*). Im Mittelpunkt steht Henry, Sohn einer Engländerin aus angesehener Familie und eines den «Randschichten der Triestiner Handels- und Finanzkreise» entstammenden Vaters von unbestimmter Nationalität. Der Abkömmling «griechischer, deutscher, serbischer und italienischer» Vorfahren war in jungen Jahren als Repräsentant einer Triestiner Reederei nach England gegangen. Henry ist gerade einmal vier Jahre alt, als sein Vater bei einem Jagdunfall stirbt. Seine Mutter, eine starke Persönlichkeit mit ausgezeichneten gesellschaftlichen Verbindungen, bildet fortan das emotionale Zentrum seines Lebens. Mittellos wie sie ist, schmiedet sie große Pläne für Henry, öffnet ihm die Türen zu den «höchsten Kreisen» und setzt alles daran, aus Henry einen Gentleman zu formen. Ihrem Wunsch gemäß soll Henry in die Politik gehen. Nach einigen mißlungenen Versuchen enttäuscht er die Hoffnungen der Mutter: er emigriert, nach Jahren des Lavierens, Anfang der 1930er Jahre in die Vereinigten Staaten.

Dies ist die Essenz der wenigen Seiten, die in Schumpeters Nachlaß in leserlicher Handschrift erhalten sind. Gleichwohl sind alle Topoi vertreten, die auch für Schumpeters Biographie maßgeblich sind: der frühe Tod des Vaters, die enge Beziehung zur Mutter, die quälenden Fragen nach seiner familiären, sozialen und nationalen Identität. Wie Henry treibt Schumpeter die Frage um, welchem Land und welcher sozialen Klasse er zugehörig sei. Fühlt er sich als Österreicher, Engländer oder Amerikaner? Als Bürgerlicher geboren, bewegt er sich früh in der Aristokratie und gefällt sich darin, deren Verhalten und Vorlieben nachzuahmen. Entwurzelung, Entfernung, Entfremdung, Nichtzugehörigkeit und das Changieren zwischen sozialen Milieus sind auch Schumpeter nicht fremd.

Henry trägt die Züge einer zutiefst habsburgischen Figur, die nach dem Zusammenbruch des Vielvölkerreichs nicht mehr so recht weiß, wo sie hingehört. Oder ist es gerade die ironisch gebrochene Nostalgie, die Henry dafür sensibilisiert, daß Fremdheit nicht nur das Schicksal des kakanischen Epigonen ist, sondern eine metaphysische Konstante des kosmopolitischen Menschen der Moderne? Henry fühlt sich entfremdet gegenüber jeglicher Form von Gemeinschaft; die emotionale Zuflucht bei Frau, Familie und Freunden ist ihm versagt. Die Romanfiguren Joseph Roths, angesiedelt am östlichen Rand Europas, verfallen dem Suff; Henry betäubt sich mit Arbeit – nach seinem metaphorischen Schiffbruch heißt es nur mehr «effizient arbeiten, ohne Ziel, ohne Hoffnung ...». Er sucht sein Heil in riskanten «Geschäften»; und wie Schumpeter ist er fasziniert von der Mischung aus Kalkül und Leidenschaft, von Gesetzmäßigkeit und Kontingenz, die das «Ökonomische» bereitzuhalten verspricht.[5]

I. Leben

Josef Aloisius Julius, wie es im Geburts- und Taufschein heißt, kommt am 8. Februar 1883 in Třešt' (Triesch), einem Städtchen 120 km südöstlich von Prag zur Welt.[6] Väterlicherseits einer traditionsreichen mährischen Unternehmerdynastie von Tuchhändlern und -fabrikanten entstammend, verliert er früh seinen Vater – bei einem Jagdunfall. Józsi («Joschi») zieht mit seiner Mutter Johanna zunächst nach Graz; er besucht dort die Volksschule. Nach der neuerlichen Heirat der Mutter mit Feldmarschall-Leutnant Sigmund von Kéler, einem pensionierten Offizier der k.u.k. Armee, übersiedelt die Familie schließlich nach Wien, wo Schumpeter an der von der Aristokratie bevorzugten Theresianischen Akademie («Theresianum») auf den Staatsdienst als Beamter, Diplomat oder Offizier vorbereitet wird. Unter den Zöglingen kursiert das geflügelte Wort: *A bisserl blöd is vornehm*. Die Ausbildung ist klassisch-humanistisch; zudem lernt Schumpeter Reiten, Fechten und Sprachen wie Englisch, Französisch, Italienisch – ein Umstand,

[5] Vgl. die Bemerkungen des italienischen Germanisten Claudio Magris (1988, S. 228–230) zum austriakischen Hintergrund Schumpeters.

[6] Die spätere Anglisierung des Vornamens hängt wohl zusammen mit dem England-Aufenthalt.

der ihm bei seinen theoriehistorischen Studien später zupaß kommen wird.

Während seiner Studienzeit an der Universität Wien, die er Anfang 1906 mit der Promotion zum Doktor beider Rechte abschließt, lernt Schumpeter die Theorien der Wiener Ökonomen-Schule kennen: er hört Vorlesungen bei Friedrich von Wieser und Eugen von Philippovich; in den «Volkswirtschaftlichen Übungen» Eugen Böhms von Bawerk (Sommersemester 1905) debattiert er mit später führenden Theoretikern des Austro-Marxismus wie Otto Bauer und Rudolf Hilferding.

Schumpeter begibt sich auf akademische Wanderschaft; seine erste Station ist Berlin. Er verbringt ein Jahr in England, vorwiegend in London: Zwischen ausgedehnten Studien im Lesesaal des British Museum und dem Besuch von Vorlesungen beim Statistiker und Genetiker Karl Pearson und dem Soziologen Edward (Edvard) Westermarck, erweist er Alfred Marshall in Cambridge und Francis Edgeworth in Oxford seine Reverenz, stürzt sich in das Londoner Gesellschaftsleben, geht auf Fuchsjagd, hält sich ein Pferd und reitet aus im Hyde Park. Er lernt eine Frau kennen: Gladys Ricarde Seaver, die Tochter eines hohen Funktionärs der Anglikanischen Kirche. Kurze Zeit später heiraten sie. Über Gladys ist wenig bekannt, sieht man davon ab, daß sie zwölf (oder gar 24?) Jahre älter als Schumpeter und ihre Erscheinung nach übereinstimmenden Aussagen «atemberaubend» (*stunning*) war. Schon nach wenigen Monaten einigt man sich darauf, die Eherechte großzügig auszulegen. Er ist ihr jedenfalls später dankbar für die guten Manieren, die sie ihm beigebracht hat.

Die Barschaft geht zur Neige; guter Rat ist also teuer. Ohne die entsprechenden Zulassungsprüfungen kann Schumpeter als Anwalt nicht praktizieren. Ende 1907 schifft sich das Paar ein nach Kairo; er arbeitet dort, zuständig für wirtschaftliche Causen, in der Kanzlei eines italienischen Anwalts. Erfolgreich verwaltet er das Vermögen einer ägyptischen Prinzessin und bezieht dafür ein großzügiges Honorar; nebenbei krempelt er eine Zuckerraffinerie um – durch eine kostensenkende Innovation. Es gibt auch ungute Erlebnisse: ein Scheich droht ihm z.B. damit, ihn auspeitschen zu lassen, weil er einen Muslim dazu genötigt hätte, Zinsen zu akzeptieren (Stolper, 1979, S.66).

Das Vorwort seiner Habilitationsschrift ist datiert mit «Kairo,

2. März 1908». Ein Jahr später erwirbt Schumpeter die Lehrbefugnis als Privatdozent für Politische Ökonomie an der Universität Wien. Im September 1909 wird er zum außerordentlichen Professor für Politische Ökonomie an der 1875 gegründeten Franz-Josephs-Universität zu Czernowitz ernannt. Der galizische Erzähler Karl Emil Franzos beschreibt die Hauptstadt des Herzogtums der Bukowina, dieses Chamäleon unter den Städten, wahlweise als «Huzulendorf mit pseudo-byzantinischen, pseudo-gotischen und pseudo-maurischen Bauten», als «Schwarzwald-Idylle» oder als «Klein-Wien». Der buntscheckige Schmelztiegel eines runden Dutzends von Ethnien, Sprachen und Religionen bildet den Humus für vielfältige Begabungen: Ihre Wurzeln in Czernowitz haben u. a. die Lyriker Paul Celan und Rose Ausländer; Eric (Lord) Roll, Autor einer vorzüglichen Geschichte des ökonomischen Denkens, hoher Beamter der britischen Regierung, später Vorsitzender von S. G. Warburg in der Londoner City (Roll 1985); der Biochemiker und Schriftsteller Erwin Chargaff; der Rechtssoziologe Eugen Ehrlich, ein Kollege Schumpeters an der Czernowitzer Universität; Gregor von Rezzori, der weltläufige Causeur des *Hermelins in Tschernopol* und der *Maghrebinischen Geschichten*, die ohne die Kindheitserlebnisse ihres Autors in Czernowitz undenkbar wären (Rezzori, 1989).

In der Provinzmetropole im östlichsten Zipfel des Habsburgerreiches vermischt sich das mythenhaft Zwielichtige, in das dieser nostalgisch entrückte Schauplatz getaucht ist, vollends mit der Glorie des Sagenhaften, die Schumpeters Biographie umflort. Die Geschichten, die Schumpeter von dieser Zeit erzählt, klingen wie aus *Tausendundeiner Nacht* (Haberler, 1951, S. 27): er duelliert sich mit einem Bibliothekar, um seinen Studenten Zugang zu Büchern zu verschaffen; und macht Furore damit, daß er in Reitstiefeln an Fakultätssitzungen teilnimmt.

«Zufolge Allerhöchster Entschließung» vom 30. Oktober 1911 wird Schumpeter zum ordentlichen Professor der Politischen Ökonomie an der Rechts- und Staatswissenschaftlichen Fakultät der Karl-Franzens-Universität Graz ernannt.[7] Dem Kollegen John Bates Clark gegenüber zeigt er sich begeistert: «I like this pretty town surrounded by woody hills and my wife feels very well in its

[7] Zu den skurrilen Umständen des Berufungsverfahrens vgl. Seidl (1984).

damp and English climate» (Schumpeter, 2000, S. 49). Auf Einladung der Columbia University verbringt er 1913/14 sechs Monate als Austauschprofessor in den Vereinigten Staaten. In einem launigen Brief an Edwin R. A. Seligman, der ihn um einige biographische Details bittet, lobt er die Universität Graz als «the most agreeable university in Austria» (S. 53). Andererseits beklagt er in einem Schreiben an Graf Harrach – verfaßt «nach mehrtägiger Jagd- und Skiabwesenheit» – die Dämonie der Gemütlichkeit: «[I]ch bin auch hier ziemlich isoliert und sehe mich durch den Mangel an Sympathie für deutschnationale Bierhausphrasen von jeder Wirkungsmöglichkeit getrennt» (S. 56 f.).

Schumpeter berät Anfang 1919 die von der Berliner Regierung nach Ausrufung der Republik eingesetzte «Sozialisierungskommission über die Frage der Sozialisierung des Kohlebergbaues» unter dem Vorsitz Karl Kautskys, bevor ihn Staatskanzler Renner im März 1919 auf Betreiben Otto Bauers zum Staatssekretär der Finanzen («Finanzminister») der Republik Deutschösterreich bestellt – als Parteiunabhängigen in einem sozialdemokratisch-christlichsozialen Kabinett. Nach einer turbulenten Amtszeit von nur sieben Monaten tritt Schumpeter zurück, wegen unüberbrückbarer Differenzen mit seinen sozialdemokratischen Ministerkollegen, namentlich Otto Bauer, in der «Anschluß»-Causa und in der Frage der Sozialisierung der Schlüsselindustrien (Schumpeter, 1992).

1921 wird Schumpeter Präsident der M. L. Biedermann & Co. Bankaktiengesellschaft, einer der ältesten österreichischen Privatbanken, die wenige Jahre später in Konkurs geht; jahrelang zahlt der mit seinem Vermögen persönlich Haftende die Schulden ab. Im Herbst 1925 folgt Schumpeter einem Ruf an die Rheinische Friedrich-Wilhelms-Universität zu Bonn auf den Lehrstuhl für wirtschaftliche Staatswissenschaft; nach sieben Jahren kehrt er zurück auf die akademische Bühne. Mit seiner eben angetrauten Frau Annie bezieht er eine standesgemäße Villa mit Blick auf den Rhein: Schumpeters führen ein großes Haus und feiern rauschende Feste. Doch das Glück währt nur kurz; Schumpeter erleidet zwei Schicksalsschläge: zunächst stirbt die Mutter, wenige Wochen später sein innig geliebtes «Annerl» an den Folgen einer Frühgeburt. Briefe lassen seine Verzweiflung erahnen: «Auf alles wäre ich gefaßt gewesen – nur darauf nicht, daß ich alter Knacker eine 23jährige Frau überleben würde. Mir sind damit wirklich alle Lichter verlöscht und es ist mir ganz egal, was noch passieren mag» (Schumpeter, 2000, S. 120). «Ich habe Annie leidenschaftlich geliebt, wie sie es verdiente, und ich lebe nun ruhig meiner Trauer der Erinnerung an das große Wunder meines Lebens und im übrigen versuche ich zu arbeiten ...» (S. 121). «Ich denke immer an Annie. Ich begreife jetzt, wie Götter entstehen. Heute wollte ich 7 Uhr früh zu arbeiten anfangen – und blieb bis 1 Uhr vor Ihren Bildern in einer Art von Andacht» (S. 122). «Sonst leide ich wie ein Verdammter und ich glaube jetzt zu wissen, wie man sich in den unabänderlichen, unübersichtlichen Wänden einer Tobsuchtszelle fühlt» (S. 123).

Der Verlust von Mutter, Frau und Sohn im Sommer 1926 überschattet Schumpeters Leben; er wird ihn nie verwinden. Seinen Schmerz betäubt er mit Arbeit. Die finanziellen Verhältnisse sind prekär; er sucht nach zusätzlichen Einnahmequellen, um seinen in Wien zurückgelassenen Schuldenberg abzutragen, – aufgetürmt aus der Bankliquidation, privaten Verbindlichkeiten und Steuerschulden. Zu allem Überdruß bedrängt ihn seine erste Frau Gladys mit Geldforderungen. Er deckt sich ein mit Auftragsarbeiten, hält zahllose, teils hoch dotierte Vorträge zu tagespolitischen Themen und veröffentlicht regelmäßig Beiträge für Gustav Stolpers *Deutschen Volkswirt* (die nachmalige *Wirtschaftswoche*).[8]

Schumpeter verbringt das Studienjahr 1927/28 und das Herbstsemester 1930 als Gastprofessor an der Harvard University. Anfang 1931 reist er für mehrere Wochen nach Japan; seine Vorträge finden eine triumphale Aufnahme. Schumpeter ist seinerseits beeindruckt von der Kultur des Landes und seinem raschen Industrialisierungsprozeß. Harvard will ihn langfristig an sich binden: er möge beim Aufbau eines renommierten wirtschaftswissenschaftlichen Fachbereichs behilflich sein. Nachdem Schumpeter im Spiel um die Nachfolge Werner Sombarts an der Humboldt-Universität «aus moralischen Gründen» nicht zum Zug gekommen ist – vor lauter Angst, sich einen (Bank-)«Schieber» einzuhandeln, wie es heißt –, fällt es ihm leicht, im Sommer 1932 Bonn endgültig den Rücken zu kehren.

[8] Schumpeter (1993) enthält tagespolitische Stellungnahmen aus der Zeit der Bankpräsidentschaft und aus der Bonner Zeit. Zu Schumpeter als Wirtschaftspolitiker vgl. Wolfgang Stolper (1994), Sohn von Gustav Stolper.

In der knapp zwei Jahrzehnte währenden amerikanischen Periode steht «Joe» Schumpeter auf dem Gipfel seines akademischen Renommees. Er schart einen Kreis von Studenten und jungen Kollegen um sich, die nicht wegzudenken sind aus der Ökonomik des 20. Jahrhunderts: Kenneth Boulding, Nicholas Georgescu-Roegen, Richard Goodwin, Gottfried Haberler, Wassily Leontief, Edward Mason, Lloyd Metzler, Paul Samuelson, Arthur Smithies, Alan und Paul Sweezy, Wolfgang Stolper, James Tobin, Shigeto Tsuru – um nur einige zu nennen. Die ehrenvollen Ämter, welche die Profession für ihre hervorragendsten Repräsentanten bereithält, lassen nicht auf sich warten: Er übernimmt die Präsidentschaft der Econometric Society (1940–41), an deren Gründung er maßgeblich beteiligt ist; 1948 amtiert er als – erster, nicht in den Vereinigten Staaten geborener – Präsident der American Economic Association; 1949 wird er zum Präsidenten der eben gegründeten International Economic Association gewählt. Die für den ersten Kongreß im August 1950 in Paris vorgesehene «Ansprache des Präsidenten» kann er nicht mehr halten – es wäre die erste Reise nach Europa seit dem Sommer 1935 gewesen.

1937 heiratet Schumpeter ein drittes Mal: Elizabeth Boody Firuski, eine Ökonomin mit ausgeprägt wirtschaftshistorischen Interessen, die 1940 als Mitherausgeberin eines Standardwerks über den japanischen Industrialisierungsprozeß hervortritt. Mit bemerkenswerter Zähigkeit sorgt sie dafür, daß die als Torso hinterlassene *History of Economic Analysis* vier Jahre nach Josephs Tod – und ein Jahr nach ihrem Tod – erscheinen kann. Am 8. Januar 1950 stirbt Schumpeter an einer Gehirnblutung im Sommerhaus «Windy Hill» in Taconic, Connecticut.

2. Werk

In seinen biographischen Studien (Schumpeter, 1951, 1954a) verweist Schumpeter wiederholt auf das dritte Lebensjahrzehnt als einer «Periode heiliger Fruchtbarkeit», in der konzipiert wird, wovon Wissenschaftler zehren. Auf niemanden trifft diese Einsicht besser zu als auf Schumpeter selbst.

Schumpeters Beiträge lassen sich zwei Schaffensperioden zuordnen: In die «europäische Periode» fallen *Das Wesen und der Hauptinhalt der theoretischen Nationalökonomie* (1908), *Theorie der wirtschaftlichen Entwicklung* (1912) und *Epochen der Dogmen- und Methodengeschichte* (1914); in die «amerikanische Periode» *Business Cycles* (1939), *Capitalism, Socialism and Democracy* (1942) und *History of Economic Analysis* (1954). Jahrzehntelang haben die zuletzt genannten Bücher das Schumpeter-Bild geprägt[9]; die mit den Zentenarfeiern 1983 anhebende Schumpeter-Renaissance der letzten 25 Jahre stützt sich vornehmlich auf die *Entwicklung*. Was dabei meist aus dem Blickfeld gerät, ist hingegen der Bauplan von Schumpeters labyrinthischem Werk. Zusammengefaßt: Die *Business Cycles* sind die in der *Entwicklung* angelegte, aus der Verbindung von Theorie und Geschichte mit – damals rudimentären – statistischen Methoden gewonnene Konjunkturtheorie; die *History* geht zurück auf Ideen, die in den *Epochen* zu finden sind; und *Capitalism* nimmt Themen auf, die in den soziologischen Arbeiten der Grazer Jahre anklingen.[10]

Schumpeter ist ein Ökonom, der aufs Ganze geht: nichts weniger als das «Kulturphänomen» schlechthin gelte es zu untersuchen – «das Begreifen von möglichst Vielem an uns, von Recht, Religion, Moral, Kunst, Politik, Wirtschaft, ja selbst von Logik und psychischen Erscheinungen» (1915, S. 133), wie er am 21. November 1911 seine «Abschiedsvorlesung» vor dem Sozialwissenschaftlichen Akademischen Verein in Czernowitz ausklingen läßt. Schumpeter strebt eine «Universalsozialwissenschaft» an, die erklären hilft, daß «die soziale Kultur eines Volkes in jedem Zeitpunkte eine Einheit» darstellt und «die soziale Kulturentwicklung jedes Volkes stets eine einheitliche Tendenz» aufweist (1912, S. 546). Wie er zur Einsicht kommt, daß die verschiedenen Sphären des sozialen Lebens nach einheitlichen Gesichtspunkten analysierbar sind, läßt sich auf ökonomischem Gebiet am besten darstellen. Zunächst beschreibt er

[9] George Stigler (1988, S. 100) hält Schumpeter für immens belesen und klug, aber für einen «Wichtigtuer (*poseur*) in Sachen abstrakter ökonomischer Theorie». Für einen puff-trockenen Theoretiker der Chicagoer Schule wie Stigler mag Schumpeters Flamboyanz ein Ärgernis gewesen sein, aber als Angehöriger des Fußvolks wünscht man sich mehr Gschaftlhuber von *dieser* Sorte.

[10] Vgl. vor allem die Essays (abgedruckt in Schumpeter, 1953): «Die Krise des Steuerstaates» (1918); «Zur Soziologie der Imperialismen» (1919); «Die sozialen Klassen im ethnisch homogenen Milieu» (1927; geht zurück auf Vorlesungen in Czernowitz). Vgl. auch «Sozialistische Möglichkeiten von heute» (1920), abgedruckt in Schumpeter (1952).

eine statische Ökonomie, den «Kreislauf in seiner Bedingtheit durch die gegebenen Verhältnisse», wie er es nennt. Das analytische Problem der Statik lautet:

> *Gegeben*: Eine bestimmte Bevölkerung von bestimmten Anlagen und Bedürfnissen in einem gegebenen geographischen Milieu und in gegebener Weise sozial und wirtschaftlich organisiert, ausgestattet mit bestimmten Produktionsmethoden und Gütervorräten. *Gesucht*: Die Mengen und Preise aller Güter, die unter diesen Verhältnissen erzeugt und ausgetauscht werden. (1912, S. 464; Hervorhebung d. Verf.)[11]

Das ist nichts anderes als eine gelungene Formulierung des «neoklassischen Allokationsproblems», die sich ohne weiteres übertragen läßt auf eine Ökonomie unter stationären – oder gleichmäßig wachsenden – Bedingungen, in der jahraus, jahrein immer die gleichen Produktions- und Konsummuster sich wiederholen. Die «Wirtschaftssubjekte» verhalten sich gewohnheitsmäßig, halten sich an die bestehenden Normen und richten sich so gut es geht ein unter den gegebenen Verhältnissen, indem sie sich abfinden «mit der schweren Masse der Daten» (1912, S. 465).

Läßt die durch den Kreislauf beschriebene «Logik der Dinge» Änderungen zu, die nicht auf geänderte Umweltbedingungen (Änderungen des «Milieus»), nicht auf äußere «Störungsursachen» zurückzuführen sind? Deutet irgend etwas darauf hin, daß «die sich selbst überlassene», entwicklungslose Wirtschaft «von sich aus» Änderungen entfaltet? Diese Frage ist für Schumpeter wichtig, würde doch ein Nein bedeuten, daß Entwicklung ein «außerökonomisch» zu erklärendes soziales Phänomen ist. Unter «Entwicklung» versteht Schumpeter weder eine Geschichtsphilosophie noch eine evolutionsbiologische Analogie im Sinne Darwins, geschweige

[11] Die erste Auflage der *Theorie der wirtschaftlichen Entwicklung* erscheint im Herbst 1911 (Impressum: 1912); sie enthält ein für das Verständnis von Schumpeters Gesamtwerk wesentliches abschließendes Kapitel (Kap. 7: «Das Gesamtbild der Volkswirtschaft», S. 463–548), das in der überarbeiteten zweiten Auflage (1926) fehlt. Wie Schumpeter im Vorwort betont, habe dieses «Bruchstück von Kultursoziologie … die Aufmerksamkeit des Lesers abgelenkt von den Problemen trockener ökonomischer Theorie». Die stark verkürzte zweite Auflage bildet die Grundlage für die auf 255 Seiten geschrumpfte englische Übersetzung von Redvers Opie, *The Theory of Economic Development* (1934). Die deutschen Neuauflagen sind jeweils Nachdrucke der zweiten Auflage.

denn «Fortschritt» in einem normativen Sinn, sondern den *Mechanismus*, durch den die Wirtschaft aus sich selbst heraus, nicht von äußerem Anstoß getrieben, Veränderungen erzeugt.[12] Neue Kombinationen der *vorhandenen* wirtschaftlichen Möglichkeiten verändern die gegebenen Verhältnisse, wie sie von der statischen Theorie beschrieben werden.

Die «Andersverwendung des Produktionsmittelvorrats einer Volkswirtschaft» kann unterschiedliche Formen annehmen (1964, S. 100f.):

- Herstellung eines bisher unbekannten Gutes; oder eine Qualitätsverbesserung oder bisher unbekannte Verwendung eines vorhandenen Gutes (Produktinnovation);
- Einführung einer bisher unbekannten Methode in Produktion und Vertrieb (Prozeßinnovation);
- Erschließung von Absatz- und Beschaffungsmärkten;
- Einführung von neuen Organisationsformen (z. B. durch Konzernbildung, Fusionierung und Kartellierung).

Die Durchsetzung der Neukombinationen verlangt nach bestimmten Fähigkeiten: Initiative, Voraussicht, Willensstärke, Durchhaltevermögen. «[E]nergisches Wollen und Handeln» (1912, S. 487) sind für Schumpeter charakteristische Eigenschaften eines bestimmten Sozialtypus. «Unternehmer» ist ein ökonomischer, möglicherweise psychologischer, keinesfalls aber ein soziologischer oder gar ein juristischer Begriff.[13] Unternehmersein ist kein Beruf – und zeitlich begrenzt, weil an die Tatkraft geknüpft; es ist auch nicht vererb- oder übertragbar: «[d]enn das Gehirn des Schöpfers des Betriebs kann man nicht mitverstaatlichen» (1912, S. 529). Jemand ist Unternehmer allein kraft seiner Persönlichkeit, nicht weil man einer bestimmten sozialen Klasse angehört (1964, S. 116). Da es sich

[12] Schumpeter unterscheidet «Entwicklung» von «bloßem Wachstum». Letzteres, z. B. Bevölkerungswachstum, bringt keine *qualitativ* neuen Phänomene hervor; es löst nur Anpassungsvorgänge aus. Wachstum allein bringt keine Entwicklung hervor; umgekehrt kann Entwicklung sehr wohl Wachstum bewirken, ja sogar ohne Wachstum anhalten. Entwicklung gebiert Entwicklung. Die «Entwicklungsökonomik» im Sinne der Modernisierung «unterentwikkelter» Länder, so wie sie nach 1945 verstanden wurde, hat so gut wie nichts zu tun mit Schumpeterscher Entwicklung. Allerdings mehren sich in den letzten Jahren die Zeichen, daß es hier zu einem Revirement kommt.

[13] Zu den theorie-, wirtschafts- und geistesgeschichtlichen Bezügen von Schumpeters Unternehmertheorie vgl. Redlich (1964).

hier um keine historische Entwicklungstheorie handelt, erfüllt der Unternehmer lediglich eine Funktion: er ist «Träger des Veränderungsmechanismus» – nicht *der* Veränderungsfaktor oder einer von vielen Veränderungsfaktoren. Unternehmerischem Handeln haftet etwas Heroisches, ja Glamouröses an, das sich mit einer utilitaristischen Beefsteak-Philosophie schwer vereinbaren läßt. In reiner Form tritt es auf in Gestalt von Industriekapitänen, die neue Unternehmen gründen, welche die alten verdrängen. Denn: «es waren ... nicht die Postmeister, welche die Eisenbahnen gründeten» (1964, S. 101).

Wie schafft es der Unternehmer, die produktiven Kombinationen den «aktenmäßig erledigenden» Wirten zu entwinden und seinen Vorstellungen gemäß umzudirigieren – woher nimmt er die Kaufkraft? Im Unterschied zu Stammeshäuptlingen, Feudalherren und Betriebsleitern im Staatssozialismus kann der Unternehmer die benötigten Ressourcen nicht einfach requirieren oder «abkommandieren». Da im Gleichgewicht des stationären Kreislaufs keine überschüssige Kaufkraft vorrätig ist, ist der Innovator angewiesen auf die Hilfe des Bankiers, um seine Projekte zu initiieren: Kredit ist das *sine qua non* unternehmerischen Handelns. Wie der Unternehmer der «typische Schuldner» ist, ist die Kreditvergabe Aufgabe der «Kapitalisten». In der «Verbindung zwischen Kredit und Durchsetzung des Neuen» ortet Schumpeter die *differentia specifica* der kapitalistischen Wirtschaftsform (1964, S. 105).[14] Der Bankier als Phänomen der kapitalistischen Entwicklung schiebt sich zwischen Unternehmer und jene, die über die dafür notwendigen Ressourcen verfügen. Damit nicht genug, avanciert er zum «Ephor der Verkehrswirtschaft» (1964, S. 110). Der Bankier handelt nicht primär mit Kaufkraft, er *produziert* sie durch Geldschöpfung. Da der Kapitalist das alleinige Risiko aus dem Kreditgeschäft trägt, ist es merkwürdig, daß die Bonität von Kreditnehmern in Schumpeters ursprünglicher Fassung so gut wie keine Rolle spielt – es sei denn, man betrachtet die Auswahl der Kreditwürdigen als Form von

[14] Schumpeter unterscheidet im Grunde nur zwei historische Gesellschaftsformationen: «kapitalistisch» und «sozialistisch». Antike und Mittelalter sind primitive Vorstufen des modernen Kapitalismus. Die Entstehung des letzteren verdankt sich dem neuzeitlichen Kreditwesen – Industrielle Revolution und Protestantische Ethik spielen als Erklärungsmomente keine besondere Rolle.

unternehmerischem Spürsinn. In dieses Bild fügt sich auch, daß das Konkursrisiko des Unternehmers gering eingeschätzt wird.[15]

Das «Neuarrangement [des] theoretischen Schemas» beruht auf einer «Zweiteilung», oder besser: einer «Zweifachheit des Wirtschaftsprozesses» (1912, S. 515), die den Unterschied betont zwischen den beiden empirischen Grundmustern wirtschaftlicher Phänomene: «Kreislauf» und «Entwicklung». Dementsprechend gibt es zwei theoretische Apparate: «Statik», die Schumpeter Walras zurechnet, und «Dynamik», die er für sich selbst reklamiert. Eine drittes Gegensatzpaar betrifft das Personal: in einem Fall gibt es nur die passiven «Wirte schlechtweg» (Routineunternehmer; Mitläufer), die allein angetrieben vom «hedonischen Impuls» der Bedürfnisbefriedigung in ausgetretenen Bahnen sich bewegen. Der «vollkommene Hedonist» der Allokationslogik ist geradezu charakterisiert dadurch, daß es ihm gebricht an der «Energie der Tat»; er vergleicht penibel den zusätzlichen Vorteil seines Güterkonsums mit dem zusätzlichen Nachteil seiner Arbeitsanstrengungen. Im anderen Fall gesellt sich hinzu der Typus des «energisch» handelnden, tatendurstigen Pionierunternehmers, dem die «hedonischen Früchte» seiner Taten wenig bedeuten: «Solche Männer schaffen, weil sie nicht anders können. Ihr Tun ist das großartigste, glänzendste Moment, das das wirtschaftliche Leben dem Beobachter bietet, und geradezu kläglich nimmt sich daneben eine statisch-hedonische Erklärung aus» (1912, S. 138). Ergebnisse der Motivationsforschung teilweise vorwegnehmend, sind für Schumpeter Freude an «sozialer Machtstellung», am «Erfolghaben», am «schöpferischen Gestalten» und der «Drang nach Betätigung» (S. 141) wesentliche Triebfedern unternehmerischen Handelns: die intrinsische Motivation kennt keine Sättigungsgrenze; sie entzieht sich der Gleichgewichtsbetrachtung. Das Profitmotiv spielt eine sekundäre Rolle.

[15] Zur Frage, welchen Einfluß die Sozialstruktur der Monarchie und die Dominanz (im internationalen Vergleich) des Finanzkapitals gegenüber dem Industriekapital auf Schumpeters Sichtweise ausgeübt haben könnten, vgl. Mayer (1981, S. 113–115). Die Vermutung Schumpeters, Innovationen wären nur über Kreditschöpfung zu finanzieren, hat sich als unhaltbar erwiesen. Vgl. Siemon (2006), der diesen «Schumpeter-Irrtum», wie er es nennt, schumpeterianisch aufklärt, indem er Erkenntnisse der neueren Finanzierungstheorie einfließen läßt. Daß die Qualität von Finanzsystemen eine wichtige Rolle für die Wachstumsdynamik von Volkswirtschaften spielt, darf mittlerweile als gesichert gelten (King und Levine, 1993).

Die Fähigkeit, neue Handlungsmöglichkeiten zu erkennen *und* durchzusetzen, ist *die* Knappheit der Entwicklungslogik; sie läßt sich nicht zwängen in das Prokrustesbett der Allokationslogik mit ihrem Ökonomisierungskalkül. Die üblicherweise als Entwicklungsursachen zitierten Faktoren – Rohstoffe, Bevölkerungswachstum, Sparen und Kapitalakkumulation – sind aus Schumpeterscher Sicht *Folgen* oder Begleiterscheinungen von Innovationen. Die außergewöhnlichen Eigenschaften, die zum Agens der wirtschaftlichen Entwicklung befähigen, sind naturgemäß dünn gesät: Leute mit finanziellen Mitteln oder guten Ideen sind jedenfalls viel zahlreicher. Die Mühen des Alltags halten die große Mehrheit derart in Trab, daß sie nicht einmal die Möglichkeit für neue Kombinationen sieht; sie verspürt keinerlei Neigung zum Experiment. Dann gibt es die Minorität derer, die zwar die Intelligenz und Phantasie haben, sich neue Kombinationen vorzustellen, – es bleibt aber beim Schmieden von Plänen. Eine noch kleinere, winzige Minorität überwindet äußere und innere Widerstände und setzt die Ideen in die Tat um – ob es ihre eigenen sind oder, wie es die Regel ist, ob sie von den Pläneschmieden stammen, ist gleichgültig (1912, S. 162 f.). Der Unternehmer als solcher ist nicht Erfinder, er ist auch nicht «Handlanger und Ordonnanzoffizier des Erfinders» (1912, S. 178). Es gibt einen nie versiegenden Vorrat von frei verfügbaren Ideen und Erfindungen, die nur darauf warten, in Innovationen umgemünzt zu werden: «Die Erfindungen stellen sich ein, wenn der Unternehmer sie braucht, und steht nicht die Persönlichkeit des Unternehmers schon an ihrem Platze, um von jeder neuen Erfindung Gebrauch zu machen, so werden die Erfindungen niemals praktisch. *Nicht die Erfindungen haben den Kapitalismus, sondern der Kapitalismus hat sich die nötigen Erfindungen geschaffen*» (1912, S. 479; Hervorhebung d. Verf.).

Voraussetzung dafür, daß Unternehmer sich entfalten können, ist allerdings eine annähernd stationäre, «entwicklungslose» Phase der Volkswirtschaft, in der die Innovationsfolgen hinreichend zuverlässig beurteilt werden können. Die Brücke zur Konjunkturtheorie schlägt Schumpeter durch eine Diffusionsannahme: es kommt nicht an auf die einzelne Neuerung, sondern auf ihre wellenförmige Ausbreitung. Der Pionier, der die Hindernisse aus dem Weg räumt und das Eis bricht, findet Nachahmer. Schumpeter stellt sich das «scharenweise» Auftreten der Unternehmer so vor, daß die Innovationsfähigkeit in einer Population normalverteilt ist; und daß die Unternehmer mit der relativ geringsten Eignung in zunehmendem Maße angewiesen sind auf die Vorarbeit der relativ Bestgeeigneten, um «nachzurücken» zu können. Dieser Prozeß dauert so lange, bis die Nachahmung etwas Vertrautes, eine bloße «Sache des Rechenstifts» (1964, S. 341) geworden ist, die keine besonderen unternehmerischen Fähigkeiten erheischt.

Es mag überraschen, wie unvermittelt Innovationen daherkommen – angesichts der zentralen Rolle von Innovationen in Schumpeters Entwicklungsökonomik und der darauf aufbauenden Konjunkturtheorie. Aller Programmatik zum Trotz erklärt Schumpeter Neuerungen nicht «aus der Wirtschaft heraus»: Wenn es in jeder Population zufällig einen gewissen Prozentsatz von Unternehmern geben soll, ist das bestenfalls eine biologische «Erklärung». Formal betrachtet, stellt Schumpeters Entwicklungslogik kaum einen Fortschritt dar gegenüber der Walrasschen Statik. Was behandelt wird, sind nicht die Umstände, unter denen Innovationen zustande kommen, sondern ihre möglichen *Folgen* und Begleiterscheinungen, wenn sie einmal da sind.

Hier sei erinnert an das vergessene Kapitel 7 der *Theorie der wirtschaftlichen Entwicklung*: es geht um die «soziale Kulturentwicklung» (1912, S. 545), von der die ökonomische Entwicklung nur ein Teil ist. So betrachtet, ist die *Theorie* in Verbindung mit den *Business Cycles* nur eine Zwischenstation auf dem Weg von *Wesen und Hauptinhalt* zu *Capitalism, Socialism and Democracy*. Der Kapitalismus der *Theorie*, die sich als Beitrag zur ökonomischen Theorie bei gegebenen Institutionen versteht, ist auf das institutionelle Minimum beschränkt: Privateigentum, Marktmechanismus und Bankkredit. Die Beschäftigung mit Institutionen ist der Wirtschaftssoziologie vorbehalten; und *Capitalism* füllt diese Lücke. Hier wird Kapitalismus umfassend gedeutet im Sinne einer «Zivilisation», und dazu zählen: das politische System, die Klassenstruktur, Wertesysteme, Lebensstile, Mentalitäten, die «soziale Atmosphäre», Kunst und Wissenschaft etc. Die Betonung von Lebensstilen, Mentalitäten und «sozio-kulturellen Typen» charakterisiert bereits Schumpeters frühe soziologischen Arbeiten (vgl. Osterhammel, 1987, S. 54).

Kapitalismus, Sozialismus und Demokratie ist wohl Schumpeters bekanntestes Buch. Daß sich ein Buch gut verkauft, gilt ausgerechnet der akademischen Ökonomik schon als verdächtig. In diesem Fall kommt erschwerend hinzu, daß es furios geschrieben ist und brillante Formulierungen enthält, die jede sozialwissenschaftliche Aphorismensammlung bereichern würden. Kaum jemand, der das Buch nicht «interessant» oder wenigstens «intelligent gemacht» gefunden hätte; dennoch drängt sich der Eindruck auf, daß nicht wenige Ökonomen *Kapitalismus* als eine Art soziologische Extratour rezipierten. Die plakative Kernthese des Buches, daß der Sozialismus unvermeidlich hervorgehen würde aus der ebenso unvermeidlichen Auflösung des Kapitalismus, begünstigt in der Tat eine vordergründige Vertrautheit mit der Subtilität der Argumente – und noch dazu aus den falschen Gründen (McInnes, 1995).

Die Entwicklung des Kapitalismus können wir, Schumpeter zufolge, nur verstehen, wenn wir die wechselseitigen Beziehungen zwischen der ökonomischen Sphäre und der «kulturellen Komponente» im Zeitablauf untersuchen. Das Scharnier, das das Ökonomische mit dem Nicht-ökonomischen verbindet, ist die Innovation. Der Erfolg der kapitalistischen Produktionsmaschine erzeugt Widersprüche mit nicht-ökonomischen Faktoren (z. B. Wertesystemen), die ihrerseits auf die ökonomische Sphäre negativ zurückwirken (Shionoya, 1997, S. 92).

Die These von der Selbstzerstörung des Kapitalismus klingt nach dem Zauberlehrling, der die Geister, die er rief, nicht mehr los wird: das ist der rhetorische Aspekt. Im Zweiten Teil von *Kapitalismus, Sozialismus und Demokratie* stimmt Schumpeter zunächst das Hohelied an auf die Segnungen des «ewigen Sturms der schöpferischen Zerstörung» (1993, S. 138). Sein Höhepunkt ist die «kapitalistische Zivilisation», der wir u. a. Wissenschaft, Kunst, Feminismus und Pazifismus zu verdanken hätten. Doch in einem fortgeschrittenen Stadium des Kapitalismus beginnen die Mauern zu bröckeln (S. 213 ff.):

- Die bürokratisierten Großunternehmen verdrängen nicht nur kleine und mittlere Unternehmen; sie tragen auch dazu bei, daß die Unternehmerfunktion zunehmend entpersönlicht und mechanisiert wird; Innovationen werden zur kollektiven Angelegenheit von Spezialisten-Teams. In einer Umgebung, in der ökonomischer Wandel etwas Alltägliches ist, bedarf es immer weniger der Energie und Willenskraft einzelner Unternehmer, um Widerstände gegen das Neue zu überwinden.
- Schützende Schichten, die den Kapitalismus politisch verteidigen könnten, werden zunehmend ausgehöhlt. Die Bourgeoisie ist notorisch unheroisch und – bei vermindertem Einfluß der Feudalari-

stokratie – ungeeignet für die politische Führung. Dazu kommt, daß durch den Aufstieg von «exekutiven Typen», Managern und Aktionären die Eigentumssubstanz sich zunehmend verflüchtigt.

- Die Großfamilie und ihr Heim verlieren immer mehr an Bedeutung als Kitt der bürgerlichen Ordnung, und damit entfällt ein wichtiges Motiv für unternehmerische Tätigkeit.
- Die rationalistisch-kritische Haltung, die sich einst gegen die Feudalordnung wandte, richtet sich nun gegen den Kapitalismus selbst. Es sind die Intellektuellen, die dieser Feindseligkeit gegenüber Privateigentum und bürgerlichen Wertvorstellungen Ausdruck verleihen, insbesondere durch ihre Verbindungen mit der Arbeiterbewegung.

Bedenkt man, daß der Kapitalismus auf gefühlsmäßige Anhänglichkeiten angewiesen ist, die er selbst nicht erzeugen kann, erscheint die These, daß die auf sein Konto gehenden Erfolge letztlich seinen Niedergang beschleunigen würden, keineswegs so paradox, wie sie zunächst klingen mag. Für die Beurteilung von Schumpeters These ist essentiell, daß er einen «reifen» Kapitalismus im Sinn hat, dessen höchste Stufe für ihn der Sozialismus darstellt. Schumpeter behauptet nicht, daß diese Entwicklung deterministisch vorgezeichnet sei; er beschreibt «Tendenzen»: bei fortgesetzter Wirkung würden sie Bedingungen schaffen, die den Sozialismus politisch plausibel machen. Wenn Schumpeter vorgeworfen wird, die empirische Realität an der Schwelle zum 21. Jahrhundert hätte seine These widerlegt, läßt sich *mit* Schumpeter dagegen einwenden, daß ein Jahrhundert eine viel zu kurze Frist ist, um derartige Entwicklungen zu beurteilen (1993, S. 264). Die Tatsache, daß in den letzten Jahren eine große Anzahl von Ländern zum Kapitalismus übergetreten ist, bestätigt nur, was Schumpeter bereits 1920 in «Sozialistische Möglichkeiten von heute» (1952, S. 455–510, hier: S. 506 f.) gefordert hat: daß eine *erfolgreiche* Sozialisierung jedenfalls auf einem hohen kapitalistischen Niveau ansetzen sollte.[16] Wenn Schumpeter «sozialistische Tendenzen» in einem fortgeschrittenen Stadium des Kapitalismus ortet, verwendet er offenbar einen anderen Sozialismusbegriff – und es ist dann nur mehr eine terminologische Frage, ob der Sozialismus in diesem

16 Diese Frage war im übrigen auch Gegenstand des Dissenses mit sozialdemokratischen Regierungsmitgliedern während seiner Ministerschaft.

Sinn nicht schon längst Einzug gehalten hat. Wenn es mehr als ein terminologisches Problem ist, stellt sich die weitere Frage, woher die politischen Kräfte nehmen, die diese Tendenzen aufhalten sollen?

Eine Anekdote mag Schumpeters Ambivalenz – wenn es denn eine ist – belegen: Paul Samuelson berichtet, Schumpeter habe ihn in einem Gespräch einen Sozialisten gescholten. Daraufhin Samuelson entrüstet: «Wie kommst du dazu, mich einen Sozialisten zu nennen, Joe? Ausgerechnet mich, der ich bei Frank Knight und Henry Simons an der Universität Chicago studiert habe? Ist für Dich jemand automatisch ein Sozialist, der für fiskalische Stabilisierungspolitik und New Deal-Wohlfahrtsprogramme eintritt? Oder was ist Dein Kriterium?» Schumpeter – nach einigem Zögern: «Mein lieber Paul, ich wollte damit nur sagen, daß es Dir an Respekt vor den frömmelnden Wahrheiten [*pietistic verities*] des Kapitalismus mangelt» (Samuelson, 1983, S. 68; Übers. d. Verf.).

3. Wirkung

Wenn es in den drei Jahrzehnten nach Schumpeters Tod nicht so klar gewesen sein mag, worin seine Bedeutung für die Ökonomik des 20. Jahrhunderts liegen könnte, läßt sich diese Frage heute – unter dem Eindruck der umfangreichen Forschungen der letzten 25 Jahre – viel leichter beantworten. Zweifellos hat Schumpeter deutliche Spuren hinterlassen in der Unternehmertheorie (Casson, 2006); in der Wettbewerbs- und Monopoltheorie;[17] in der Analyse des technischen Fortschritts und in der Wachstumstheorie (z. B. Aghion und Howitt, 1998, Kap. 2: «The Schumpeterian Approach»); und in der Theorie der «langen Wellen» (z. B. Freeman und Louçã, 2001).

Keine Diskussion über Innovation und Unternehmertum, die nicht wenigstens mit einer Verbeugung vor Schumpeter begänne.[18] Und dennoch mehren sich die Stimmen, die vor der Last des «Schumpeterschen Erbes» warnen: Nathan Rosenberg beklagt in einer Reihe von Arbeiten (ursprünglich in Rosenberg, 1975), daß die Schumpetersche Beschränkung auf «große», diskontinuierliche Innovationen irreführend sei als Modell für Neuerungen schlecht-

17 Es gibt eine mit Schumpeter assoziierte unheilvolle Tradition, die Innovation mit Monopolisierung gleichsetzt; vgl. dagegen jüngst Boldrin und Levine (2008, S. 169–171).

18 Vgl. Fagerberg (2005) und Ehidé (2000, Kap. 13: «Reexamining Schumpeter»).

hin. Der Einfluß Schumpeters habe, Rosenberg zufolge, den Blick getrübt für die Bedeutung von kleinen, kontinuierlichen Veränderungen für den technischen Wandel. Innerhalb der begrifflich klar getrennten Trias von (1) Erfindung (Invention), (2) Neuerung (Innovation), und (3) Nachahmung (Imitation) handelt Schumpeter ausschließlich von Neuerungen; Erfindungen nimmt er als gegeben an und isoliert sie von Neuerungen; und durch die Definition von Unternehmertum als einer besonderen Form des allgemeinen sozialen Phänomens der Führung unterschätzt er tendenziell die Rolle von Nachahmern. In diese Richtung zielt auch der Einwand von Ulrich Witt (2002, S. 15): Da der Unternehmer weder nach Handlungsmöglichkeiten sucht noch sie entdeckt, geschweige denn sie erfindet, könne Schumpeters Innovationsmodell nicht erklären, wie neues Wissen entsteht; Rückkopplungseffekte zwischen der Suche nach – und der Entdeckung und Durchsetzung von – Neukombinationen spielen so gut wie keine Rolle.

William Baumol (1993) erweitert den Schumpeter-Ansatz und spürt der Frage nach, unter welchen Bedingungen unternehmerische Innovationen produktiv sind. Das ist naturgemäß nur dann ein Problem, wenn man Unternehmertum nicht a priori gleichsetzt mit Tugendhaftigkeit. Wie kann verhindert werden, daß unternehmerische Talente ausschließlich oder überwiegend für kriminelle Handlungen und Rentensuche vergeudet werden? Die Herausforderung der Wirtschaftspolitik besteht darin, über eine Änderung der Spielregeln (d. h. durch eine entsprechende Anreizstruktur) zu gewährleisten, daß unternehmerische Ressourcen in produktiven Verwendungen genutzt werden.

In ähnlicher Manier untersuchen Röpke (2002) und Röpke und Xia (2007), wie die Durchsetzung von Neuerungen abhängig ist von unternehmerischen Kompetenzen (Können), Motivation (Wollen) und Handlungsrechten (Dürfen). Jochen Röpke arbeitet an einer kühnen Synthese von Schumpeterscher Entwicklungsökonomik, daoistischer Philosophie und autopoietischer Systemtheorie: Über Schumpeter weit hinausgehend, entwirft er eine Typologie unterschiedlicher Dimensionen von Unternehmertum (Routine, Arbitrage, Innovation, Evolution), die ergänzt wird um verschiedene Ebenen des Lernens, die den einzelnen Unternehmertypen zugeordnet sind. Auf der Basis von Schumpeters «Innovationslogik» kritisiert Röpke als bloße «Inputlogik» ökonomische Theorien (z.B. die Theorie des endogenen Wachstums) – und daraus abgeleitete wirtschaftspolitische Maßnahmen –, die den Transfer von neuem Wissen als völlig unproblematisch, weil unternehmerlos, betrachten. Die Kluft zwischen Wissen und Handeln (*knowing-doing gap*) werde auch in gängigen Vorstellungen von der «Wissensgesellschaft» systematisch negiert. – In der Tat: Bei vielen Gesetzesänderungen liegt Schumpeter (1912, S. 487) völlig richtig, wenn er meint: «Die bloße Datenänderung bedeutet wenig. [...] So schafft und vernichtet eine Änderung im Kurse der Volkswirtschaftspolitik nur selten eine Industrie.»

Abschließend sei noch hingewiesen auf das Forschungsprogramm der Neo-Schumpeterianer (Hanusch und Pyka, 2007), deren intellektuelle Wurzeln zurückgehen auf: Schumpeters *Theorie der wirtschaftlichen Entwicklung*; die ihrerseits von Schumpeter partiell inspirierte Evolutorische Ökonomik (vgl. grundlegend Nelson und Winter, 1982; Witt, 2002); Komplexitätstheorie und Systemtheorie. Das hauptsächliche Forschungsinteresse gilt der Frage, wie das ökonomische System Neuheit – technologische Innovationen sind nur deren spektakulärste Erscheinungsform – produziert und absorbiert. In diesem Sinn untersuchen Neo-Schumpeterianer individuelles Lernverhalten auf der Mikro-Ebene; innovationsgetriebene Industriedynamik auf der Meso-Ebene (Dopfer und Potts, 2008); und innovationsgetragenes Wachstum und internationale Wettbewerbsfähigkeit auf der Makro-Ebene.

Es darf vermutet werden: Schumpeter hätte sich wohl gefreut über diese Schulenbildung; aber er hätte es nicht gezeigt, denn: «Only fish run in schools» (Stolper, 1979, S. 68).

Literatur

1. Werke

Schumpeter, J. A. 1908. Das Wesen und der Hauptinhalt der theoretischen Nationalökonomie, Leipzig.

Schumpeter, J. A. 1912. Theorie der wirtschaftlichen Entwicklung, Leipzig.

Schumpeter, J. A. 1914. Epochen der Dogmen- und Methodengeschichte. Grundriss der Sozialökonomik I. Abteilung, Tübingen.

Schumpeter, J. A. 1915. Vergangenheit und Zukunft der Sozialwissenschaften, München.

Schumpeter, J. A. 1939. Business Cycles. A Theoretical, Historical, and Statisti-

cal Analysis of the Capitalist Process, New York. Deutsche Ausgabe: 1961. Konjunkturzyklen. 2 Bände, Göttingen.
Schumpeter, J.A. 1951. Ten Great Economists. From Marx to Keynes, New York.
Schumpeter, J. A. 1952. Aufsätze zur ökonomischen Theorie, Tübingen.
Schumpeter, J. A. 1953. Aufsätze zur Soziologie, Tübingen.
Schumpeter, J. A. 1954. History of Economic Analysis. Hrsg. von E. B. Schumpeter, New York. Deutsche Ausgabe: 2007. Geschichte der ökonomischen Analyse. Hrsg. v. A. Ebner, 2 Bände, Göttingen.
Schumpeter, J. A. 1954a. Dogmenhistorische und biographische Aufsätze, Tübingen.
Schumpeter, J. A. 1964. Theorie der wirtschaftlichen Entwicklung. Eine Untersuchung über Unternehmergewinn, Kapital, Kredit, Zins und den Konjunkturzyklus, 6. Aufl., Berlin.
Schumpeter, J. A. 1992. Politische Reden. Hrsg. v. C. Seidl und W. F. Stolper, Tübingen.
Schumpeter, J. A. 1993. Kapitalismus, Sozialismus und Demokratie, 7. erw. Aufl. Einf. v. E. K. Seifert, Tübingen. Originalausgabe: 1942. Capitalism, Socialism and Democracy, New York.
Schumpeter, J. A. 1993a. Aufsätze zur Tagespolitik. Hrsg. v. C. Seidl und W. F. Stolper, Tübingen.
Schumpeter, J. A. 2000. Briefe/Letters. Hrsg. v. U. Hedtke und R. Swedberg, Tübingen.

2. *Weiterführende Literatur*

Aghion, P., und Howitt, P. 1998. Endogenous Growth Theory, Cambridge, Mass.
Allen, L. 1991. Opening Doors. The Life and Work of Joseph Schumpeter. Bd. 1: Europe, Bd. 2: America, New Brunswick, N. J.
Baumol, W. J. 1993. Entrepreneurship, Management, and the Structure of Payoffs, Cambridge, Mass.
Bhidé, A. V. 2000. The Origin and Evolution of New Businesses, New York.
Boldrin, M., und Levine, D. K. 2008. Against Intellectual Monopoly, Cambridge.
Casson, M. et al. (Hrsg.) 2006. The Oxford Handbook of Entrepreneurship, Oxford.
Dopfer, K., und Potts, J. 2008. The General Theory of Economic Evolution, London.
Fagerberg, J. et al. (Hrsg.) 2005. The Oxford Handbook of Innovation, Oxford.
Freeman, C., und Louçã, F. 2001. As Time Goes By. From the Industrial Revolutions to the Information Revolution, Oxford.
Goodwin, R. M. 1983. Schumpeter: The Man I Knew, in: Ricerche Economiche, Bd. 37, S. 606–613.
Haberler, G. 1951. Joseph Alois Schumpeter, 1883–1950, in: S. E. Harris, (Hrsg.) 1951. Schumpeter. Social Scientist, Cambridge, Mass, S. 24–47. Deutsch in: H. C. Recktenwald (Hrsg.) 1971. Geschichte der Politischen Ökonomie. Eine Einführung in Lebensbildern, Stuttgart.

Hanusch, H., und Pyka, A. (Hrsg.) 2007. Elgar Companion to Neo-Schumpeterian Economics, Cheltenham.
Harris, S. E. (Hrsg.) 1951: Schumpeter. Social Scientist, Cambridge, Mass.
King, R. G., und Levine, R. 1993. Finance and Growth: Schumpeter Might be Right, in: Quarterly Journal of Economics, Bd. 108, S. 717–737.
Kurz, H. D. 2005. Joseph A. Schumpeter. Ein Sozialökonom zwischen Marx und Walras, Marburg.
März, E. 1983. Joseph Alois Schumpeter. Forscher, Lehrer und Politiker, Wien.
Magris, C. 1988. Donau. Biographie eines Flusses, München.
Mayer, A. J. 1981. The Persistence of the Old Regime. Europe to the Great War, New York. Deutsche Ausgabe: 1988. Adelsmacht und Bürgertum. Die Krise der europäischen Gesellschaft 1848–1914, München.
McCraw, T. K. 2007. Prophet of Innovation. Joseph Schumpeter and Creative Destruction, Cambridge, Mass. Deutsche Übersetzung in Vorbereitung.
McInnes, N. 1995. Wrong for Superior Reasons, in: The National Interest, no. 39 (Spring), S. 85–97.
Nelson, R. R., und Winter, S. G. 1982. An Evolutionary Theory of Economic Change, Cambridge, Mass.
Osterhammel, J. 1987. Joseph A. Schumpeter und das Nicht-ökonomische in der Ökonomie, in: Kölner Zeitschrift für Soziologie und Sozialpsychologie, Bd. 39, S. 40–58.
Redlich, F. 1964. Der Unternehmer. Wirtschafts- und Sozialgeschichtliche Studien, Göttingen.
Reisman, D. 2004. Schumpeter's Market. Enterprise and Evolution, Cheltenham.
Rezzori, G. v. 1989. Blumen im Schnee, München.
Röpke, J. 2002. Der lernende Unternehmer. Zur Evolution und Konstruktion unternehmerischer Kompetenz, Norderstedt.
Röpke, J., und Xia, Y. 2007. Reisen in die Zukunft kapitalistischer Systeme. Grundzüge einer daoistischen Kinetik wirtschaftlicher Entwicklung, Norderstedt.
Roll, E. 1985. Crowded Hours, London.
Rosenberg, N. 1975. Problems in the Economist's Conceptualization of Technological Innovation, in: History of Political Economy, Bd. 7, S. 456–481.
Samuelson, P. A. 1983. The World Economy at Century's End, in: S. Tsuru (Hrsg.), Human Resources. Employment and Development Vol. 1: The Issues, London, S. 58–77.
Seidl, C. 1984. Joseph Alois Schumpeter: Character, Life, and Particulars of his Graz Period, in: C. Seidl (Hrsg.), Lectures on Schumpeterian Economics, Berlin, S. 187–205.
Shionoya, Y. 1997. Schumpeter and the Idea of Social Science. A Metatheoretical Study, Cambridge.
Siemon, C. 2006. Unternehmertum in der Finanzwirtschaft. Ein evolutionsökonomischer Beitrag zur Theorie der Finanzintermediation, Norderstedt.
Smithies, A. 1951. Memorial: Joseph Alois Schumpeter, 1883–1950, in: S. E. Harris, (Hrsg.) 1951. Schumpeter. Social Scientist, Cambridge, Mass., S. 11–23.

Stigler, G.J. 1988. Memoirs of an Unregulated Economist, New York.
Stolper, W.F. 1979. Joseph Alois Schumpeter – A Personal Memoir, in: Challenge, Bd. 21, No. 6, S. 64–69.
Stolper, W.F. 1994. Joseph Alois Schumpeter. The Public Life of a Private Man, Princeton, NJ.
Swedberg, R. 1991. Joseph A. Schumpeter. His Life and Work, Oxford. Deutsche Ausgabe: 1994. Joseph A. Schumpeter. Eine Biographie, Stuttgart.
Witt, U. 2002. How Evolutionary Is Schumpeter's Theory of Economic Development?, in: Industry and Innovation, Bd. 9, S. 7–22.

Volker Caspari

John Maynard Keynes
(1883–1946)

I. Leben

John Maynard Keynes gilt mit Recht als der bedeutendste Ökonom des 20. Jahrhunderts. Seine Bedeutung für die Wirtschaftswissenschaften ist vergleichbar mit derjenigen Luthers für die Entwicklung der christlichen Kirche, denn Keynes hat die Wirtschaftstheorie reformiert, seinem Selbstverständnis nach sogar revolutioniert. In einem Brief im Januar 1935 an George Bernard Shaw schrieb er:

«Sie sollten wissen, dass ich an einem Buch zur ökonomischen Theorie schreibe, das – zwar nicht sofort, aber im Laufe der nächsten 10 Jahre – die Art und Weise, wie die Welt über ökonomische Problemstellungen nachdenkt, revolutionieren wird.»

Wer war dieser Keynes? John Maynard Keynes stammte aus einer uralten englischen Familie, deren Geschichte sich nach seiner eigenen Ahnenforschung bis ins 11. Jahrhundert zurückverfolgen läßt, als der Raubritter William de Cahagnes mit Wilhelm dem Eroberer nach England kam. Keynes' Vater, John Neville, war Lehrbeauftragter für Wirtschaftswissenschaften an der Universität Cambridge, später deren leitender Administrator («registrary»); seine Mutter, Florence Ada, hatte – in der damaligen Zeit ungewöhnlich für eine Frau– einen akademischen Abschluß der Universität Cambridge, sie war sozial stark engagiert und wurde später Bürgermeisterin der Stadt.

Mit seinen beiden jüngeren Geschwistern, Geoffrey und Margaret, wuchs Keynes in ausgesprochen gedeihlichen Verhältnissen auf und erhielt von früh an jegliche Förderung seiner geistigen und sozialen Entwicklung. Keynes war allerdings ein kränkliches Kind, was ihn zu häufiger Schulabwesenheit zwang. Er besuchte zunächst die Grundschule von St. Faiths und später Eton, das noch heute ein Elite-College für Sprößlinge privilegierter britischer Familien ist. Dort zeigte er sich als ein brillanter Schüler mit einer großen Begabung, insbesondere für Mathematik, Geschichte und englische Sprache. Seine intellektuellen und rhetorischen Fähigkeiten, geweckt durch die frühe Liebe zu (alten) Büchern, zeigten sich besonders im «College Pop», Etons prestigeträchtigem Debattierklub, später dann im «Union» in Cambridge, dessen Präsident er einmal werden sollte. Am King's College der dortigen Universität nahm Keynes im Oktober 1902 das Studium der Mathematik auf, das er im Juni 1905 mit einem hochrespektablen, für ihn selbst aber leicht enttäuschenden Abschluß beendete (er belegte «nur» Platz 12 in der sogenannten Tripos-Liste).

Keynes' erste Begegnung mit Ökonomie kam im Sommer 1905 während eines Familienurlaubs in der Schweiz zustande, als er Marshalls *Principles of Economics* las. Diese Lektüre veranlaßte ihn, in Cambridge Vorlesungen bei Marshall zu belegen. Bald äußerte er sich selbstbewußt:

«Das Fach Ökonomie bringt mir zunehmend Erfüllung und ich glaube, daß ich es inzwischen recht gut beherrsche. Ich würde gerne eine Eisenbahngesellschaft managen oder einen Trust gründen oder zumindest die Anleger an den Aktienmärkten beschwindeln.» (Brief an Lytton Strachey, Harrod 1951, S. 129, Übers. d. Verf.)

Im August 1906 legte Keynes in London erfolgreich die Prüfung für den Eintritt in den öffentlichen Dienst ab. Deren Ergebnis erzürnte ihn allerdings, er schnitt in Mathematik und Wirtschaftswissenschaften – den beiden Fächern, in denen seine Talente am größten sind – relativ schlecht ab. Ende 1906 nahm Keynes dann eine Stelle im öffentlichen Dienst an. Die wenig anspruchsvolle Arbeit im «India Office» in London langweilte ihn schnell.[1] Deshalb widmete er sich nebenbei der Wahrscheinlichkeitstheorie mit dem Ziel einer Dissertation. Der Versuch, im Oktober 1907 auf dieser Grundlage ein Stipendium am King's College in Cambridge zu erhalten, schlug zunächst fehl. Dennoch quittierte Keynes den Dienst im India Office im Juni 1908, um ein Privatstudium in Cambridge aufzunehmen. Ihm standen jährlich £ 200 zur Verfügung – £ 100 von seinem Vater und derselbe Betrag von Arthur Cecil Pigou, dem Inhaber des Lehrstuhls für Ökonomie.[2] Ende Januar 1909 debütierte Keynes in Cambridge mit einer Vorlesung über Geld, Kredit und Preise. Auf der Grundlage seiner Dissertation über Wahrscheinlichkeitstheorie wurde er im März 1909 zum «Fellow of King's

[1] Seine erste Aufgabe im India Office bestand darin, den Kauf von zehn Zuchtbullen und deren Verschiffung nach Bombay zu organisieren.

[2] Zum Vergleich: Auf ein Jahresgehalt hochgerechnet verdiente ein gelernter Bauarbeiter zu dieser Zeit ca. £ 250.

College» ernannt. In den kommenden Monaten veröffentlichte er mehrere Artikel im *Economist* und erhielt den Adam Smith Preis für einen Essay über Indexzahlen. Durch seine Lehrtätigkeit und seine journalistischen Beiträge erhöhte sich sein Einkommen bis auf £ 700 p.a. am Ende des Jahres 1909.

In den Jahren 1910/11 wurde Keynes zum ersten Mal politisch aktiv – und zwar für die Liberale Partei, deren Wahlkampagne er aktiv unterstützte, nachdem er bereits in seiner Zeit als Student stellvertretender Präsident des Liberalen Clubs der Universität Cambridge gewesen war. Allerdings müssen ihn die ersten persönlichen Begegnungen mit Politikern sehr enttäuscht haben, denn zeitlebens hat er nie einen Hehl aus seiner Abneigung gegenüber Politikern gemacht.

Der kurze Abstecher in die Politik, der vermutlich weniger der Überzeugung als einem Freundschaftsdienst entsprang, sollte Episode bleiben, denn bereits im Herbst 1911 wurde Keynes Herausgeber des damals wie heute angesehenen *Economic Journal*. Ein Jahr später berief die Universität Cambridge Keynes in den Verwaltungsrat, um dessen Management- und Finanzkenntnisse zu nutzen. Seine erste wirtschaftswissenschaftliche Publikation – *Indian Currency and Finance* – wurde Anfang 1913 veröffentlicht. Im April 1913 erhielt er das Mandat, bei einer Royal Commission maßgeblich mitzuwirken, in der es um die Umsetzung von währungs- und geldpolitischen Regelungen ging, u.a. um die Gründung einer Zentralbank.

Mit dem Ausbruch des Ersten Weltkriegs, den er mit tiefer Sorge aufnahm – seine Briefe sind von pazifistischem Geist geprägt, während er später der Russischen Revolution einige Sympathie entgegenbringt –, war Keynes plötzlich als Politikberater gefragt. Nach einer kurzen Rolle als unabhängiger Berater des Schatzamts übernahm er im Mai 1915 einen Posten in der Abteilung 1, die für Finanzen zuständig war. Keynes entwickelte dort das System der alliierten Kriegsanleihen, das wenig später auch von den Vereinigten Staaten übernommen wurde. In London ansässig, gefiel sich Keynes in der Rolle des aktiven Gesellschaftsmenschen und ähnelte darin seinem gleichaltrigen österreichischen Kollegen Joseph Schumpeter. Auf einer Party im Oktober 1918 lernte er – inzwischen Chefdenker der (aus Abteilung 1 ausgegliederten) Abteilung A des Schatzamts – die russische Ballerina Lydia Lopokova des berühmten Diaghilew-Balletts kennen, die er sieben Jahre später heiraten wird.

Das nahe Ende des Ersten Weltkriegs mit der Niederlage Deutschlands konfrontierte Keynes und das Schatzamt mit der Frage der Reparationen, d.h. mit der Höhe der finanziellen Kompensation von seiten des unterlegenen Kriegsgegners. Die Zeit vor und nach dem Waffenstillstand von Compiègne (11. November 1918) wurde für Keynes, der die Position der Alliierten für unmoralisch und inkompetent hielt, zu einer niederschmetternden Erfahrung, die letztlich dazu führte, dass Keynes noch vor Unterzeichnung des Versailler Vertrags (28. Juni 1919) seinen Dienst beim Schatzamt quittierte. Ihm schwebte die Rolle eines öffentlichen Meinungsmachers vor mit gleichzeitig begrenzter Lehrtätigkeit an der Universität Cambridge, wo er dann einmal wöchentlich eine Vorlesung über die «wirtschaftlichen Aspekte des Friedensvertrags» hielt. Im August/September 1919 schrieb Keynes *The Economic Consequences of the Peace,* worin er die drakonischen Strafmaßnahmen gegen Deutschland geißelte und die Gefahren deutlich benannte, die diese für Europa heraufbeschworen. Das Buch, das im Dezember 1919 in England und einen Monat später in den USA erschien, machte Keynes schlagartig berühmt, für das Establishment aus Politik und Finanzwelt jedoch auch verdächtig.

In die Zeit nach dem Ersten Weltkrieg fallen Keynes' erste Transaktionen an der Börse: Er spekulierte in größerem Umfang mit geborgtem Geld auf dem Devisenmarkt und erzielte zunächst stattliche Gewinne, die sich aber rasch wieder verflüchtigten und sogar in Verluste verwandelten. Erneute Devisenspekulationen ab Mitte 1920 gingen dann aber auf und weckten in ihm die Hoffnung auf finanzielle Unabhängigkeit. In den Folgejahren erwies sich Keynes bei seinen persönlichen Börsengeschäften aber nicht nur als gewiefter Spekulant, sondern auch als intelligenter Investor, sodaß er bis Ende 1924 ein Geldvermögen von knapp £ 60000 aus dem Nichts anhäufte – entsprechend einem heutigen Betrag von ca. 3 Mio. Euro.

Ende 1920 wurde Keynes zunächst zweiter Schatzmeister des King's College, vier Jahre später Schatzmeister. Daneben war er außerplanmäßiger Fellow, weiterhin Herausgeber des *Economic Journal*, Finanzberater, Mitglied des «Liberal Committee on Industrial Policy» und Kolumnist verschiedener Zeitungen, insbesondere des *Manchester Guardian*. Und als sei dies noch nicht genug, nahm sich Keynes wieder seine alte Dissertation vor, um sie im späteren Verlauf des Jahres 1921 als *Treatise on Probability* zu veröffentlichen. Eine brillante Abhandlung, in der er die Arbeiten von de Moivre, Gauß und Edgeworth auf dem Gebiet der Wahrscheinlichkeitstheorie weiterentwickelte und letzten Endes das «Gesetz der großen Zahl», wonach der Zufall über voraussagbare Häufigkeiten «berechenbar» wird, in Zweifel zog. Einer zweiten Monographie über die Frage der Reparationen (*A Revision of the Treaty*) ab Januar 1922 schloß sich eine rege publizistische Tätigkeit an, mit allein zwölf wirtschaftspolitischen Beilagen zum *Manchester Guardian* sowie monatlichen Beiträgen für die liberale Wochenzeitung *Nation*, in denen sich Keynes kritisch mit der Bank von England auseinandersetzte. Die Ergebnisse seiner geldpolitischen Überlegungen fanden Eingang im Ende 1923 veröffentlichen *Tract on Monetary Reform*, in dem Keynes das Ende des Goldstandards forderte, den die Britische Regierung dann aber erst 1931 aufhob.

Wenn anfangs von Keynes als Reformer die Rede war, dann wurde dessen Erneuerung der ökonomischen Theorie in Oxford im November 1924 eingeläutet mit einer Vorlesung über *The End of Laissez Faire*. Darin legte Keynes gewissermaßen den Grundstein für alle späteren Arbeiten über Marktversagen und forderte konsequent einen starken Staat. Ein weiterer Meilenstein in Keynes' unermüdlichem Schaffen war *A Treatise on Money*, ein Hauptwerk, das er neben seinen vielfältigen Aufgaben in den Jahren 1927–30 verfaßte und das im Dezember 1930 in zwei Bänden erschien.

Während der großen Depression war Keynes einer der weltweit am meisten gefragten Experten in Sachen Krisenbewältigung; in England gehörte er hochkarätigen Ausschüssen wie dem «Macmillan Committee of Enquiry into Finance and Industry» (1929) und dem «Economic Advisory Council» (1930) an. Im Mai/Juni 1931 folgte Keynes einer Einladung der Universität Chicago nach Amerika, wo er auch mit hohen Repräsentanten der Federal Reserve Bank sowie dem US-Präsidenten zusammentraf.

In den Jahren der Depression war Keynes ein unermüdlicher Advokat einer Politik schuldenfinanzierter öffentlicher Ausgabenprogramme sowie von Maßnahmen, die auf eine Senkung der langfristigen Zinsen abzielten. Auf große Resonanz stießen sein transatlantisches Radiogespräch – das erste überhaupt – mit Walter Lippman in der BBC im Juni 1933 sowie bald darauf ein Brief an die

New York Times: Keynes wurde so in Amerika zum geistigen Wegbereiter des New Deal von Präsident Roosevelt.

Ende 1934 legte Keynes den ersten Entwurf seines opus magnum vor, *The General Theory of Employment, Interest, and Money* – das wirtschaftstheoretische Buch des 20. Jahrhunderts schlechthin. Nach einer Überarbeitung wurde die *General Theory* im Februar 1936 veröffentlicht.

In die Zeit der Niederschrift der *General Theory* fiel auch der Bau eines Theaters in Cambridge, den er zum größten Teil aus persönlichen Mitteln finanzierte. Überhaupt war Keynes ein großer Freund der schönen Künste und ein Buchliebhaber: Vor allem seine Gemäldesammlung großer Meister des Impressionismus und des Expressionismus sowie seine «Rare Books Collection» im King's College legen davon Zeugnis ab.

Ein erster Herzinfarkt zwang Keynes Mitte 1937, sein immenses Arbeitspensum drastisch einzuschränken. Erst im Februar 1938 trat er wieder öffentlich auf – auf der Jahreshauptversammlung der National Mutual Life Assurance Company, deren Aufsichtsratsvorsitzender er seit 1921 war. Das Angebot eines Parlamentssitzes im November 1939 lehnte Keynes ab; zu wichtig war ihm seine intellektuelle Unabhängigkeit in Zeiten politischer Wirrnis. Ende 1940 wurde er Wirtschaftsberater der Regierung und lebte die meiste Zeit in London.

In den Jahren 1941–44 folgten mehrere offizielle Besuche in den USA. Keynes beteiligte sich an den Verhandlungen zum «Lend-Lease Act» von 1941 – ein militärisches und wirtschaftliches Hilfsprogramm der USA für Länder, die im Zweiten Weltkrieg gegen die Achsenmächte verbündet waren – und vor allem an den Vorbereitungen zur Gründung des Internationalen Währungsfonds (IMF) und der Weltbank sowie der Einführung des Bretton Woods Systems. Dabei erwies sich Keynes, der seit 1941 Direktor der Bank von England und seit 1942 geadelt und damit Oberhausmitglied war, als außerordentlich geschickter Verhandlungsführer der britischen Regierung, wenngleich in der Öffentlichkeit der Eindruck zu hoher Konzessionen Englands an die amerikanische Seite entstand.

Nach mehreren gesundheitlichen Rückschlägen begab sich Keynes ein letztes Mal nach New York. Die Gründungsversammlungen von IMF und Weltbank verliefen anders als von ihm erwartet; sie verbitterten ihn zunehmend, weil die amerikanische Regierung in

Großmachtgehabe von ihrem ehemals eher pragmatischen Standpunkt, die Weltwirtschaftsordnung betreffend, abrückte. Nach seiner Rückkehr gab er sich resigniert, so z.B. während eines Essens bei der Bank von England:

«Bei Problemlösungen vertraue ich zunehmend auf jene unsichtbare Hand, die ich noch vor zwanzig Jahren versucht habe, aus dem ökonomischen Denken zu vertreiben.» (Skidelsky, 2001, S. 470, Übers. d. Verf.)

Am 21. April 1946 starb Keynes auf seinem Landsitz Tilton in Sussex an einem weiteren Herzinfarkt.

2. Werk

Das Gesamtwerk von Maynard Keynes ist zu umfangreich, als daß man es in diesem Aufsatz behandeln könnte. Der Schwerpunkt liegt im folgenden auf der *General Theory of Employment, Interest and Money*. Man muß allerdings das sechs Jahre früher erschienene Werk *A Treatise on Money* mit einbeziehen, da dieses den eigentlichen Ausgangspunkt der Keynesschen Revolution darstellt.

Treatise on Money. Keynes war ganz und gar in der Tradition der von Alfred Marshall begründeten und von Pigou weiterentwickelten Cambridger Schule der Volkswirtschaftslehre aufgewachsen. Keynes umreißt die zentrale Fragestellung der *Treatise* wie folgt:

«Mein Ziel war es, eine Methode zu finden, die hilfreich ist, nicht nur die Eigenschaften eines statischen Gleichgewichts, sondern die eines Ungleichgewichts zu beschreiben und die dynamischen Gesetzmäßigkeiten zu entdecken, die den Übergang einer Geldwirtschaft von einem Gleichgewicht in ein anderes regeln.» (*Treatise, Collected Writings [CW]*, Bd. V, S. XVII, Übers. d. Verf.)

Dabei lag der Schwerpunkt seiner Analyse auf der Frage nach den Bestimmungsgründen des allgemeinen Preisniveaus und den Ursachen seiner Veränderung. Marshall folgend ist in einem langfristigen Gleichgewicht die Verzinsung des in Produktionsmittel investierten Kapitals in allen Sektoren gleich und die Gewinne sind normal in dem Sinne, daß die Unternehmer sich nicht veranlaßt sehen, ihre Produktion zu verändern. In diesem Gleichgewicht entsprechen die Investitionen den Ersparnissen. Wird eine sich im langfristigen Gleichgewicht befindende Ökonomie gestört und in einen ungleichgewichtigen Zustand versetzt, liegen die Gewinne über oder unter dem normalen Niveau. Je nach Art der Störung liegen die Investitionen dann genau um den Betrag der anormalen Gewinne über oder unter den Ersparnissen. Dies, so Keynes, führe dazu, daß nun das Preisniveau vom gleichgewichtigen Niveau nach oben oder unten abweiche. Inflation, d.h. ein anhaltender Anstieg des Preisniveaus, wird also damit erklärt, daß die Investitionen die freiwilligen Ersparnisse übersteigen. Die gestiegene gesamtwirtschaftliche Nachfrage läßt auf breiter Front die Preise steigen und diese schlagen sich in übernormalen Gewinnen nieder. Deflation wirke genau umgekehrt. Dieser Erklärungsansatz in der *Treatise* hat Ähnlichkeiten mit demjenigen Knut Wicksells, der inflationäre bzw. deflationäre Prozesse auf Abweichungen der Investitionen von den Ersparnissen durch die Zinsspanne zwischen Geldzinssatz und natürlichem Zinssatz zurückführt. Für beide gilt, daß die Bestimmung des Preisniveaus nicht mehr allein von der Höhe der Geldmenge abhängt, die von der Notenbank bereitgestellt wird. Die sogenannte Quantitätstheorie des Geldes wurde dadurch in eine Theorie der Geldnachfrage verwandelt, wozu bereits Marshall Vorarbeiten geleistet hatte (vgl. Eshag, 1963).

Nach der Publikation der *Treatise* überdachte Keynes diesen Zusammenhang von Sparen und Investieren und diskutierte ihn mit dem ‹Circus›, einem Diskussionskreis seiner besten jüngeren Kollegen (Richard Kahn, James Meade, Joan Robinson, E.A.G. Robinson und Piero Sraffa). Keynes beschäftigte der folgende Fall: Die Zentralbank erhöht den Zinssatz, wodurch die Investitionen unter die Ersparnisse sinken. Die Preise fallen – Keynes nahm an, daß Preise nicht «starr» sind – und damit fallen die Gewinne unter ihr normales Niveau. Diese «Verluste» können nur durch eine Senkung der monetären Produktionskosten und damit der Nominaleinkommen aufgefangen werden. Wie erreicht man das? Keynes vermutete, daß man in diktatorischen Systemen «über Nacht» die Geldlöhne per Dekret senken könne, aber nicht in einem «system of capitalistic individualism» (*Treatise*, S. 244f.). Dort entstünde statt dessen Arbeitslosigkeit, weil das Entlassen von Arbeitskräften leichter möglich sei als eine Senkung der Geldlöhne. Zunächst dachte Keynes, daß diese «Mengenanpassung» (d.h. Arbeitslosigkeit) nur eine kurzfristige Störung sei, da sie mittelfristig zu sinkenden Geldlöhnen führen müsse, so daß die monetären Produktionskosten reduziert würden und sich bei einem niedrigeren Preisniveau ein neues langfristiges Gleichgewicht zwischen Investitionen und Ersparnissen einstellen werde. Je länger Keynes über die entstehende Arbeitslosigkeit im Anpassungsprozeß an das neue langfristige Gleichgewicht nachdachte, desto klarer erkannte er allerdings, daß mit seinen Gleichungen etwas nicht stimmen konnte. Denn wenn Arbeitslosigkeit entsteht, sinkt zwar das Arbeitseinkommen, aber die anormalen Gewinne würden nicht gesenkt. Er entschied sich – aus heutiger Sicht völlig zu Recht –, die jeweils anfallenden anormalen Gewinne als Bestandteile des Nominaleinkommens und damit der Ersparnisse zu fassen. Die Ersparnis wurden damit von beiden Größen abhängig, von den normalen Produktionskosten und von den anormalen Gewinnen, und bewegten sich daher immer in die gleiche Richtung wie die Investitionen, unabhängig von der Preis- oder Mengenanpassung. Während in der neoklassischen Theorie die Märkte durch flexible Preise relativ schnell zum Gleichgewicht streben, dominiert bei Keynes die Einkommensanpassung, die letztlich immer aus einer Kombination von Preis-, Lohn- und Mengenanpassungen besteht. Sinken zum Beispiel in Reaktion auf einen Schock die Preise auf den Gütermärkten, dann sinken die Ersparnisse, weil die Gewinne zurückgehen. Sinken die Mengen, dann sinken auch die Ersparnisse, weil durch die Beschäftigungsanpassung das Arbeitseinkommen sinkt. In der *Treatise* geht Keynes noch von der marshallianisch-neoklassischen Hypothese aus, daß die Investitionen und die Ersparnisse jeweils von der Höhe des Zinssatzes abhängen, so daß die Höhe des Zinssatzes selbst durch das Verhältnis zwischen Kapitalnachfrage (Investitionen) und Kapitalangebot (Ersparnisse) bestimmt ist.

Nachdem ihm klar geworden war, daß Investieren und Sparen nicht über den Zinssatz, sondern durch Einkommensveränderungen ausgeglichen werden, mußte er die ursprüngliche Theorie des Zinssatzes fallen lassen und eine andere Zinsbestimmung entwikkeln. Hier kam ihm die in der Cambridger «oral tradition» verbreitete, kassenhaltungstheoretische Variante der Quantitätstheorie gelegen, die er zu einer Geldnachfragetheorie weiterentwickelte. Denn wenn die Geldnachfrage vom Zinssatz abhängt, dann würden ein gegebenes Geldangebot sowie die Geldnachfrage den Zinssatz bestimmen. Keynes hatte also die innertheoretischen Probleme seiner *Treatise* soweit durchdacht, bis ihm deutlich wurde, daß diese auf einem konzeptionellen Fehler beruhte und er die bis dato herrschende Methode der gesamtwirtschaftlichen Analyse, deren Pioniere er selbst und Pigou waren, einen Schritt weiterführen mußte. Ein wichtiger ‹Umweg› von der *Treatise* zur *General Theory* war Keynes' Idee einer «Monetary Theory of Production», in der er direkt an die «fundamental equations» der *Treatise* anknüpfte (vgl. *CW*, Bd. XIII, S. 381). Die Bedeutung des Geldes und damit des Geldzinssatzes für die Bestimmung der Höhe der Produktion bildete ein wichtiges Argument in der *General Theory*. Der Begriff «Monetary Theory of Production» überlebte allerdings in der *General Theory* nicht (vgl. Barens, 1990).

General Theory. Sechs Jahre nach der *Treatise* brachte Keynes dann mit seiner *General Theory* die gesamtwirtschaftliche Analyse auf einen neuen theoretischen Stand. Mit der Weltwirtschaftskrise und ihren Folgen hatte die Entwicklung der *General Theory* allerdings direkt nicht allzuviel zu tun. Bedeutsamer war die spezifische wirtschaftliche Lage in Großbritannien. Dort hatten sich nach der Wiedereinführung des Goldstandards – zu alter Parität! – im Jahr 1925 Arbeitslosigkeit und Deflation entwickelt. Die Deflation verschwand in den Jahren 1933–34, doch die Arbeitslosigkeit blieb bis 1939 im zweistelligen Prozentbereich. Die Verbindung zur *Treatise* betonte Keynes im Vorwort zur *General Theory* mehrfach. Auch war das Werk nicht in wirtschaftspolitischer Absicht an die Öffentlichkeit gerichtet, sondern der erste Satz des Vorworts lautet unmißverständlich: «This book is chiefly addressed to my fellow economists.»

Keynes' *General Theory* behandelt eine Volkswirtschaft ohne Außenhandel. In einer solchen Ökonomie gibt es zwei Komponenten der gesamtwirtschaftlichen Nachfrage: die Nachfrage nach Konsumgütern und die Nachfrage nach Investitionsgütern. Dieser Nachfrage entspricht die gesamte wertmäßige Produktion, d. h. das während einer Periode (Jahr) produzierte nominale Bruttoinlandsprodukt. Keynes geht aus Vereinfachungsgründen zunächst von einem konstanten Geldlohnsatz aus (*Allgemeine Theorie*, 2006, S. 23) und dividiert alle anderen nominalen Größen wie die Geldmenge durch den Geldlohnsatz, wodurch diese in Arbeitsstunden ausgedrückt werden. Da Keynes weder die Möglichkeit von Kapitalakkumulation noch technischen Fortschritt in die Analyse einbezog, wählte er Marshalls sogenannte *kurze Periode* als die für seine Fragestellung relevante Periodenabgrenzung.

Die Konsumnachfrage. Die erste Komponente der gesamtwirtschaftlichen Nachfrage und eine der bedeutendsten theoretischen Innovationen von Keynes ist die Konsumfunktion (*propensity to consume*). In der traditionellen Theorie (z. B. auch in der *Treatise*) ging man davon aus, daß alle Arbeitswilligen beim herrschenden Reallohn auch beschäftigt werden können. Es ergibt sich somit ein (Lohn-)Einkommen, das Vollbeschäftigungseinkommen, welches für genau eine bestimmte Menge an Konsumgütern ausgegeben wird. Wenn nun Arbeitslosigkeit entsteht und die Arbeitslosen keine oder nur geringe Lohnersatzleistungen erhalten, dann sinkt das Lohneinkommen und mit ihm die nachgefragte Menge an Konsumgütern.

Keynes hatte diesen Prozeß bereits in der *Treatise* anhand eines virtuellen Landes, das nur Bananen produziert, durchdacht. Er kam zu dem für ihn selbst zunächst schockierenden Ergebnis, daß es nur in zwei Extremfällen – bei Vollbeschäftigung und dem völligen Zusammenbruch der Bananenproduktion – einen stabilen Zusammenhang zwischen Einkommen und Konsumausgaben gibt, denn sobald die Produktion und damit die Beschäftigung und das Einkommen unter das Einkommen bei Vollbeschäftigung fallen, trete eine schrittweise und wechselseitige Absenkung von Produktion, Einkommen und Konsumausgaben auf. Dieser Prozeß werde erst dann beendet sein, wenn keine Bananen mehr produziert würden und die Menschen verhungerten (*Treatise*, S. 158–160). Keynes hat in diesem Gedankenexperiment die Konsumfunktion und, ohne es bemerkt zu haben, den Multiplikator «entdeckt». Die Ersparnis begriff er als dominant einkommensabhängig, weil sie sich im Multiplikatorprozeß ändert und sich damit an die Investitionen anpaßt und nicht umgekehrt.

Der Multiplikator war eine wichtige Entdeckung.[3] Steigt die Investitionsnachfrage, dann werden dadurch Einnahmen und zusätzliche Beschäftigung in der Investitionsgüterbranche entstehen. Die Unternehmen erzielen höhere Erlöse und die zusätzlich beschäftigten Arbeitskräfte erhöhen die gesamtwirtschaftliche Lohnsumme und damit auch die Konsumgüternachfrage. In der Konsumgüterbranche wird dadurch ebenfalls ein entsprechender Anstieg von

[3] Den Beschäftigungsmultiplikator hat Kahn exakt herausgearbeitet. Vgl. hierzu: Kahn (1931).

Umsatz und Beschäftigung ausgelöst. Der Multiplikatorprozeß läuft nicht unendlich weiter, da weder Unternehmen noch Arbeitnehmer ihre Einnahmen vollständig verausgaben, sondern einen Teil sparen. Somit werden auf jeder Stufe des Prozesses die Einnahmen und damit auch die Ausgaben geringer. In der Summe entsteht allerdings ein Vielfaches der ursprünglich zusätzlichen Investitionsausgaben. Der Wert des Investitionsmultiplikators wird auch von den Erwartungen der Wirtschaftsobjekte beeinflußt.

Die Investitionen. Die zweite Komponente der gesamtwirtschaftlichen Nachfrage bilden die Investitionen. Für Keynes sind drei Einflußfaktoren auf die Investitionstätigkeit bedeutend: (1) die zukünftigen Einnahmeüberschüsse, (2) die Höhe des laufenden Geldzinssatzes und (3) die langfristigen Erwartungen. Ein Investor berechnet die von Keynes so genannte «Grenzleistungsfähigkeit des Kapitals», indem er die interne Verzinsung aus den Einnahmeüberschüssen, die durch die Investition entstehen, mit dem herrschenden Geldzinssatz vergleicht. Ist die interne Verzinsung größer als der Geldzinssatz, wird die Investition durchgeführt. So ergibt sich eine inverse Beziehung zwischen Investitionsvolumen und Geldzinssatz: Je höher der Geldzinssatz, desto weniger Investitionsprojekte werden durchgeführt und umgekehrt. Der dritte, aber nicht minder wichtige Einflußfaktor ist für Keynes der Zustand der langfristigen Erwartungen. Wenn zum Beispiel ein Kapitalgut eine fünfjährige Nutzungszeit hat und mit seiner Hilfe Autos produziert werden, dann werden die erwarteten zukünftige Gewinne von der für die nächsten fünf Jahre erwarteten Automobilnachfrage, den erwarteten Kraftstoffpreisen, den zu erwartenden Nominallöhnen usw. beeinflußt. «Wir können den Stand der psychologischen Erwartung, die letztere umfaßt, als den *Stand der langfristigen Erwartung* zusammenfassen;» (*Allgemeine Theorie,* 2006, S. 147 f.). Diese langfristigen Erwartungen können abrupten Änderungen unterliegen und erzeugen so die in der Realität beobachtete, relativ starke Volatilität der güterwirtschaftlichen Investitionstätigkeit.

Der produzierte Nettooutput besteht also aus Konsumgütern und Investitionsgütern. Der Wert dieser Gütermenge entspricht den insgesamt in der Produktion entstandenen Einkommen (Löhne und Gewinne). Wenn der Teil des Einkommens, der nicht für den Kauf von Konsumgütern verausgabt wird, die Ersparnisse darstellt, dann müssen diese Ersparnisse dem Wert der Investitionsgüter entsprechen. Da die Investitionshöhe von der Höhe des Zinssatzes abhängt, die Ersparnis aber von der Höhe des Einkommens, hat das ökonomische System, mathematisch gesprochen, eine Gleichung mit zwei Unbekannten. Es ist somit unterbestimmt, solange der Zinssatz nicht separat bestimmt wird.

Die Geldnachfrage. Keynes hatte, wie bereits ausgeführt, eine neue Theorie des Geldzinssatzes entwickelt: die Liquiditätspräferenztheorie des Zinssatzes. Die Ersparnis stellt demnach nicht ein Kapitalangebot dar, sondern eine Nachfrage nach Vermögensgütern. Und derer gibt es viele. Sie reichen von Bargeld und Sichteinlagen über Termineinlagen, unterschiedlichen Wertpapieren (u.a. Aktien) bis hin zu immobilen Vermögensgütern wie Häuser und Grundstücke. Wenn nun eine Person spart und die Ersparnisse vollständig in Aktien anlegt, entsteht dadurch nicht notwendig eine Neuinvestition, wie man gemäß der alten Theorie dachte, denn die Aktien erwirbt man von einem anderen Wirtschaftssubjekt, das die Aktien verkauft, um mit dem Erlös zum Beispiel Schulden zu tilgen. Die Ersparnis finanziert in diesem Fall nicht die Produktion neuer, sondern allein den Erwerb bereits vorhandener Kapitalgüter. Sparen hat also keinen direkten Einfluß auf die Investitionstätigkeit.

Keynes zeigte, daß die neoklassische Theorie nie zu Ende gedacht hatte, daß Geld auch ein Vermögensgut, ein Wertaufbewahrungsmittel sein kann. Aber warum sollte jemand «outside a lunatic asylum» (*CW*, Bd. XIV, S. 116) Geld als Vermögensgut halten, das keinen oder nur einen geringen Zins verspricht? Keynes entwickelte zwei Argumentationsstränge:

1. Man hält Geld, weil man die Zukunft für mehr oder weniger unsicher hält. Je größer das Mißtrauen, desto größer die Geldhaltung. Diese Erklärung der Geldhaltung beruht auf der Unsicherheit über die zukünftigen Zinssätze. Die Zinselastizität der Geldnachfrage wird hier mit Abweichungen des Marktzinssatzes von einem als normal angesehenen Niveau begründet, ohne allerdings das sogenannte «normale» Niveau zu begründen (Hicks, 1946, S. 164 und Garegnani, 1989, S. 239–243).
2. Man hält Geld, um liquide zu bleiben. Es ist das Vermögensgut mit der höchsten Liquiditätsprämie. Sollen nun Teile der Ersparnisse nicht nur in Form von Geld gehalten werden, muß man

den Wirtschaftsakteuren einen Zinssatz bieten, der größer als die Liquiditätsprämie ist. Da der Geldzinssatz nie unter diese Liquiditätsprämie fallen könne, bilde sie eine «untere Barriere» des Geldzinssatzes, mit der Folge, daß die Investitionsnachfrage dadurch nicht hinreichend steigen könne, wenn man sich dieser «unteren Barriere» nähere. Dieses Argument entwickelte Keynes im 17. Kapitel der *General Theory*. Es war und ist allerdings höchst fragwürdig, wenn nicht gar falsch, denn bei einem flexiblen Preisniveau (was Keynes unterstellte) kann der Eigenzinssatz des Geldes – nichts anderes ist der Geldzinssatz – hinreichend klein werden und nicht etwa groß, wie Keynes meinte.

Die gesamte Geldnachfrage setzt sich also aus zwei Komponenten zusammen, nämlich der Nachfrage nach Geld zu Transaktionszwecken (Geld als Tauschmittel) und der Nachfrage nach Geld als Vermögensgut. Die Geldnachfrage zu Transaktionszwecken wird von der Höhe des gesamtwirtschaftlichen Einkommens (oder Bruttoinlandsprodukt, BIP) bestimmt. Je höher das im Kreislauf sich befindende BIP, desto mehr Geld wird zu gegebenen Preisen für Transaktionszwecke benötigt. Die Nachfrage nach Geld als Vermögensgut hängt von der Höhe des Geldzinssatzes ab. Je höher der Geldzinssatz ist, desto größer sind die Opportunitätskosten der Geldhaltung, d. h. nur Wirtschaftssubjekte mit einer extrem hohen Liquiditätspräferenz halten dann noch Geld, die anderen ziehen verzinsliche Vermögensgüter (Wertpapiere, Termineinlagen, usw.) vor. Bei einem hohen Geldzinssatz wird daher in einer Ökonomie weniger Geld nachgefragt als bei einem niedrigen Zinssatz. Dieser Zinssatz bildet sich auf dem Geldmarkt (Interbankenmarkt) durch das Angebot und die Nachfrage nach Geld mit unterschiedlicher Terminstruktur (liquide Mittel). Zwischen dem Geldmarkt und dem Markt für Kapitalanlagen (Kapitalmarkt) besteht ein direkter Zusammenhang, weil die verschiedenen Vermögensgüter in einem substitutionalen Verhältnis zueinander stehen und weil sich Kurs und Verzinsung eines festverzinslichen Wertpapiers invers zueinander verhalten. Steigt der Kurs des Wertpapiers, dann sinkt seine effektive Verzinsung, und umgekehrt.

Die gesamtwirtschaftliche Nachfrage. Keynes hatte nunmehr die Bausteine beisammen, um den «Fehler» der alten Theorie zu identifizieren. Man (und er selbst auch) dachte noch anfangs der 30er Jahre, daß das Saysche Theorem gültig sei: Jedes Angebot schafft sich seine Nachfrage, jede Ersparnis führt zu einer gleich großen Investition. Es war das Saysche Theorem, demzufolge es in einer Ökonomie zu keinem Mangel an *effektiver gesamtwirtschaftlicher Nachfrage* kommen kann (relativ zum Produktionspotential). Wenn Konsumnachfrage ausfällt, dann werde, weil eben mehr gespart würde, der Zinssatz fallen und damit würden mehr Investitionen getätigt. Keynes konnte zeigen, warum dies nicht der Fall ist. Wenn der Konsum sinkt, dann wird bei gegebenem Einkommen zwar mehr gespart, die zusätzliche Ersparnis kann, muß aber nicht zu Zinssenkungen und damit zu einer Investitionsbelebung führen. Eine der Möglichkeiten ist der prominente Fall der Liquiditätsfalle, in welcher der Zinssatz nahe der Nullgrenze verharrt, weil die Anleger nicht mit steigenden, sondern fallenden Kursen rechnen und somit weiteres Sparen zu Geldhortung und nicht zu Zinssenkungen führt. Aber auch das Tilgen von Schulden führt nicht unbedingt zu Zinssenkungen. Wenn nun umgekehrt nicht die Konsumnachfrage, sondern die Investitionsnachfrage ausfällt, weil z.B. die langfristigen Gewinnerwartungen der Unternehmen sich verschlechtert haben, führt das nicht, wie die damals herrschende Theorie dachte, zu einem kompensierenden Anstieg der Konsumnachfrage, sondern genau zum Gegenteil. Die sinkende Investitionsnachfrage führt über den Multiplikator zu einer überproportionalen Senkung der Einkommen, wodurch auch die Konsumausgaben fallen. Ebenso fallen die Ersparnisse gleichgerichtet mit dem Einkommen. Nach der alten Theorie hätte die geringere Investitionsnachfrage bei konstanten Ersparnissen zu einer Zinssenkung führen müssen, wodurch die Investitionstätigkeit wieder belebt worden wäre. Keynes hatte nun nachgewiesen, daß auch die Ersparnisse fallen, so daß gar keine Zinssenkung nötig wird.

Die Ursachen der Instabilität der gesamtwirtschaftlichen Nachfrage lokalisierte Keynes vor allem bei der Investitionsnachfrage:

> Mit der heute vorherrschenden Trennung von Eigentum und Management und mit der Entwicklung organisierter Investmentmärkte ist jedoch ein neuer Faktor von großer Wichtigkeit eingeführt worden, der zuweilen das Investment erleichtert, zuweilen aber auch stark zu der Unbeständigkeit des Systems beiträgt. (*Allgemeine Theorie*, 2006, S. 128)

Nachdem er Investoren mit einer seriösen langfristigen Orientierung und sogenannte ‹Spieler› voneinander unterschieden hatte, wies er darauf hin, daß es einen großen Unterschied für die Funktionsfähigkeit eines Kapitalmarktes ausmache, ob die eine oder die andere Gruppe dominiere:

> Auf wirklicher langfristiger Erwartung beruhende Investitionen sind heute so schwierig, dass sie kaum durchführbar sind. Wer dies versucht, muß sicherlich arbeitsreichere Tage verbringen und größere Risiken eingehen als derjenige, der versucht, besser als die Masse zu raten, wie sich die Masse verhalten wird» (S. 157). «Wenn die Kapitalentwicklung eines Landes das Nebenerzeugnis der Tätigkeiten eines Spielkasinos wird, wird die Arbeit schlecht getan werden. Die Wall Street, als Einrichtung betrachtet, deren eigentlicher sozialer Zweck die Leitung neuer Investments in die einträglichsten Kanäle, in Größen der zukünftigen Erträge gemessen, ist, kann nicht Anspruch darauf erheben, daß der von ihr erreichte Erfolgsgrad ein hervorstechender Triumph des *laisser-faire* Kapitalismus ist – was nicht überraschen kann, wenn meine Annahme richtig ist, daß die besten Köpfe von der Wall Street in der Tat auf eine andere Aufgabe gerichtet sind. (*Allgemeine Theorie*, 2006, S. 135)

Fällt nun aus den genannten Gründen gesamtwirtschaftliche Nachfrage aus, kommt es im Zuge des Multiplikatorprozesses zu einem Rückgang der produzierten Mengen und ggf. der Preise. Je stärker die Reaktion der Mengenseite ist, desto stärker wird die Arbeitsnachfrage der Unternehmen sinken. Arbeitslosigkeit ist die Folge. Wir sehen hier, daß Keynes keine starren Preise vor Augen hatte, denn er lebte ja in einer Zeit sinkender Preise – es herrschte seit Jahren Deflation. Wenn nun die Geldlöhne nicht gleichzeitig mit den Preisen sinken, kommt es trotz zunehmender Arbeitslosigkeit zu steigenden Reallöhnen (Geldlohn dividiert durch das Preisniveau). Um also die alten, markträumenden Reallöhne wieder zu erreichen, müßten die Geldlöhne sinken. Obgleich Keynes solche Geldlohnsenkungen für politisch nahezu undurchführbar hielt, erörterte er ihre Wirkungsmechanismen und kam zu dem Ergebnis, daß die Wirkungsrichtung nicht eindeutig sei. Während es Effekte gebe, welche die Beschäftigung tendenziell steigen ließen, wirkten andere genau umgekehrt. Immerhin maß er einer scharfen, einmaligen Senkung der Geldlöhne bei sinkender effektiver gesamtwirtschaftlicher Nachfrage einen die gesamtwirtschaftliche Nachfrage stärkenden (!) Effekt bei:

> Wenn wir in einen Zeitabschnitt einer abnehmenden Nachfrage eintreten, würde eine plötzliche kräftige Kürzung der Nominallöhne auf ein so niedriges Niveau, daß niemand an seine unbegrenzte Dauer glaubt, das für eine Zunahme der effektiven Nachfrage günstigste Ereignis sein. Dies könnte aber nur durch eine staatliche Verfügung erreicht werden und ist in einem System freier Lohnverhandlungen kaum durchführbar. (*Allgemeine Theorie*, S. 224)

Langsame, ständige Geldlohnsenkungen, sozusagen im Gleichschritt mit der steigenden Arbeitslosigkeit, hielt Keynes nicht nur für wirkungslos, sondern geradezu für gefährlich, weil sie eine schleichende Tendenz zur Deflation begünstigten und damit die Konsumnachfrage und in deren Folge die Investitionsnachfrage dämpften.

Keynes zeigte nun, daß Änderungen der Geldmenge den nahezu gleichen gesamtwirtschaftlichen Effekt haben wie Änderungen der Geldlöhne. Statt also bei Arbeitslosigkeit die Geldlöhne zu verringern, um damit die Reallöhne abzusenken, kann man auch durch eine Ausweitung der Geldmenge und somit über einen Anstieg des Preisniveaus zu einer Absenkung der Reallöhne beitragen. Dieses Argument von Keynes muß allerdings vor dem Hintergrund der seinerzeit herrschenden deflationären Entwicklung gesehen werden. Bei Deflation und Arbeitslosigkeit bewirkt eine expansive Geldpolitik eine Erhöhung des Preisniveaus, was auf dem Arbeitsmarkt zu einer Reallohnsenkung führt. Arbeitslosigkeit und Deflation werden mit einer einzigen Maßnahme bekämpft. Wenn bei Arbeitslosigkeit jedoch Inflation vorherrscht, würde eine Geldmengenausdehnung zwar die Reallöhne senken, aber gleichzeitig die Inflation verschärfen. An dieser Problematik litten die westlichen Marktwirtschaften seit den 70er Jahren des 20. Jahrhunderts mehr oder weniger ausgeprägt. Keynes' Erfahrungshintergrund war ganz offensichtlich ein anderer und er sprach sich im Lichte seiner Theorie für eine «Politik stabiler Geldlöhne» aus, um auch ein stabiles Preisniveau zu erreichen. Langfristig, wenn der technische Fortschritt die Produktionskosten reduziert, stünde man vor zwei lohnpolitischen Alternativen: Ein sinkendes Preisniveau bei tendenziell konstanten Geldlöhnen oder steigende Geldlöhne bei tendenziell stabilem Preisniveau. Er äußerte eine Präferenz für den zweiten Weg, weil dies u. a. die strukturellen Anpassungen in schrumpfenden und wachsenden Sektoren erleichtere und weil mäßig steigende Geldlöhne eine psychologische Ermutigung der Beschäftigten darstellten.

Während man in den Wirtschaftsseiten der Tageszeitungen unter Keynesianismus nahezu immer aktive, ausgabenorientierte Fiskalpolitik versteht, findet man in der *General Theory* dazu gerade mal ein 12seitiges 24. Kapitel mit einigen knappen Bemerkungen, aus denen deutlich wird, daß es ihm nicht darum ging:[4]

> ... das ‹Manchester System› aufzugeben, sondern die Natur der Umwelt zu bestimmen, die das freie Spiel der wirtschaftlichen Kräfte erfordert, wenn es die vollen Möglichkeiten der Produktion verwirklichen soll. Die zentrale Steuerung, die für die Sicherung von Vollbeschäftigung erforderlich ist, bringt natürlich eine große Ausdehnung der traditionellen Aufgaben der Regierung mit sich. (*Allgemeine Theorie*, 2006, S. 320)

Keynes wäre sicherlich ein kritisch-konstruktiver Begleiter der wirtschaftspolitischen Konzeptionen der Zeit nach dem Zweiten Weltkrieg gewesen, hätte ihn der Tod nicht bereits im Alter von 63 Jahren daran gehindert.

3. Wirkung

Die *General Theory* war für die Zunft der Ökonomen eine gewaltige intellektuelle Herausforderung, denn Keynes hatte nicht nur eine neue Theorie der Gesamtwirtschaft vorgelegt, sondern gleichzeitig auch die überkommene Theorie präzisiert. Denn vor der Veröffentlichung der *General Theory* hatte es gar keine allgemein akzeptierte Fassung einer sogenannten «klassischen» Theorie der Gesamtwirtschaft gegeben. Keynes verstand unter «klassischer» Ökonomie allerdings die marshallianische Variante der neoklassischen Theorie, die sich erheblich vom Lehrgebäude der Klassik (Smith und Ricardo) unterschied.

Die erste Welle der Keynes-Interpretationen entstand bereits durch die Rezensionen der *General Theory*, von denen die von John Richard Hicks (1937), «Mr. Keynes and the ‹Classics›», die einflußreichste war. Hicks präsentierte die Keynessche Theorie in der noch heute gelehrten Form der sogenannten IS-LM Analyse.

[4] Keynes' sozialphilosophische Vorstellungen können wir aus Raumgründen hier nicht verfolgen.

Keynes selbst hat über die verschiedenen IS-LM Modelle mit Hicks einen Briefwechsel geführt und einige Versionen kritisiert, aber eine bestimmte Version für akzeptabel gehalten, weil sie seinen Ideen weitgehend entsprach (*CW*, Bd. XIV, S. 79 ff.).

Interessanterweise war in dieser ersten Interpretationswelle die Kernfrage, ob ein Anstieg der Investitionsnachfrage zu einem Anstieg des Zinssatzes führen müsse. In der «klassischen» Theorie stand es außer Frage, daß es zu einem Zinsanstieg kommen muß, weil ansonsten die Ersparnisse nicht ausreichen würden, die gestiegenen Investitionen zu finanzieren. In der *General Theory* war das nicht notwendig der Fall. Hicks war in seiner Version jedoch von einem starren Geldangebot der Zentralbank ausgegangen und so kam es in seiner Interpretation der *General Theory* zu einem Zinsanstieg, aus anderen Gründen allerdings als in der sogenannten «klassischen» Theorie.

Aus heutiger Sicht mag es irritieren, daß Keynes in der *General Theory* mögliche Erklärungen für Massenarbeitslosigkeit präsentiert hatte, ohne den Arbeitsmarkt explizit zu behandeln. Die ersten wissenschaftlichen Auseinandersetzungen mit der *General Theory* haben sich jedoch ebenfalls nicht vorrangig mit dem Problem der Unterbeschäftigung auseinandergesetzt. Erst in den 40er Jahren wurde der Arbeitsmarkt explizit in die gesamtwirtschaftliche Analyse integriert. Wichtige Beiträge lieferten Franco Modigliani (1944) und Don Patinkin (1948). Beide hatten in ihren gesamtwirtschaftlichen Modellen starre Löhne bzw. starre Güterpreise als die Ursache dafür identifiziert, daß sich eine Ökonomie nicht von selbst aus einer Unterbeschäftigungssituation «befreit». Bei flexiblen Löhnen und Preisen könnte eine Ökonomie gar nicht in einem solchen Zustand verharren, solange sich alle Wirtschaftssubjekte rational verhalten (d. h. die Haushalte maximieren ihren Nutzen unter Einhaltung der Einkommensbeschränkung und die Unternehmen maximieren ihren Gewinn). Es blieb Robert Clower (1963) vorbehalten, diese theoretische Nuß mit der «Dualen Entscheidungshypothese» zu knacken und damit eine zweite Welle der Keynes-Interpretationen auszulösen, die man auch mit der Monographie von Axel Leijonhufvud (1966) verbindet. Wenn – aus welchen Gründen auch immer – auf dem Arbeitsmarkt keine Vollbeschäftigung vorliegt, dann liegt die Einkommensbeschränkung vieler Haushalte nicht auf dem Vollbeschäftigungsniveau. Deshalb fragen sie auch weniger Konsumgüter nach als bei Vollbeschäftigung. Auf dem Gütermarkt herrscht ein Gleichgewicht, denn die produzierte Gütermenge entspricht beim herrschenden Preis der nachgefragten Gütermenge. Die Preise als Marktsignale bringen die tatsächlich angebotenen und nachgefragten Gütermengen ins Gleichgewicht. Nun gibt es aber «Unterbeschäftigte». Wie können diese signalisieren, daß sie zum herrschenden Marktlohn gerne arbeiten würden, um dann mit dem höheren Einkommen auch wieder mehr Güter nachfragen zu können, welche die Unternehmen ja profitabel produzieren könnten? Da am Markt die effektiven und nicht die hypothetischen Angebots- und Nachfragepläne aufeinander treffen, kommt es dazu, daß Haushalte und Unternehmen nicht ihre optimalen Pläne umsetzen können und sich quasi «nach unten» anpassen. Eine Unterbeschäftigungssituation wird dauerhaft.

Malinvaud (1977) klärte den Unterschied zwischen «neoklassischer» und «Keynesianischer» Arbeitslosigkeit. Bei Arbeitslosigkeit ist auf dem Arbeitsmarkt generell die Nachfrage nach Arbeit kleiner als ihr Angebot. Der Unterschied zwischen besagten zwei Arten der Arbeitslosigkeit besteht jedoch in der Lage auf dem Gütermarkt. Liegt neben dem Ungleichgewicht auf dem Arbeitsmarkt auf dem Gütermarkt eine Nachfrage vor, die das Güterangebot übersteigt, dann herrscht «klassische» Arbeitslosigkeit. Wenn umgekehrt auf dem Gütermarkt das Angebot größer als die Nachfrage ist, spricht man von «Keynesianischer» Arbeitslosigkeit. Wirtschaftspolitische Maßnahmen haben zu berücksichtigen, welcher Typus von Arbeitslosigkeit vorliegt. Bei «Keynesianischer» Arbeitslosigkeit, muß die gesamtwirtschaftliche Nachfrage erhöht werden, bei «klassischer» Arbeitslosigkeit muß die Relation zwischen Geldlöhnen und Güterpreisen verändert werden, was eine Aufgabe der Tarifpartner darstellt.

Diese Richtung des Keynesianismus war allerdings eine im wesentlichen auf Europa beschränkte Entwicklung. In den USA hat sie nie richtig Fuß gefaßt, weil man die Hypothese längerfristig starrer Preise für unplausibel hielt. Dort wurde der IS-LM-Keynesianismus massiv durch den Monetarismus herausgefordert, wobei sich die Streitpunkte von der wirtschaftstheoretischen auf die wirtschaftspolitische Ebene verlagert hatten. Die Stagflation der 70er Jahre des letzten Jahrhunderts, d.h. das gleichzeitige Auftreten von Arbeitslosigkeit und Inflation, resultierte aus einem Angebotsschock (Ölpreisschock), den man in verschiedenen Ländern mit Fiskalpolitik zu bekämpfen versuchte, ohne Erfolg. Eine streng keynesianische Angebotspolitik hätte in einer einmaligen und deutlichen Geldlohnsenkung bestanden. Stattdessen kam es zu Geldlohnerhöhungen, weil man die Reallöhne stabilisieren wollte. Die Folge war das Problem der Stagflation. Die keynesianische Fiskalpolitik schien versagt zu haben und man folgte nun der monetaristischen und angebotstheoretischen Wirtschaftspolitik, die in der sich entwickelnden «Neuen Klassischen Makroökonomie» ihre Grundlage hatte. Deren Modelle zeigen, daß bei flexiblen Preisen, Löhnen und Zinssätzen die Ökonomie zu einem langfristigen Gleichgewicht strebt, bei dem auf dem Arbeitsmarkt nur «natürliche» (d.h. freiwillige) Arbeitslosigkeit herrscht, die Produktion auf ihrem «natürlichen» Niveau liegt und Inflation oder Deflation durch übersteigerte Geldmengenexpansion, bzw. -kontraktion zustande kommen. Kurzfristige Störungen werden durch Preisanpassungen «verarbeitet». Konjunkturen sind durch exogene Schocks ausgelöste Anpassungsprozesse. Wirtschaftspolitische Eingriffe in diese Prozesse wären demnach suboptimal, weil sie den optimalen Anpassungsprozeß stören würden. Geldpolitik soll für die Wirtschaftssubjekte vorhersehbar sein, was verlangt, daß sie an transparente Regeln geknüpft wird. Der Staat (Fiskus) sollte die Angebotsseite und den Ordnungsrahmen der Ökonomie im Auge haben.

In Auseinandersetzung mit dieser «Neuen Klassischen Makroökonomie» entwickelte sich in den USA die gegenwärtig vorherrschende makroökonomische Schule des «New Keynesianism» (zum Beispiel Bernanke, Blanchard, Mankiw). Die «New Keynesians» konnten in empirischen Studien zeigen, daß Preise und Löhne sich nicht gerade sehr schnell an die veränderten Angebots- und Nachfragebedingungen anpassen (z.B. Gordon, 1981). Gründe für die relativ langsame, ja zähe («sticky») Preis- und Lohnanpassung sehen die «New Keynesians» zum Beispiel in Preisanpassungskosten («menu costs»), asymmetrischen Informationen, gestaffelten Lohnkontrakten und monopolistischer Konkurrenz. Wenn aber Preise und Löhne die exogenen Schocks nicht vollständig abfedern können, kommt es zu Mengenreaktionen, d.h. Produktionsstopps, Kurzarbeit und letztendlich auch zu Entlassungen und Arbeitslosigkeit. Eine der großen Unterscheidungsmerkmale zwischen «Neuen Klassikern» und den «New Keynesians» betrifft die Einschätzung geldpolitischer Maßnahmen. Für die «Neuen Klassiker» ist Geld neutral, d. h. eine Erhöhung der Geldmenge bewirkt einen raschen Anstieg des Preisniveaus, ohne irgend einen Effekt auf die Mengenseite der Ökonomie auszuüben. Im «New Keynesian»- Modell bewirkt eine Erhöhung der Geldmenge eine kurzfristige Ausdehnung (Schrumpfung) der realen Produktion und der Beschäftigung. Mittelfristig steigen die Geldlöhne aufgrund der besseren Beschäftigungslage auf dem Arbeitsmarkt, und die gestiegenen Geldlöhne führen dann zu steigenden Preisen auf dem Gütermarkt, wodurch das Preisniveau letztendlich steigt. Beschäftigung und Produktion kehren auf ihr langfristiges Niveau zurück, aber das Preisniveau bleibt auf dem höheren Niveau. Es kommt, wie im Neu-Klassischen Modell, dazu, daß Geld langfristig ebenfalls neutral ist. Im sogenannten «mainstream» der Makroökonomie gelten die keynesianischen Resultate also nur in der kurzen Periode. Langfristig, wird argumentiert, dominiere die Tendenz zur Markträumung, d. h. zu einem güterwirtschaftlichen Gleichgewicht mit Vollbeschäftigung auf dem Arbeitmarkt.

Neben diesem «mainstream», der auch Neoklassische Synthese genannt wird, gibt es heterodoxe Interpretationen der Keynesschen Theorie. Sie werden oft unter dem Begriff des Postkeynesianismus zusammengefaßt. Im Zusammenhang mit den in den letzten Jahren vermehrt auftretenden Finanzkrisen fällt öfter der Name von Hyman Minsky, der, durch Keynes' Analyse der Finanzmärkte angeregt, seine «financial instability hypothesis» entwickelte. Dieser Hypothese zufolge neigen kapitalistische Unternehmen im konjunkturellen Boom zu einer immer riskanteren Kapitalstruktur und ihr Kapitaldienst (= Tilgung plus Zins) wird nicht mehr durch den operativen Cash Flow gedeckt. Letzten Endes sind diese Firmen dann zu Liquidationen von Vermögenswerten gezwungen, was bei einer hinreichend großen Anzahl von betroffenen Unternehmen zu einer Finanzkrise führen kann. In deren Folge entsteht dann eine «Kreditklemme», wodurch die Investitionen rationiert werden und somit ein Konjunkturabschwung eingeleitet wird.

Es gibt weitere, durch die *General Theory* ausgelöste Entwicklungen in der makroökonomischen Theorie. Gemeinsam ist ihnen der Zweifel an der Herstellung eines stabilen langfristigen Gleichgewichts, an dem die Neoklassische Synthese festhält. Eine dieser interessanten Weiterentwicklungen erfolgte durch Roy Harrod und

Evsey Domar. Während Keynes nämlich nur den Einkommenseffekt der Investitionen berücksichtigte, bezogen Harrod und Domar den Kapazitätseffekt mit ein. Damit war es möglich, Wirtschaftswachstum theoretisch zu erfassen. Das sogenannte Harrod-Domar Wachstumsmodell prognostiziert eine höchst instabile langfristige Entwicklung (Wachstum auf «des Messers Schneide»). Weicht die Ökonomie vom «befriedigenden Wachstumspfad» ab, gerät sie in eine instabile Situation, die nicht automatisch durch selbstregulative Kräfte beseitigt werden kann. Kaldor und Pasinetti konnten zeigen, daß das Problem des Wachstums «auf des Messers Schneide» bei hinreichender Flexibilität der funktionalen Einkommensverteilung abgemildert wird (Pasinetti, 1962).

Für die Entwicklung des «Links-Keynesianismus» (Kaldor, Robinson) waren die Arbeiten von Michal Kalecki von Bedeutung. Kalecki hatte bereits 1933 einige Grundideen von Keynes vorweggenommen. Er hatte ganz vereinfachend angenommen, dass alle Lohneinkommen konsumiert werden, so dass die Ersparnisse den Gewinneinkommen entspringen müssen. Die Kausalität von Investieren und Sparen ergab sich wie bei Keynes. Da Kalecki seine frühen Arbeiten in polnischer Sprache publizierte, waren sie Keynes völlig unbekannt geblieben.

Was ist von den ursprünglichen Analysen der *General Theory* geblieben? Zunächst und zuallererst begründete Keynes natürlich das Fachgebiet der Makroökonomie selbst, das sich in den letzten 50 Jahren als eines der zentralen Felder der Volkswirtschaftslehre etabliert hat und das es zur Zeit der Weltwirtschaftskrise in den 1930er Jahren in der Form noch gar nicht gab. Auch verdanken wir Keynes letztendlich das System der Volkswirtschaftlichen Gesamtrechnung (Richard Stone und James Meade), ohne das wir gar keine empirischen gesamtwirtschaftlichen Analysen durchführen könnten. In der theoretischen Forschung wirken die vielfältigen Keynesschen Anstöße bis zum heutigen Tage nach. In der wirtschaftspolitischen Praxis war und ist er trotz gegenteiliger Lippenbekenntnisse in den USA faktisch wesentlich präsenter als in Europa. Zwar ist die oben angesprochene neoklassische Synthese in den USA die vorherrschende Denkrichtung in der Makroökonomie, was allerdings nicht dazu führt, daß man nur auf die Selbstregulationskräfte der langen Frist vertraut und sich in finanz- und geldpolitischer Abstinenz übt. Auch sieht man in den USA die

Rolle der Geldpolitik nicht nur auf das langfristige Ziel der Preisniveaustabilisierung ausgerichtet, sondern erkennt die Bedeutung der Geldpolitik für die kurzfristige Stabilisierung der Produktion und der Beschäftigung an. In Fragen der Fiskalpolitik ist man in den USA ebenfalls «keynesianischer» als in vielen europäischen Ländern, in denen die steigende Staatsverschuldung gerne dem Keynesianismus in die Schuhe geschoben wird, obgleich sie eher einem bestimmten Verständnis von Sozialpolitik geschuldet ist. Wenn Regierungen in Boomphasen bei sprudelnden Steuereinnahmen die Staatsausgaben nicht senken wollen, um Schulden zu tilgen, weil man sonst Sozialausgaben kürzen müsste, dann handelt es sich hier um ein politisches Versagen der Regierungen, nicht um eine falsche ökonomische Theorie. Die sich in der Nachfolge der Finanzkrise des Jahres 2008 abzeichnende weltweite Rezession und die erkennbaren wirtschaftspolitischen Maßnahmen der verschiedenen Regierungen zeigen es überdeutlich: Totgesagte leben bekanntlich lang. Die Kerndiagnose der Keynesschen Theorie, daß im Widerspruch zum Sayschen Theorem die effektive gesamtwirtschaftliche Nachfrage das gesamtwirtschaftliche Angebot deutlich unterschreiten kann, ist durch einen weiteren empirischen Fall belegt worden. Die wirtschaftspolitische Therapie, durch zusätzliche öffentliche Ausgaben die Nachfragelücke zu verringern, ist natürlich kostspielig. Es wäre aber völlig unökonomisch, die Opportunitätskosten der wirtschaftspolitischen Abstinenz zu ignorieren. Reinigungskrisen, bei denen marode und schlecht geleitete Unternehmen vom Markt verschwinden und dann Massenarbeitslosigkeit auftritt, können die Gesellschaft – auch dauerhaft – wesentlich teurer kommen.

Literatur

1. Werke

Keynes, J.M. 1930 [1971]. A Treatise on Money, Collected Writings of J.M. Keynes, Bd.V, London.

Keynes, J.M. 1973. The General Theory and After, Part I, Preparation, Collected Writings of J.M. Keynes, Bd.XIII, London.

Keynes, J.M. 1973. The General Theory and After, Part II, Defence and Development, Collected Writings of J.M. Keynes, Bd.XIV, London.

Keynes, J.M. 1936 [1973]. The General Theory of Employment, Interest and Money, Collected Writings of J.M. Keynes, Bd.VII, London.

Keynes, J.M. 1936 [2006]. Allgemeine Theorie der Beschäftigung, des Zinses und des Geldes, 10. verbesserte Auflage, übersetzt von F. Waeger, überarbeitet von J. Kromphardt und S. Schneider, Berlin.

2. *Weiterführende Literatur*

Barens, I. 1987. Geld und Unterbeschäftigung, Berlin.

Barens, I. 1990. The Rise and Fall of the ‹Entrepreneur Economy›: Some Remarks on Keynes' Taxonomy of Economies, in: Moggridge, D.E. (Hrsg.), Perspectives on the History of Economic Thought, Bd. IV: Keynes' Macroeconomics and Method, Selected Papers from the History of Economics Society Conference 1988, Hants.

Barens, I. und Caspari, V. (Hrsg.) 1994. Das IS-LM-Modell. Entstehung und Wandel, Marburg.

Barens, I. und Caspari, V. 1997. Own-Rates of Interest and their Relevance for the Existence of Underemployment Equilibrium Positions, in: Harcourt G.C. und Riach P.A. (Hrsg.), A ‹Second Edition› of The General Theory, Bd. I, London und New York.

Clower, R.W. 1963. Die Keynesianische Gegenrevolution: eine theoretische Kritik, in: Schweizerische Zeitschrift für Volkswirtschaft und Statistik, Bd. 99, S. 8–31.

Domar, E.D. 1946. Capital Expansion, Rate of Growth, and Employment, in: Econometrica, Bd. 14, S. 137–147.

Eshag, E. 1963. From Marshall to Keynes. An Essay on the Monetary Theory of the Cambridge School, Oxford.

Garegnani, P. 1989. Bemerkungen über Konsum, Investition und effektive Nachfrage, in: Kurz, H.D. (Hrsg.), Kapital, Einkommensverteilung und effektive Nachfrage, Marburg, S. 193–252.

Goodfriend M. und King, R.G. 1997. The New Neoclassical Synthesis and the Role of Monetary Policy. in: Bernanke B. und Rotemberg, J.J. (Hrsg.), NBER Macroeconomics Annual, Cambridge, Mass., S. 231–283.

Gordon, R. 1981. Output Fluctuations and Gradual Price Adjustment, in: Journal of Economic Literature, Bd. 19, S. 493–530.

Harrod, R.F. 1948. Towards a Dynamic Economics, London und New York.

Harrod, R.F. 1951. The Life of John Maynard Keynes, Harmondsworth.

Hicks, J.R. 1937. Mr. Keynes and the «Classics»: A Suggested Interpretation, in: Econometrica, Bd. 5, S. 147–159. Dt. Übs. in: Barens I. und Caspari, V. 1994, S. 31–46.

Hicks, J.R. 1946. Value and Capital, Oxford.

Kahn, R.F. 1931. The Relation of Home Investment to Unemployment, in: Economic Journal, Bd. 41, S. 173–98.

Leijonhufvud, A. 1966. On Keynesian Economics and the Economics of Keynes, Oxford. Dt. Übs.: Über Keynes und den Keynesianismus, Köln, 1973.

Malinvaud, E. 1977. The Theory of Unemployment Reconsidered, Oxford.

Minsky, H. 1975. John Maynard Keynes, New York.

Modigliani, F. 1944. Liquidity Preference and the Theory of Interest and Money, in: Econometrica, Bd. 12, S. 45–88. Dt. Übs. in: Barens I. und Caspari, V. 1994, S. 113–169.

Pasinetti, L. L. 1962. Rate of Profit and Income Distribution in Relation to the Rate of Economic Growth, in: Review of Economic Studies, Bd. 29, S. 267–279.

Patinkin, D. 1948. Price Flexibility and Full Employment, in: American Economic Review, Bd. 38, S. 543–564. Dt. Übs. in: Barens I. und Caspari, V. 1994, S. 77–111.

Patinkin, D. 1965 [1956]. Money, Interest and Prices, 2. Aufl., New York.

Romer, D. 1993. The New Keynesian synthesis, in: Journal of Economic Perspectives, Bd. 7, S. 5–22.

Skidelsky, R. 1983. John Maynard Keynes, Band 1: Hopes Betrayed, 1883–1920, London.

Skidelsky, R. 1992. John Maynard Keynes, Band 2: The Economist as Savior 1920–37, London.

Skidelsky, R. 2001. John Maynard Keynes, Band 3: Fighting for Britain 1937–1946, London.

Strathern, P. 2001. Dr. Strangelove's Game – A Brief History of Economic Genius, London.

Hauke Janssen

Walter Eucken
(1891–1950)

I. Leben

Walter Eucken, geboren am 17. Januar 1891 in Jena, wuchs als Sohn der Malerin Irene Eucken (1863–1941) und des Philosophen und späteren Literaturnobelpreisträgers Rudolf Eucken (1846–1926) zusammen mit seinen beiden älteren Geschwistern in einer philosophisch und künstlerisch geprägten Atmosphäre auf. Eucken studierte Nationalökonomie, Staatswissenschaften, Jura und Geschichte in Kiel, Bonn und Jena und promovierte 1913 in Bonn bei Heinrich Dietzel (1857–1935) und Hermann Schumacher (1868–1952) mit einer Dissertation über *Die Verbandsbildung in der Seeschiffahrt*. Nach dem Ersten Weltkrieg und Erfahrungen als Frontoffizier folgte er 1919 Schumacher als Assistent nach Berlin.

Ende 1920 heiratete er die in Smolensk geborene Edith Erdsiek (1896–1985), die er im volkswirtschaftlichen Seminar kennengelernt hatte. Nach der Heirat widmete sich Edith Eucken der Verbreitung der neuidealistischen Philosophie ihres Schwiegervaters und gab von 1928 bis 1935 die Zeitschrift *Die Tatwelt* (bis 1925 *Der Euckenbund*) heraus.

Walter Eucken habilitierte sich 1921 in Berlin bei Schumacher mit der Studie *Die Stickstoffversorgung der Welt* und lehrte an der Friedrich-Wilhelms-Universität bis 1925 als Privatdozent. Praktische Erfahrungen sammelte er als stellvertretender Geschäftsführer bei der Fachgruppe Textilindustrie des *Reichsverbandes der Deutschen Industrie* (1920 bis 1924), wo er Alexander Rüstow (1885–1963) kennenlernte, mit dem ihn dann eine langjährige Freundschaft und Zusammenarbeit verband. 1925 folgte Eucken einem Ruf nach Tübingen, und 1927 wechselte er als Ordinarius der Volkswirtschaftslehre an die Universität Freiburg im Breisgau, wo er bis 1950 lehrte.

Nach der nationalsozialistischen Machtübernahme entwickelte sich Eucken in Freiburg zum Sprecher der Opposition gegen den im Frühjahr 1933 eingesetzten Rektor Martin Heidegger und dessen Versuch, die Albert-Ludwigs-Universität ‹gleichzuschalten› und das Führerprinzip durchzusetzen (Goldschmidt, 2005a, S. 298ff.). Karl Schiller schildert eine aufschlußreiche Begebenheit in einer Veranstaltung der Heidelberger Universität im Jahr 1934:

> Am Katheder stand ein Mann in Uniform. Er war aus Berlin gekommen, um uns zu sagen, daß die Nationalökonomie alter Ordnung und Observanz überholt sei: liberalistisch, jüdisch, schwächlich und nicht zu gebrauchen. Eine furchtbare Philippika ging über uns herunter. Alle saßen da mit gebeugten Köpfen und hörten sich das stillschweigend an. Mit einem Mal stand ein Mann auf und sagte: ‹Ich protestiere, ich protestiere› und schüttelte die Fäuste. ‹Dafür›, sagte der Mann, ‹haben wir bei Langemarck nicht gekämpft›. Der mutige Mann war Walter Eucken. Er stand da wie einst Wilhelm Tell. Dann setzte er sich, und es passierte nichts. Das war erstaunlich. (Zit. nach Janssen, 2000, S. 164.)

Damals kam in Freiburg regelmäßig eine Reihe von Ökonomen im Hause des Emeritus Karl Diehl (1864–1943) zusammen, um sich frei über ökonomische und verwandte Themen auszusprechen. Auch am Abend des 9. November 1938 fand das Diehl-Seminar statt. Auf dem Heimweg erlebten der mit einer Halbjüdin verheiratete Eucken, seine Fachkollegen Adolf Lampe (1897–1948) und Constantin von Dietze (1891–1973) sowie der Historiker Gerhard Ritter (1888–1967) den rassistischen Gewaltausbruch in der ‹Reichspogromnacht› und faßten erschüttert den Entschluß, dem Chaos aus christlicher Grundhaltung heraus begegnen zu wollen (Klinckowstroem, 2000, S. 91 f.). Bis zum September 1944 trafen sich Dietze, Eucken und Lampe nun wöchentlich im spöttisch so genannten ‹Freiburger Konzil›, einem Kreis aus Professoren und Pfarrern der Bekennenden Kirche, und diskutierten Fragen der Ethik, des Widerstands und des Staates. Als Dietrich Bonhoeffer (1906–1945), der führende Theologe der Bekennenden Kirche, Dietze aufforderte, Pläne für eine Neuordnung von Staat, Wirtschaft und Recht auszuarbeiten, bildete dieser von 1942 bis 1944 mit Eucken, Lampe, Ritter und dem Rechtswissenschaftler Franz Böhm (1895–1977) einen weiteren Kreis. Parallel arbeitete eine von Erwin von Beckerath (1899–1964) geleitete Gruppe an ähnlichen Plänen, der ebenfalls Eucken, Böhm, Dietze und Lampe angehörten (Blumenberg-Lampe, 1973). 1944 brachen alle diese Aktivitäten in Freiburg ab. Dietze und Lampe wurden am 8. September im Zuge der Fahndung nach Mitwissern des Hitler-Attentats vom 20. Juli verhaftet. Die Gestapo verhörte

Eucken zweimal, was jedoch für ihn ohne Konsequenzen blieb (Klinckowstroem, 2000, S. 97).

Nach dem Krieg nahm Eucken seine Lehrtätigkeit in Freiburg wieder auf und bemühte sich, zusammen mit Freunden und Schülern Einfluß auf die Neugestaltung Deutschlands zu gewinnen. Er knüpfte Kontakte zu Amerikanern und Franzosen und gehörte bald zu den Beratern Ludwig Erhards (1897–1977), der mit der Vorbereitung der Währungsreform betraut war. Eucken wurde 1947 Mitglied des Wissenschaftlichen Beirats der Verwaltung für Wirtschaft des Vereinigten Wirtschaftsgebietes in Frankfurt am Main und dann nach Gründung der Bundesrepublik Mitglied des Wissenschaftlichen Beirats beim Bundeswirtschaftsminister in Bonn (Klinckowstroem, 2000, S. 98 ff.). Dem Beirat stand Franz Böhm vor, und es gehörten ihm weitere Mitglieder aus den Freiburger Kreisen an. Dies ist auch ein Beleg dafür, daß deren Aktivitäten «einen Nährboden für den Aufbau der Sozialen Marktwirtschaft in Westdeutschland» nach Ende des Zweiten Weltkrieges bereitet hatten (Klump, 2005, S. 398).

Eucken und Böhm gründeten 1948 *Ordo – Jahrbuch für die Ordnung von Wirtschaft und Gesellschaft,* bis heute Organ des ebenso bezeichneten Ordoliberalismus. Inzwischen hatte Eucken auch international Reputation erworben. Als einziger in Deutschland lehrender Ökonom wurde er 1947 von Friedrich Hayek (1899–1992) zur Gründungsversammlung der Mont-Pelerin-Gesellschaft eingeladen, und 1950 wählte ihn die neu gegründete Schweizer Vierteljahresschrift *Kyklos* zu ihrem Mitherausgeber. Doch viel Zeit blieb ihm nicht mehr vergönnt. Zu Gastvorlesungen an der *London School of Economics*, starb Eucken dort am 20. März 1950 an einem Herzanfall.

2. Werk

Walter Eucken hat Einflüsse unterschiedlichster Art auf eigentümliche Weise zu einem geschlossenen Werk verarbeitet und einer neuen, wesentlich durch ihn geprägten Richtung den Weg geebnet, mal Freiburger Schule, mal Ordoliberalismus genannt.[1] Vor dem

[1] Unter Freiburger Schule verstehen wir die Forschungs- und Lehrgemeinschaft an der Albert-Ludwigs-Universität um Eucken, Böhm und Hans Großmann-Doerth (1894–1944), darunter die Eucken-Schüler Friedrich Lutz (1901–1975) und Leonard Miksch (1901–1950). Der Ordoliberalismus, zu

Hintergrund der seinerzeit viel diskutierten neuidealistischen und neukantianischen Erkenntnislehren und ihren Abgrenzungsversuchen von Natur- und Geisteswissenschaften (Dilthey) bzw. generalisierender und individualisierender Begriffsbildung (Rickert) ist Euckens Methodik meist im Vergleich zu Max Webers (1864–1920) Lehre vom Idealtypus beschrieben worden. Vernachlässigt wurde zunächst der mittlerweile gesehene Einfluß des Vaters und des Phänomenologen Edmund Husserl, der mit der Familie Eucken gut bekannt war (Goldschmidt, 2002, S. 54–91). Vom Vater hatte Eucken den ethischen Aktivismus, auch das zuweilen durchdringende messianische Pathos: «Wir wissen als Schüler Rudolf Euckens, daß eine geistige Reformation der gesamten Menschheit notwendig ist, kommen muß und kommen wird» (Eucken, 1926, S. 16).

Eucken entwickelte seine Vorgehensweise in den Nachwehen des Methodenstreits zwischen historischer und klassischer Schule um den Vorrang von induktivem oder deduktivem Verfahren. Von den Protagonisten dieses polemisch ausgefochtenen Streits, Gustav Schmoller (1838–1917) und Carl Menger (1840–1921), neigte Eucken Menger zu, wollte aber «völlig neu» an die Probleme herangehen (1940/1950, S. 67). Er suchte einen «Dritten Weg» zur, wie er sagte, Überwindung der «großen Antinomie» (ebd., S. 21 ff.).

Als Walter Eucken seine akademische Laufbahn begann, dominierte in Deutschland die historische Schule. Eucken gab Schmoller insofern Recht, als er der (neo-)klassischen Schule zunehmende Wirklichkeitsferne vorhielt. Die Klassiker, so Eucken, hätten zwar durchaus über große geschichtliche Kenntnisse verfügt, aber sie suchten in der «geschichtlichen Mannigfaltigkeit» nur die «*eine* natürliche Ordnung» (S. 25) und beschränkten sich auf die Analyse der vollkommenen Konkurrenz. Durch diese Beschränkung wäre eine «Distanz zwischen Theorie und geschichtlicher Realität» erwachsen. Doch verwarf er die Schlußfolgerung der Schmoller-Schule, daß deshalb die jeweils vorliegende Wirtschaft vollständig individuell beschrieben werden müßte und erst danach, wenn überhaupt, mittels einer zeitlich an sie gebundenen Theorie analysiert

dem auch Rüstow und Wilhelm Röpke (1899–1966), Erhard und Alfred Müller-Armack (1901–1978) gezählt werden (Goldschmidt, 2002, S. 17), betont in Abgrenzung zu anderen neoliberalen Strömungen die Notwendigkeit von Grundprinzipien zur Errichtung einer Wettbewerbsordnung und akzeptiert gewisse regulierende und soziale Eingriffe des Staates.

werden könnte. Es wäre vielmehr Aufgabe, so Eucken in Anlehnung an Max Weber und Johann Heinrich von Thünen (1785–1850), durch «pointierend-hervorhebende Abstraktion» unabhängig vom raschen «Wechsel des geschichtlichen Lebens» (Eucken, 1940/1950, S. 79 und S. 232) allgemein gültige Theorien aufzustellen. Mit den auf diese Weise gewonnenen Idealtypen «Wirtschaftssystem» bzw. «Wirtschaftsordnung» glaubte er, geeignete Analyseinstrumente gefunden zu haben.

Umstritten ist, ob Eucken lediglich eine Verbesserung des Weberschen Idealtypus anstrebte oder ob sein Begriff dem Weberschen geradezu entgegengesetzt ist. Eine wichtige Differenz wird klar, wenn wir uns die – von der Philosophie des Vaters geprägte – Intention der Euckenschen Forschung verdeutlichen. Euckens Idealtypen waren ihrer Absicht nach nicht nur Analysewerkzeuge, sondern sie sollten der «Relativierung der Wahrheitsidee» eine «krisenfestere Wissenschaft» entgegen stellen (1940/1950, S. 232f. und S. 271). Bei Weber ergaben sich die für das Verstehen des Untersuchungsobjekts notwendigen und damit den Idealtypus konstituierenden Merkmale aus der Anschauung eines historisch gebundenen Subjekts. Sie waren nicht objektiv gegeben. Eucken bestritt die von Weber herausgearbeitete zwangsläufig subjektive Wertbeziehung im Hervorheben des Typischen und suchte stattdessen die Rückbindung an einen objektiven Wahrheits- und Wertbereich. Darin bestand der große Unterschied zu Weber.

Somit geriet Euckens Kritik der Zwangswirtschaft nicht nur zu einer kühlen Analyse der ökonomischen Unzulänglichkeiten dieses Wirtschaftssystems, sondern zu einem – dem Anspruch nach – wissenschaftlichen Plädoyer für eine auf Freiheit und lebensgerechte Ordnung aufbauende Wirtschaft.

Kritische Betrachtungen zum deutschen Geldproblem (1923). Während seine Habilitationsschrift noch weitgehend im Stile der historistischen Nationalökonomie abgefaßt war, wiesen seine auf dem Höhepunkt der Großen Inflation publizierten *Kritische Betrachtungen zum deutschen Geldproblem* Eucken als einen hervorragenden Theoretiker aus. Er knüpfte an die Quantitätstheorie an und positionierte sich auf seiten derer, die wie Ludwig Mises (1881–1973) und Gustav Cassel (1866–1945) meinten, daß die historische Schule mangels theoretischer Kenntnisse unfähig gewesen sei, die

Inflation zu erklären und deshalb an dem Desaster eine gewisse Mitschuld trage. Insbesondere Georg Friedrich Knapps (1842–1926) *Staatliche Theorie des Geldes* (1905), die das Geld als ein «Geschöpf der Rechtsordnung» behandelte, hätte eine verheerende Wirkung gehabt, weil sie dazu verführte, die Gefahren der staatlichen Geldschöpfung systematisch zu unterschätzen. Eucken kritisierte vor allem die damals von dem Knapp-Schüler Karl Hellferich (1872–1924) vorgetragene sogenannte Zahlungsbilanztheorie der Inflation. Helfferich hatte in der exorbitanten Vermehrung des Papiergeldes nicht die Ursache, sondern eine Folge der Geldentwertung gesehen. Wahrer Grund des Verfalls der Reichsmark sei die chronisch passive Zahlungsbilanz Deutschlands gewesen. Er rechnete vor, daß bis Anfang 1923 das Wachstum der Geldmenge der inländischen Preisentwicklung und dem Kursverfall der Mark nicht vorangegangen war, wie es nach Quantitäts- und Kaufkraftparitätentheorie hätte der Fall sein müssen, sondern in großen Abstand gefolgt sei. Eucken erklärte diesen Umstand wie folgt: Die Regierung hätte neugeschaffenes Geld zum Ankauf fremder Währungen benutzt, so den Kurs hochgetrieben und einen direkten Verfall des Markkurses ohne den Umweg über das inländische Preisniveau bewirkt: Immer aber blieb die Aufblähung der Geldmenge «die letzte entscheidende Ursache der Geldentwertung» (Eucken, 1923, S. 57).

Politisch werteten wirtschaftsliberale Ökonomen wie Eucken die Inflation als Resultat eines zunehmenden Interventionismus in den Marktprozeß. Ihrer Meinung nach stand die *Staatliche Theorie des Geldes* für den gefährlichen Weg, dem Staat größeren Einfluß auf das Geldwesen und damit auf den Wirtschaftsprozeß einzuräumen. Ihre Therapievorschläge waren demgemäß von der Angst vor einer vom Staat bedrohten Wirtschaft diktiert, und sie suchten nach einem System von Regeln und Automatismen, das politische Willkür verhindert. Ein wirksames Kontrollsystem glaubten sie mit der Goldwährung gefunden zu haben: «Die Schwankungen im Weltpreise der Edelmetalle scheinen mir», so zitierte Eucken (1923, S. 82) zustimmend Carl Menger, «gegenwärtig immer noch geringere Gefahren in sich zu schließen als die Regelung des inneren Tauschwertes des Geldes durch Regierungen». Nach dem Zweiten Weltkrieg favorisierte Eucken (1952, S. 261) dann wegen der Zufälligkeiten der Goldproduktion eine Waren-Reserve-Währung.

Kredit und Konjunktur (1929). Wie viele seiner Kollegen wandte sich Eucken Mitte der 1920er Jahre der Konjunkturtheorie zu und damit der Frage nach der periodischen Instabilität des marktwirtschaftlichen Systems. Mit der Großen Inflation setzte sich in Deutschland die Auffassung durch, daß die Geld- und Kreditschöpfung ein bestimmender Kausalfaktor für die Konjunkturschwankungen sei. Diese Ansicht vertraten unter anderen Mises, dessen Schüler Hayek, Röpke und mit Abstrichen auch Eucken. Auf der Tagung des Vereins für Sozialpolitik in Zürich 1928 referierte Eucken zum Thema *Kredit und Konjunktur.* Er ließ allerdings das Problem, ob es tatsächlich einen periodisch wiederkehrenden Zyklus gäbe, unbeantwortet[2] und konzentrierte sich auf die These, daß «die Schaffung der zusätzlichen Kredite eine sehr wesentliche Voraussetzung für das Zustandekommen des Wechsels von Aufschwung und Stockung sei» (Eucken, 1929, S. 287). Eucken wandte sich gegen die nicht-monetäre Überinvestitionstheorie Arthur Spiethoffs (1873–1957), des Bonner Doyen der empirischen Konjunkturforschung, nach der die Stockung genügend unbenutzte Warenvorräte und Kapitalien aus Ersparnissen bereitstellte und so die Kräfte für den Aufschwung sammelte, ohne daß zusätzlicher Kredit nötig sei. Nach Euckens Ansicht blieb das Kapital auch in der Depression nicht unbeschäftigt. Eucken bediente sich eines Arguments, das schon Emil Lederer (1882–1939) gebraucht hatte: In der Depression können die Ersparnisse nicht beliebig aus ihren Anlagen herausgezogen werden. Deshalb sei zur Finanzierung des Aufschwungs zusätzliche Kreditschöpfung notwendig. Mit der Bankenkrise 1931 gewann die Forderung nach, wie man nun sagte, produktiver Kreditschöpfung schlagartig an Aktualität. Auch Euckens Freund Röpke vertraute zu dieser Zeit nicht auf die Selbstheilkräfte des Marktes und schlug ein staatliches, kreditfinanziertes Programm zur Überwindung der Depression vor. Röpke prägte das schnell populär gewordene Wort von der «Initialzündung», «die den Motor der Konjunktur zum Anspringen» bringen sollte (Röpke, 1931, S. 447). Auf der Konferenz der List-Gesellschaft im September 1931 forderte der Referent im Reichswirtschaftsministerium

2 Die allgemeine Konjunkturtheorie legte Eucken später als unergiebig beiseite. Konjunktur und Krise seien konkrete individuelle Probleme und vertragen keine Verallgemeinerung. Eine ausführliche Begründung dieser Position lieferte Lutz (1932).

Wilhelm Lautenbach (1891–1948), später der «deutsche Keynes» genannt, eine expansive Kreditpolitik, um die aussetzende Privatinitiative durch eine aktive Konjunkturpolitik zu ersetzen. Der anwesende Eucken blieb skeptisch. Zwar war auch er der Meinung, daß das «schlimmste ist, wenn nichts geschieht». Doch nutzte er im Umfeld der Konferenz seinen Einfluß, um im Programm Lautenbachs stärker als bisher die Bereinigungsaufgabe zu betonen. Zunächst, so Eucken, müsse es Eingriffe in Kartellpreise, Lohnsenkungen, Tariföffnungsklauseln und andere ordnungspolitische Maßnahmen geben, erst dann könne eine Initialzündung den gewünschten Anschub bringen (Janssen, 2000, S. 409 ff.). Ordnungspolitik statt Prozeßpolitik – das Credo der Eucken-Schule formierte sich.

Kapitaltheoretische Untersuchungen (1934/1954). Nach Abschluß des Kapitels ‹Konjunkturtheorie› widmete sich Eucken *Kapitaltheoretischen Untersuchungen*. Der Monographie von 1934 folgten drei Aufsätze: «Vom Hauptproblem der Kapitaltheorie» (1937), «Der Wirtschaftsprozeß als zeitlicher Hergang» (1940) und «Die zeitliche Lenkung des Wirtschaftsprozesses und der Aufbau der Wirtschaftsordnungen» (1944), aber eine geplante Neufassung des Erstlings konnte er nicht mehr vollenden. Eucken folgte Eugen von Böhm-Bawerk (1851–1914) darin, die Zinstheorie aus der Produktivität des Kapitals mit Hilfe des Gedankens der Mehrergiebigkeit längerer Produktionsumwege zu erklären: Produktionsumwege, so Eucken, steigern den Ertrag, und darin liegt die Quelle des Zinses. Die Analyse der Produktionsumwege führte Eucken dann zu dem zentralen Problem des «zeitlichen Aufbaus der Produktion». In weiteren Untersuchungen wollte er offenbar dem Einfluß des Geldes auf Zins und Zinsstruktur nachgehen.

Auf dem Weg zu den Grundlagen. In der zweiten Hälfte der zwanziger Jahre initiierte Alexander Rüstow den Versuch, über die jeweils unterschiedlichen politischen Vorstellungen hinweg die besten jungen deutschen Theoretiker zu einer «geschlossenen Front» gegen die «Ruinen der Historischen Schule» zu einen. Zu den «Ricardianern», wie sich die Gruppe in Anerkennung des großen Theoretikers David Ricardo (1772–1823) nannte, gehörten sowohl Wirtschaftsliberale wie Eucken, Röpke und Ludwig A.

Hahn (1899–1968) als auch die Sozialisten Adolph Löwe (1893–1995), Eduard Heimann (1899–1967) und Gerhard Colm (1897–1969).

Eucken wetterte scharf gegen die «Stoffhuber» und «Vulgärökonomen», gegen Leute, die – wie schon Ricardo meinte – nur etwas für Tatsachen und nichts für Theorie übrig hätten, die, so stimmte Rüstow ein, sich auf «die Beschreibung einzelner konkreter Tatbestände und deren Einordnung unter Sammelbegriffe und logische Einteilungen» reduzierten. Eucken prägte danach in den *Grundlagen* (1940/1950, S. 27) das abschätzige Wort von der «Begriffsnationalökonomie» als Ausdruck dafür, «durch Begriffsanalysen zum Wesen der Wirtschaft» vordringen und aus «Systemen von Begriffen» Theorien schaffen zu wollen.[3]

Mit Beginn der Großen Depression ließen sich die wirtschaftspolitischen Differenzen zwischen linken und rechten Ricardianern – etwa in der Lohnfrage – nicht mehr vermitteln. Das Bündnis platzte. Eucken und Rüstow versuchten nun, die liberale Fraktion der Ricardianer für den «Deutschen Bund für freie Wirtschaftspolitik» zu gewinnen (Janssen, 2000, S. 43). In diesem Umfeld entstanden die ersten Manifeste des deutschen Neoliberalismus: Rüstows Rede *Freie Wirtschaft – Starker Staat* (1932) auf der letzten Tagung des Vereins für Sozialpolitik vor seiner Auflösung und Euckens im selben Jahr publizierter Aufsatz *Staatliche Strukturwandlungen und die Krise des Kapitalismus*.

Eucken beunruhigte die mit der Krise zunehmende antikapitalistische Stimmung. Die «Demokratisierung», so Eucken (1932, S. 306), hätte «den Parteien und den von ihnen organisierten Massen und Interessengruppen einen stark gesteigerten Einfluß auf die Leitung des Staates und damit auf die Wirtschaftspolitik» verschafft. Es drohe eine Schwächung des Staates, bis zur Gefahr seiner Auflösung. Der Staat sei zum Werkzeug diverser Interessenten und ihrer Forderungen nach Interventionismus und Kartellierung degradiert. In der Folge sei die regulierende Wirkung des Preissystems durch Staatseingriffe aufgehoben geworden und damit die «Tendenz zur Vollbeschäftigung aller Anlagen und Arbeitskräfte» weitgehend ausgeschaltet worden (S. 308 ff.). Darin lag nach Euckens

[3] Briefwechsel Rüstow/Eucken vom Januar 1927 und März 1929, zitiert nach Janssen (2000), S. 32.

Meinung die Ursache der großen Krise: Es sei ein «staatlich gebundener Kapitalismus entstanden, der einer brauchbaren Steuerung entbehrt». Der Staat, so Eucken (1932, S. 318), müsse die Kraft finden, sich «vom Einfluß der Massen frei zu machen und sich wieder in irgendeiner Form von der Wirtschaft zu distanzieren».

Aus den Passagen über die «Defekte der Weimarer Republik» und den Elogen auf den starken Staat werden zuweilen Sympathien Euckens für den Nationalsozialismus herausgelesen (Krohn, 1981, S. 170 ff.). Das erscheint jedoch als Fehlinterpretation. Eucken zeigte sich zwar als Kritiker der Weimarer Republik, sympathisierte mit dem autoritären Staat und war weit entfernt von der heute unter Liberalen üblichen Position, Demokratie und Marktwirtschaft als zusammengehörig zu begreifen (so auch Rieter und Schmolz, 1993, S. 108). Aber Eucken war kein Nationalsozialist. Was er lehrte und wie er sich nach 1933 verhielt, unterschied sich fundamental von nationalsozialistischen Leitvorstellungen.

In dem gut 50seitigen Kapitel *Was leistet die Nationalökonomische Theorie?*, das den *Kapitaltheoretischen Untersuchen* (1934) vorangestellt war, erinnerte Eucken an Platon, der der radikalen Wahrheits- und Wissenschaftsleugnung der Sophisten entgegentrat, und stellte mit Bezug darauf seine deutschen Kollegen vor ein Entweder – Oder. Gegenwärtig, so Eucken, seien auf dem Gebiete der Nationalökonomie «Ausbreitung und Macht vulgärer Anschauungen» ungemein groß. Die Nationalökonomie müsse sich «aus diesem Gewirr subjektiver Meinungen frei» machen und die «Zusammenhänge der konkreten Wirklichkeit objektiv» erfassen oder sie werde als Wissenschaft untergehen (S. 5). Mit den *Kapitaltheoretischen Untersuchungen* nahm Eucken gewissermaßen einen Fehdehandschuh der Nazis auf. Hatte doch in einer seltsamen Melange von «Brechung der Zinsknechtschaft», der Unterscheidung zwischen «raffendem» und «schaffendem» Kapital sowie dem Ruf nach einer Politik des billigen Geldes eine Dämonisierung und Ideologisierung auf dem Gebiet der Kapital- und Zinstheorie eingesetzt, die auch vor den Universitäten nicht Halt machte (Janssen, 2000, S. 487 ff.). Konsequent setzte Eucken seinen Kampf gegen die völkisch wie historistisch gefärbte ‹Vulgärökonomie› fort (1937, 1938, 1940 und 1942).

Die Grundlagen der Nationalökonomie (1940). Dieses bedeutendste Werk Euckens erschien, als der Wirtschaftsliberalismus nach der traumatischen Erfahrung der Großen Depression in größten Mißkredit geraten war. In Deutschland klang der Jubel über die Erfolge der NS-Arbeitsbeschaffungspolitik noch nach, in der Sowjetunion hatte sich eine Planwirtschaft etabliert und in den USA mit dem *New Deal* Roosevelts der Keynesianismus seinen Siegeszug angetreten. Die Frage nach dem *richtigen* Wirtschaftssystem beherrschte die Debatte. In dieser Lage wiesen die *Grundlagen* den Weg in eine neue liberale Ordnung, die schließlich zum Leitbild der so erfolgreichen *Sozialen Marktwirtschaft* werden sollte.

Im Anschluß an die erwähnten methodologischen Ausführungen zur Überwindung der großen Antinomie begann Eucken, die in Vergangenheit und Gegenwart existenten Ordnungsformen der Wirtschaft mittels pointierend-hervorhebender Abstraktion systematisch zu erfassen. Jedes Wirtschaftssubjekt, so Eucken, handele aufgrund eines Wirtschaftsplanes und deshalb könne man alle Wirtschaftssysteme idealtypisch nach Art der Aufstellung der Pläne gliedern. Seine geschichtlichen Untersuchungen stießen dabei auf zwei «konstitutive Grundformen»: die «zentralgeleitete Wirtschaft» (nur ein Plan) und die «Verkehrswirtschaft» (viele Pläne). Andere Wirtschaftssysteme, so Eucken, ließen sich in Gegenwart und Vergangenheit nicht finden (S. 79).

Bei der zentralgeleiteten Wirtschaft unterschied er die Ausprägungen «Eigenwirtschaft» und «Zentralverwaltungswirtschaft» – letztere etwa als «Total zentralgeleitete Wirtschaft» oder als Zentralverwaltungswirtschaft mit «freier Konsumwahl» (S. 83). In der Verkehrswirtschaft dagegen folgten die Betrieben und Haushalte nicht einem zentralen Plan, sondern viele individuelle Pläne würden über Markt und Preis koordiniert.[4] Wie sich dieser Prozeß genau gestalte, hänge vom Geldsystem (S. 122 ff.; Lutz, 1936) und vor allem von der Machtposition der Wirtschaftssubjekte auf den Märkten, von den jeweils herrschenden «Marktformen» ab. Auf Angebots- wie Nachfrageseite wären vollständige Konkurrenz, Teiloligopole,

[4] Eucken (1940/1950, S. 80 und S. 255), teilt Mises' (1920/1) Ansicht, daß der Sozialismus schon deshalb nicht funktionieren könne, weil in ihm mangels freier Preisbildung keine rationale Wirtschaftsrechnung möglich sei.

Oligopole, Teilmonopole oder Monopole denkbar, somit ergäben sich theoretisch 25 Marktformen (S. 111), aus denen alle konkreten Wirtschaftsordnungen zu allen Zeiten und an allen Orten gebildet wären. Welche davon ‹wann› und ‹wo› existierten, sei eine Frage der Empirie – die Klärung der in ihnen geltenden Gesetze aber Aufgabe der Theorie. Diese Theorien seien überzeitlich gültig, wenn auch nicht immer aktuell.

Euckens Lösung gelang nur, indem er gewisse Faktoren in den «Datenkranz» verschob und damit der wirtschaftswissenschaftlichen Analyse entzog. Es handelt sich um die noch von der jüngeren historischen Schule für das Wirtschaftssystem als konstitutiv betrachteten geistigen, physischen und gesellschaftlichen Faktoren, «die den ökonomischen Kosmos bestimmen, ohne selbst unmittelbar von ökonomischen Tatsachen bestimmt zu sein» (S. 156f.).

Mit den *Grundlagen* vollzog Eucken die «Wendung zur systematischen wissenschaftlichen Arbeit über Wirtschaftspolitik» (Lenel, 1989, S. 304). Anknüpfend an die Unterscheidung der Physiokraten zwischen *ordre positif* und *ordre naturel* und geprägt durch den ehtischen Aktivismus seines Vaters, gewann Eucken die feste Überzeugung, daß es Aufgabe sei, eine «funktionsfähige *und* menschenwürdige Dauerordnung» zu verwirklichen ([3]1944, S. 288). Nach 1945 erweiterte Eucken (1940/1950, S. 239) diese Vorstellung und führte den auf die Antike zurückgehenden Ordo-Begriff ein:

> Vor allem zu Zeiten versagender und ungerechter positiver Ordnungen gewinnt diese Idee der Wesensordnung oder der Naturordnung oder des Ordo regelmäßig eine große Kraft (...). Die Ordnung wird gesucht, welche – anders als die gegebenen Ordnungen – der Vernunft oder der Natur des Menschen und der Dinge entspricht. (...) Heute lebt diese Idee wieder auf, angesichts der dringenden Notwendigkeit, für die industrialisierte Wirtschaft die fehlende funktionsfähige und menschenwürdige Ordnung der Wirtschaft, der Gesellschaft, des Rechts und des Staates zu finden.

So geriet Euckens Kritik am zentralgeleiteten Wirtschaftssystem zu dem Versuch eines wissenschaftlich fundierten Werturteils über ein ‹falsches› System, das eben keine Ordnung garantiere, das «dem Wesen des Menschen und der Sache» entspreche. Gemeint war auch die deutsche Wirtschaft von 1940, in der nach Eucken die «Formelemente zentralgeleiteter Wirtschaft» dominierten ([3]1944, S. 200).

Der 1942 publizierte Beitrag *Wettbewerb als Grundprinzip der Wirtschaftsverfassung* stellte dann, wie Röpke im Schweizer Exil schrieb, eine «offene Anprangerung des kompletten Fiaskos der nationalsozialistischen Kriegs- und Zwangswirtschaft» dar (zit. n. Schmölders, 1980).

Grundsätze der Wirtschaftspolitik (1952). Nach dem Zweiten Weltkrieg erschienen einige wirtschaftspolitische Beiträge Euckens in *Ordo* und posthum seine Londoner Vorträge unter dem Titel *Unser Zeitalter der Mißerfolge* (1951). Beides sind Vorstudien zu seinem zweiten großes Werk, den *Grundsätzen der Wirtschaftspolitik*, die Eucken noch «so gut wie vollendet» hatte (S. V).

«Soziale Sicherheit und soziale Gerechtigkeit», heißt es zu Beginn der *Grundsätze*, sind «die großen Anliegen der Zeit» (S. 1). Eucken wußte aus leidvoller Erfahrung, daß die Laisser-faire-Wirtschaft sozialen Zündstoff barg. Er verstand dabei die soziale Frage nicht – wie manche seiner Zeitgenossen – im engen Sinne als Arbeiterfrage, sondern in ihrem Kern als die Frage nach der Freiheit des Menschen und Sozialpolitik als eine Politik zur Sicherung des Bestandes der Gesellschaft (S. 314; Janssen, 2000, S. 231 ff.).

Die Bedeutung der sozialen Gerechtigkeit im ordnungspolitischen Denken Euckens wird manchmal von denjenigen übergangen, die ihn aus dem heutigen Verständnis von Neoliberalismus heraus begreifen wollen. Mit seinem Votum für Sozialpolitik steht der Ordoliberalismus dem klassischen Liberalismus eines John Stuart Mill (1806–1873) erheblich näher als neoliberalen Strömungen, etwa dem Monetarismus Milton Friedmans oder der Österreichischen Schule – Hayek (1957) stieß sich bekanntlich bereits an dem Attribut «sozial» in Soziale Marktwirtschaft.

Eucken aber akzeptierte, daß für die meisten Menschen die Verteilung «das primäre wirtschaftspolitische Problem» (S. 12) ist und daß die aus dem Markt resultierende Einkommensverteilung schnell zu einem Problem der wirtschaftlichen Gerechtigkeit werden kann, wenn sich die Höhe der jeweiligen Einkommen nicht nach Knappheitsrelationen, sondern aufgrund von Marktmachtstellungen bestimmt (S. 316). Deshalb forderte er eine Wirtschaftsordnung, in der Einkommens- wie Preisbildung den strengen Regeln des Wettbewerbs unterworfen sind bzw. – für die Fälle, wo dies nicht möglich sei – die Schaffung einer Kartellbehörde, die die Träger wirtschaftlicher Macht zu einem Verhalten veranlassen sollte, «als ob» vollständige Konkurrenz bestehe (Miksch, 1937/1947).

Eucken wußte, daß eine stabile Ordnung Rahmen und Regeln benötigt, nämlich «konstituierende» und «regulierende Prinzipien». Konstituierend sollten sein: die Herstellung eines funktionsfähigen Preissystems vollständiger Konkurrenz (das «wirtschaftsverfassungsrechtliche Grundprinzip»), das Primat der Währungspolitik, offene Märkte, Privateigentum, Vertragsfreiheit, volle Haftung der Unternehmer und eine gewisse Konstanz der Wirtschaftspolitik (Eucken 1952, S. 254 ff.). Letzteres verbot die für die keynesianische Fiskalpolitik typischen fallweisen und schockartigen Interventionen und erlaubte nur marktkonforme Eingriffe in den Wirtschaftsprozeß. Regulierend sollten wirken: Monopolkontrolle, Einkommenspolitik, Korrektur der Wirtschaftsrechnung[5] und eines anomalen Verhaltens des Angebots (S. 291 ff).[6]

Euckens Plädoyer für die Verwirklichung einer Wettbewerbsordnung, die dem Ideal der vollkommenen Konkurrenz möglichst nahe kommt, wurde aus dem Kreis der Liberalen heftig kritisiert. Hayek (1968, S. 8) glaubte, daß vollkommene Konkurrenz und Wettbewerb sich ausschließen, weil alle für die Markt-Konkurrenz wesentlichen Umstände als bekannt vorausgesetzt werden, und beschrieb seinerseits den Wettbewerbsprozeß als ein von Unvollkommenheiten bestimmtes, dynamisches Entdeckungsverfahren.

Weit strenger als den Liberalismus kritisierte Eucken allerdings den Sozialismus. Weder Verstaatlichungen noch die Abschaffung des Privateigentums gehörten zum Arsenal seiner Sozialpolitik. Privateigentum, so Eucken, *könne* zu Mißständen, Kollektiveigentum *müsse* zu Mißständen führen (S. 317).

In der zentralgeleiteten Wirtschaft mißlinge zwangsläufig die optimale Allokation der Ressourcen, weil eine freie Preis- und Einkommensbildung unmöglich sei. Schwerwiegender noch als die ökonomischen Defizite wogen für Eucken deren politische Konsequenzen. Die zentralgeleitete Wirtschaft unterlag seiner Meinung

[5] Wenn bei der Durchführung von Einzelplänen Rückwirkungen auf die Gesamtwirtschaft (externe Effekte) entstehen, die nicht im Planungsbereich der einzelnen Betriebsleitung spürbar werden. Das sei z. B. oft beim Verbrauch natürlicher Ressourcen der Fall (S. 301 ff.).

[6] Für den Fall, dass sich das Arbeitangebot bei sinkenden Löhnen vermehren sollte, empfahl Eucken die Festsetzung von Mindestlöhnen (S. 304).

nach einer allgemeinen «Tendenz zur Staatssklaverei» (S. 193), in der individuelle Freiheit nicht verwirklicht werden könne.

Das große Thema ‹Freiheit› hatte in den ersten Auflagen der *Grundlagen* noch keine Bedeutung gehabt (Goldschmidt, 2002, S. 109). Erst nach 1945, besonders mit den *Grundsätzen* (1952), wird die Freiheit zu dem zentralen Punkt in Euckens Denken, den seine Schüler heute so stark betonen (Lenel, 1989, S. 307). Er stellte sich nun dem Problem, ob und inwieweit Freiheit und Ordnung miteinander vereinbar seien, und suchte nach einer wirtschaftlich effizienten «Gesamtordnung», die «den Menschen das Leben nach ethischen Prinzipien ermöglicht» (S. 199). Eucken verwahrte sich gegen marxistische und andere «Mythen von der Zwangsläufigkeit der Entwicklung» (S. 200). Nach seinem Weltbild besitzt der Mensch einen freien Willen und hat die Möglichkeit, eine als richtig erkannte Ordnung auch zu gestalten (S. 217; Goldschmidt, 2002, S. 114). Freiheit und Ordnung bedingen einander, deshalb gilt es im Umkehrschluß, jene Ordnung zu wählen, die die Freiheit garantiert.

3. Wirkung

Betrachtet man die überschaubare Reihe großer deutscher Ökonomen im 20. Jahrhundert, so sticht der Name Walter Euckens hervor. Unter allen hatte sein Werk den größten Einfluß auf den Gang der Wirtschaftswissenschaft und die Gestaltung der Wirtschaftsordnung in Deutschland. Fragen wir nach den Gründen, so müssen wir eingestehen, daß sich Eucken in seinen theoretischen Einzelstudien zwar als «klarer, plastisch formulierender Analytiker» (Lenel, 1989, S. 298) erwies, doch ist über seine Geld-, Konjunktur- und Kapitaltheorie die Entwicklung hinweggegangen, und in der Wettbewerbtheorie haben sich dynamische Betrachtungen durchgesetzt. Auch Euckens Kritik am Vordringen der formalisierten, mathematischen Theorie konnte deren Siegeszug nicht aufhalten.

Seine große Stärke lag in der Verbindung von theoretischer Analyse und wirtschaftspolitischem Gestaltungswillen, von wissenschaftlicher und ethischer Integrität bei der Suche nach Antworten auf die dringenden Probleme seiner Zeit. Nach dem Zweiten Weltkrieg bot Eucken denen einen Anknüpfungspunkt, die nach dem Zusammenbruch eine neue Ordnung anstrebten (Rieter und

Schmolz, 1993). Deutschlands Wirtschaft lag am Boden, der Lehrbetrieb an den Universitäten ebenfalls. Euckens Name bleibt eng verwoben mit dem geistigen wie wirtschaftlichen Neubeginn nach 1945. Der Mythos von der Stunde Null ist auch die Geschichte der Freiburger Kreise, die sich in den Jahren der Herrschaft des Nationalsozialismus gegen die Gleichschaltung gewehrt und Pläne für eine soziale und freie Neuordnung von Wirtschaft und Gesellschaft vorbereitet hatten.

Nach der Gründung der Bundesrepublik folgten die Währungsreform, die Einführung der Sozialen Marktwirtschaft und schließlich das, was man später das «Wirtschaftswunder» genannt hat. Vor diesem Hintergrund ist die schulenbildende Kraft Euckens zu verstehen, dessen *Grundlagen* bereits zehn Jahre nach ihrem ersten Erscheinen als «klassisches Werk» gefeiert wurden (Preiser, in: Eucken, 1940/1950, S. VIII).

Hin und wieder artete die Pflege des Freiburger Erbes allerdings in Glorifizierung aus.

Der Einfluß der Politischen Ökonomie Euckens hielt hierzulande zumindest so lange vor, wie die Bundesrepublik sich in der latenten Wahlsituation zwischen Sozialismus oder Kapitalismus befand. Der Ordoliberalismus überlebte die Blütezeit des Keynesianismus in den fünfziger und sechziger Jahren ebenso wie die monetaristische Revolution in den Siebzigern. Aber nach dem Zusammenbruch des Ostblocks und dem Verblassen der Erinnerung an die Weltwirtschaftskrise und ihre politischen Folgen muß ein Nachlassen der Wirkung Euckens konstatiert werden, trotz aller Traditionspflege des *Walter-Euckens-Instituts*. Einer neueren Untersuchung zufolge haben sich die jüngeren deutschen Ökonomen vom Ordoliberalismus abgewandt (Frey, Humbert und Schneider, 2007, S. 361 ff.). Befragt nach den derzeit wichtigsten Ökonomen, rangieren aus den Reihen der Neoliberalen Friedman (Platz 3) und Hayek (Platz 7) deutlich vor Eucken (Platz 13). Knapp 40 Prozent der Befragten, darunter besonders die jüngeren, halten ihn mittlerweile für «eher unwichtig». Nur bei den über 55jährigen steht er noch immer hoch im Kurs.

Im Sog der Weltrezession 2009 gewinnt der Ordoliberalismus an Aktualität. Liegt doch die Ursache der gegenwärtigen Krise im Fehlen eines wirksamen Ordnungsrahmens für die außer Kontrolle geratenen, globalen Finanzmärkte.

Literatur

«Walter-Eucken-Bibliographie», zusammengestellt von W. Gräfin von Klinkkowstroem und A. Renner, in: L. Gerken (Hrsg.), 2000, S. 133–166.

1. Werke

Monographien:

Eucken, W. 1921. Die Stickstoffversorgung der Welt. Eine volkswirtschaftliche Untersuchung, Berlin.

Eucken, W. 1923. Kritische Betrachtungen zum deutschen Geldproblem, Jena.

Eucken, W. 1950. Die Grundlagen der Nationalökonomie, Berlin, Göttingen und Heidelberg, 6. durchgesehene Auflage (4. Auflage, Jena 1944; 1. Auflage, Jena 1940).

Eucken, W. 1951. Unser Zeitalter der Mißerfolge. Fünf Vorträge zur Wirtschaftspolitik, Tübingen.

Eucken, W. 1952. Grundsätze der Wirtschaftspolitik, hrsg. von E. Eucken und K. P. Hensel, Tübingen.

Eucken, W. 1954. Kapitaltheoretische Untersuchungen. Mit einer Einleitung in die Sammlung: Was leistet die ökonomische Theorie? 2. ergänzte Auflage, Tübingen (1. Auflage Jena 1934).

Aufsätze und Beiträge:

Eucken, W. 1926. Die geistige Krise und der Kapitalismus, in: Die Tatwelt, Bd. 2, S. 13–16.

Eucken, W. 1929. Kredit und Konjunktur, in: F. Boese (Hrsg.), Wandlungen des Kapitalismus. Auslandsanleihen Kredit und Konjunktur (= Schriften des VfS 175), München und Leipzig, S. 287–305.

Eucken, W. 1932. Staatliche Strukturwandlungen und die Krise des Kapitalismus, in: Weltwirtschaftliches Archiv, Bd. 36, S. 297–321.

Eucken, W. 1937. Unsere Aufgabe (mit F. Böhm und H. Großmann-Doerth), in: Böhm, F.: Die Ordnung der Wirtschaft als geschichtliche Aufgabe und rechtsschöpferische Leistung, Stuttgart und Berlin, S. VII–XXI.

Eucken, W. 1938. Die Überwindung des Historismus, in: Schmollers Jahrbuch, Bd. 62, S. 191–214.

Eucken, W. 1942. Wettbewerb als Grundprinzip der Wirtschaftsverfassung, in: Der Wettbewerb als Mittel volkswirtschaftlicher Leistungssteigerung und Leistungsauslese, hrsg. von G. Schmölders, Berlin, S. 29–49.

2. Weiterführende Literatur

Blumenberg-Lampe, C. 1973. Das wirtschaftspolitische Programm der ‹Freiburger Kreise›. Entwurf einer freiheitlich-sozialen Nachkriegswirtschaft. Nationalökonomie gegen Nationalsozialismus, Berlin.

Frey, B. S., Humbert, S., und Schneider, F. 2007. Was denken deutsche Ökonomen? Eine empirische Auswertung einer Internetbefragung unter den Mitgliedern des Vereins für Socialpolitik im Sommer 2006, in: Perspektiven der Wirtschaftspolitik, Bd. 8, S. 359–377.

Gerken, L. (Hrsg.) 2000. Walter Eucken und sein Werk. Rückblick auf einen Vordenker der sozialen Marktwirtschaft, Tübingen.
Goldschmidt, N. 2002. Entstehung und Vermächtnis ordoliberalen Denkens. Walter Eucken und die Notwendigkeit einer kulturellen Ökonomik, Münster, Hamburg und London.
Goldschmidt, N. 2005a. Walter Euckens Rolle im Widerstand, in: Goldschmidt, N. (2005b), S. 289–314.
Goldschmidt, N. (Hrsg.) 2005b. Wirtschaft, Politik und Freiheit. Freiburger Wirtschaftswissenschaftler und der Widerstand, Tübingen.
Hayek: F. A. v. 1957. Was ist und heißt ‹sozial›, in: A. Hunold (Hrsg.): Masse und Demokratie, Zürich, S. 71–85.
Hayek, F. A. v. 1968. Der Wettbewerb als Entdeckungsverfahren, Kiel.
Janssen, H. 2000. Nationalökonomie und Nationalsozialismus. Die deutsche Volkswirtschaftslehre in den dreißiger Jahren, 2. Auflage, Marburg.
Klinckowstroem, W. Gräfin v. 2000. Walter Eucken: Eine biographische Skizze, in: L. Gerken (2000), S. 53–115.
Klump, R. 2005. Der Beitrag der Freiburger Kreise zum Konzept der Sozialen Marktwirtschaft, in: N. Goldberg (2005), S. 383–401.
Krohn, C.-D. 1981. Wirtschaftstheorien als politische Interessen. Die akademische deutsche Nationalökonomie in Deutschland 1918–1933, Frankfurt a. M.
Lenel, H. 1989. Walter Eucken, in: J. Starbatty (Hrsg.): Klassiker des ökonomischen Denkens, Bd. II, München, S. 292–311.
Lutz, F. 1932. Das Konjunkturproblem in der Nationalökonomie, Jena.
Lutz, F. 1936. Das Grundproblem der Geldverfassung, Stuttgart und Berlin.
Miksch, L. 1937. Wettbewerb als Aufgabe, Stuttgart und Berlin. 2. Auflage Godesberg, 1947.
Mises, L. 1920/1. Die Wirtschaftlichkeitsrechnung im sozialistischen Gemeinwesen, in: Archiv für Sozialwissenschaften und Sozialpolitik, Bd. 47, S. 86–121.
Rieter, H., und Schmolz, M. 1993. The ideas of German Ordoliberalism 1938–45: pointing the way to a new economic order, in: The European Journal of the History of Economic Thought, Bd. 1, S. 87–114.
Röpke, W. 1931. Praktische Konjunkturpolitik. Die Arbeit der Brauns-Kommission, in: Weltwirtschaftliches Archiv, Bd. 34, S. 423–464.
Rüstow, A. 1963. Freie Wirtschaft – Starker Staat, in: A. Rüstow.: Rede und Antwort, hrsg. von W. Hoch, Ludwigsburg, S. 249–258 (Original: Redebeitrag auf den Verhandlungen des Vereins für Sozialpolitik in Dresden 1932, in: Deutschland und die Weltkrise (= Schriften des VfS 187), München und Leipzig 1932, S. 62–69.
Schmölders, G. 1980. Geistige Wurzeln des Wirtschaftsliberalismus, in: Frankfurter Allgemeine Zeitung, 26.04.1980.

Heinz D. Kurz

Piero Sraffa
(1898–1983)

I. Leben

Piero Sraffa wird am 5. August 1898 in Turin geboren.[1] Sein Vater, Angelo Sraffa, ist ein angesehener Professor für Handelsrecht, später Rektor der Bocconi-Universität, Mailand. Sraffa hat ein sehr enges Verhältnis zu seiner Mutter. Er bleibt Junggeselle. In Turin studiert er Jura und promoviert 1920 bei Luigi Einaudi, dem ersten Staatspräsidenten Italiens nach dem Zweiten Weltkrieg. Gegenstand der Arbeit ist die Inflation in Italien während und nach dem Ersten Weltkrieg (Sraffa, 1993). Im Jahr davor lernt er Antonio Gramsci, den späteren Mitbegründer und Vorsitzenden der Kommunistischen Partei Italiens (PCI), kennen, mit dem ihn eine enge Freundschaft verbinden sollte. Sraffa selbst wird nie Mitglied der Partei. Er schreibt einige kurze Beiträge für Gramscis neue Zeitschrift *L'ordine nuovo*, in denen er für eine Zusammenarbeit mit der bürgerlichen Opposition im Kampf gegen den Faschismus plädiert und sich der dogmatischen Gleichsetzung von Bürgertum und Faschismus widersetzt.

Nach Studienabschluß und einem Volontariat bei einer Bank verbringt er 1921 und 1922 an der London School of Economics (LSE). In England begegnet er John Maynard Keynes, der sich von ihm tief beeindruckt zeigt. Er ermuntert Sraffa, für den *Manchester Guardian* einen Artikel über das italienische Bankensystem zu schreiben. Als er den Artikel «The Bank Crisis in Italy» erhält, beschließt Keynes, ihn im von ihm herausgegebenen *Economic Journal* zu veröffentlichen (Sraffa, 1922). Eine kürzere Version erscheint im *Manchester Guardian*. Sraffa deckt darin die Machenschaften der Faschisten mit der zusammengebrochenen Banca Italiana di Sconto auf. Der gerade ins Amt des Regierungspräsidenten gelangte Benito Mussolini telegraphiert an Sraffas Vater und verlangt die Zurücknahme der Anschuldigungen – vergeblich.

[1] Zu Leben und Werk Sraffas vgl. u. a. Potier (1991), Eatwell und Panico (1987), Bharadwaj und Schefold (1990), Pasinetti (1998) sowie die Einleitung von Kurz und Salvadori (2003, Bd. 1).

Die Macht der Faschisten erstreckt sich zu dieser Zeit noch nicht auf die Universitäten. Im November 1923 erhält Sraffa eine Dozentur für Politische Ökonomie und Finanzwissenschaft an der Universität Perugia. In Vorbereitung auf seine Vorlesungen setzt er sich intensiv mit der in Italien insbesondere durch Maffeo Pantaleoni verbreiteten Partialanalyse Alfred Marshalls auseinander. 1925 erscheint in den *Annali di economia* seine Abhandlung «Sulle relazioni fra costo e quantità prodotta» (Über die Beziehungen zwischen Kosten und produzierter Menge; Sraffa, 1925). Der Aufsatz enthält eine scharfe Kritik an der Marshallschen Theorie und begründet Sraffas Ruf als brillantem Kopf. Anfang 1926 erhält er einen Ruf an die Universität Cagliari, Sardinien. Er tritt die Professur jedoch nie an. Auf Anregung F.Y. Edgeworths wird er eingeladen, seine Ansichten zur Kosten- und Ertragstheorie im *Economic Journal* vorzustellen. 1926 erscheint «The Laws of Returns under Competitive Conditions» (Sraffa, 1926).

Im November 1926 wird Gramsci zu zwanzig Jahren Kerker verurteilt; er stirbt 1937. Sraffa unterstützt ihn mit Büchern und Medikamenten und wird zu einem der wenigen Bindeglieder Gramscis mit der Außenwelt. Wiederholt setzt er sich für dessen Freilassung ein (vgl. Sraffa, 1991).

1927 trägt die Universität Cambridge Sraffa über Keynes eine Dozentur an. Allerdings wird ihm die Einreise nach England zunächst verweigert – der lange Arm Mussolinis reicht bis ins Foreign Office. Erst eine Intervention Keynes' ändert die Lage. Sraffa wird Mitglied des King's College. Über den Sommer hin bereitet er seine für den Herbst geplanten «Lectures on Advanced Theory of Value» vor. Aber er ersucht um deren Verschiebung um ein Jahr. Nicht nur seine obsessive Gewissenhaftigkeit veranlassen ihn dazu. Wie seine bislang unveröffentlichten Manuskripte zeigen, wird ihm im Lauf seiner Vorarbeiten klar, daß die Marshallsche Analyse – anders als von ihm ursprünglich angenommen – nicht durch eine objektivistische Fundierung der von ihr ins Feld geführten «Kräfte des Angebots und der Nachfrage» gerettet werden kann. Vielmehr ist ein gänzlicher Neuanfang in der Wert- und Verteilungstheorie erforderlich. Die Lage wird dadurch kompliziert, daß sich der fragliche Neuanfang tatsächlich als Rückkehr zu der durch den Aufstieg des Marginalismus im letzten Drittel des 19. Jahrhunderts in Vergessenheit geratenen klassischen Theorie von Adam Smith bis

David Ricardo erweist. Die Kritik an Marshalls Theorie, die Entwicklung einer konsistenten Alternative hierzu und die Freilegung ihrer historischen Wurzeln sind zu große Aufgaben, als daß sich der skrupulöse Sraffa jetzt schon zutrauen würde, hierüber zu dozieren. Sraffa ist kein Lohnredner, und worüber er noch nicht klar sprechen kann, darüber weiß er zu schweigen. Nur über drei Jahre hinweg hält er die Vorlesung, dann sucht er um die Entbindung von der Verpflichtung an, wird Bibliothekar der Marshall Library und verantwortlich für das wirtschaftswissenschaftliche Graduiertenstudium.

1929 lernt Sraffa den nach Cambridge zurückkehrenden österreichischen Philosophen Ludwig Wittgenstein kennen, mit dem ihn eine schwierige Freundschaft verbinden sollte, und auf dessen Denken er nach Wittgensteins eigenem Urteil großen Einfluß nimmt. Der Übergang vom *Tractatus logico-philosophicus* zu den *Philosophical Investigations* geht vor allem auf Sraffas Kritik zurück. Wittgenstein bewundert Sraffas Scharfsinn, leidet aber auch darunter (vgl. Kurz, 2009a).[2] 1943 beendet Sraffa zum Verdruß Wittgensteins die regelmäßigen Treffen mit diesem. In Cambridge unterhält Sraffa freundschaftliche Beziehungen zu Philosophen, Mathematikern und Ökonomen, darunter Frank Ramsey, Abram Besicovitch und Maurice Dobb.

Anfang 1930 überträgt ihm die Royal Economic Society die Herausgabe der Schriften und des Briefwechsels Ricardos. Sraffa stürzt sich mit Leidenschaft in die Aufgabe. Er kann nicht wissen, mit welchen Schwierigkeiten er konfrontiert werden wird, angefangen von Obstruktionsversuchen durch einen eifersüchtigen amerikanischen Kollegen, Jacob Hollander, bis hin zum überraschenden Fund verschollener Briefe (Gehrke und Kurz, 2002). Keynes, der Sraffa tatkräftig unterstützt, ist es nicht vergönnt, die Veröffentlichung der Edition zu erleben (er stirbt 1946).

Auf Anregung Sraffas bildet sich 1930 der sog. «Cambridge Circus», um den *Treatise on Money* (Keynes, 1930) durchzuarbeiten. Am Circus beteiligen sich Richard Kahn, James Meade sowie Joan

[2] Wittgenstein vergleicht sich nach der von Sraffa erfahrenen Kritik u.a. mit einem Baum, den man seiner Äste beraubt hat. Er erkennt neidlos Sraffas scharfen Verstand an, wirft ihm aber vor, ihm, Wittgenstein, nicht wieder aufzuhelfen, nachdem er ihn argumentativ zu Boden geworfen hat. Sraffa seinerseits leidet unter Wittgensteins Narzißmus und dessen politischer Naivität.

und Austin Robinson. Offene Fragen und Einwände werden Keynes überbracht, der mittlerweile an der *General Theory of Employment, Interest and Money* (Keynes, 1936) arbeitet. Sraffas unbarmherzige Logik wird zugleich gerühmt und gefürchtet. So schreibt Joan Robinson 1932 an Keynes:

> Ich denke, daß Piero Deinen Glauben an Angebotskurven ebenso erschüttert hat wie bei uns übrigen. Was er aber angreift, sind lediglich die Eins-zu-Eins-Angebotskurven, die Du als zulässig erachtest. Seine Einwände beziehen sich nicht auf die Angebotskurve für den Output als Ganzem – der Himmel möge uns helfen, wenn er damit beginnt, sich Einwände auszudenken, die darauf zutreffen! (Keynes, *CW*, Bd. XIII, S. 378)[3]

Sraffa hat, wie wir aus seinem Nachlaß wissen, derartige Einwände vor allem gegen das Herzstück der Keynesschen Theorie, das Konzept der Liquiditätspräferenz, formuliert. Er war jedoch, wohl aus Loyalität gegenüber Keynes, darauf bedacht, diese Einwände für sich zu behalten.

Keynes schätzt Sraffa nicht nur wegen seines wachen Verstandes und reichen Wissens, sondern auch wegen seiner intimen Kenntnis des Bankensystems und der Börse. Verschiedentlich stellt Sraffa seine besonderen Gaben bei gemeinsamen Aktionen an der Börse unter Beweis. Zum eigenen Nachteil schlägt Keynes Sraffas Rat in mindestens einem Fall in den Wind (vgl. Kurz, 2009b). Ende der 1920er Jahre hält Sraffa Vorlesungen über das kontinentale Bankensystem im Vergleich zum britischen (vgl. auch Panico, 1988).

1930 nimmt Sraffa auf Einladung von Keynes am Symposium «Increasing Returns and the Representative Firm» im *Economic Journal* teil. Er betont neuerlich, daß es unmöglich ist, die Marshallsche Theorie gleichzeitig logisch kohärent zu formulieren und in Einklang mit den Tatsachen zu bringen, die sie erklären will (Sraffa, 1930).

Ein Jahr später veröffentlicht Friedrich August Hayek auf Einladung Lionel Robbins' eine Attacke auf Keynes' *Treatise* in der Zeitschrift der LSE, *Economica* (Hayek, 1931a); im Jahr darauf erscheint *Prices and Production* (Hayek, 1931b), die schriftliche Fassung der vom Österreicher an der LSE gehaltenen Vorlesungen. Keynes, der nicht mit den Bausteinen des Hayekschen Angriffs – der Kapital-

[3] Übersetzungen aus nicht in Deutsch verfügbaren Texten stammen von mir.

und Zinstheorie Eugen von Böhm-Bawerks und der allgemeinen Gleichgewichtstheorie Vilfredo Paretos – vertraut ist, bittet Sraffa, ihm aus der Misere zu helfen. 1932 veröffentlicht Sraffa im *Economic Journal* unter dem Titel «Dr. Hayek on Money and Capital» eine scharfe Kritik an Hayeks monetärer Überinvestitionstheorie des Konjunkturzyklus (Sraffa, 1932a). Hayek erwidert im gleichen Jahr (Hayek, 1932), gefolgt von einer schneidenden Replik Sraffas (Sraffa, 1932b). Die Kontroverse verhindert nicht, daß sich die beiden später über ihre gemeinsamen bibliophilen Interessen hin wieder näher kommen. 1939 wird Sraffa Fellow des Trinity College.

1940 wird er für mehrere Monate zusammen mit anderen in Großbritannien lebenden Ausländern auf der Isle of Man interniert und erst nach einer Intervention Keynes' wieder freigelassen. Er arbeitet im Anschluß daran parallel an der Ricardo-Edition und fieberhaft an der Rekonstruktion des klassischen Ansatzes in der Wert- und Verteilungstheorie. Ihm werden Professuren an der Universität Chicago und der New School for Social Research, New York, angeboten, aber er lehnt ab. (Nicht auszudenken, er hätte den Ruf nach Chicago angenommen!) In den Jahren 1942–1943 hält er Vorlesungen über «Industry», in denen er sich u. a. mit dem Problem der Trennung von Eigentum und Kontrolle in modernen Kapitalgesellschaften auseinandersetzt. Nach dem überraschenden Fund der Briefe Ricardos an James Mill im Jahr 1943 sieht er sich gezwungen, die bereits in Bleidruck gesetzten Ricardo-Bände neu zu konzipieren. Von 1951 bis 1955 bringt er unter Mitarbeit von Maurice Dobb die Bände I-X heraus (Ricardo, 1951–1973). Für seine Leistung wird ihm von der Königlich-Schwedischen Akademie der Wissenschaften 1961 die Söderström-Medaille verliehen, Vorläuferin des sog. «Nobelpreises» in der Wirtschaftswissenschaft.

Nach einer neuerlich fast zehnjährigen Unterbrechung seiner Arbeit an seinem Buch erstellt Sraffa von 1956 bis Anfang 1958 auf der Grundlage seiner alten Notizen *Production of Commodities by Means of Commodities*. Das Werk von knapp einhundert Seiten erscheint 1960 in Englisch – fast zeitgleich mit einer in Zusammenarbeit mit seinem Freund, dem Bankier Raffaele Mattioli, angefertigten italienischen Ausgabe (Sraffa, 1960a, 1960b). In zahlreiche Sprachen übersetzt, wird es zum Dreh- und Angelpunkt einer kapitaltheoretischen Kontroverse in den 1960ern und 1970ern. Sraffa selbst nimmt nicht direkt daran teil, indirekt jedoch über seine

Schüler Pierangelo Garegnani (1970) und Luigi Pasinetti. 1966 veranstaltet das *Quarterly Journal of Economics* ein Symposium zum Thema.

Sraffa werden Ehrendoktorate aus aller Welt angetragen, aber ihm widerstrebt, sich feiern zu lassen. Noch trägt er sich mit dem Gedanken, dem «Präludium zu einer Kritik der ökonomischen Theorie», so der Untertitel seines Buches, die Kritik am Marginalismus selbst folgen zu lassen. Aber seine Kraft ist verbraucht und Krankheiten machen ihm zu schaffen. Die Fertigstellung des Index zur Ricardo-Edition bereitet ihm gewaltige Mühsal und gelingt erst 1973.

Sraffa stirbt am 3. September 1983 in Cambridge. Er hinterläßt Trinity College eine beträchtliche Summe Geldes, eine wertvolle Bibliothek und einen umfänglichen literarischen Nachlaß. Das Urteil Amartya Sens, Schüler von Sraffa, dieser empfinde es als «unmoralisch, mehr als eine Seite pro Monat zu schreiben», wird eindrucksvoll widerlegt. Ersetzt man «schreiben» durch «veröffentlichen», dann kommt man der Wahrheit näher. Die Herausgabe einer Auswahl aus Sraffas Manuskripten und Briefwechsel bei Cambridge University Press ist in Vorbereitung.

2. Werk

Im folgenden behandle ich zunächst Sraffas Kritik an der Marshallschen Partialanalyse, wie sie noch heute weithin gelehrt wird, anschließend seine Einwände gegen Hayeks Konjunkturerklärung. Es folgen ein Überblick über Sraffas neue Deutung der ökonomischen Klassik in seiner Einleitung zum ersten Band der Ricardo-Ausgabe sowie seine Reformulierung des klassischen Ansatzen in seinem 1960er Buch.

Kritik der Marshallschen Partialanalyse. Marshall (1890) zufolge lassen sich Preis und Menge eines Gutes durch die einander im Gleichgewicht die Balance haltenden «Kräfte» des «Angebots» und der «Nachfrage» bestimmen. Letztere werden im geläufigen Preis-Mengen-Diagramm als Kurven dargestellt.[4] Marshall knüpft seine

[4] Dabei wird üblicherweise unterstellt, daß bei steigendem Preis die angebotene Menge steigt, die nachgefragte jedoch sinkt. Der Schnittpunkt der beiden Kurven bezeichnet das sog. «Marktgleichgewicht».

symmetrische Theorie des Werts an folgende Bedingungen: 1. Die Angebotskurve gilt nur für *kleine Änderungen* der produzierten Menge. 2. Sie muß nicht nur von der Nachfragekurve, sondern auch von den Angebotskurven bezüglich aller anderen Güter *unabhängig* sein. Das Hauptaugenmerk Marshalls gilt der Preisbestimmung in der langen Frist bei freier Konkurrenz. In der langen Frist kann sich die Firma optimal an die sonstigen Verhältnisse anpassen, und freie Konkurrenz bedeutet die Abwesenheit merklicher Markteintritts- und Marktaustrittsschranken.

Sraffa (1925, 1926) untersucht zunächst, welche von Marshall nicht genannten Annahmen benötigt werden, um die Theorie in sich konsistent zu formulieren. Anschließend fragt er, ob diese Annahmen eine Entsprechung in der Wirklichkeit finden. Er konzentriert sich dabei auf die Konstruktion der Angebotskurve bei *variablen* Erträgen bzw. Kosten. Der Grund ist klar: Sind die Stückkosten unabhängig von der erzeugten Menge, dann ist die langfristige Angebotsfunktion der Firma eine parallel zur Mengenachse verlaufende Gerade. In diesem Fall wird der Preis *nicht* von Angebot und Nachfrage bestimmt, sondern nur von den Kosten. Sraffa zeigt, daß die Menge der die beiden obigen Bedingungen erfüllenden Industrien verschwindend klein ist und Marshalls Theorie daher unbrauchbar.

Die Idee, daß für jedes Produkt eine ganz bestimmte quantitative Beziehung zwischen der produzierten Menge und den Stückkosten existiert, so Sraffa, sei erst *infolge* der Entwicklung der Grenznutzentheorie und der damit verbundenen Vorstellung einer Beziehung zwischen Preis und konsumierter Menge eines Gutes *und in Analogie* hierzu entwickelt worden. Die Erfahrung halte indes keinerlei Hinweise auf die Existenz quantitativ bestimmter Zusammenhänge der genannten Art unter Konkurrenzbedingungen bereit. Was faktisch ein tiefer Bruch mit der Klassik ist, versuche Marshall als kontinuierliche Entwicklung auszugeben. Dies zwinge ihn jedoch dazu, *zwei* ganz unterschiedliche klassische Lehren umzudeuten und gewaltsam zusammenzuspannen, um *ein* «Gesetz» der nicht-proportionalen Beziehung zwischen Kosten und Output zu erhalten: die Smithsche Theorie der gesellschaftlichen Arbeitsteilung (steigende Erträge) und die Ricardosche Theorie der Grundrente (sinkende Erträge). Das Ergebnis sei ein kurz- oder auch langfristig U-förmiger Verlauf der Stückkostenkurve.

Sraffa entwickelt sein Argument unter der Annahme, daß nur «originäre» Faktoren (Arbeit und Boden) zum Einsatz kommen. Nur beiläufig verweist er auf die Zirkularität der Produktion: Waren werden mittels Waren erzeugt. Seine Kritik an der Partialanalyse ist daher nicht kapitaltheoretisch basiert (vgl. Steedman, 1988). Die wenigen Hinweise auf interindustrielle Verflechtungen legen jedoch den Schluß nahe, daß ihre Berücksichtigung die prekäre Lage der Marshallschen Theorie nur noch verschlimmern würde.

Variable Erträge, so Sraffa, können (a) firmenintern, (b) firmenextern, aber industrieintern oder (c) sowohl firmenextern als auch industrieextern sein. Typ (a) ist offenbar nicht mit der Annahme vollkommener Konkurrenz vereinbar, sondern führt zur Monopolbildung. Typ (c) hingegen ist nicht mit der Methode des partiellen Gleichgewichts vereinbar. Es kann nämlich nicht ausgeschlossen werden, daß die Veränderung der Menge eines Gutes, welches in einer Industrie mit variablen Kosten erzeugt wird, nicht *gleichzeitig* Änderungen der Kosten von Firmen in *anderen* Industrien bewirkt. Ein typischer Fall ist jener, in dem die gleiche Qualität von Boden in der Erzeugung mehrerer Produkte eingesetzt wird. Ein Anstieg der Produktion eines dieser Produkte kann zu einem Anstieg der Bodenpacht führen, von dem alle Nutzer des fraglichen Bodens gleichermaßen betroffen sind: Deren Angebotsfunktionen sind nicht unabhängig voneinander.

Nur variable Erträge vom Typ (b) sind demnach mit Marshalls Wettbewerbsanalyse vereinbar. Ihre empirische Bedeutung ist jedoch höchst zweifelhaft. Der fragliche Typ wäre z. B. dann gegeben, wenn eine Industrie als einzige Boden einer ganz spezifischen Qualität nutzt. Ist dieser Boden knapp, dann führt eine Produktionsausweitung zur Erhöhung der Pacht und damit zu einem überproportionalen Anstieg der Kosten, der jedoch keine direkten Auswirkungen auf die Kosten der anderen Produkte hat. Sind die für die variablen Kosten verantwortlichen *economies* oder *diseconomies* firmenextern und industrieintern, dann können Veränderungen in der produzierten Menge der Industrie die Kostenfunktion von Firmen außerhalb dieser Industrie nur als Folge der Veränderung des Preises ihres Produkts beeinflussen. (Dies wäre z. B. der Fall, wenn die erzeugten Produkte im Konsum gegeneinander substituierbar sind.) Der genannte Fall trifft jedoch, wenn überhaupt, nur auf eine verschwindend geringe Zahl von Industrien zu.

Sraffa gelangt zum Schluß, daß in bezug auf kleine Mengenänderungen konstante Erträge zu unterstellen sind. Diese Auffassung wiederholt er gegen Ende des ersten Teils seines Aufsatzes aus dem Jahr 1926. Sind die Erträge konstant, dann sind die Preise kostenbestimmt und die Nachfrage nimmt keinen Einfluß auf sie: «Die alte und jetzt obsolete [klassische] Theorie, die [den Wettbewerbspreis] nur von den Produktionskosten abhängig macht, verbleibt als die beste unter den verfügbaren» (1926, S. 541).

Dieses Resultat konnte Sraffa indes nicht zufriedenstellen. Entweder war die Annahme vollständiger Konkurrenz oder die partielle Gleichgewichtsmethode aufzugeben. Hinsichtlich der zweiten Alternative schreibt er, daß «die Bedingungen des simultanen Gleichgewichts in zahlreichen Industrien» zu komplex seien, um sie «auf das Studium realer Bedingungen anzuwenden» (ibid., S. 541). Es verbleibt die erste Alternative. Sie wird durch zwei Beobachtungen nahegelegt. Erstens arbeiten zahlreiche Firmen unter individuell sinkenden Stückkosten, was eine Abkehr von der Annahme vollständiger Konkurrenz nahelegt. Zweitens sind es häufig nicht die Produktionskosten, die einer Steigerung des Absatzes im Wege stehen, sondern «die Schwierigkeit, die größere Menge an Gütern zu verkaufen, ohne den Preis zu senken oder die Marketingausgaben zu erhöhen» (ibid.).

Im zweiten Teil seines 1926er Aufsatzes wendet sich Sraffa daher den Grundzügen einer Analyse unvollständiger Konkurrenz zu. Seine Überlegungen regen in den 1930ern eine umfängliche Literatur über verschiedene Marktformen an (vgl. Robinson, 1933). Weithin wird jedoch übersehen, daß Sraffa in seinem Aufsatz die gleiche Strategie verfolgt, wie zuvor (Signorino, 2000). Er expliziert zunächst die Annahmen, die nötig sind, um Marshalls Analyse in eine kohärente Form zu bringen. Anschließend zeigt er, daß diese höchst restriktiv sind, so daß der Analyse nur ein geringer Erklärungswert zukommt. In seiner Erwiderung auf Denis Robertson anläßlich des 1930er Symposiums drückt er dies wie folgt aus:

> Ich versuche herauszufinden, auf welchen impliziten Annahmen Marshalls Theorie basiert; wenn Mr. Robertson sie als äußerst wirklichkeitsfremd erachtet, so pflichte ich ihm bei. Wir stimmen anscheinend darin überein, daß

die Theorie nicht in einer Art und Weise gedeutet werden kann, die sie logisch konsistent macht und zugleich mit den Tatsachen versöhnt, die zu erklären sie vorgibt. Mr. Robertsons Heilmittel ist es, sich von der Mathematik zu verabschieden, und mir empfiehlt er, mich von den Tatsachen zu verabschieden. Vielleicht sollte ich klarstellen, daß ich unter diesen Umständen denke, daß es Marshalls Theorie ist, von der wir uns verabschieden sollten. (Sraffa, 1930, S. 93)

Kritik an Hayek. Die gleiche Vorgehensweise begegnet uns auch in Sraffas Kritik an Hayeks monetärer Überinvestitionstheorie (Sraffa, 1932a). Sraffa folgert, daß Hayek weder konsistent argumentiert noch daß seine Theorie die Wirklichkeit erfassen könne (vgl. Kurz, 2000b).

Hayek wendet sich gegen die Keynessche Auffassung, Arbeitslosigkeit und brachliegende Produktionskapazitäten seien auf einen Mangel an effektiver Gesamtnachfrage zurückzuführen. Vielmehr seien sie Ausdruck von «Fehlleitungen der Produktion» infolge einer Politik des leichten Geldes, die durch günstige Kredite die Wirtschaft stimulieren will, aber das Gegenteil bewirkt. Hayeks Argument kreist um die Technikwahlentscheidungen kostenminimierender Produzenten. Die diesen zur Auswahl stehenden Alternativen glaubt er mittels des Böhm-Bawerkschen Konzepts der «durchschnittlichen Produktionsperiode» beschreiben und *monoton* in Abhängigkeit vom Zinssatz ordnen zu können: Je niedriger der Zinssatz, desto länger die durchschnittliche Produktionsperiode bzw. Kapitalintensität. Einer gegebenen gesamtwirtschaftlichen Ausstattung mit Arbeit und «Kapital» ist dieser Vorstellung zufolge ein die relativen Knappheiten der Faktoren und den Stand des technischen Wissens widerspiegelnder «Gleichgewichtszins» (und «-lohn») zugeordnet.

Das Bankensystem, so Hayek, bewirke mit einer Festlegung des Geld- unterhalb des Gleichgewichtszinssatzes, daß Produzenten Kredite aufnehmen, um längere und ergiebigere «Produktionsumwege» einzuschlagen. Befindet sich die Wirtschaft, wie Hayek unterstellt, in einem Zustand der vollen Nutzung ihrer Ressourcen, dann ist dies nur möglich, indem Arbeit und nichtspezifische Inputs aus konsumnahen Bereichen abgezogen und in konsumferne gelenkt werden. Dies geschieht über steigende Preise derartiger Inputs. Es kommt zu einer Verringerung der Konsumgüterproduktion und damit zu einer «erzwungenen Ersparnis». Bei annahmegemäß unveränderten Präferenzen der Wirtschaftssubjekte und insbesondere ihrer Rate der Zeitpräferenz führt eine ungebrochene Nachfrage nach Konsumgütern jedoch früher oder später zu steigenden Konsumgüterpreisen. Damit erhöhen sich die Gewinnspannen auf konsumnahen Stufen und signalisieren den Produzenten, daß es jetzt profitabel ist, Ressourcen dorthin zu verlagern. Zurück bleiben halbfertige Baulichkeiten und Anlagen – Verkörperungen einer fehlgeleiteten Produktion.

Sraffa kritisiert zunächst, daß Hayek nur die Tauschmittelfunktion des Geldes, nicht aber seine Wertaufbewahrungsfunktion berücksichtigt und damit «entmanntes Geld» unterstellt. Wie soll es angesichts dessen jemals den von Hayek behaupteten Unterschied zwischen einer Geld- und einer Naturaltauschökonomie geben können? Über welchen «Trick» stellt Hayek den Unterschied her? Indem er behauptet, daß Produzentenkredite andere Wirkungen haben als Konsumentenkredite. Im ersten Fall ist der Anpassungsprozeß ohne Folgen für das *langfristige* Gleichgewicht: Früher oder später wird das Bankensystem die sich ergebenden Preissteigerungen durch eine Erhöhung des Geldzinsatzes bekämpfen, und das System kehrt zum alten Gleichgewicht zurück. Die Stimulierung von Konsumentenkrediten hingegen, so Hayek, schädige die Wirtschaft dauerhaft, weil sie die freiwillige Ersparnis «frustriert». Dadurch werde der gesamtwirtschaftliche Kapitalstock und mit ihm der Konsumoutput pro Kopf verringert. «Hayek», so Sraffas trokkener Kommentar, «möchte es auf beide Weisen haben.» Eine Herde von Schafen, liest man bei Voltaire, könne man mittels einer Beschwörungsformel umbringen – und einer kleinen Portion Gift. Hayeks kleine Portion ist die behauptete Fähigkeit des Bankensystems, Kredite willkürlich an Produzenten *oder* Konsumenten zu vergeben.

Aber auch Hayeks Behauptung, Produzentenkredite bewirkten langfristig nichts, sei nicht haltbar. Die sich ergebende Inflation führe zu einer Umverteilung von Einkommen und Vermögen und damit zu einem neuen Gleichgewicht. Wer inflationsbedingt ein höheres (niedrigeres) Einkommen bezieht, wird ggf. mehr (weniger) sparen. Die Fälle der freiwilligen und der erzwungenen Ersparnis sind entgegen Hayeks Auffassung nicht scharf zu scheiden. Schließlich bestreitet Sraffa, daß der Unterschied zwischen Geld- und Gleichgewichtszins ein Kennzeichen der Geldwirtschaft ist. Darlehen können sowohl in ihr als auch in der Naturaltauschökonomie bezüglich aller Güter abgeschlossen werden, für die Zukunftsmärkte existieren. Sraffa führt in diesem Kontext das Konzept des Eigen- oder «Warenzinssatzes» ein. Außerhalb des langfristigen Gleichgewichts gibt es grundsätzlich ebensoviele verschiedene Warenzinssätze, wie es Güter der genannten Art gibt. Es gibt daher nicht nur *den* einen natürlichen Zinssatz, wie Hayek meint, sondern viele. Bemerkenswerterweise greift Sraffa nicht die von Hayek verwendete Kapitaltheorie Böhm-Bawerks an, obgleich ihm deren Unhaltbarkeit zum Zeitpunkt der Abfassung seiner Kritik bereits bewußt ist.

Keynes ist von Sraffas Leistung höchst angetan. Sie befreit ihn aus einer mißlichen Lage und schafft ihm einen lästigen Kritiker vom Hals. Mehr noch, er glaubt Sraffas Argument im zentralen 17. Kapitel der *General Theory*, in dem es um die fundamentalen Eigenschaften des Geldes und das Konzept der Liquiditätspräferenz geht, für seine Zwecke nutzen zu können. Wie jedoch zwei Manuskriptfragmente in Sraffas Nachlaß zeigen, ist Sraffa von Keynes' Argument nicht überzeugt und kritisiert es scharf (vgl. Kurz, 1996, 2009b).[5]

Die neue Deutung Ricardos. In der Einleitung zum ersten, die *Principles* enthaltenden Band der großartigen Ricardo-Edition (Ricardo, 1951–1973) stellt Sraffa eine gänzlich neue Deutung des klassischen Ansatzes in der Wert- und Verteilungstheorie vor und zeigt, daß dieser sich grundlegend vom neoklassischen unterscheidet (Sraffa, 1951; Garegnani, 1987; Schefold, 1986). Anders als von Marshall u. a. behauptet, erklären die Klassiker die Profitrate nicht

[5] Um 1919 studiert Sraffa Terminwechselkurse. In seinen Vorlesungen über das kontinentale Bankensystem in den Jahren 1929 und 1930 kommt er hierauf zurück und schlägt vor, verschiedene Vermögen und Waren nach dem Grad ihrer Liquidität zu ordnen, eine Idee, die bei Keynes wiederkehrt. Er widerspricht jedoch dem Keynesschen Argument in der *General Theory*, daß die Liquiditätsvorliebe der Vermögensbesitzer den Geldzinssatz davon abhält, hinreichend tief zu fallen, um die Investitionstätigkeit so stark anzuregen, daß Vollbeschäftigung resultiert. Das Argument sei in der vorliegenden Form nicht schlüssig, denn in einer Depression falle früher oder später das Preisniveau. Dies aber bedeute, daß der Eigenzinssatz des Geldes unter denjenigen zahlreicher Waren sinkt, und es daher Keynes zufolge keinen Anreiz mehr gebe, Geld zu horten – entgegen Keynes' sonstiger Behauptung.

knappheits-, sondern *surplustheoretisch*.[6] Dies wird mit Blick auf die vier Stufen der Entwicklung der betreffenden Theorie Ricardos deutlich.

Auf der ersten Stufe sieht Ricardo der Einfachheit halber vom Problem knapper natürlicher Ressourcen und damit der Grundrente ab, indem er sich ganz auf jenen Boden – später «Grenzboden» genannt – konzentriert, auf dem keine Rente gezahlt wird. In diesem Fall reduziert sich das Verteilungsproblem auf die Bestimmung der Profitrate für einen gegebenen Reallohnsatz und ein gegebenes System der gesamtwirtschaftlichen Produktion. Zieht man von den erzeugten Bruttoproduktionsmengen alle im Zuge der Produktion verbrauchten Mengen an Produktions- und Unterhaltsmitteln für die Arbeitskräfte ab, so verbleibt ein *Überschußprodukt*, das die stoffliche Grundlage des Profits bildet. Setzt man dieses Überschußprodukt ins Verhältnis zu den eingesetzten Kapitalgütern (Produktionsmittel und Unterhaltsmittel der Arbeiter), so erhält man die allgemeine Profitrate der Ökonomie. Aber Überschußprodukt und Kapital bestehen aus unterschiedlichen Waren in unterschiedlichen Mengen. Wie sie vergleichen? Offenbar benötigt man eine Werttheorie, die diese Waren miteinander kommensurabel macht.

Auf der zweiten Stufe grenzt Ricardo das Problem des Werts und der Verteilung weiter ein, indem er eine Wirtschaft unterstellt, in der das eingesetzte Kapital überall nur aus vorgeschossenen Löhnen (aber keinen produzierten Produktionsmitteln) besteht, die ausschließlich in Form von Getreide gezahlt werden. In diesem Fall nimmt der getreideproduzierende Sektor eine Sonderstellung ein: In ihm sind sowohl Kapitaleinsatz als auch Produkt (und sektoraler

6 Marshall versucht die konkurrenzwirtschaftliche Kapitalverzinsung ebenso wie den Lohnsatz über das Zusammentreffen des jeweiligen Angebots an und der Nachfrage nach «Kapital» bzw. Arbeit knappheitstheoretisch in *symmetrischer* Weise zu erklären. Er behauptet darüber hinaus, Ricardo habe im Grundsatz die gleiche Erklärung im Auge gehabt und könne daher als Vorläufer angesehen werden. Sraffa wendet zweierlei ein: Erstens lasse sich Marshalls Erklärung nicht halten, weil die «Kapitalmenge» nicht unabhängig von den relativen Preisen und damit der Höhe der Kapitalverzinsung bestimmt werden kann. Zweitens bestimme Ricardo die Profitrate für ein gegebenes System der Produktion und einen gegebenen Reallohnsatz *residual* und behandle damit die beiden Verteilungsgrößen *asymmetrisch*. Die von Marshall behauptete Kontinuität in der Theorie des Werts und der Verteilung sei pure Fiktion.

Überschuß) von *gleicher stofflicher Beschaffenheit*, Getreide, und die Profitrate kann durch einen *reinen Mengenvergleich* von (sektoralem) Überschußprodukt und (Lohn-)Kapital ermittelt werden. In allen anderen Sektoren kommt es unter Bedingungen freier Konkurrenz über eine Anpassung der Preise der dort erzeugten Waren relativ zum Getreidepreis zur Herausbildung der gleichen Profitrate. Ricardo etabliert dabei für ein gegebenes System der Produktion erstmals den gegenläufigen Zusammenhang zwischen Profitrate und Reallohnsatz (bzw. Lohnquote), sein *fundamentales Gesetz der Einkommensverteilung*: Steigt der Reallohnsatz, so fällt die Profitrate, und umgekehrt.

Auf der dritten Stufe trägt Ricardo dem Einwand Malthus' Rechnung, daß in keinem einzigen Sektor eine stoffliche Gleichheit von Produkt und Kapitaleinsatz gegeben sei. Um die Vergleichbarkeit von Aggregaten von Waren zu ermöglichen, entschließt sich Ricardo jetzt dazu, die einzelnen Waren nach Maßgabe der in ihrer jeweiligen Erzeugung benötigten Mengen an direkter und indirekter (in den verbrauchten Produktionsmitteln enthaltenen Arbeitsmengen) zu berücksichtigen. Da alle Waren mit Arbeit und Produktionsmitteln erzeugt werden, lassen sich, einem Vorschlag Adam Smiths folgend, alle Waren auf Mengen an aktueller und vorgetaner Arbeit zurückführen. Ricardo mißt also die beiden Größen – gesamtwirtschaftlichen Surplus und Kapitaleinsatz, deren Verhältnis die Profitrate angibt – durch die in ihnen jeweils «verkörperte» Gesamtarbeit. Der «Arbeitswertlehre» kommt demnach die Funktion zu, heterogene Waren miteinander vergleichbar zu machen, um auf diese Weise die allgemeine Profitrate zu bestimmen.

Ricardo ist dabei schon früh klar, daß die Arbeitswertlehre die Austauschverhältnisse der verschiedenen Waren bestenfalls annähernd richtig wiedergibt. Auf der vierten Stufe schließlich stellt er sich der Tatsache, daß die relativen Preise der Waren nicht gleich deren relativen Arbeitswerten sind und bei einer hypothetischen Veränderung der Einkommensverteilung sich ändern. Der Grund hierfür ist, daß die verschiedenen Waren auf unterschiedliche Weise erzeugt werden, d.h. die Verhältnisse von direkter und indirekter Arbeit auf den verschiedenen vorgelagerten Produktionsstufen bei ihnen sehr unterschiedlich sind. Bei positiver Profitrate r müssen die auf jeder Stufe gezahlten Löhne entsprechend aufgezinst werden, so daß die gleiche Menge an Arbeit, die vor t Perioden geleistet worden ist, entsprechend der Formel für Zinseszins gleich $(1 + r)^t$ Mal der Menge an jetzt geleister Arbeit ist. Diese Einsicht läßt Ricardo nach einem «invariablen» Wertmaß suchen, das auf Änderungen der Löhne und gegenläufige Änderungen der Profitrate nicht reagiert.

Warenproduktion mittels Waren. Mit seinem 1960er Buch kehrt Sraffa explizit zum «Standpunkt der alten klassischen Ökonomen von Adam Smith bis Ricardo» zurück, der mit dem Aufstieg der Marginalmethode «verdrängt und vergessen» worden sei (Sraffa, 1976, S. 15). Diese Methode basiert wesentlich auf der Hypothese einer sich *ändernden* Outputmenge bzw. sich *ändernder* Faktoreinsatzproportionen, denn ohne derartige *hypothetische* Änderungen gäbe es weder Grenzprodukt noch Grenznutzen. Im Gegensatz hierzu kommt die klassische Wert- und Verteilungstheorie gänzlich ohne derartige hypothetische Änderungen aus und bestimmt relative Preise, Profitrate und Rentsätze für ein gegebenes System der Produktion und einen gegebenen Lohnsatz.

Sraffa illustriert die Erklärungskraft der klassischen Theorie zunächst am Beispiel einer Ökonomie, die weder einen Überschuß noch ein Defizit erzeugt, sondern gerade imstande ist, die verbrauchten Produktions- und Unterhaltsmittel zu ersetzen. Gesetzt, zwei Waren, *A* und *B*, werden mittels ihrer selbst erzeugt:

$$15A \oplus 12B \rightarrow 33A$$
$$18A \oplus 8B \rightarrow 20B$$

Demnach werden 15 (18) Einheiten von Produkt *A* und 12 (8) Einheiten von Produkt *B* verbraucht, um 33 (20) Einheiten von Produkt *A* (*B*) zu erzeugen. *Gesamt*verbrauch und *Gesamt*erzeugung sind bezüglich beider Produkte gleich groß. In diesem arbeitsteiligen System gibt es ein einziges Tauschverhältnis, das es einer jeden Industrie erlaubt, die als Input benötigten Mengen des anderen Produkts zu erwerben, um auch in der folgenden Periode die Produktion auf gleichem Niveau fortzusetzen: 12*B* müssen für 18*A* erworben werden können, d. h. der «notwendige» Preis von einer Einheit *A* entspricht 2/3 Einheiten *B*. «Solche Werte gehen unmittelbar aus den Produktionsmethoden hervor.» (S. 21) Was für den Fall mit nur zwei Waren gilt, läßt sich auch für jenen mit mehr als zwei Waren sagen.

Im nächsten Schritt wendet sich Sraffa einem System zu, in dem ein Überschuß erzeugt und dieser bei freier Konkurrenz zu einheitlicher Rate auf das in jeder Industrie eingesetzte «Kapital» verteilt wird. Da sie jeweils Bündel heterogener Waren darstellen, sind Überschußprodukt und Kapital nur als *Wert*größen zu fassen. Um die Warenpreise zu bestimmen, muß die Profitrate bekannt sein. Diese aber setzt die Kenntnis der Preise voraus. «Hieraus folgt, daß die Verteilung des Überschusses durch denselben Mechanismus und zur selben Zeit wie die Preise der Produkte festgelegt werden muß.» (S. 24) Preise und Profitrate sind demnach nur *simultan* zu bestimmen.

Was sich unscheinbar ausnimmt, räumt mit einem Schlag mit bedeutenden in der Literatur anzutreffenden Fehlmeinungen auf. So war Marx, in der Spur Ricardos wandelnd, der Ansicht, daß zunächst die Profitrate durch Bewertung des Überschußprodukts und des Kapitals mittels Arbeitswerten zu ermitteln sei. Der gefundene Wert für die Profitrate sei dann zur «Umrechnung» der Arbeitswerte in «Produktionspreise» zu verwenden. Dies ist als «Transformationsproblem» in der Literatur bekannt. Dieses sukzessivistische Verfahren ist jedoch im allgemeinen irreführend: Die auf Arbeitswertebasis ermittelte Rate entspricht im allgemeinen nicht der konkurrenzwirtschaftlichen.

Die Kritik trifft auch auf die von marginalistischen Autoren vertretene Auffassung zu, die Ausstattung der Wirtschaft mit einer «Kapitalmenge» könne unabhängig von und vor Kenntnis der Profitrate und relativen Preise vorgegeben werden. Mit heterogenen Kapitalgütern ist dies nicht möglich. *Kapitalmenge und Profitrate sind nur simultan zu bestimmen*. Deshalb kann letztere nicht über die relative Knappheit oder Grenzproduktivität der ersteren erklärt werden.

Sraffa zeigt, daß der klassische Ansatz auch zur Behandlung knapper natürlicher Ressourcen, wie Grund und Boden, von fixem Kapital, Kuppelproduktion (d. h. der Erzeugung mehrerer Produkte gleichzeitig, wie z. B. Fleisch und Wolle) sowie von verschiedenen Formen des technischen Fortschritts geeignet ist. Stehen mehrere Methoden zur Erzeugung eines Produkts zur Verfügung, so stellt sich das Problem der Technikwahl. Entgegen der konventionellen Auffassung lassen sich die Techniken im allgemeinen nicht in eine mit der Profitrate monotone Ordnung bringen. Es kann zur *Wie-*

derkehr einer Technik, auch *Reswitching* genannt, kommen. Es ist auch nicht auszuschließen, daß die Kapitalintensität (Kapital-Arbeits-Verhältnis) in einer Industrie oder in der Ökonomie insgesamt mit steigendem Zins-Lohn-Verhältnis nicht, wie es die neoklassische Theorie unterstellt, sinkt, sondern steigt (sog. *Capital reversing* oder *Reverse capital deepening*; vgl. Garegnani, 1990, sowie Kurz und Salvadori, 1995, Kap. 14). Tatsächlich kann die Beziehung zwischen Kapitalintensität und Zins-Lohn-Verhältnis fast jede denkbare Form besitzen (Mas-Colell, 1989). Dies unterminiert die Vorstellung, Lohnsatz bzw. Kapitalverzinsung seien Knappheitsindikatoren, deren Niveaus auf einem Markt für Arbeit bzw. Kapital durch Angebot und Nachfrage bestimmt werden. Bei Vorliegen von *Capital reversing* steigt die Arbeitsnachfrage nicht mit sinkendem Reallohnsatz, wie konventionellerweise unterstellt. Würde man neoklassisch argumentieren, so müßte das sich ergebende Gleichgewicht als *instabil* charakterisiert werden (Kurz und Salvadori, 1998). Instabile Gleichgewichte können jedoch nichts erklären.

Löst man das System der Preisgleichungen bei Einzelproduktion für einen Wert der Profitrate von Null, so ergibt sich ein Preisvektor, der proportional dem Arbeitswertevektor ist. In diesem (und im wesentlichen nur in diesem) Fall trifft die Arbeitswertlehre als Theorie der relativen Preise zu. In Systemen mit Kuppelproduktion kann man das (nur) auf den ersten Blick paradoxe Ergebnis «negativer Arbeitswerte» für einzelne Produkte erhalten. Systeme mit Kuppelproduktion weisen im Verhältnis zu solchen mit nur Einzelproduktion ein in verschiedenerlei Hinsicht *qualitativ* anderes Verhalten auf. Es ist angesichts dessen sowie der großen empirischen Bedeutung der Kuppelproduktion bemerkenswert, daß dieser in der Literatur nur geringe Aufmerksamkeit geschenkt wird.

Fortfungierendes fixes Kapital (z. B. ein gebrauchter Webstuhl) wird als Kuppelprodukt des eigentlichen Erzeugnisses (Tuch) aufgefasst. Die Abschreibung wird endogen über die Lösung des Preissystems bestimmt. Der verwendete Ansatz erlaubt sowohl die Behandlung konstanter als auch diejenige sinkender bzw. steigender Effizienz dauerhafter Kapitalgüter. Auch Grund und Boden kann mittels der Kuppelproduktionsmethode behandelt werden, wobei üblicherweise unterstellt wird, daß der Boden im Zuge seiner ökonomischen Nutzung seine Qualität nicht verändert. Bei gleichzeitiger Nutzung verschiedener Bodenqualitäten erhält man über die

Sraffaschen Preisgleichungen die sich ergebenden Differentialrenten extensiver Art, bei der parallelen Anwendung zweier Methoden auf einem Boden gegebener Qualität die sich ergebende intensive Rente. Das Modell des fixen Kapitals eignet sich auch unmittelbar zum Studium erschöpfbarer natürlicher Ressourcen (wie z.B. Erdöl), sofern vereinfachend unterstellt werden kann, daß die Kosten der Exploration neuer und gleich ergiebiger Lagerstätten konstant sind (vgl. Kurz und Salvadori, 2009).

3. Wirkung

Sraffas Kritik an Marshall löst eine Welle von Arbeiten zur monopolistischen Konkurrenz und anderen Marktformen aus. Das im Rahmen seiner Kritik an Hayek verwendete Konzept des Warenzinssatzes greift Keynes in seiner Theorie der Liquiditätspräferenz auf. Sraffas Neuinterpretation von Ricardo führt zu einer intensiven Wiederbeschäftigung mit den klassischen Autoren. Noch nie hat ein Beitrag derart tiefgreifende Änderungen im Verständnis früherer Autoren bewirkt. Während er anfänglich auf breite Zustimmung stößt, meldet sich nach der Veröffentlichung des 1960er Buches Kritik. Es wird erst allmählich erkannt, daß Sraffa mit der Vorstellung der Ökonomik als «normaler» Wissenschaft bricht, in der es zu kumulativem Fortschritt, nie jedoch zu Rückschritt kommt. Die Behauptung, es habe vor dem Marginalismus eine gänzlich andersgeartete, konsistent formulierbare «klassische» Theorie des Werts und der Verteilung gegeben, ist mit dieser auch als «Whig history» bekannten Vorstellung nicht zu vereinbaren. Einer der Hauptvertreter des Angriffs auf Sraffa ist Samuel Hollander (1979); seine Rekonstruktion der Theoriegeschichte stößt indes auf scharfe Kritik.

Sraffas Reformulierung des klassischen Ansatzes in der Wert- und Verteilungstheorie wird von zahlreichen Autoren weitergetrieben. Die Aufmerksamkeit konzentriert sich zunächst auf die Implikationen für die überlieferte langfristige marginalistische Theorie. Im Rahmen der Cambridge-Debatte wird diese nur für den speziellsten aller Spezialfälle – die uninteressante Ein-Gut-Welt – als zutreffend ausgewiesen. Die Kritik betrifft dabei nicht nur die makroökonomische Produktionsfunktion, sondern *jede* Theorie, die unterstellt, die verfügbare Kapital*menge* einer Industrie oder der

Wirtschaft insgesamt lasse sich vor Kenntnis der Profitrate und relativen Preise angeben (vgl. Harcourt, 1972, und Kurz und Salvadori, 1995, Kapitel 14).

Der klassische Ansatz wird sodann auf eine Vielzahl von Problemen angewandt. Hierbei zeigt sich, daß sich zahlreiche der überlieferten Lehrmeinungen nicht halten lassen. Hierzu gehört in der Theorie des Außenhandels die Heckscher-Ohlin-Samuelson-Doktrin (Steedman, 1979). Des weiteren werden die Probleme dauerhafter produzierter Produktionsmittel und knapper natürlicher Ressourcen sowie von Systemen mit Kuppelproduktion gründlich studiert (vgl. Schefold, 1989; Salvadori und Steedman, 1990; Kurz und Salvadori, 1995). Der Sraffasche Ansatz erlaubt die Bestimmung der kostenminimierenden Kapitalnutzung, z.B. ob Anlagen im Ein- oder Zweischichtsystem betrieben werden sollen. Darüber hinaus werden die Probleme erneuerbarer und erschöpfbarer natürlicher Ressourcen analysiert. Ein Beispiel für den ersten Fall sind Fischpopulationen, ein Beispiel für den zweiten Erdöl (vgl. Schefold, 1989; Kurz und Salvadori, 2000). Einige der im Verbund mit anderen erzeugten Produkte können «Ungüter» sein, d.h. Dinge, die niemand will und deren Entsorgung vonnöten ist, um Menschen und andere Lebewesen nicht zu gefährden (z.B. abgebrannte Kernbrennstäbe). Dies führt zur Untersuchung von kombinierten Produktions- und Entsorgungssystemen, wobei kostenträchtig zu entsorgende Ungüter einen negativen Preis erzielen (Kurz, 2006).

Schließlich kommt es zur Anwendung des Ansatzes auf Fragen der Kapitalakkumulation und des wirtschaftlichen Wachstums. Während bei der Behandlung derartiger Fragen in jüngerer Zeit beinahe immer Vollbeschäftigung der Arbeit und Vollauslastung des Kapitalstocks angenommen worden sind, spielt in postklassischen Ansätzen das Keynessche Prinzip der effektiven Nachfrage eine bedeutende Rolle. Dieses Prinzip widerspricht dem sog. «Sayschen Gesetz», demzufolge sich die Investitionstätigkeit einer Wirtschaft der Tendenz nach auf dem Niveau der jeweiligen Vollbeschäftigungsersparnis befindet. Die Empirie bestätigt die Vollbeschäftigungsannahme nicht. Die effektive Nachfrage beschränkt die wirtschaftliche Aktivität demnach nicht nur in der kurzen, sondern auch in der langen Frist. Beiträge in dieser Richtung stammen u.a. von Pierangelo Garegnani, Amit Bhaduri und Steven Marglin sowie Heinz D. Kurz.

Während die Kritik an der Neoklassik sich zunächst auf deren Langfristversion beschränkt, ist in jüngerer Zeit auch die Theorie des temporären und intertemporalen Gleichgewichts Gegenstand kritischer Überprüfung; vgl. insbesondere die Beiträge von Garegnani (2000) und Schefold (2000). Zur Behandlung der verschiedenen Aspekte von Sraffas Theorie vgl. Kurz und Salvadori (2003).

Die Literatur über Sraffa und der von ihm inspirierten Beiträge ist weiterhin im Wachsen begriffen. Die Öffnung seiner Manuskripte am Trinity College hat dem Interesse an seinem Werk neuen Auftrieb gegeben. Anläßlich seines einhundertsten Geburtstages ist es zu zahlreichen Tagungen, Konferenzen und Seminaren gekommen, die eine reiche Ernte eingebracht haben (vgl. z.B. *Metroeconomica*, 2002, sowie Kurz, Pasinetti und Salvadori, 2008). Noch kaum jemals hat ein derart schmales Œuvre an veröffentlichten Seiten eine ähnlich große Wirkung erzielt.

Literatur

1. Werke

Sraffa, P. 1922. The Bank Crisis in Italy, in: Economic Journal, Bd. 32, S. 178–197.

Sraffa, P. 1925. Sulle relazioni fra costo e quantità prodotta, in: Annali di Economia, Bd. 2, S. 277–328. Deutsche Übersetzung in Schefold (1986), englische Übersetzung in Pasinetti (1998).

Sraffa, P. 1926. The Laws of Returns under Competitive Conditions, in: Economic Journal, Bd. 36, S. 535–550. Wiederabdruck in H. D. Kurz und N. Salvadori (2003).

Sraffa, P. 1930. A criticism and a rejoinder – Beiträge zum Symposium über «Increasing Returns and the Representative Firm», in: Economic Journal, Bd. 40, S. 89–93.

Sraffa, P. 1932a. Dr. Hayek on Money and Capital, in: Economic Journal, Bd. 42, S. 42–53.

Sraffa, P. 1932b. A rejoinder, in: Economic Journal, Bd. 42, S. 249–251.

Sraffa, P. 1951. Introduction, in: Ricardo (1951–73), Bd. I, S. xiii–lxii. Deutsche Übersetzung in Ricardo (2006), S. I–LVIII.

Sraffa, P. 1951–1973. Ricardo Edition. Siehe unter Ricardo (1951–1973).

Sraffa, P. 1960a. Production of Commodities by Means of Commodities. Prelude to a Critique of Economic Theory, Cambridge.

Sraffa, P. 1960b. Produzione di merci a mezzo di merci, Mailand.

Sraffa, P. 1976. Warenproduktion mittels Waren. Deutsche Ausgabe von Sraffa

(1960a). Hrsg. und mit Nachworten versehen von B. Schefold, Frankfurt am Main.
Sraffa, P. 1991. Lettere a Tania per Gramsci. Eingeleitet von V. Gerratana, Rom.
Sraffa, P. 1993. Monetary inflation in Italy during and after the war, in: Cambridge Journal of Economics, Bd. 17, S. 7–26. Übersetzung von L'inflazione monetaria in Italia durante e dopo la guerra, Mailand 1920.

2. Weiterführende Literatur

Bharadwaj, K., und Schefold, B. (Hrsg.) 1990. Essays on Piero Sraffa: Critical Perspectives on the Revival of Classical Theory, London.
Eatwell, J. L., und Panico, C. 1987. Sraffa, Piero. In: The New Palgrave. A Dictionary of Economics, hrsg. von J. Eatwell, M. Milgate, und P. Newman, London, Bd. 4, S. 445–452.
Garegnani, P. 1970. Heterogeneous capital, the production function and the theory of distribution, in: Review of Economic Studies, Bd. 37, S. 407–436.
Garegnani, P. 1987. Surplus approach to value and distribution. In: The New Palgrave. A Dictionary of Economics, hrsg. von J. Eatwell, M. Milgate und P. Newman, Bd. 4, S. 560–574.
Garegnani, P. 1990. Quantity of capital. In: J. Eatwell, M. Milgate und P. Newman (Hrsg.), Capital Theory, London, S. 1–78.
Garegnani, P. 2000. Savings, investment and capital in a system of general intertemporal equilibrium, in: Kurz (Hrsg.) (2000a), S. 392–445.
Gehrke, C., und Kurz, H. D. 2002. Keynes and Sraffa's ‹difficulties with J. H. Hollander›. A note on the history of the RES edition of The Works and Correspondence of David Ricardo, in: European Journal of the History of Economic Thought, Bd. 9/4, S. 644–671.
Harcourt, G. C. 1972. Some Cambridge Controversies in the Theory of Capital, Cambridge.
Hayek, F. A. 1931a. Reflections on the pure theory of money of Mr. J. M. Keynes, in: Economica, Bd. 11, S. 270–295.
Hayek, F. A. 1931b. Prices and Production, 1. Aufl., London.
Hayek, F. A. 1932. Money and capital: a reply, in: Economic Journal, Bd. 42, S. 237–249.
Hollander, S. 1979. The Economics of David Ricardo, Toronto.
Keynes, J. M. 1930. A Treatise on Money, London. Wiederabdruck in: The Collected Works of John Maynard Keynes (CW), Bd. V.
Keynes, J. M. 1936. The General Theory of Employment, Interest and Money, London. Wiederabdruck in: The Collected Works of John Maynard Keynes (CW), Bd. VII.
Keynes, J. M. 1973–1988. The Collected Works of John Maynard Keynes. Hrsg. von D. Moggridge, 30 Bde., London.
Kurz, H. D. 1996. Sraffa und die Keynessche Theorie der Liquiditätspräferenz, in: Homo oeconomicus, Bd. 13:3, S. 363–391.
Kurz, H. D. (Hrsg.) 2000a. Critical Essays on Piero Sraffa's Legacy in Economics, Cambridge, Melbourne und New York.
Kurz, H. D. 2000b. The Hayek-Keynes-Sraffa controversy reconsidered. In: Kurz (2000a), S. 257–301.

Kurz, H.D. 2006. Goods and bads. Sundry observations on joint production, waste disposal, renewable and exhaustible resources, in: Progress in Industrial Ecology – An International Journal, Bd. 3:4, S. 280–301.
Kurz, H.D. 2009a. «If Some People Looked Like Elephants and Others Like Cats, or Fish…» On the difficulties of understanding each other: The case of Wittgenstein and Sraffa, in: European Journal of the History of Economic Thought, Bd. 16:2, S. 361–374.
Kurz, H.D. 2009b. Keynes, Sraffa and the latter's «secret scepticism», in: B. Bateman, T. Hirai und M.C. Marcuzzo (Hrsg.), The Return to Keynes, Cambridge, Mass.
Kurz, H.D., Pasinetti, L.L., und Salvadori, N. (Hrsg.) 2008. Piero Sraffa: The Man and Scholar, London.
Kurz, H.D., und Salvadori, N. 1995. Theory of Production. A Long-period Analysis, Cambridge, Melbourne und New York.
Kurz, H.D., und Salvadori, N. 1998. Reverse capital deepening and the numeraire: a note, in: Review of Political Economy, Bd. 20, S. 415–426.
Kurz, H.D., und Salvadori, N. 2000. Economic dynamics in a simple model with exhaustible resources and a given real wage rate, in: Structural Change and Economic Dynamics, Bd. 11, S. 167–179.
Kurz, H.D., und Salvadori, N. (Hrsg.) 2003. Piero Sraffa's Legacy in Economics, 2 Bde., Cheltenham und Northampton.
Kurz, H.D., und Salvadori, N. (2009). Ricardo on exhaustible resources, and the Hotelling Rule, in: A. Ikeo und H.D. Kurz (Hrsg.), A History of Economic Theory. Essays in Honour of Takashi Negishi, London und New York, S. 68–79.
Marshall, A. 1890. Principles of Economics, 1. Aufl. 1890, 8. Aufl. 1920, London.
Mas-Colell, A. 1989. Capital theory paradoxes: anything goes, in: R. Feiwel (Hrsg.), Joan Robinson and Modern Economic Theory, London, S. 505–520.
Metroeconomica 2002. Symposium on Sraffa's legacy in economics, Bd. 53/3.
Panico, C. 1988. Sraffa on money and banking, in: Cambridge Journal of Economics, Bd. 12, S. 7–28.
Pasinetti, L.L. 1998. Piero Sraffa: Italian economist at Cambridge, in: Pasinetti L.L. (Hrsg.), Italian Economic Papers, Bologna und Oxford, S. 365–382; Übersetzung von «In memoria di Piero Sraffa, economista italiano a Cambridge», Economia Politica, Bd. 2, 1985, S. 315–332.
Pasinetti L.L. (Hrsg.) 1998. Italian Economic Papers, Bologna und Oxford.
Potier, J.-P. 1991. Piero Sraffa Unorthodox Economist (1898–1983): A Biographical Essay, London.
Ricardo, D. 1951–1973. The Works and Correspondence of David Ricardo. Hrsg. und eingel. von Piero Sraffa unter Mitarbeit von Maurice H. Dobb, 11 Bde., Cambridge.
Ricardo, D. 2006. Über die Grundsätze der Politischen Ökonomie und Besteuerung. Übersetzt von Gerhard Bondi, überarbeitet von Ottmar Kotheimer. Mit einer deutschen Übersetzung von Sraffas Einleitung zu Bd. I der Ricardo-Edition. Hrsg. von Heinz D. Kurz und Christian Gehrke, 2. Aufl., Marburg.
Robinson, J.V. 1933. Economics of Imperfect Competition, London.

Salvadori, N., und Steedman, I. (Hrsg.) 1990. Joint Production of Commodities, Aldershot.

Schefold, B. (Hrsg.) 1986. Ökonomische Klassik im Umbruch, Frankfurt am Main.

Schefold, B. 1989. Mr Sraffa on Joint Production and Other Essays, London.

Schefold, B. 2000. Paradoxes of capital and counterintuitive changes of distribution in an intertemporal equilibrium model, in: Kurz (Hrsg.) (2000a), S. 363–391.

Signorino, R. 2000. Method and analysis in Piero Sraffa's critique of Marshallian economics, in: European Journal of the History of Economic Thought, Bd. 7:4, S. 569–594.

Steedman, I. 1988. Sraffian interdependence and partial equilibrium analysis, in: Cambridge Journal of Economics, Bd. 12, S. 85–95.

Steedman, I. (Hrsg.) 1979. Fundamental Issues in Trade Theory, London.

Stephan Böhm

Friedrich August von Hayek
(1899–1992)[1]

I. Leben

Geboren am 8. Mai 1899 in Wien, wächst Friedrich August von Hayek in einem großbürgerlichen, akademischen Milieu auf.[2] Sein Großvater väterlicherseits lehrt als Zoologe an der Universität Wien; sein Vater, August Edler von Hayek, ursprünglich Arzt mit ausgeprägtem Interesse für die Biologie, macht sich einen Namen als Botaniker: er besitzt ein riesiges Herbarium und begeistert den jungen Fritz nicht nur für die Naturwissenschaften, sondern auch für die deutsche Literatur. Der Großvater mütterlicherseits, Franz Ritter von Juraschek, Professor des öffentlichen Rechts und der Statistik, ist Präsident der k.k. Statistischen Zentralkommission. Er verheiratet seine Töchter mit Universitätsprofessoren, so daß in Hayeks Erinnerungen der Ort seiner Kindheit «im wesentlichen die Wiener Universität» ist. Die späteren Nobelpreisträger Erwin Schrödinger, Karl von Frisch und Konrad Lorenz sind häufige Gäste im Hayekschen Haushalt. Mit dem um zehn Jahre älteren Ludwig Wittgenstein verbindet ihn eine entfernte Verwandtschaft: Wittgenstein ist ein Cousin zweiten Grades von Hayeks Mutter.[3]

Nach seiner Rückkehr vom Kriegsdienst an der Piave-Front entscheidet sich Hayek im Herbst 1918 für das Studium der Rechte an der Universität Wien, wohl um seinen eigentlichen Interessen, der Psychologie und der Volkswirtschaftslehre, in Ruhe nachgehen zu können. Ungenügende Ausbildungs- und Beschäftigungsmöglich-

1 Ich danke Jonathan Beck und Heinz Kurz für eine kritische Durchsicht.

2 Das Adelsprädikat stammt von Joseph II. – wenige Wochen vor Ausbruch der Französischen Revolution an Hayeks Ururgroßvater verliehen für seine Verdienste um den Aufbau einer Textilmanufaktur in Mähren.

3 Die wenigen Begegnungen, die Hayek mit Wittgenstein zusammenführen, muten skurril an: zufällig am Bahnhof von Bad Ischl, als die beiden Artilleriefähnriche im August 1918 von einem Heimaturlaub ins Feld zurückkehren, und Wittgenstein höchstwahrscheinlich das Manuskript des *Tractatus* im Tornister schleppt; in einem Abteil des Nachtzugs von Wien nach Oostende; in Wittgensteins monastischer Behausung im Trinity College (Hayek, 1977).

keiten für Psychologen sind für ihn ausschlaggebend, nach Abschluß des Rechtsstudiums seine ökonomischen Kenntnisse im Rahmen eines Studiums der Staatswissenschaften zu vertiefen. Die Doktorarbeit «Zur Problemstellung der Zurechnungslehre» schreibt er bei Othmar Spann und Hans Kelsen. Der Untergang der «Welt von gestern», von Stefan Zweig evoziert, hinterläßt tiefe Spuren in Hayeks Denken. Wie viele Angehörige seiner Generation, eben von den Schlachtfeldern des Ersten Weltkriegs zurückgekehrt, möchte Hayek an der Erschaffung einer neuen, besseren Welt mitarbeiten. Die Verheißungen des Sozialismus erscheinen ihm am ehesten geeignet, eine rationalere, gerechtere Welt zu gestalten; und es ist gerade dieses Verlangen nach einem gesellschaftlichen Neubeginn, das ihn darin bestärkt, sich ökonomischen Themen zuzuwenden. Als Kuriosum sei vermerkt, daß Hayek mit den planwirtschaftlichen Vorstellungen Walther Rathenaus zunächst sympathisiert. Die Lektüre von Ludwig von Mises' *Die Gemeinwirtschaft* (1922) mit ihrer zentralen These von der «Unmöglichkeit der Wirtschaftsrechnung im sozialistischen Gemeinwesen», wird jedoch zu seinem Konversionserlebnis.

Mises, dessen Student Hayek nie war, erweist sich als früher Mentor: als Leiter des «Österreichischen Abrechnungsamts für Vorkriegsschulden» – einer jener Sonderbehörden, die zur Durchführung des Friedensvertrages von St. Germain eingerichtet werden – verschafft er ihm eine Beschäftigung. Hayek ist regelmäßiger Teilnehmer des legendären «Privatseminars», das vierzehntäglich in Mises' Büro in der Wiener Handelskammer zusammentrifft. 1923/24 verbringt er einen Studienaufenthalt in den Vereinigten Staaten, vorwiegend an der New York University. Er besucht Vorlesungen an der Columbia University bei Wesley Clair Mitchell, dem Gründer des National Bureau of Economic Research und führenden Institutionalisten; dort hört er zum ersten Mal den Grundgedanken dessen, was er später als «Konstruktivismus» geißeln sollte: die Vorstellung, wonach alle gesellschaftlichen Institutionen bewußt geschaffen worden wären und deshalb nach Gutdünken jederzeit geändert werden könnten. Die wirtschaftsstatistischen Methoden, die Hayek in den Vereinigten Staaten kennenlernt, kommen ihm zupaß beim Aufbau des Österreichischen Instituts für Konjunkturforschung (heute: Institut für Wirtschaftsforschung), dessen Leitung er 1927 übernimmt. Mit *Geldtheorie und Konjunk-*

turtheorie (1929) habilitiert er sich als Privatdozent für Politische Ökonomie an der Universität Wien.

Einer Einladung Lionel Robbins' folgend, hält Hayek Anfang 1931 vier Vorlesungen an der London School of Economics and Political Science – wenig später als *Prices and Production* veröffentlicht (*Preise und Produktion*, 1931) –, die nachhaltigen Eindruck hinterlassen. Auf Betreiben von William Beveridge, dem Direktor der School, wird ihm prompt ein Lehrstuhl angeboten: der Tooke Chair of Economic Science and Statistics. Der «gefühlsmäßige Engländer», wie Hayek sich selbst bezeichnet, steht ab Herbst 1931 im Mittelpunkt einer kosmopolitischen Forschergemeinde:[4] Die Teilnehmer des wirtschaftstheoretischen Seminars, mit Robbins veranstaltet, tragen klangvolle Namen wie Ronald Coase und Arnold Plant, John Hicks und Roy Allen, Abba Lerner und Nicholas Kaldor.

Hayek, 1938 in Großbritannien eingebürgert, zählt neben Wittgenstein, Sir Ernst Gombrich und Sir Karl Popper, an dessen Berufung an die School im Jahre 1946 er maßgeblich beteiligt ist, zu jenem einflußreichen österreichischen Kontingent, wie es für das englische Geistesleben nach 1945 auffallend ist. Warum ehemalige Untertanen des habsburgischen Kaisers Philosophie, Gesellschaftstheorie und Sozialanthropologie prägen, läßt allerlei vermuten über die Gründe für diese anglo-austriakische Allianz.[5] Bei Hayek spielen wohl u. a. eine Rolle: die Affinität zur Gesellschaftstheorie der schottischen Aufklärung, insbesondere zur Philosophie David Humes, die ihrerseits den Wiener Neopositivismus beeinflußt hatte; die Bewunderung – kennzeichnend für die Geschichte des österreichischen konservativen Denkens – für jahrhundertelang gewach-

[4] «It was like stepping into a warm bath where the atmosphere is the same temperature as your body» (Hayek, 1994, S. 100). – Zur Anglophilie Hayeks vgl. Buruma (1999, S. 266–270). Hayek bezeichnet sich als «Burkean Whig»: seine imaginären Gesprächspartner sind Burke, Hume, Smith, Macauly und Lord Acton; sein politischer Held ist Gladstone. Er widmet sich dem Bergsteigen – wie viele andere Sportarten eine englische «Erfindung»– und vertieft sich in die alpinistische Literatur des 19. Jahrhunderts, um «die englische intellektuelle Atmosphäre des 19. Jahrhunderts besser verstehen zu lernen». Hier folgt er allerdings auch einer Familientradition: Großvater Juraschek war ein Kamerad Böhm-Bawerks in den Tiroler Bergen. Hayek selbst verbringt bis ins hohe Alter seine Sommer vorzugsweise in den Ötztaler Alpen.

[5] Vgl. die Pionierarbeit von Perry Anderson (1968). Ernest Gellner (1991), selbst in Prag aufgewachsen, nimmt diesen Faden auf.

sene englische Verfassungsinstitutionen; die Vorliebe für ritualisierte englische Lebensformen. Hayek ist stolzes Mitglied des liberalen Reform Club an Londons Pall Mall, von wo aus Clubmitglied Phileas Fogg, jedenfalls Jules Verne zufolge, seine «Reise um die Welt in achtzig Tagen» angetreten hat.[6]

Weit über die akademische Ökonomik hinaus bekannt – manche würden sagen: berüchtigt – wird Hayek mit seinem Bestseller *The Road to Serfdom* (1944, *Der Weg zur Knechtschaft*, 1945), der in komprimierter Form auch in *Reader's Digest* erscheint. Es gibt zwar überwiegend wohlwollende Reaktionen von George Orwell, J.M. Keynes und Joseph Schumpeter, aber das völlig gegen den Zeitgeist geschriebene Buch sollte Hayek über Jahrzehnte hinaus akademisch diskreditieren. Seine Warnung vor Totalitarismen jeglicher Observanz, wenig später bekräftigt u.a. von Hannah Arendt oder Herbert Marcuse, erfährt ihre besondere Note dadurch, daß Hayek sowohl Stalinismus als auch Nazismus als Varianten des Sozialismus begreift. Nationalsozialismus und Faschismus seien keine bloße Reaktion des Kapitalismus auf sozialistische Tendenzen: sie seien vielmehr deren Konsequenz. Hayeks Rundumschlag richtet sich allerdings nicht nur gegen totalitäre Varianten des Kollektivismus, sondern in erster Linie gegen die von «Sozialisten in allen Parteien» befürworteten moderaten Formen eines «prinzipienlosen» Interventionismus. Das pragmatische Nebeneinander von staatlichen Eingriffen und Marktprozessen in einer «gemischten» Wirtschaftsordnung bezeichnet er später, auf den «middle way» Premierminister Macmillans anspielend, als «the muddle of the middle». Jegliche Form gesamtwirtschaftlicher Planung würde Freiheitsrechte beschneiden und zwangsläufig in «Knechtschaft» münden – so ist die Kernthese des Buches häufig verkürzt worden, und in dieser Form ist sie absurd: Vielmehr möchte Hayek warnen vor den langfristigen, unbeabsichtigten Folgen von gut gemeinten – aber wenig durchdachten – punktuellen wirtschaftspolitischen Maßnahmen. Für ein Buch, dessen Autor gewohnheitsmäßig eine dumpfe Attitüde des Laissez-faire nachgesagt wird, enthält es einen überraschend umfänglichen Katalog von sozialpolitischen Maßnahmen (z.B. allgemeine Sozialversicherungspflicht, Mindestein-

6 Kenneth Minogue (2002, S. 33) bemerkt dazu treffend: «His [Hayek's, S.B.] absolute centre of gravity seems to have been the Reform Club ...»

kommen, Arbeitszeitgesetze, Arbeitsschutzgesetze, Katastrophenhilfe) – undenkbar für einen vermeintlichen Vorkämpfer des Minimalstaats.

Hartnäckig hält sich das Gerücht, die Erwähnung von Hayeks Thesen hätte Winston Churchill 1945 eine empfindliche Niederlage bei den Wahlen zum Unterhaus beschert. Das durch *The Road to Serfdom* ausgelöste Echo bestärkt Hayek darin, ein internationales Diskussionsforum für klassisch-liberale Ökonomen, Philosophen und Historiker zu gründen; in diesem Sinn versammelt er im Frühjahr 1947 drei Dutzend Gleichgesinnte auf einem Berg oberhalb von Vevey am Genfer See, und die Mont Pelerin Society (ursprünglich geplant als «Acton-Tocqueville Society») ist geboren.[7]

Hayeks Bewunderung für englische Konventionen erfährt jäh einen Dämpfer, als diese sich gegen ihn selbst wenden: Nachdem er seine Familie nach einem erbittert geführten Scheidungskrieg verlassen hat, um seine Jugendliebe, eine entfernte Cousine, endlich zu heiraten, entzieht er sich der mißbilligenden Kollegenschaft durch einen Ortswechsel (Hayek, 1994, S. 23). In den Jahren 1950 bis 1962 lehrt Hayek als Professor of Social and Moral Sciences am interdisziplinären Committee on Social Thought der Universität Chicago. In diese Phase fällt die Publikation seines sozialphilosophischen Hauptwerks *The Constitution of Liberty* (1960, *Die Verfassung der Freiheit*, 1971).

1962 kehrt Hayek zurück nach Europa und übernimmt den Lehrstuhl für Wirtschaftspolitik an der Universität Freiburg im Breisgau. Nach seiner Emeritierung erhält Hayek 1969 das Angebot einer Gastprofessur an der Universität Salzburg. Leichtfertig dieser Einladung folgend, ist er bald verwundert darüber, daß dort Volkswirtschaftslehre als Studienrichtung nicht vorgesehen ist. Hayeks Jahre in Salzburg sind überschattet von seinem labilen Gesundheitszustand; um so bewundernswerter ist es, daß er dennoch die ersten beiden Bände seiner Trilogie *Law, Legislation and Liberty* (1973–1979, *Recht, Gesetzgebung und Freiheit*, 1980–1981) vorlegen kann. Ein Lichtblick in dieser für Hayek tristen Periode ist die nicht nur für ihn völlig unerwartete Verleihung des Nobel-

[7] Unter den Teilnehmern finden sich: Maurice Allais, Walter Eucken, Milton Friedman, Bertrand de Jouvenel, Frank Knight, Fritz Machlup, Ludwig von Mises, Michael Polanyi, Karl Popper und Wilhelm Röpke.

Gedächtnispreises für Wirtschaftswissenschaften 1974 (gemeinsam mit Gunnar Myrdal), die ihm eine ungeahnte weltweite Publizität beschert. Die Reaktion des offiziellen Österreich ist peinlich berührt: einerseits kann man nicht umhin, den «gebürtigen Österreicher» hervorzukehren; andererseits verkörpert er eine ideologische *bête noire* für den damaligen Bundeskanzler.[8] 1977 kehrt Hayek zurück nach Freiburg. Er stirbt dort am 23. März 1992. Begraben ist er in Wien-Neustift.

2. Werk

Das umfängliche Werk Hayeks, das scheinbar beliebig zwischen verschiedenen Terrains mäandert und sich gegen eine fachliche Parzellierung sträubt, läßt sich gleichwohl unterschiedlichen, thematisch zentrierten Schaffensperioden zuordnen.[9] Die Hayek rasch zuwachsende internationale Reputation gründet sich auf seine frühen Arbeiten als theoretischer Ökonom in den 1920er und 1930er Jahren. Werttheorie, Geldtheorie, Konjunkturtheorie und Kapitaltheorie erregen sein frühes wissenschaftliches Interesse.

Die Integration einer Theorie konjunktureller Schwankungen in den überlieferten Korpus der statischen Theorie des allgemeinen Gleichgewichts ist ein Topos insbesondere der deutschsprachigen Ökonomik der Zwischenkriegszeit. Im damaligen Verständnis stellen sich Konjunkturen dar als systematische Wiederholung von identifizierbaren Phasen: Aufschwung, oberer Wendepunkt, Abschwung und unterer Wendepunkt. Das theoretische Interesse richtet sich primär darauf, die Übergänge zwischen den einzelnen Konjunkturphasen ökonomisch zu begründen. Ihre Dauer spielt so gut wie keine Rolle; Zeit als expliziter Faktor taucht erst in späteren Modellen auf (Witt, 1995, S. 81).

[8] Das Wort vom «Propheten, der im eigenen Land nichts gilt» ist eine noble Untertreibung: Hayeks Ideenkosmos paßt zur Mentalität der Zweiten Republik ungefähr so wie ein Elefant in ein Porzellangeschäft.

[9] Vgl. die «intellektuelle Biographie» von Caldwell (2004) als *eine* Lesart, «wie alles zusammenhängen» könnte. Eine konzise Würdigung des Gesamtwerks bieten Brittan (2005), Kirzner und Garrison (1987), Machlup (1977), O'Brien (1994), Streissler und Streissler (1993); siehe auch den Sammelband von Feser (2006). Zum biographischen Hintergrund vgl. Hayek (1994), Kreuzer (1983) und die detaillierte Arbeit von Hennecke (2000).

Konjunkturtheorie. Das Charakteristische von Hayeks Konjunkturtheorie ist die Verbindung der auf Knut Wicksell und Mises zurückgehenden Geldtheorie mit der österreichischen, die Heterogenität von Kapitalgütern betonenden Kapitaltheorie Böhm-Bawerks. Was den institutionellen Hintergrund angeht, bedeutet das zunächst einmal, daß arbeitsteilig organisierte Produktion durch monetär vermittelte Tauschprozesse koordiniert wird, wobei die Geldpreise nicht bloß als Transaktionsmittel, sondern auch als Informationsträger dienen. Mit der Arbeitsteilung geht nicht nur Wissensteilung einher, sondern auch Kapitalteilung, d. h. eine Änderung der Kapitalgüterstruktur (in sachlicher, räumlicher und zeitlicher Hinsicht).

Hayeks Theorie ist ein Beispiel für eine monetäre Theorie der Überinvestition: Konjunkturschwankungen gehen zurück auf monetäre Ursachen, finden aber ihren realen Niederschlag in Veränderungen der Kapitalstruktur und damit der Produktionsstruktur. Ausgangspunkt für Hayeks Überlegungen ist Wicksells «natürlicher» Zins (Gleichgewichtszins), bei dem die geplante Ersparnis gleich der geplanten Nachfrage nach Investitionen ist. Konjunkturschwankungen sind das Ergebnis einer systematischen Diskrepanz zwischen natürlichem Zins und dem auf dem Geldmarkt sich bildenden Geldzinssatz (Marktzins). Sinkt der Marktzins unter die natürliche Rate, stimuliert dies die Nachfrage nach Krediten: der Grundstein für den Aufschwung ist gelegt. Mit einer Politik des billigen Geldes könnte beispielsweise die Notenbank den Aufschwung initiieren. Hayek untersucht nun die über die Geldschöpfung des Bankensystems zusätzlich geschaffene Geldmenge weniger in ihrer Wirkung auf das absolute Preisniveau; im Vordergrund steht vielmehr die Frage, wie die Struktur der relativen Preise, genauer: die relativen Preise von Konsum- und Investitionsgütern, sich zeitlich verändert.[10]

Für die Konjunkturschwankungen ist also entscheidend, an welcher Stelle des volkswirtschaftlichen Kreislaufs die zusätzliche Geldmenge einströmt. Die Preissignale in Form gesunkener Marktzinsen für Kredite – der Zinssatz ist ja in dieser Sichtweise nichts

[10] Die Geldschöpfung der Banken ist deshalb erforderlich, weil die freiwillige Ersparnis nicht mehr ausreicht, die zusätzlichen Investitionen zu finanzieren.

anderes als der besondere Preise für einen Kredit – machen längere Produktionsumwege lohnender, d. h. Ressourcen aus der Konsumgüterindustrie abzuziehen und in die Investititionsgüterindustrie zu lenken. Dauerhaft niedrige Zinssätze provozieren jedoch eine Fehlallokation von Kapital insofern, als zu viele Ressourcen in konsumfernen und zu wenige in konsumnahen Produktionsstufen eingesetzt werden. Die Kreditvergabe an die Investitionsgüterindustrie findet ihre Grenze letztlich in den Liquiditätsbeschränkungen der Banken. Der obere Wendepunkt des Aufschwungs ist erreicht, wenn Investitionsprojekte abgebrochen werden müssen, «Investitionsruinen» die Landschaft verschandeln und massive Kapitalvernichtung stattfindet. Im folgenden Abschwung kommt es zu einer allmählichen Umschichtung brachliegender Ressourcen in Richtung Konsumgüterindustrie. Dieser Prozeß geht so lange vor sich, bis Konsumgüter- und Investitionsgütersektor wiederum eine relative Größe erreicht haben, die den geplanten Sparentscheidungen entspricht.[11]

Die Keynessche Erklärung der Arbeitslosigkeit ist derjenigen Hayeks entgegengesetzt: das Übel bestehe in «Unter-Investition» mangels lohnender Investitionsmöglichkeiten. Ob zyklische Depressionen Folge von Über-Investitionen (Hayek) oder von Unter-Investitionen (Keynes) sind, ist eine empirische Frage. Hayeks Konjunkturtheorie ist unter den historischen Bedingungen der Weltwirtschaftskrise Anfang der 1930er Jahre jedoch weder zur Diagnose noch zur Therapie der damals herrschenden massiven makroökonomischen Ungleichgewichte geeignet. Am 19. Oktober 1932, am Höhepunkt der Großen Depression in Großbritannien – bei einer Arbeitslosenquote von über 20 Prozent –, warnt er in einem Leserbrief an die *Times* (mitunterzeichnet von seinen Kollegen Theodore Gregory, Arnold Plant und Lionel Robbins) vor den inflatorischen Konsequenzen einer expansiven staatlichen Beschäftigungspolitik.[12]

Die Politik des «Aussitzens» der Depression, von Hayek befür-

[11] Vgl. Witt (1995, S. 85). Für eine Kritik an Hayek aus Sraffianischer Sicht vgl. Kurz (1995).

[12] Zur Chronik der laufenden Ereignisse vgl. McCormick (1992). Jahrzehnte später konzediert Hayek, daß die von ihm damals favorisierte Deflationspolitik in *dieser* Ausnahmesituation aus *praktischen* Gründen zum Scheitern verurteilt war (Hayek, 1975, S. 26).

wortet, drängt ihn zunehmend in die Rolle eines Außenseiters. Sir John Hicks, selbst einer der Protagonisten der «Keynesschen Revolution», erinnert an die Rolle Hayeks als eines der beiden Hauptakteure in dem «Drama», das in den 1930er Jahren inszeniert wird: «[I]t is hardly remembered that there was a time when the new theories of Hayek were the principal rival of the new theories of Keynes» (Hicks, 1967, S. 203). Hayeks Tragik als Wissenschaftler besteht darin, daß seine Theorie, vor dem Börsenkrach 1929 für die Jahrzehnte vor dem Ersten Weltkrieg konzipiert, für eine Deutung der Anfang der 1930er Jahre herrschenden Bedingungen ungeeignet, weil gegenstandslos ist. Das heißt aber noch lange nicht, daß seine Konjunkturtheorie uns überhaupt nichts mehr zu sagen hat – im Gegenteil: die Theorie reüssiert viel besser in der Erklärung der langanhaltenden Rezession im Japan der 1980er und 1990er Jahre oder der Lage in den Vereinigten Staaten in den späten 1990er Jahren, als die Zinssätze relativ zu den erwarteten Ertragsraten sehr niedrig gehalten wurden, mit der Folge exzessiver Investitionen und einer drastisch gesunkenen Sparquote. Die Subprime-Krise ist der jüngste Beleg dafür, wie der Zinssatz als Steuerungsinstrument ausgehebelt und durch niedrige Zinsen zuviel Kaufkraft in den Immobilienmarkt gelenkt wurde.[13]

Auseinandersetzung mit Keynes. Hayek setzt sich direkt auseinander mit Keynes anläßlich der Publikation des *Treatise of Money* (1930). Er verwendet große Mühe auf eine umfangreiche, in zwei Teilen veröffentlichte Rezension, nur um dann von Keynes erfahren zu müssen, daß er mittlerweile seine Meinung geändert habe und nicht mehr an das glaube, was Hayek kritisiert (Hayek, 1966, S. 90f.). Hayek fühlt sich derart vor den Kopf gestoßen, daß er auf die *General Theory of Employment, Interest and Money* (1936) zu

[13] Der *Economist* schreibt in seinem Survey of the World Economy (16.09.2006) unter der Überschrift «Unnatural Causes of Debt» (S. 28): «Ein relevanteres Modell – im 19. Jahrhundert entwickelt, als die ökonomischen Bedingungen unseren heutigen nicht unähnlich waren – könnte man zurückführen auf die Österreichische Schule. In österreichischen Modellen ist das wesentliche Ergebnis von übertrieben niedrigen Zinssätzen nicht Inflation, sondern Überschuldung; ein Ungleichgewicht zwischen Sparen und Investitionen und eine Fehlallokation von Ressourcen. Das klingt nach dem heutigen Amerika.» (Übers. d. Verf.)

seinem späteren Bedauern nicht mehr reagiert. Gleichwohl beschäftigt ihn zeitlebens die in Keynes' Namen ausgerufene Revolution, auch wenn er sich nur mehr gelegentlich schriftlich damit auseinandersetzt. In seinem abschließenden Urteil anläßlich von Keynes' 100. Geburtstag bekräftigt Hayek seine ambivalente Haltung: einerseits macht er kein Hehl aus seiner Bewunderung für den vielseitig Begabten – er hält ihn für eine der herausragenden Persönlichkeiten seiner Zeit und für die imposanteste intellektuelle Figur, der er je begegnet ist –, andererseits schlägt sein Lob jäh um in scharfe Kritik, sobald es um Keynes' ökonomische Ansichten geht.[14]

Der Einwand Hayeks gegen die von Keynes inspirierte Einkommens- und Beschäftigungstheorie richtet sich gegen die analytische Methode: die Verwendung von aggregierten Variablen – statistischen Konstrukten, die keinerlei kausalen Einfluß auf das individuelle Entscheidungsverhalten ausüben. Aus dem Umstand, daß man strukturverschleierende Aggregatgrößen wie die gesamtwirtschaftliche Beschäftigung, das Volkseinkommen, die Konsum- und Investitionsausgaben, das Preisniveau etc. messen könne, dürfe man nicht schließen, daß sie beliebig manipuliert («feingesteuert») werden könnten. Die vom Keynesianismus postulierte statistische Korrelation zwischen der Gesamtnachfrage nach Gütern und Leistungen und der Gesamtbeschäftigung erscheint Hayek als «fatale Idee» und als «Anmaßung von Wissen»[15] – ja, geradezu als Rückschritt hinter J.S. Mills Diktum: «Demand for commodities is not demand for labour».

Ein wesentlicher Unterschied betrifft ferner die Fristigkeit der Analyse: die «kurzfristig» orientierte Keynessche Theorie abstrahiert von Änderungen der Kapitalstruktur; letztere bilden hingegen die Essenz von Hayeks Theorie der Konjunkturschwankungen. Wenn die Analyse auf die kurze Frist beschränkt bleibt, könnte auch Hayek Keynes darin zustimmen, daß eine Erhöhung der Geldmenge prinzipiell dazu geeignet sei, Arbeitslosigkeit abzubauen, solange es freie Produktionskapazitäten gibt (Hayek, 1975, S. 49). Es geht hier letztlich um die Frage, welche von beiden Theo-

[14] The Keynes Centenary: The Austrian Critique, *The Economist* (11.06.1983), S. 45–48.

[15] So der Titel seiner Nobelpreis-Danksagung (Hayek, 1974).

rien die «allgemeinere» ist. Hayek dreht den Spieß um: für ihn stellt die *General Theory* ebenso einen Spezialfall dar wie umgekehrt für Keynes die «klassische» Theorie, die Hayek repräsentiert. Daß Hayek hier einen wunden Punkt getroffen hat, mag man daran ermessen, daß Roy Harrod und die Post-Keynesianer um Joan Robinson später die *General Theory* verallgemeinern um Kapitalakkumulation und Wachstum.

Was Hayek und Keynes eint, ist ihr Glaube an die langfristige Macht von Ideen und die Überzeugung, daß ein Ökonom nur dann eine Rolle in der Gesellschaft spielen könne, wenn und insofern er bereit ist, sich aus seiner disziplinären Enge zu befreien und mehr als seine ökonomischen Spezialkenntnisse beizusteuern. «Wer nur ökonomische Kenntnisse besitzt und sonst nichts, ist ein Fluch für die Menschheit und eignet sich vielleicht gut dafür, Artikel für andere Ökonomen zu schreiben, aber für sonst nichts» (Hayek, 1944, S. 42; Übers. d. Verf.). Hayeks konventionelle Grenzen sprengendes Œuvre – «Interdisziplinarität» ist selbstverständlich und nicht etwas, das man ständig beschwören muß – provoziert die Frage nach der *einen* zündenden Idee, die das Ganze zusammenhält.

Ökonomik und Wissen. Hayek selbst glaubt, *eine* Entdeckung gemacht zu haben, deren Tragweite ihm erst gegen Ende seines Lebens voll bewußt wird. Er besinnt sich auf einen Vortrag zum Thema «Economics and Knowledge» (1937), dessen doppelsinniger Titel programmatisch für sein Werk ist:[16] Die Erklärungskraft der Wirtschaftstheorie ist auf Gedeih und Verderb verknüpft mit ihren Annahmen über das ökonomisch relevante Wissen, das sie für ihre Akteure reklamiert. Mit «Entdeckung» verbindet Hayek die Einsicht, daß Preise auf Wettbewerbsmärkten den Marktteilnehmern kostenschonend ermöglichen, sich an Umstände, Ereignisse und Vorgänge anzupassen, von denen sie keine unmittelbare Kenntnis, ja von denen sie nicht einmal einen Schimmer haben. Daß unser Wohlstand in hohem Maße beruht auf der Fragilität einer «ausgedehnten Ordnung wirtschaftlicher Zusammenarbeit», durch die Millionen von einander Fremden ihre Produktionsbemühungen

[16] Meghnad Desai (2002, S. 196) ist uneingeschränkt zuzustimmen: «Ohne Übertreibung handelt es sich um einen der innovativsten Artikel des 20. Jahrhunderts.» (Übers. d. Verf.)

mit ihren Konsumwünschen in Einklang zu bringen versuchen; daß diese kontingente Ordnung niemand bewußt herbeigeführt hat und niemand in ihren Einzelheiten versteht, ja niemals verstehen kann – das ist wohl Hayeks Eureka-Erlebnis. Jahrzehnte angestrengten Denkens und Tausende von gedruckten Seiten sind erforderlich, bis Hayek in der Lage ist, seine Botschaft auf den Punkt zu bringen.

Ein wichtiger Schritt auf diesem Weg sind seine Beiträge zur «sozialistischen Kalkulationsdebatte» der Zwischenkriegszeit (vgl. Lavoie, 1985; O'Neill, 1998, Kap. 9 und 10), die nicht zufällig parallel zu seinen Arbeiten zum Thema «Gleichgewicht und Wissen» entstehen. Die Debatte geht zurück auf Mises, der die «Unmöglichkeit» effizienter Wirtschaftsrechnung in der «verkehrslosen arbeitsteiligen Wirtschaft» (im «Sozialismus», d.h. einem zentral geplanten Wirtschaftssystem ohne «Sondereigentum» an Produktionsmitteln) damit begründet, daß kein Marktwettbewerb um Produktionsmittel im Gemeineigentum stattfinden könne. Eine rationale Entscheidung über die bestmögliche Verwendung von Ressourcen sei nicht möglich, weil auch die wohlmeinendsten sozialistischen Planer nicht imstande seien, die relative Dringlichkeit konkurrierender Verwendungsarten dieser Ressourcen zu bestimmen. Produktionsentscheidungen seien nur dann rational («kalkulierbar»), wenn die Entscheidungsträger den Ressourceneinheiten Werte zuschreiben können – auf der Grundlage ihrer potentiellen Nützlichkeit in alternativen Produktionen.

Mises betont also die Eigentumsfrage, die Rationalität individueller Entscheidungen und die Kalkulation mit Geldpreisen. Rationale Entscheidungen erfordern die Bewertung der mit den Handlungsoptionen verbundenen Vor- und Nachteile: die Rückführung auf eine gemeinsame Werteinheit (Kommensurabilität verschiedener Werte). Subjektive Gebrauchswerte, Arbeitsstunden und Energieeinheiten seien dafür ungeeignet; nur der in Geld ausgedrückte objektive Tauschwert eines Gutes tauge als Einheit der Wirtschaftsrechnung. «Wer einen komplizierten Produktionsprozeß kalkulieren will, merkt es gleich, ob er wirtschaftlicher als die anderen arbeitet oder nicht; kann er im Hinblick auf die auf dem Markt herrschenden Austauschverhältnisse die Produktion nicht rentabel durchführen, so liegt darin der Hinweis darauf, daß andere die fraglichen Güter höherer Ordnung besser zu verwerten verstehen» (Mises, 1922, S. 102).

Angeregt von Mises verfolgt Hayek gleichwohl einen anderen Weg in der «Wirtschaftsrechnungsdebatte»: Während Mises die Rationalität ökonomischer Entscheidungen unter dem Gesichtspunkt der Kommensurabilität thematisiert, verlegt sich Hayek darauf, die mit zentraler Planung verbundenen erkenntnistheoretischen Beschränkungen offenzulegen. Wie weit Hayek in seinem Spätwerk sich vom ursprünglichen Misesschen Kalkulationsargument entfernt, mag man daran ermessen, daß hier das Problem der Inkommensurabilität auf einer höheren Ebene darin gesehen wird, ein friedliches und produktives Zusammenleben von Menschen mit unterschiedlichen, inkommensurablen Wertesystemen zu ermöglichen, zwischen denen es keinen Vergleichsmaßstab gibt und zwischen denen Normen der praktischen Vernunft nicht vermitteln können.

Hayeks epistemischer Vorbehalt richtet sich zunächst einmal gegen die übliche Formulierung *des* ökonomischen Problems: «die effiziente Allokation knapper Ressourcen» unter der Annahme gegebener Mittel, Produktionstechniken und Präferenzen (Hayek, 1945). Daß dieses gesamtwirtschaftliche Allokationsproblem unter statischen Bedingungen seit Pareto für Ökonomen lösbar ist, berechtigt allerdings nicht zur Annahme, daß ein Zentralplaner sich in einer einem Modellkonstrukteur vergleichbaren Situation befände. Auch die ständige pleonastische Beteuerung *gegebener Daten* ändert daran nichts, beantwortet sie doch nicht die Frage, *wem* die Daten gegeben sein sollen? Wenn sie dem modellierenden Ökonomen gegeben sind, handelt es sich um ein Gedankenexperiment; sind sie aber dem Zentralplaner gegeben, stellt sich die Frage, wie er zu diesen Daten kommt.

Die Kritik an Modellen des Marktsozialismus öffnet Hayek die Augen dafür, daß die wohlfahrtsökonomische Symmetrie der Effizienzergebnisse von Marktkapitalismus und Marktsozialismus – und die damit implizite Bedeutungslosigkeit der Rolle von Kapitalisten, Unternehmern, Eigentumsrechten und Anreizsystemen, Risikobereitschaft, Wettbewerb im Sinne von Rivalität, Innovationen und Konkursen – eine gemeinsame Wurzel hat: das ökonomische Problem ist gleichermaßen falsch gestellt.[17] «[D]as

[17] Den Modellen des Marktsozialismus ist gemeinsam, daß sie gesellschaftliches Eigentum an Produktionsmitteln mit der Simulierung von Marktprozessen zu verbinden trachten: das Modell vollkommener Konkurrenz dient als Referenz.

zentrale Problem der Volkswirtschaftslehre als einer Sozialwissenschaft» (Hayek, 1937, S. 153) sei vielmehr die «Wissensteilung» (*division of knowledge*), näherhin: die Nutzung des in einer Gesellschaft verstreuten Wissens. Ob und wie sich dieses zersplitterte, unorganisierte und zum Teil wohl auch widersprüchliche Wissen derart zusammenfügen läßt, daß möglichst viele es nutzen können, hänge wesentlich von der Eigenart dieses Wissens ab.

Die sogenannten «Daten» sind als subjektives Wissen um die «besonderen Umstände von Ort und Zeit» (Hayek, 1945, S. 61) kontextabhängig und personengebunden.[18] In einer nicht-stationären Ökonomie wird flüchtiges Wissen bedeutsam für die Anpassungsfähigkeit der Akteure. Das praktische Wissen, enthalten in individuellen Fertigkeiten, Fähigkeiten, Dispositionen (z. B. unternehmerischer Intuition), ist nur schwer, wenn überhaupt, artikulier- und kommunizierbar – es verleiht seinem «Besitzer» einen potentiellen Wettbewerbsvorteil.[19] Statistisch nicht erfaßbar und daher nicht kodifizierbar, steht es in synthetischer, konzentrierter Form niemandem zur Verfügung: es entzieht sich rationaler Prüfung. Die zentrale Registratur ist jedoch angewiesen gerade auf diesen unerschöpflichen Fundus an lokalem, implizitem und traditionellem Wissen, von dem das theoretische Wissen nur die «sichtbare» Spitze bildet. Der Zentralisierung von konkretem Wissen sind jedoch inhärente Grenzen gezogen: im Zuge der «Weitergabe» an die Planungsbehörde – und der Rückmeldung an die Produktionseinheiten – wird dieses Wissen entwertet oder zerstört, es geht verloren oder bleibt jedenfalls ungenutzt. Real existierende staatssozialistische Systeme bieten reichlich Anschauungsmaterial.

Die Alternative zur gesamtwirtschaftlichen Kontrolle ökonomischer Aktivität, die Hayek allein erwägt – und hier verbindet sich das epistemische Argument mit dem normativen (Pleasants, 1997, S. 36) –, lautet: dezentrale Planung, d. h. Wettbewerb als Mechanismus der Wissensnutzung und -übertragung. Für den «Wettbewerb

18 Dazu zählt z. B. Wissen um die örtliche und zeitliche Verfügbarkeit von Gütern und Leistungen.

19 Hierunter fällt technisches Wissen, das sich nicht in einer Produktionsfunktion einfangen läßt, oder auch praktisches Können (z. B. Radfahren), das sich nicht in Regeln explizieren läßt.

als Entdeckungsverfahren» (Hayek, 1968) spricht einerseits, daß er jedem die Chance bietet, sein praktisches Können und seine Kenntnis konkreter Umstände für seine jeweiligen Ziele einzusetzen; andererseits eröffnet Wettbewerb über Preissignale generell die Möglichkeit, dieses Wissen indirekt zu nutzen, ohne einen Gesamtüberblick («top down») haben zu müssen.[20]

Spontane Ordnung. Die Frage, welche Institutionen eher geeignet sind, das verstreute subjektive Wissen zu mobilisieren, motiviert auch die Unterscheidung von spontanen Ordnungen und Organisationen (Hayek, 1963). Eine «spontane» Ordnung ist polyzentrisch, zweckunabhängig, «gewachsen» bzw. «sich selbst bildend»: Sie entsteht dadurch, daß ihre Elemente einander sich anpassen, indem sie allgemeine, abstrakte Verhaltensregeln befolgen.[21] Die Entdekkung der schottischen Moralphilosophie des 18. Jahrhunderts, daß der Mechanismus wechselseitiger Anpassung menschliche Aktivität koordinieren kann, bildet die Grundlage der Theorie der Marktordnung.

Dem *Kosmos* der spontanen Ordnung – dazu zählen auch die sozialen Institutionen des Rechts, der Moral, des Geldes und der Sprache – stellt Hayek die *Taxis* der Organisation (Anordnung) gegenüber: eine monozentrische, zweckgerichtete, «gemachte» Ordnung, in der die Mitglieder durch konkrete Regeln dazu angehalten werden, ihre jeweiligen Ziele dem Zweck der Organisation zu unterstellen. Wichtiger Aspekt dieser idealtypischen Unterscheidung – sowohl spontane Ordnungen werden in der empirischen Realität immer Elemente einer Organisation aufweisen und umgekehrt – ist, daß in einer Taxis das Wissen, das genutzt werden kann, und damit ihre Komplexität, immer beschränkt wird durch das Wissen des Organisators (Zentralplaners). Umgekehrt bedeutet dies: Wenn begrenzte, dem Organisator bekannte Ressourcen im Dienste einer vorgegebenen eindeutigen Zielhierarchie eingesetzt werden sollen,

20 Wenn z. B. ein Erdbeben die Kupferförderung in Chile arg beeinträchtigt, wird der Preis von Kupfer am Weltmarkt mutmaßlich steigen. Produzenten, die dieses Industriemetall verwenden – und Letztverbraucher, die Produkte nachfragen, die Kupfer enthalten –, passen sich an den relativ höheren Preis an, ohne eine Ahnung von dem Erdbeben haben zu müssen.

21 Dazu zählen (auch unbewußt befolgte) Regeln z. B. der Moral, der Gewohnheit und des positiven Rechts.

ist die Taxis allemal die überlegene Allokationsmethode.[22] Aus dieser Sicht ist auch Hayeks Abscheu vor dem Oxymoron «Marktwirtschaft» – und seine Vorliebe für «Katallaxie» (als Nexus der Tauschbeziehungen) – nur konsequent, wenn «Wirtschaft» verstanden wird in Analogie zu einer Hausverwaltung (Oikos), in der der Hausvater (Despot) eine klare Zielhierarchie der Ressourcenverwendung vorgibt.

In seinem abschließenden Buch *The Fatal Conceit: The Errors of Socialism* (1988, *Die verhängnisvolle Anmaßung*, 1996) holt Hayek noch einmal aus zum Rundumschlag gegen die «fatale Einbildung» des Sozialismus. Hinsichtlich analytischer Stringenz mit seinen Klassikern nicht vergleichbar, enthält es gleichwohl die Quintessenz eines jahrzehntelangen Disputs. Hayeks Ehrgeiz zielt darauf ab, den Sozialismus wissenschaftlich zu widerlegen: der Gegensatz würde sich also nicht an politischen Werten entzünden, sondern an der Frage, wie sie am besten zu verwirklichen seien (vgl. Kley, 1993). Schon sehr früh war ihm klar geworden, *wogegen* er zu Felde zog, und er hielt nicht nur sein ganzes Leben beharrlich daran fest, sondern endete schließlich dort, wo er von seinen sozialphilosophischen Prämissen her nicht hätte landen dürfen.

Hayek beklagt die zunehmende Einflußnahme des demokratischen Gesetzesstaates auf Agenden, die ehedem der Entfaltung spontaner Ordnung vorbehalten waren – namentlich den Aufbau eines Wohlfahrtsstaates im Dienste einer «atavistischen» Sehnsucht nach sozialer Gerechtigkeit. Da liegt der Einwand nahe, ob denn nicht auch die Zurückdrängung von Kosmos durch Taxis, z.B. in Form von wohlfahrtsstaatlichen Einrichtungen, Ergebnis eines evolutorischen Prozesses sei (vgl. O'Hear, 1997, S. 146ff.; Posner, 2005, S. 160f.). Gerade wenn man wie Hayek gesellschaftliche Prozesse als erkenntnistheoretische Filter und Mechanismen evolutorischer Anpassung betrachtet, ist nicht einzusehen, warum alle unliebsamen Erscheinungen der modernen Welt auf einen sozialistischen Trugschluß zurückgeführt werden sollten. Bei seinem Versuch einer systematischen Widerlegung eines ökonomischen Systems wird

[22] Allgemein gilt: Je abstrakter die Regeln, desto komplexer die Ordnung, die unter Beachtung dieser Regeln erwächst. Abstrakte Regeln gelten für eine unbekannte Anzahl künftiger Fälle und sind negativ formuliert: sie schreiben typischerweise nicht Handlungen vor im Sinne des Erreichens von konkreten Zielen.

Hayek selbst ungewollt zum Theoretiker eines Gegensystems und muß sich den Vorwurf gefallen lassen, ein rationalistischer Marktkonstruktivist zu sein.[23] Alle Übel des 20. Jahrhunderts auf einen einzigen großen intellektuellen Irrtum reduzieren und darauf eine systematische liberale Gesellschaftsphilosophie begründen zu wollen, steht einem leidenschaftlichen Kritiker rationalistischer Systembildung schlecht zu Gesicht. Wie Michael Oakeshott, der maßgebliche englische Philosoph des Konservativismus im 20. Jahrhundert, in Richtung Hayek moniert: jegliche Form nationaler ökonomischer Planung zu bekämpfen, mag besser sein als ihr Gegenteil, sie entstammt aber letztlich derselben rationalistischen Doktrin. Für einen Skeptiker im Sinne David Humes ist Hayek erstaunlich dogmatisch – ein «dogmatischer Skeptiker» (David Miller), dessen Skepsis allerdings haltmacht vor der eigenen Position: «He is that unusual thing: a sceptic who became a prophet» (Minogue, 2002, S. 26).

3. Wirkung

Die Kursschwankungen von Hayeks Reputation an der Wissenschaftsbörse regen dazu an, über die Entwicklung der Ökonomik im 20. Jahrhundert zu sinnieren (vgl. Boettke, 1997). Hayek polarisiert: Im Spannungsfeld von Kultfigur wider Willen – zum Guru war er vom Temperament her ungeeignet – und «Reaktionär» ein ausgewogenes Urteil über seinen Einfluß auf das Fach zu fällen, birgt seine Tücken. Vom kometenhaften Aufstieg in das akademische Firmament in den 1930er Jahren zur Deklassierung als Paria in den Jahrzehnten nach 1945; von seiner Renaissance im Gefolge des Nobelpreises in den 1970er Jahren zur Galionsfigur eines ökonomischen Liberalismus nach dem Fall der Mauer beschreibt Hayeks Achterbahn die Außenwirkung eines sieben Jahrzehnte währenden Gelehrtenlebens. Dahinter verbergen sich eine allmähliche Entfremdung vom herrschenden Selbstverständnis der Ökonomik, eine konsequente Mißachtung der Entwicklungen im Fach und ein Kampf «gegen die Brandung» des Zeitgeistes, der großen intellek-

[23] Ein Vorwurf, der schlimmer nicht ausfallen könnte: für die Konsistenz des Hayekschen Gedankengangs ist unabdingbar, daß der Markt eine Tradition ist, die aus kultureller Evolution hervorgegangen ist.

tuellen Mut abverlangt. Der Preis für Intransigenz und Integrität ist jahrzehntelange intellektuelle Isolation. Nicht unerheblich für die seltsame Rezeptionsgeschichte ist wohl auch die Zwiespältigkeit Hayeks selbst: da ist einerseits der weltabgewandte Gelehrte, der dem Faszinosum komplexer Ordnungen erliegt und der das Studium der Regeln, die deren Entstehung und Fortbestand begünstigen, zu seinem Lebensthema erklärt; und andererseits der Prediger, der auf dem Boden eben dieser Theorie komplexer Ordnungen nicht müde wird, die Welt zu warnen vor den Gefahren des Kollektivismus. Kein Wunder, wenn die Beziehung zwischen Gelehrtem und Prediger voller Spannungen ist.

Die Hayek-Renaissance der letzten Jahrzehnte ist nicht abgetan mit einem «Ende gut, alles gut». Die weltweite Hayek-Gemeinde wächst zwar stetig – nicht zuletzt dank der seit den 1970er Jahren zunächst von den Vereinigten Staaten ausgehenden Austrian Economics (Kirzner, 1997); nimmt man jedoch als Maßstab, was an führenden Universitäten Nordamerikas und Europas gelehrt und Studenten zur Lektüre empfohlen wird, kommt man wohl zum gegenteiligen Ergebnis (für die USA vgl. Colander, 2007). Dieser Befund bedeutet aber noch lange nicht, daß die Profession als solche seinen Beitrag negiert. Eine Untersuchung der Nobelpreisreden fördert beispielsweise zutage, daß Hayek nach Kenneth Arrow von allen Preisträgern der meistzitierte Autor ist (Skarbek, 2009).

Auf welchen Gebieten der Ökonomik entfalten Hayeks Arbeiten auch heute noch eine beträchtliche Wirkung? Exemplarische Literaturhinweise mögen abschließend genügen:

Hayeks Arbeiten zum Preismechanismus bzw. zur Rolle von Preisen als Kommunikationssignalen und Speichermedien zählen, nicht erst seit kurzem, zum bestrezipierten Teil seines Werks (vgl. Stiglitz, 2000; Streissler, 2000; von Weizsäcker, 2005).[24] Die lange Zeit als theoriehistorische Fußnote abgehakten, wenn nicht gar der Lächerlichkeit preisgegebenen Beiträge Hayeks zur Wirtschaftsrechnungsdebatte haben in den letzten Jahren naturgemäß verstärktes Interesse erfahren (Burczak, 2006; Desai, 2002; O'Neill, 1998; Roemer, 1994; Stiglitz, 1994; Temkin, 1989). Der Hayeksche Wis-

24 Thomsen (1992) betont die Unterschiede zwischen Hayek und denjenigen, die sich auf ihn berufen (z. B. Sanford Grossman und Joseph Stiglitz).

sensbegriff (im Gegensatz zur Informationsökonomik), die Rolle von Wissen in gesellschaftlichen Entscheidungsprozessen sowie Fragen der Wissensteilung werden erörtert in Helmstädter (2001), Makowski und Ostroy (2001), Marglin (2008, Kap. 9) und Sunstein (2006).

Hayeks biologische Vorstellung von der Ökonomie als eines komplexen adaptiven Systems wird jüngst gewürdigt als wichtiger Vorläufer einer im Entstehen begriffenen Complexity Economics (Koppl, 2009, und Ormerod, 2005). Vriend (2002, S. 837) sieht das Forschungsprogramm der angewandten Gleichgewichtstheorie (*agent-based computational economics* ACE) als «Sozialtheorie in einer Hayekschen Tradition». Vernon Smiths Arbeiten an der Schnittstelle von Experimenteller Ökonomik und Spieltheorie sind ebenfalls stark beeinflußt von Hayek (Smith, 2008). Im Rahmen der Evolutorischen Ökonomik gibt es eine umfangreiche Literatur, die Bezug nimmt auf Hayek: *pars pro toto* sei verwiesen auf Vanberg (1994) und Witt (2008).

Literatur

1. Werke

The Collected Works of F. A. Hayek, Chicago-London (19 Bände, im Erscheinen).

Gesammelte Schriften in deutscher Sprache, Tübingen (14 Bände, im Erscheinen).

Hayek, F. A.v. 1937 [2007].Wirtschaftstheorie und Wissen (Economics and Knowledge), in: Wirtschaftstheorie und Wissen, hrsg. von V. Vanberg, Tübingen (Gesammelte Schriften A1).

Hayek, F. A.v. 1944a [1991]. On Being an Economist, in: The Trend of Economic Thinking, hrsg. v. W. W. Bartley und S. Kresge, London (Collected Works Bd. 3).

Hayek, F. A.v. 1945 [2007]. Die Verwertung des Wissens in der Gesellschaft (The Use of Knowledge in Society), in: Wirtschaftstheorie und Wissen, hrsg. von V. Vanberg, Tübingen (Gesammelte Schriften A1).

Hayek, F. A.v. 1963. [1969] Arten der Ordnung, in: Freiburger Studien, Tübingen.

Hayek, F. A.v. 1968. [1969] Der Wettbewerb als Entdeckungsverfahren, in: Freiburger Studien, Tübingen.

Hayek, F. A.v. 1966 [1969]. Persönliche Erinnerungen an Keynes und die «Keynessche Revolution», in: Freiburger Studien. Tübingen.

Hayek, F.A.v. 1974 [2007]. Die Anmaßung von Wissen, in: Wirtschaftstheorie und Wissen, hrsg. von V. Vanberg, Tübingen (Gesammelte Schriften A1).
Hayek, F.A.v. 1975. Full Employment at Any Price? London.
Hayek, F.A.v. 1977 [1992]. Remembering my Cousin Ludwig Wittgenstein (1889–1951), in: The Fortunes of Liberalism, hrsg. von P.G. Klein (Collected Works Bd. 4).
Hayek, F.A.v. 1988 [1996]. The Fatal Conceit. The Errors of Socialism, Chicago.
Hayek, F.A.v. 1994. Hayek on Hayek. An Autobiographical Dialogue, hrsg. von S. Kreske und L. Wenar, London.

2. Weiterführende Literatur

Anderson, P. 1968 [1992]. Components of the National Culture, in: English Questions, London.
Boettke, P.J. 1997. What Went Wrong with Economics? In: Critical Review, Bd. 11, S. 11–64.
Brittan, S. 2005. Hayek's Contribution, in: Against the Flow. Reflections of an Individualist, London (aus: Oxford Dictionary of National Biography).
Burczak, T.A. 2006. Socialism After Hayek, Ann Arbor, MI.
Buruma, I. 1999. Voltaire's Coconuts, or Anglomania in Europe, London.
Caldwell, B. 2004. Hayek's Challenge. An Intellectual Biography of F.A. Hayek, Chicago.
Colander, D. 2007. The Making of an Economist, Redux, Princeton, NJ.
Desai, M. 2002. Marx's Revenge. The Resurgence of Capitalism and the Death of Statist Socialism, London.
Feser, E. (Hrsg.) 2006. The Companion to Hayek, Cambridge.
Gellner, E. 1991. Two Escapes from History, or The Habsburg Impact on British Thought, in: Wege der Vernunft, hrsg. A. Bohnen und A. Musgrave, Tübingen.
Helmstädter, E. 2001. Wissensteilung (Thünen-Vorlesung), in: Perspektiven der Wirtschaftspolitik, Bd. 2, S. 445–465.
Hennecke, H.J. 2000. Friedrich August von Hayek. Die Tradition der Freiheit, Düsseldorf.
Hicks, J. 1967. The Hayek Story, in: Critical Essays in Monetary Theory, Oxford.
Kirzner, I.M. 1997. Entrepreneurial Discovery and the Competitive Market Process: An Austrian Approach, in: Journal of Economic Literature, Bd. 35, S. 60–85.
Kirzner, I.M., und Garrison, R.W. 1987. Hayek, Friedrich August von, in: The New Palgrave. A Dictionary of Economics, Bd. 2, London, S. 609–614.
Kley, R. 1993. F.A. Hayeks «wissenschaftliche» Verteidigung des Liberalismus: eine Kritik, in: Zeitschrift für Politik, Jg. 40, S. 30–59.
Koppl, R. 2009. Complexity and Austrian Economics, in: Handbook of Complexity Research, hrsg. von J.B. Rosser, Jr., Cheltenham (im Erscheinen).
Kreuzer, F. 1983. Markt, Plan, Freiheit. Franz Kreuzer im Gespräch mit Friedrich von Hayek und Ralf Dahrendorf, Wien.
Kurz, H.D. 1995. Über «natürliche» und «künstliche» Störungen des allgemeinen wirtschaftlichen Gleichgewichts: Friedrich August Hayeks monetäre

Überinvestitionstheorie in «Preise und Produktion». Vademecum zu «Preise und Produktion», Düsseldorf.
Lavoie, D. 1985. Rivalry and Central Planning. The Socialist Calculation Debate Reconsidered, Cambridge.
Machlup, F. 1977. Würdigung der Werke von Friedrich A. von Hayek, Tübingen.
Makowski, L., und Ostroy, J.M. 2001. Perfect Competition and the Creativity of the Market, in: Journal of Economic Literature, Bd. 39, S. 479–535.
Marglin, S.A. 2008. The Dismal Science. How Thinking Like an Economist Undermines Community, Cambridge, Mass.
McCormick, B.J. 1992. Hayek and the Keynesian Avalanche, Hemel Hempstead.
Minogue, K. 2002. Hayek's Prophetic Scepticism, in: The New Criterion, Bd. 20, no. 9, S. 26–33.
Mises, L. 1922. Die Gemeinwirtschaft. Untersuchungen über den Sozialismus, Jena.
O'Brien, D. 1994. Friedrich August von Hayek, 1899–1992, in: Proceedings of the British Academy, Bd. 84, S. 347–366.
O'Hear, A. 1997. Beyond Evolution. Human Nature and the Limits of Evolutionary Explanation, Oxford.
O'Neill, J. 1998. The Market. Ethics, Knowledge and Politics, London.
Ormerod, P. 2005. The Hayekian Future of Economic Methodology, in: Towards a Liberal Utopia, hrsg. von P. Booth, London.
Pleasants, N. 1997. The Epistemological Argument Against Socialism: A Wittgensteinian Critique of Hayek and Giddens, in: Inquiry, Bd. 40, S. 23–46.
Posner, R.A. 2005. Hayek, Law, and Cognition, in: NYU Journal of Law and Liberty, Bd. 1, S. 147–165.
Roemer, J.E. 2004. A Future for Socialism, London.
Skarbek, D.B. 2009. F.A. Hayek's Influence on Nobel Prize Winners, in: Review of Austrian Economics, Bd. 22 (im Erscheinen).
Smith, V.L. 2008. Rationality in Economics: Constructivist and Ecological Forms, Cambridge.
Stiglitz, J.E. 1994. Whither Socialism? Cambridge, Mass.
Stiglitz, J. 2000. The Contributions of the Economics of Information to Twentieth Century Economics, in: Quarterly Journal of Economics, Bd. 115, S. 1441–1478.
Streissler, E. 2000. Internationale Finanzmärkte aus einer von Hayek inspirierten Sicht, in: ORDO, Bd. 51, S. 75–96.
Streissler, E., und Streissler, M. 1993. Friedrich August von Hayek, Sankt Augustin.
Sunstein, C.R. 2006. Infotopia. How Many Minds Produce Knowledge, Oxford.
Temkin, G. 1989. On Economic Reforms in Socialist Countries: The Debate on Economic Calculation Under Socialism Revisited, in: Communist Economies, Bd. 1, S. 31–59.
Thomsen, E.F. 1992. Prices and Knowledge. A Market-Process Perspective, London.
Vanberg, V. 1994. Cultural Evolution, Collective Learning, and Constitutional

Design, in: Economic Thought and Political Theory, hrsg. von D. Reisman, Boston.
Vriend, N.J. 2002. Was Hayek an Ace? in: Southern Economic Journal, Bd. 68, S. 811–840.
Weizsäcker, C.C. von 2005. Hayek und Keynes. Eine Synthese, in: ORDO, Bd. 56, S. 95–111.
Witt, U. 1995. Spontane Ordnung und das Konjunkturphänomen, in: Ökonomischer Individualismus und freiheitliche Verfassung, hrsg. von H.-H. Francke, Freiburg.
Witt, U. 2008. Observational Learning, Group Selection, and Societal Evolution, in: Journal of Institutional Economics, Bd. 4, S. 1–24.

Manfred J. Holler

John von Neumann und Oskar Morgenstern
(1903–1957, 1902–1977)

I. Vorbemerkung

Im Zentrum dieses Beitrags steht nicht ein Mensch, sondern ein Buch, das zu einem Klassiker der Ökonomik wurde: John von Neumanns und Oskar Morgensterns *Theory of Games and Economic Behavior* (1944, kurz TGEB). Natürlich kann das Buch nicht ohne seine Autoren betrachtet werden, aber ihr Leben und Wirken sind hier nur in soweit interessant, als sie in Verbindung zu dem Buch stehen, mit dem die Spieltheorie 1944 die Arena der Wirtschafts- und Sozialwissenschaften betrat. In kürzester Zeit nach Veröffentlichung der TGEB erschien eine Reihe von euphorischen Buchbesprechungen, die sich meist durch erheblichen Umfang und die Prominenz ihrer Autoren auszeichneten. In seiner Einführung zur *Commemorative Edition* von 2004 zählt Harald Kuhn (2004) u.a. Besprechungen von Herbert Simon (1945), Arthur Copeland (1945), Leonid Hurwicz (1945), Jacob Marschak (1946) und Richard Stone (1948) auf. Um so erstaunlicher ist es, daß das Buch zwar berühmt, aber nicht bestimmend für die Weiterentwicklung der Spieltheorie wurde, wie auch Kuhn in seiner Einführung deutlich macht (vgl. auch Rives, 1975; Güth und Kliemt, 2001). Lag dies daran, daß sich von Neumann nach Erscheinen des Buches nicht mehr mit Spieltheorie befaßte und sich Morgenstern (wieder) verstärkt ökonomischen Fragestellungen zuwandte? Oder lag es daran, daß ihr Buch eine Spieltheorie vorstellte, die weder zur Anwendung, noch zur theoretischen Weiterführung anregte? Lag es an der Persönlichkeit der Autoren?

Der sechsjährige Janos Neumann konnte bereits eine achtstellige Zahl durch eine achtstellige Zahl teilen, und zwar im Kopf. Der kleine Janos konnte auch Seiten des Budapester Telefonbuchs in wenigen Minuten auswendig lernen. Der erwachsene John trug Entscheidendes zur Axiomatik der Mengentheorie bei, aber auch zur Mathematik der Quantentheorie. Er arbeitete erfolgreich auf dem Gebiet der Funktionalanalyse, formulierte ein Modell des (wirtschaftlichen) allgemeinen Gleichgewichts, schuf die Grundlagen elektronischer Datenverarbeitung (siehe «von Neumann architecture») und entwarf das Konzept selbstreproduzierbarer Automaten.

Als Mitglied des US-amerikanischen *Target Commitee* plädierte John von Neumann für den Abwurf der Atombombe, und zwar auf Kyoto anstatt auf Hiroshima und Nagasaki. Er setzte sich auch für einen Atomschlag gegen die Sowjetunion ein, um zu verhindern, daß diese eine Atombombe entwickelt. Mit Oskar Morgenstern formulierte er die Grundlagen der Spieltheorie. Strategisches Denken im Sinne der Spieltheorie, das Hineindenken in den anderen, aber war ihm jedoch fremd, wie viele Episoden aus seinem Leben nahelegen. Er konnte den anderen als Feind sehen, und die Situation als Nullsummenspiel[1] verstehen, oder alternativ als Mitstreiter (und Koalitionspartner), der sich durch unbedingte Treue auszeichnet. Genies haben oft keinen starken Anreiz, sich mit ihrer Umwelt auseinanderzusetzen und zu arrangieren; das Genie besteht gerade darin, daß es allein bestimmt, womit es sich befaßt und wie es damit umgeht. Koordinationsprobleme scheinen deshalb für Genies nicht zu existieren. Für von Neumann war die Spieltheorie ein Instrument, Konflikte abzubilden und zu analysieren.

Oskar Morgenstern war in diesem Sinne kein Genie. In seinen jungen Jahren befaßte er sich als Mitarbeiter und Leiter des Wiener Konjunkturforschungsinstituts vor allem mit wirtschaftspolitischen Fragen. Aus seinem Aufsatz von 1935 (Morgenstern, 1935) spricht eine gewisse Irritation über die Komplexität, die aus der Interaktion unabhängiger Akteure resultiert. Aufgrund dieser Komplexität schien er an der Sinnhaftigkeit von Erwartungsbildung und Gleichgewicht zu zweifeln. Dies manifestiert sich insbesondere in seiner Diskussion der Beziehung vollkommener Voraussicht zum Gleichgewicht und der Implikation, daß die Akteure dazu die ökonomische Theorie bereits kennen müßten, die es auf dieser Basis zu formulieren gelte. Wie an einen Strohhalm klammerte er sich deshalb an die Ergebnisse der TGEB, insbesondere an das Konzept der Lösung. Von diesem Konzept hoffte er, daß es etwas Ordnung in die Betrachtung von Entscheidungssituationen bringt, die durch mehr

1 In Nullsummenspiele ist der Gewinn des einen Spielers gleich dem Verlust des anderen Spielers. Dieses Spiel eignet sich zur Modellierung von Zwei-Personen-Gesellschaftsspiele, falls beide Spieler gewinnen wollen. Schach ist das klassische Beispiel.

als zwei Akteure und damit durch das Koalitionsproblem charakterisiert sind. Er erwartete, daß für jedes Spiel mit mehr als zwei Personen eine derartige Lösung existiert.

In seiner Ansprache auf dem gemeinsamen spieltheoretischen Symposium der Econometric Society, der American Mathematical Society, der Mathematical Association of America und des Institute of Mathematical Statistics bezeichnete Morgenstern den Nachweis der Existenz der Lösung für beliebige Mehrpersonenspiele als Hauptproblem der Spieltheorie (Morgenstern, 1949). Entsprechend enttäuscht war er,[2] als William Lucas (1968, 1969) ein 10-Personenspiel vorstellte, das keine von Neumann-Morgensternsche Lösung (VNM-Lösung) hatte. Und die Enttäuschung war gerechtfertigt, denn damit war nicht länger sichergestellt, daß die TGEB irgend etwas Grundsätzliches zu einem Spiel zu sagen weiß, wenn es mehr als zwei Spieler hat.

Wenn nicht anders vermerkt, zitiere ich im folgenden die TGEB nach der deutschen Übersetzung *Spieltheorie und wirtschaftliches Verhalten* von 1961. Dies scheint mir durchaus gerechtfertigt, denn zum einen diskutierten die Autoren deren Inhalt in deutscher Sprache und deutliche Spuren davon finden sich auch in der englischsprachigen Ausgabe, und zum anderen hat Oskar Morgenstern nach eigenem Bekunden «die Übersetzung genauestens durchgesehen und versucht, verschiedene terminologische Schwierigkeiten aufklären zu helfen» (S. VIII).

2. Oskar Morgenstern

Oskar Morgenstern wurde 1902 in Görlitz geboren. Seine Mutter war eine «natürliche Tochter» des preußischen Kronprinzen Friedrich Wilhelm, der 1888 als König von Preußen und deutscher Kaiser nur 99 Tage lang regierte.[3] Sein Vater war ein «praktizierender Jude». Er zog mit seinen Eltern und einer jüngeren Schwester 1916

[2] Ich erhielt diesen Hinweis von Guillermo Owen, der 1957 nach Princeton kam und Oskar Morgenstern persönlich erlebte. Zum «Spiel ohne Lösung» siehe auch Owen (1995, S. 253–258).

[3] Dieses Gerücht wird von Gerhard Schwödiauer bestätigt (2001, S. 65), der Oskar Morgenstern sehr nahe stand und auch gemeinsam mit ihm publizierte. Der nachfolgende Kurzlebenslauf orientiert sich stark an Schwödiauer (2001).

nach Wien, ging aufs Gymnasium und schrieb sich 1922 für Staatswissenschaften an der Universität Wien ein. Sein Lehrer Hans Mayer empfahl ihm das Studium von Cassels *Theoretische Sozialökonomie* (Cassel, 1918), was prägend für Morgensterns Auseinandersetzung mit dem gesamtwirtschaftlichen Gleichgewicht werden sollte und auch seine Dissertation mitbestimmte. 1925, unmittelbar nach Abschluß seiner Promotion, erhielt er ein dreijähriges Rockefeller-Stipendium, das ihm nicht nur einen Aufenthalt in Harvard, sondern auch einen Besuch bei Edgeworth in Oxford ermöglichte, mit dessen *Mathematical Psychics* (Edgeworth, 1881) er sich auseinandersetzte. Edgeworth' Kontraktkurve war später ein Ausgangspunkt in der Zusammenarbeit mit von Neumann.

In Harvard arbeitete Morgenstern an Problemen der Wirtschaftsprognose, ein Thema, das Kern seiner Habilitation wurde. 1928, nach seiner Habilitation, akzeptierte er eine Stelle am Wiener Konjunkturforschungsinstitut, die ihm Friedrich August von Hayek als dessen Leiter angeboten hatte. 1931, als Hayek an die London School of Economics berufen wurde, wurde er dessen Nachfolger.

Wie schon in seiner Habilitationsschrift beschäftigte er sich weiterhin mit Grundproblemen der Prognose. Diese Arbeit kulminierte in dem Aufsatz «Vollkommene Voraussicht und wirtschaftliches Gleichgewicht» (1935). Das Grundproblem der Prognose sieht Morgenstern darin, daß die Wirtschaftssubjekte auf das Verhalten anderer reagieren, wobei aber auch deren Verhalten vom Verhalten anderer bestimmt wird. Um dieses Verhalten zu prognostizieren, müßten die Wirtschaftssubjekte bereits über jene Theorie verfügen, die aber der Wirtschaftswissenschaftler unter der Voraussetzung des skizzierten Entscheidungszusammenhangs erst noch formulieren mußte. 1935 sieht Morgenstern noch keine Lösung für dieses Problem, das sich aus der wechselseitigen Abhängigkeit der Entscheidungen der Wirtschaftssubjekte ergibt. Er folgert: «Unbeschränkte Voraussicht und wirtschaftliches Gleichgewicht sind … miteinander unverträglich» (Morgenstern, 1935, S. 344). Ferner konstatiert er zwei Seiten weiter: «Die Notwendigkeit, daß jedes Individuum bei völliger Voraussicht alle wirtschaftlichen Zusammenhänge überschauen, also die theoretische Ökonomie beherrschen muß, führt zu einer wissenschaftslogisch merkwürdigen Tatsache» (S. 346f.). Man kann hier schon ahnen, welch einen tiefen

Eindruck die Begegnung mit der Spieltheorie auf Morgenstern machen wird. Wesentlichen Fragestellungen der Spieltheorie ist hier schon vorgegriffen, so dem Problem der Rationalität bei interaktiven Entscheidungen; sie setzt «voraus, daß sich die Wirtschaftssubjekte über Beziehungen und Abhängigkeiten im klaren sind, daß sie daher Zusammenhänge bis zu einem gewissem Grade auch wirklich durchschauen» (S. 348). Anzumerken ist, daß Morgenstern allem Anschein nach die bereits vorhandenen spieltheoretischen Arbeiten, insbesondere von Neumanns Aufsatz von 1928, nicht kannte.

Als es im März 1938 zum «Anschluß» Österreichs an Nazideutschland kam, befand sich Morgenstern auf einer dreimonatigen Vortragsreise in den USA. Er wurde sofort als «politisch untragbar» eingestuft und in Abwesendheit als Leiter des Wiener Instituts für Konjunkturforschung abgesetzt. Morgenstern entschied sich, nicht nach Österreich zurückzukehren und statt dessen eine von der Carnegie-Stiftung getragene befristete Stelle an der Princeton University anzunehmen. Dort traf er John von Neumann.

Es wird vielfach angemerkt, daß Morgenstern auch nach der Arbeit und Publikation der TGEB in dem von Physikern und Mathematikern bestimmten Umfeld weitgehend isoliert blieb. Andererseits arbeitete und publizierte er mit Clive Granger, der 2003 mit dem Nobelpreis ausgezeichnet wurde, über die Vorhersehbarkeit von Aktienkursen. Aber es war wohl auch folgerichtig, daß er sich nach dem Zweiten Weltkrieg an der Gründung des Instituts für Höhere Studien in Wien beteiligte und 1966/67 auch dessen Direktor war. 1970 wurde er in Princeton emeritiert. Er ging als Professor an die New York University, gründete dort das «Center for Applied Economics» und leitete dieses Institut bis zu seinem Tod im Jahr 1977.

Morgenstern war mit John von Neumann bis zu dessen frühem Tod im Jahr 1957 freundschaftlich verbunden. Er verfaßte auch eine kurze Biographie über von Neumann.[4] Diese und die Beiträge von Ádám (1983), Bochner (1958), Schwödiauer (2001) und Smithies (1959) sind Grundlagen des folgenden Abschnitts.

[4] Abgedruckt in Morgenstern (1963, S. 193–200).

3. John von Neumann

John von Neumann wurde 1903 als ältester von drei Söhnen eines wohlhabenden ungarisch-jüdischen Juristen und Bankiers in Budapest als Neumann János Lajos geboren.[5] Er zeigte schon früh ein ungewöhnliches Talent für Mathematik. Morgenstern führt an, daß John von Neumann mit zwölf Jahren Borels «Théorie des Fonctions» beherrschte. Bereits 1922 publizierte er seine erste mathematische Arbeit, die er zusammen mit Mihály Fekete verfaßte, einer jener Mathematiklehrer, die ihm halfen, früh sein Talent zu entfalten. Als er sich 1921 an der Universität von Budapest für das Studium der Mathematik einschrieb, war er bereits soweit fortgeschrittenen, daß er keine Lehrveranstaltungen besuchen mußte. Deshalb konnte er in den folgenden Jahren in Berlin und Zürich Chemie studieren und im Jahr 1925 (oder 1926, die Angaben schwanken) mit dem Diplom abschließen. Ein Jahr später promovierte er in Budapest mit einer Arbeit zur Mengenlehre. Am 7. Dezember 1926 stellte er in Göttingen, wo er sich 1926/27 als Stipendiat der Rockefeller Foundation aufhielt, den ersten Entwurf des Minimaxtheorems vor. 1927 habilitierte er sich in Berlin. 1929–1930 wirkte er als Privatdozent an der Universität Hamburg.

Im Jahr 1930 wurde ihm von der Princeton University eine Professur für mathematische Physik angeboten, die er auch akzeptierte. Die Position sollte aber im halbjährigen Rhythmus zwischen ihm und dem späteren Nobelpreisträger Eugene Paul Wigner wahrgenommen werden, einem Physiker und Schulfreund von Neumanns aus Budapest. So lehrte von Neumann bis 1933 jeweils ein halbes Jahr in Princeton und Berlin.

Als 1933 das Institute for Advanced Study in Princeton gegründet wurde, wurde er dort zum Professor für Mathematik berufen. Albert Einstein und später Kurt Gödel wurden seine Kollegen. Ab 1943 arbeitete er am Manhattan-Projekt mit, das die Entwicklung der Atombombe in Los Alamos betreute. Ende 1954 wurde er zum Mitglied der United States Atomic Energy Commission ernannt. 1956 erhielt er die «Medal of Freedom», «die höchste Auszeichnung,

[5] Sein Vater Max Neumann erwarb 1913 den ungarischen Adelstitel Margittai, verwandte ihn aber selbst nicht. Aus Neumann János Lajos aber wurde das deutsch-österreichische Äquivalent Johann von Neumann.

die der amerikanische Präsident verleihen kann» (Schwödiauer, 2001, S. 65). 1957 starb von Neumann an Knochenkrebs. Dieser war möglicherweise eine Spätfolge der Strahlung, der sich von Neumann bei den Atomtests in Los Alamos ausgesetzt hatte. Sein nahezu leidenschaftliches Interesse an der Atombombe, und später auch der Wasserstoffbombe, illustriert seine politische Einstellung und sein entsprechendes Engagement.

Als Mathematiker war er äußerst vielfältig und kreativ, und zwar sowohl in bezug auf fundamentale Fragen der reinen Mathematik, wie sie sich z. B. aus dem Hilbert Programm ergaben, als auch in bezug auf Anwendungen. In die zweite Kategorie fallen seine Beiträge zur Entwicklung des Computers. 1944/45 entwarf er «die grundlegenden Methoden der Übersetzung mathematischer Prozeduren in die Maschinensprache des Computers» (Schwödiauer, 2001, S. 64). Er formulierte aber auch eine Axiomatik der Mengentheorie und die «Mathematischen Grundlagen der Quantenmechanik».[6] Aber er befaßte sich auch mit «ökonomischen Gleichungen» und Fragen des allgemeinen Gleichgewichts und des Wachstums. 1937 wurde das Manuskript eines Vortrags, den er 1936 in Wien hielt, als «Über ein ökonomisches Gleichungssystem und eine Verallgemeinerung des Brouwerschen Fixpunktsatzes» veröffentlicht. Die Bedeutung dieses Textes, der das sogenannte von Neumannsche Wachstumsmodell enthält, hat sich allerdings den Ökonomen erst in den 60er Jahren erschlossen. Als eine der größten Leistungen von Neumanns aber sah Morgenstern die Entwicklung der Spieltheorie an,[7] vielleicht, weil er selbst dabei mitwirkte, vielleicht aber auch, weil sie die Beantwortung von Fragen ermöglichte, die ihn über Jahrzehnte plagten. In diesem Zusammenhang ist es natürlich interessant zu sehen, wie Morgenstern seinen Koautor beurteilte: «Sein Geist war so einzigartig, daß sich viele fragten – und auch sie waren hervorragende Wissenschaftler – ob er nicht eine neue Phase der Entwicklung des menschlichen Geistes darstellte ... Sein Gedächtnis ließ ihn nie im

6 Das ist der Titel seines Buchs, das 1932 im Springer-Verlag (Berlin) erschien.

7 «Die Entwicklung der Spieltheorie muß als eine der größten Leistungen von Neumanns betrachtet werden und als solche wurde sie auch von vielen zeitgenössischen Mathematikern verkündet» (Morgenstern, 1963, S. 198). John von Neumann selbst bezeichnete seine Arbeiten zur Quantenmechanik «sowie jene zur Ergodentheorie als seine wichtigsten Beiträge» (Schwödiauer, 2001, S. 59).

Stich; er hatte nicht nur den fabelhaften Reichtum seiner wissenschaftlichen Kenntnis sofort bereit, sondern auch die Früchte seines allgemeinen Literaturstudiums waren jederzeit zur Hand, ob es sich um die Einzelheiten der Verhandlungen im Prozeß Johanna von Orleans handelte, den verzweigten Stammbaum der byzantinischen Kaiser oder die Schlachtenbeschreibungen von Thucydides» (Morgenstern, 1963, S. 200). Weniger euphorisch sieht Smithies (1959, S. 383) von Neumanns Persönlichkeit und Denkkapazität: «... he sometimes began from fixed premisses, which he carried to their logical conclusions; the tentative and shifting employment of several sets of doubtful hypotheses, balanced against one another in an almost intuitive fashion, was foreign to his nature. Thus he conceived of war as being invariably total.»

4. Das Nullsummenspiel und die Lösung

Wurde die TGEB von zwei Autoren verfaßt, von denen sich der eine – als Genie – nur sehr beschränkt in andere «Mitspieler» versetzen konnte und der andere gerade vor der Komplexität zurückschreckte, die sich daraus ergibt, daß sich Entscheidungsträger in andere hineindenken und dies auch von den anderen erwarten? Was zunächst als Provokation erscheint, gewinnt an Plausibilität, wenn man sich die zentrale Stellung des Nullsummenspiels in der TGEB verdeutlicht. Diese Stellung manifestiert sich nicht nur im Zwei-Personen-Nullsummenspiel, sondern auch in der Form des «fiktiven Spielers» für Spiele mit variabler Auszahlungssumme und in der Modellierung von Koalitionsspielen. Die Autoren der TGEB erkannten zwar, daß die Interessen der Entscheider nicht immer strikt gegensätzlich sind und das Entscheidungsproblem deshalb möglicherweise einem Maximierungsproblem nahe kommt, nämlich der Maximierung des gemeinsamen Nutzens. Eine allgemeine Theorie, so führten sie aus, «muß alle diese Möglichkeiten, Zwischenstufen und alle ihre Kombinationen einschließen» (S. 11). Diese Möglichkeiten werden aber erst im elften von zwölf Kapiteln aufgegriffen.

Das Minimaxtheorem. Eines der zentralen Ergebnisse der TGEB ist das das Minimaxtheorem. Es besagt, daß in einem Zwei-Personen-Nullsummenspiel ein Strategienpaar (s_1^*, s_2^*) existiert, so daß

s_1^*, die Strategie des Spielers 1, dem Maximum der Minima der Auszahlungen bzw. Nutzen entspricht, die seinen Strategien zugeordnet sind, und s_2^*, die Strategie des Spielers 2, dem Minimum der Maxima der Auszahlungen des Spielers 1 zugeordnet ist. Das Nullsummenspiel beinhaltet, daß sich die Auszahlungen der Spieler 1 und 2 für jedes Strategienpaar zu 0 (Null) ergänzen, deshalb kann der Nutzen des Spielers 2 durch den negativen Wert des Nutzens des Spielers 1 ausgedrückt werden, und in einer Spielmatrix genügt es, die Werte eines der beiden Spieler aufzuführen. Sind dies die Werte des Spielers 1, so ist unmittelbar einsichtig, daß dieser bestrebt ist, diesen Wert zu maximieren, während Spieler 2 diese Werte (seine «Verluste») minimieren möchte. Indem Spieler 1 seine Strategie s_1 so wählt, daß sie Minima maximiert, *sichert* er sich einen bestimmten Nutzen u_1^*. Den Minimalwert einer Strategie kann Spieler 1 immer (mindestens) erreichen, unabhängig davon, welche Strategie der andere Spieler wählt. Das gilt auch für den Maximinwert u_1^*, der die Strategie bestimmt, deren minimaler Auszahlungswert, verglichen mit den Minimalwerten der anderen Strategien, maximal ist. Aufgrund der entsprechenden Überlegung kann Spieler 2 sicherstellen, daß er nicht schlechter gestellt wird, als die Auszahlung $u_2^* = -u_1^*$ ausdrückt.

Das Strategienpaar (s_1^*, s_2^*) beschreibt den Sattelpunkt des Spiels, und das Nutzenpaar (u_1^*, u_2^*) stellt die *Werte* des Spiels für die beiden Spieler dar. Von Neumann und Morgenstern haben bewiesen, daß für jedes Zwei-Personen-Nullsummenspiel ein Sattelpunkt existiert und die Werte u_1^* und u_2^* eindeutig bestimmt sind.

Gemischte Strategien. Allerdings sind die entsprechenden Strategien unter Umständen gemischt; dann impliziert s_i^*, daß Spieler *i* (1 oder 2) keine seiner reinen Strategien mit einer Wahrscheinlichkeit 1 spielt. Verfügt der Spieler *i* beispielsweise über die beiden reinen Strategien «links» und «rechts», dann wählt er die gemischte Strategie (½, ½), wenn er festlegt, daß er zwischen «links» und «rechts» mit einem Münzwurf entscheidet. Er wählt die gemischte Strategie (⅔, ⅓), wenn er bestimmt, daß ein «echter» Würfel darüber entscheidet, daß bei den Zahlen 1 mit 4 «links» und 5 und 6 «rechts» realisiert wird.

Aufgrund der kollidierenden Interessen, die ein Nullsummenspiel abbildet, besteht ein Bedürfnis nach Geheimhaltung, wenn für reine Strategien der Maximin- und Minimaxwert divergieren. Dem wird durch die Wahl gemischter Strategien entsprochen (Morgenstern, 1949).

Mehr als zwei Spieler. Bei der Erweiterung des Nullsummenspiels auf drei Spieler ergibt sich die Möglichkeit der Koalitionsbildung, denn es ist nicht mehr zwingend, daß $u_i = -u_j$ für die Spieler i und j ist. Von Neumann und Morgenstern untersuchen das Koalitionsproblem für Dreipersonen-Nullsummenspiele anhand eines «einfachen Mehrheitsspiels für drei Personen» und extrahieren die *Lösung* $V = \{(-1, ½, ½), (½, -1, ½), (½, ½, -1)\}$.[8] Die Elemente von V sind Imputationen (bzw. «Verteilungen» oder «Zurechnungen»); sie sind also effizient und individuell rational. Die Menge V ist dadurch bestimmt, daß (a) keine Imputation in V durch eine andere Imputation in V dominiert wird und (b) jeder Vektor, der nicht V ist, von einem Element in V dominiert wird (TGEB, S. 270f.).[9] V ist eine VNM-Lösung des betrachteten Mehrheitsspiels.

Die Bedingungen (a) und (b) sichern interne und externe Stabilität.[10] Die VNM-Lösung V zeichnet sich also durch einen gewissen Grad an Stabilität aus: sie beruht auf der Idee der Stabilität und nicht auf dem Prinzip der Eindeutigkeit. V ist nämlich nicht die einzige Menge von Vektoren, die die Bedingungen (a) und (b) für das Mehrheitsspiel erfüllen. Wie von Neumann und Morgenstern zeigen, genügt jede Menge $V_{c,1} = \{(c, a, -c-a)\}$ den Bedingungen (a) und (b), falls $-1 \leq a \leq 1-c$ und $-1 \leq c < ½$ gilt. Auch $V_{c,2} = \{(a, c, -c-a)\}$ und $V_{c,3} = \{(a, -c-a, c)\}$ erfüllen dann diese Bedingungen.

Wollte man durch Anwendung der VNM-Lösung die Koalitionsbildung oder gar die Verteilung der Nutzen in dem skizzierten Mehrheitsspiel vorhersagen, so wäre einem angesichts der unendlichen Vielfalt der Möglichkeiten wenig geholfen. Die Autoren der TGEB wollten aber mit ihrer Lösung keine Vorhersagen machen,

[8] Ich wähle hier die heute gängige Schreibweise.

[9] In einem Drei-Personen-Nullsummenspiel dominiert ein Vektor x den Vektor y, wenn mindestens zwei Spieler aus x höhere Nutzen als aus y erhalten. Unterstellt ist, daß sich die Nutzen entsprechend x und y jeweils zu 0 (Null) summieren.

[10] In Anlehnung an die englischsprachige Bezeichnung «stable sets» wird die VNM-Lösung auch als «stabile Menge» bezeichnet (vgl. Holler und Illing, 2009, S. 278ff.).

sondern Verhaltensstandards erfaßbar machen (vgl. S. 31 ff. und 298 ff.). Die Wirkung des Beweises von William Lucas (1968, 1969), daß die VNM-Lösung nicht für jedes Spiel existiert (was bei der soeben gezeigten Vielfalt doch überrascht), wäre wohl noch gravierender gewesen, wenn dieses Konzept von zentraler Bedeutung für die Spieltheorie geworden wäre. Aber das ist nicht der Fall.

Die charakteristische Funktion. Im Zuge der Begründung ihrer Lösung führten von Neumann und Morgenstern aber ein Instrument ein, das sehr wohl für die heutige Spieltheorie von Bedeutung ist: die charakteristische Funktion $v(S)$. Sie ordnet jeder möglichen Koalition von Spielern S einen Wert zu. Hierbei wird unterstellt, daß sich die Menge der Spieler in S und $N \backslash S$ aufspaltet und die Koalitionen S und $N \backslash S$ ein fiktives Zwei-Personen-Nullsummenspiel spielen (vgl. TGEB, S. 245), für welches das Minimaxtheorem gilt und dessen Wert deshalb eindeutig bestimmt ist. Also gibt $v(S)$ wieder, welchen Wert sich die Koalition S gegen den größtmöglichen Widerstand aller anderen Spieler sichern kann. Einerseits möchte man einwenden, daß man einen derartigen Widerstand nur in Ausnahmefällen erwarten muß und er in vielen Fällen irrationales bzw. ungleichgewichtiges Verhalten voraussetzt. Andererseits aber wird dadurch der Wert einer Koalition *eindeutig* festgelegt. Allerdings ist damit nicht gesagt, was dieser Wert ist. Es widerspricht dem methodologischen Individualismus, den die Spieltheorie mit Nachdruck systematisiert und ausarbeitet, diesen Wert mit dem Nutzen der Koalition gleichzusetzen, obwohl diese Gleichsetzung durch den Bezug zu einem fiktiven Zwei-Personen-Nullsummenspiel suggeriert wird.[11] Außerdem könnte man argumentieren, daß die Bildung von Koalitionen, deren Mitglieder feste Bindungen eingehen, der grundsätzlich am Konflikt orientierten Betrachtung der TGEB widerspricht.

Allgemeine Nicht-Nullsummenspiele. Von Neumann und Morgenstern versuchten das Nullsummen-Konzept und damit das Anwendungspotential des Minimaxtheorems auch auf «allgemeine

[11] Holler und Widgrén (1999) identifizieren $v(S)$ mit der Macht der Koalition S. Sofern die Nutzen transferierbar sind (was der Nullsummenhypothese entspricht) beschreibt $v(S)$, welche Nutzensumme die Mitglieder von S aufgrund der Macht von S erhalten können.

Nicht-Nullsummenspiele» (S. 523 ff.) zu übertragen. Der Hebel ist die Einführung «eines – fiktiven – (n+1)–Spielers, von dem angenommen wird, daß er den Betrag verliert, den die Gesamtheit der anderen n wirklichen Spieler gewinnt und v i c e v e r s a» (S. 525). Damit addieren sich die Nutzen der Spieler wieder auf Null, aber der fiktive Spieler soll «keinen direkten Einfluß auf den Verlauf des Spieles haben» (S. 525). «Eine Beteiligung des fiktiven Spielers an einer Koalition – die wahrscheinlich Kompensationszahlungen zwischen den Teilnehmern nach sich ziehen würde – widerspräche völlig dem Geiste, in dem er eingeführt wurde. ... Der fiktive Spieler ist überhaupt kein Spieler, sondern nur ein formales Hilfsmittel für einen formalen Zweck Solange er am Spiel weder in irgendeiner direkten noch irgendeiner indirekten Form teilnimmt, ist das zulässig» (S. 526). Der fiktive Spieler verfügt über keine Handlungsmöglichkeiten, um den Verlauf des Spiels zu beeinflussen, und er ist kein gewünschter Partner für eine Koalition.

Nach eigenem Bekunden verlassen die Autoren mit Einführung des fiktiven Spielers den Boden der «rein mathematischen Analyse», die bisher ihr Vorgehen bestimmte. Anderseits erlaubt gerade die Einführung des fiktiven Spielers die Ergebnisse des Nullsummenspiels für die Nicht-Nullsummenspiele auszubeuten. Aber mit dem Siegeszug des Nash-Gleichgewichts (Nash, 1951) wurde dieses Konstrukt obsolet.

5. Wirkung und Würdigung

Da hier ein Werk und nicht eine Person im Mittelpunkt steht, liegt es nahe, nicht nur die Wirkung zu konstatieren, sondern die Betrachtung mit einer Würdigung abzuschließen. Natürlich ist diese nicht unabhängig von der Wirkung des Werks, aber sie wird auch von der Entwicklung beeinflußt, die der behandelte Gegenstand selbst genommen hat.

Eine der auch heute noch anerkannten Leistungen der TGEB ist die Axiomatisierung des Erwartungsnutzens. Sie schuf ein solides Fundament für den Umgang mit gemischten Strategien und natürlich auch für die Verarbeitung der Zufallszüge der Natur. Auch wenn diese Theorie zum Teil heftig kritisiert wurde und der spätere Nobelpreisträger Maurice Allais aus Plausibilitätsüberlegungen gegen die «postulats et axiomes de l'école américaine» vehement

Stellung bezog, so ist sie doch ein wesentlicher Baustein der heutigen Spieltheorie, aber auch der modernen Mikroökonomik. Zudem führte gerade diese Kritik zu sehr interessanten alternativen Nutzentheorien[12] und zu einer Fülle von empirischen Arbeiten. Es ist wohl nicht zu weit gegriffen, wenn man die Auseinandersetzung mit der von-Neumann-Morgensternschen Nutzentheorie als Ausgangspunkt der experimentellen Ökonomik sieht, die das Erscheinungsbild der Wirtschaftsforschung heute prägt.

Die Autoren der TGEB unterstellen eine sehr beschränkte Version ihrer Nutzentheorie. Sie gehen davon aus, daß alle Entscheider ausnahmslos an einem einheitlichen «Geldgut» interessiert sind, man könnte auch sagen, nur an Geld. Diese Annahme wurde zur Vereinfachung gemacht, um Probleme der Nutzenmessung und der Quantifizierung von Präferenzen zu vermeiden (S. 8), aber sie engt das Gesichtsfeld für die zu entwickelnde Theorie erheblich ein. Problematisch ist, daß nicht immer gesehen wurde, wie eingeschränkt die Reichweite der in der TGEB dargestellten Theorie ist, und daß das Denken in Konflikten, das die TGEB sowohl inhaltlich als auch technisch charakterisiert, auch durch diese Einschränkung präjudiziert wird. Selbst wenn die Autoren anführen, daß das Gebiet, «das dieses Buch behandelt,» sehr begrenzt ist (1961, S. 7), so wird die TGEB doch auch von ihnen als großer Fortschritt in der Analyse wirtschaftlicher Interaktion gefeiert.

Es ist schwer abzuschätzen, wie sich die Spieltheorie ohne die TGEB entwickelt hätte, aber gerade daran wäre ihre Wirkung zu messen. Das liegt zum einen daran, daß die moderne Spieltheorie nur sehr beschränkt auf die Nullsummenannahme der TGEB rekurriert und das Koordinationsproblem unabhängiger Entscheider vielfach mit einem ebenso großen oder sogar größeren Interesse untersucht wird wie der Konfliktfall.[13] Das entspricht dem Trend in der ökonomischen Theoriebildung! Zum anderen sind viele und vielleicht die wichtigsten Instrumente, die Gegenstand der TGEB sind, bereits in von Neumanns Aufsatz *Zur Theorie der Gesellschaftsspiele* (1928, kurz TGS) enthalten. Die TGEB hat gewissermaßen die Zeit nur abgekürzt, die nötig war, diese Quelle zu entdek-

[12] Hier wäre wohl in erster Linie die «Prospect Theory» von Kahneman und Tversky (1979) zu nennen.

[13] Das Koordinationsproblem ist *explizit* in Robert Aumann's «correlated equilibrium» modelliert (Aumann, 1987b).

ken. Kuhn (2004) mutmaßt sogar, daß diese Quelle ohne die TGEB möglicherweise nie entdeckt worden wäre. Wie schon erwähnt: Offensichtlich kannte Morgenstern diesen Aufsatz nicht, als er seinen Aufsatz *Vollkommene Voraussicht und wirtschaftliches Gleichgewicht* (1935) verfaßte.

In TGS gibt von Neumann zunächst eine vollständige allgemeine Beschreibung eines Spiels anhand der Spielregeln. Dabei definiert er den zentralen Begriff der Strategie, hier allerdings als «Spielmethode» bezeichnet. Sie ist ein Verhaltensplan und unterstellt, «daß der Spieler von vornhinein weiß, wie er in einer ganz genau umschriebenen Situation handeln wird; daß er mit einer fertigen Theorie ins Spiel geht» (von Neumann, 1928, S. 299). Es liegt «im Wesen des Begriffs der ‹Spielmethode›, daß alles, was ein Spieler über die Handlung seiner Mitspieler und den Ausfall von ‹Ziehungen› erfahren oder folgern kann, bereits innerhalb der ‹Spielmethode› Berücksichtigung findet. Folglich muß die Wahl der Spielmethode selbst bei jedem Spieler in absoluter Unkenntnis der Wahlen der übrigen Spieler und der Resultate der ‹Zielsetzungen› erfolgen» (von Neumann, 1928, S. 300). Diese Annahme erlaubt, die Abfolge von Entscheidungen (Zügen) und Zufallszügen («Ziehungen») in Strategien zu formulieren, und trotz der Dynamik des Spiels die Entscheidungssituation jeder Ausgangssituation in einer Spielmatrix darzustellen. Allerdings können dadurch Informationen, die sich im Verlauf des Spieles einstellen, nicht verarbeitet werden.

In von Neumanns TGS-Aufsatz findet sich auch die Möglichkeit gemischter Strategien und die Maximierung des Erwartungswertes als Zielsetzung der Spieler. Für das Zwei-Personen-Nullsummenspiel gibt von Neumann den Beweis des Minimaxtheorems. Es wäre interessant zu wissen, ob der Beweis des Theorems, der in der TGEB geboten wurde, einen Fortschritt darstellt. Für die Entwicklung der Spieltheorie ist dies aber irrelevant. Für das Nullsummenspiel mit drei Spielern gibt von Neumann bereits Bedingungen an, die der Nutzenvektor erfüllen muß, damit er als Lösung des Spiels gelten kann.

Aber von Neumann formuliert in diesem Aufsatz nicht die Bedingungen für eine VNM-Lösung. Das kann daran liegen, daß er das Problem der Koalitionsbildung erkennt und sich zur Maxime durchringt, daß keine zwei Spieler in der Lage sein dürfen, «sich durch Koalition beim Spiele einen größeren Erwartungswert verschaffen zu können, als die Summe der ihnen zugeteilten ‹Werte einer Partie›» (TGS, S. 312). Diese Bedingung läßt sich als Koalitionsrationalität interpretieren.[14] Die VNM-Lösung ist nicht koalitionsrational, aber die Elemente im Kern erfüllen diese Bedingung: Der Kern ist die Menge aller koalitionsrationalen Imputationen. Warum von Neumann und Morgenstern den Schritt zum Kern nicht vollzogen haben, obwohl von Neumann bereits 1928 die entscheidende Bedingung formulierte,[15] und sich förmlich an ihrer VNM-Lösung festgebissen haben, bleibt wohl für immer ein Geheimnis.[16]

Mit der VNM-Lösung läßt sich auch die Frage nicht beantworten, was geschieht, wenn sich in einer Marktwirtschaft die Zahl der Anbieter und Nachfrager erhöht. Für den Kern greift das Limittheorem, das besagt, daß mit der Zunahme der Marktteilnehmer der Kern schrumpft und im Idealfall nur noch jene Güterverteilung enthält, die dem Walras-Gleichgewicht entspricht. Dies ist nur ein Aspekt, der den Kern als Lösungskonzept von n-Personenspielen attraktiv erscheinen läßt. Der Kern ist ein wesentlicher Bestandteil der modernen Spieltheorie, die VNM-Lösung nicht.

Vielleicht verständlicher ist, daß von Neumann und Morgenstern nicht den Weg zum Nash-Gleichgewicht hin beschritten, setzt dieses doch voraus, daß sich die Spieler in die Mitspieler hineindenken, rationale Erwartungen im Hinblick auf die Entscheidungen der Mitspieler bilden und dabei aber auch deren rationale Erwartungen voraussetzen. Ein Nash-Gleichgewicht ist ein Strategienvektor wechselseitig bester Antworten.

So lange es sich um ein Nullsummenspiel handelt, das eine Situa-

[14] Eine Imputation x ist dann koalitionsrational, wenn es keine machbare Imputation y gibt, die x bezüglich einer Koalition S dominiert. Bei transferierbarem Nutzen besagt dies, daß für alle möglichen Koalitionen S die Summe der Nutzen, die die Spieler in S gemäß x erhalten, stets mindestens so groß sein muß wie die Summe, die die Spieler in S gemäß y erhalten. Die Menge der koalitionsrationalen Imputation eines Spiels v bildet den Kern dieses Spiels (Holler und Klose-Ullmann, 2007, S. 172 f).

[15] Er hatte 1928 auch die charakteristische Funktion eingeführt, um den Wert von Koalitionen darzustellen.

[16] Es gibt aber auch Argumente, die gegen den Kern und für die VNM-Lösung sprechen (vgl. Aumann, 1987a; Binmore, 1998, S. 40 f.), auf die hier aber nicht eingegangen werden kann. Einige dieser Argumente werden bereits in der TGEB angesprochen.

tion des reinen Konflikts wiedergibt, sind diese Annahmen kein Problem. Für Nullsummenspiele fallen Maximinlösung und Nash-Gleichgewicht zusammen, und die Analyse ist durch das Minimaxtheorem voll abgedeckt. Für Nicht-Nullsummenspiele ist die Erwartungsbildung in der Tat oft ein nicht lösbares Problem, besonders wenn es mehrere Nash-Gleichgewichte oder nur ein Nash-Gleichgewicht in gemischten Strategien gibt. Selbst die sogenannten Verfeinerungen des Nash-Gleichgewichts (Teilspielperfektheit, Trembling-Hand-Perfectness etc.) helfen dabei nicht immer weiter. Sie bestätigen oft die genuine Skepsis Morgensterns in bezug auf Erwartungsbildung in sozialen Situationen.

Dennoch hat sich in der Spieltheorie das Nash-Gleichgewicht als Ausgangspunkt jeder Diskussion eines nicht-kooperativen Spiels durchgesetzt (siehe Binmore, 1998, S. 25 f.). Aber es ist auch allgemein anerkannt, daß spieltheoretische Experimente überwiegend Ergebnisse erbringen, welche die Implikationen des Nash-Gleichgewichts und seiner Verfeinerungen nicht bestätigen.

Von Neumann und Morgenstern wäre es sicher fern gelegen, diese Ergebnisse heranzuziehen, um ihren Ansatz zu verteidigen. Dazu haben sie sich zu sehr auf die formale Analyse eingelassen. Es wird allgemein anerkannt, daß der axiomatische Ansatz, den sie propagierten, in der Nachfolge spannende Ergebnisse hervorgebracht hat. John Nashs Arbeit zum «Bargaining Problem» (1950) baut, leicht erkennbar, unmittelbar auf der von Neumann-Morgensternschen Axiomatik der Nutzentheorie auf. Nash beginnt diesen Beitrag mit eben jenen Axiomen, die nach von Neumann und Morgenstern individuell rationales Verhalten beschreiben, und verweist dabei auf die TGEB. Dann fügt er Annahmen hinzu, die ihm notwendig und plausibel erscheinen, ein «faires» und «vernünftiges» Verhandlungsergebnis zu bestimmen (siehe Holler und Illing, 2009, S. 186 ff.).

Die TGEB ist weitgehend dadurch bestimmt, was an sozialen Beziehungen formal darstellbar und entsprechend lösbar ist. Was sich dem nicht unterordnen ließ, wurde ausgeklammert. Dies ließe sich anhand von Morgensterns Schriften vor und nach der TGEB illustrieren. Die moderne Spieltheorie hat Instrumente geschaffen, die den Horizont des Formalisierbaren viel weiter hinausschob. Auch wenn sie dabei einen Weg einschlug, der sich weitgehend von der Nullsummen-Konzeption und Konfliktorientierung der TGEB lossagte, so ist doch zu vermuten, daß es heute möglicherweise keine[17] oder eine ganz andere Spieltheorie gäbe, hätten sich von Neumann und Morgenstern niemals getroffen.

Literatur

1. Werke

Morgenstern, O. 1935. Vollkommene Voraussicht und wirtschaftliches Gleichgewicht, in: Zeitschrift für Nationalökonomie, Bd. 6, S. 337–357. Wiederabdruck in: Morgenstern, O. 1963. Spieltheorie und Wirtschaftswissenschaft, Wien und München, S. 43–70.

Morgenstern, O. 1949. Economics and the theory of games, in: Kyklos, Bd. 2, S. 294–308.

Morgenstern, O. 1963. Spieltheorie und Wirtschaftswissenschaft, Wien und München.

Neumann, J. v. 1928. Zur Theorie der Gesellschaftsspiele, in: Mathematische Annalen, Bd. 100, S. 295–320.

Neumann, J. v., und Morgenstern, O. 1944. Theory of Games and Economic Behavior, Princeton.

Neumann, J. v., und Morgenstern O. 1961. Spieltheorie und wirtschaftliches Verhalten. Unter Mitwirkung von F. Docquier. Hrsg. von F. Sommer. Übersetzt von M. Leppig (Originaltitel: Theory of Games and Economic Behavior, nach der 3. Aufl. von 1953).

2. Weiterführende Literatur

Ádám, A. 1983. John von Neumann, in: T. Legendi und T. Szentivanyi (Hrsg.), Leben und Werk von John von Neumann. Ein zusammenfassender Überblick, Mannheim, Wien und Zürich.

Allais, M. 1953. Le comportement de l'homme rational devant le risque: critique des postulats et axiomes de l'école américaine, in: Econometrica, Bd. 21, S. 503–546.

Aumann, R.J. 1987a. Game Theory, in: J. Eatwell, M. Milgate, und P. Newman (Hrsg.), The New Palgrave, A Dictionary of Economics, Bd. 2, London und Basingstoke, S. 460–482.

Aumann, R.J. 1987b. Correlated equilibrium as an expression of Bayesian rationality, in: Econometrica, Bd. 55, S. 1–18.

Binmore, K. 1998. Just Playing: Game Theory and the Social Contract II, Cambridge, Mass. und London.

Bochner, S. 1958. John von Neumann, Bibliographical Memoirs (National Academy of Science), Bd. 32, S. 438–457.

Cassel, G. 1918. Theoretische Sozialökonomie, Leipzig.

[17] Harold Kuhn (2004) übernimmt hier eine Vermutung von Robert J. Leonard.

Dath, D. 2003. Höhenrausch: die Mathematik des XX. Jahrhunderts in zwanzig Gehirnen, Frankfurt am Main.

Edgeworth, F. Y. 1881. Mathematical Psychics: An Essay on the Application of Mathematics to the Moral Sciences, London.

Güth, W., und Kliemt, H. 2001. Langzeiteffekte der ‹Theory of Games and Economic Behavior›, in: J. M. Buchanan, W. Güth, H. Kliemt, G. Schwödiauer und R. Selten (Hrsg.), John von Neumanns und Oskar Morgensterns ‹Theory of Games and Economic Behavior›, Düsseldorf, S. 111–151.

Holler, M. J., und Illing, G. 2009. Einführung in die Spieltheorie, 7. Aufl., Berlin, Heidelberg und New York.

Holler, M. J., und Klose-Ullmann, B. 2007. Spieltheorie für Manager. Handbuch für Strategen. 2. Aufl., München.

Holler, M. J., und Widgrén, M. 1999. The value of a coalition is power, in: Homo Oeconomicus, Bd. 15, S. 485–501. Wiederabdruck in: Notizie di Politeia, Bd. 59, 2000, S. 14–28.

Kahneman, D., und Tversky, A. 1979. Prospect theory: An analysis of decision under risk, in: Econometrica, Bd. 47, S. 263–291.

Kuhn, H. W. 2004. Introduction to ‹Theory of Games and Economic Behavior› (Commemorative Edition), John von Neumann und Oskar Morgenstern, Princeton.

Lucas, W. F. 1968. A game with no solution, in: Bulletin of the American Mathematical Society, Bd. 74, S. 237–239.

Lucas, W. F. 1969. The proof that a game may not have a solution, in: Transactions of the American Mathematical Society, Bd. 136, S. 219–229.

Nash, J. F. 1950. The bargaining problem, in: Econometrica, Bd. 18, S. 155–162.

Nash, J. F. 1951. Non-cooperative games, in: Annals of Mathematics, Bd. 54, S. 286–295.

Owen, G. 1995. Game Theory. 3. Aufl., San Diego et al.

Rives Jr., N. W. 1975. On the history of the mathematical theory of games, in: History of Political Economy, Bd. 7, S. 549–565.

Schwödiauer, G. 2001. Die Entstehungsgeschichte der ‹Theory of Games and Economic Behavior›, in: J. M. Buchanan, W. Güth, H. Kliemt, G. Schwödiauer und R. Selten (Hrsg.), John von Neumanns und Oskar Morgensterns ‹Theory of Games and Economic Behavior›, Düsseldorf, S. 51–79.

Smithies, F. 1959. John von Neumann, in: Journal of the London Mathematical Society, Bd. 34, S. 373–384.

Christian Lager

Wassily Wassilievich Leontief
(1905–1999)

I. Leben

Wassily W. Leontief wurde am 5. August 1905 in München geboren. Das war nicht immer so. In seiner Autobiographie anläßlich der Nobelpreisverleihung 1973 schrieb Leontief «I was born August 5, 1906» – es ist daher nicht verwunderlich, daß auch viele seiner Biografen dieses falsche Datum angaben. Im Jahr 1990 traf Leontief jedoch während eines Besuchs in Rußland auf Svetlana Kaliadina, welche ihm ihre historischen Untersuchungen zu seiner Familie vorlegte. Nach seiner Rückkehr nach New York berichtete Leontief seinen Mitarbeitern und Kollegen, daß sein Geburtsdatum 1905 und nicht 1906 sei. Auch sein Geburtsort wurde des öfteren mit Leningrad (St. Petersburg) falsch angegeben. Dieser Irrtum ist sogar auf Leontiefs Grabstein in Connecticut eingraviert (vgl. Bjerkholt und Kurz, 2006, S. 332).

Leontief entstammte einer alten Leningrader Kaufmannsfamilie, deren Wurzeln sich bis zum Jahr 1741 zurückverfolgen lassen. Während die meisten seiner Vorfahren erfolgreiche Kaufleute wurden, schlug schon sein Vater aus der Art und interessierte sich mehr für die Theorie der Volkswirtschaftslehre als für die Praxis von Handel und Gewerbe. W. W. Leontief (sen.) absolvierte die Handelshochschule in Leipzig, promovierte 1906 an der Universität München zum Doktor der Politischen Ökonomie und schlug sodann eine akademische Karriere ein. Zunächst lehrte er an der Universität von Iur'ev (Estland) und ab 1915 an der St. Petersburger Universität. (Zur Familiengeschichte sowie zu den frühen Jahren von W. Leontief siehe Kaliadina und Pavlova, 2006, sowie Kaliadina, 2006.)

Wassily (jr.) erhielt eine ausgezeichnete bürgerliche Erziehung. Gegen Ende seiner schulischen Ausbildung konnte er auch in Deutsch, Englisch und Französisch fließend lesen und kommunizieren. Da er sowohl seine Grundschul- als auch seine Gymnasialausbildung zum größten Teil im Heimunterricht absolvierte, war es ihm möglich, bereits mit 15 Jahren sein sozial- und wirtschaftswissenschaftliches Studium an der Petrograder Universität aufzunehmen. Zu seinen exzellenten Lehrern zählte u. a. der Soziologe P. A. Sorokin, der später in den 1930er Jahren gemeinsam mit Leontief in Harvard lehrte, der Ökonom S. I. Solntsev, der Leontiefs Arbeit zur «Analyse der Gesetze der sozialen Reproduktion» betreute, oder der Wirtschaftshistoriker I. M. Kulisher, der ihn später an Werner Sombart in Berlin verwies. Leontief studierte Philosophie, Soziologie und Wirtschaftswissenschaften und erhielt 1925 sein Diplom in Ökonomie.

Nach der Oktoberrevolution und ab der Machtübernahme durch die Bolschewiken wurde das Leben der Familie Leontiefs zunehmend schwieriger. Die Fabrik der Leontiefs wurde verstaatlicht, die Wohnung der Familie, welche damals noch eine große Bibliothek enthielt, wurde in ein Hospital umfunktioniert und die Familie aufgefordert, die Wohnung innerhalb von 24 Stunden zu räumen. Nachdem sich der junge Wassily mehrfach kritisch gegenüber seinen Kommilitonen über die politische Situation in Rußland geäußert hatte und auf Plakaten Pressefreiheit und das Recht der freien Meinungsäußerung einforderte, wurde er von der Cheka, einem Vorläufer des KGB, inhaftiert, verhört, aber bald wieder freigelassen. Als einige seiner Lehrer, darunter Sorokin, von der Lehre suspendiert und später ins Exil geschickt wurden, und weil die Zensur ein wissenschaftliches Arbeiten unmöglich machte, emigrierte Leontief im Jahr 1925 nach Deutschland. Er studierte an der Friedrich-Wilhelms-Universität (später Humboldt-Universität) in Berlin als Schüler von Werner Sombart und Ladislaus von Bortkiewicz. 1929 promovierte Leontief mit seiner Arbeit «Die Wirtschaft als Kreislauf» (Leontief, 1928).

Von 1927 bis 1930 arbeitete Leontief unter Adolph Löwe (später Lowe) am Institut für Weltwirtschaft in Kiel. Zu dieser Zeit war auch Alfred Kähler in Kiel, der ein einfaches geschlossenes Input-Output Modell entwarf. Eine ausführliche Darstellung des Modells von Kähler (1933) findet sich bei Gehrke (2000). Während seines Aufenthalts in Kiel wurde Leontief im Jahr 1929 als Konsulent zur Planung eines Eisenbahnnetzwerks nach China eingeladen.

1931 verließ Leontief Deutschland und ging in die USA (eine umfassende Darstellung des Wirkens von Leontief in den USA findet sich in Polenske, K. 1999). Zunächst war er Mitarbeiter des National Bureau of Economic Research in New York. Dort konzipierte er ein

Forschungsprojekt, welches die interindustriellen Transaktionen und Verflechtungen konsistent darstellen sollte. Ein Jahr später, im Jahr 1932, heiratete Leontief Estelle Marx und ging nach Harvard, wo er umgehend mit seinem *magnum opus* begann und die ersten Input-Output-Tabellen, in welchen die interindustriellen Liefer- und Bezugsbeziehungen für 49 Wirtschaftszweige der USA für die Jahre 1919 und 1929 dargestellt wurden. Diese Arbeiten wurden in einer Reihe von Publikationen präsentiert (Leontief 1936, 1937, 1938) und führten zu dem 1941 veröffentlichten Werk *The Structure of American Economy, 1919–1929* mit dem etwas mißverständlichen Untertitel *An Empirical Application of Equilibrium Theory*. Als die notwendigen primärstatistischen Erhebungen verfügbar waren, erstellten Mitarbeiter des Bureau of Labor Statistics unter der Supervision von Leontief im Auftrag des US Department of Labour eine Input-Output-Tabelle für das Jahr 1939, welche nunmehr 92 Wirtschaftszweige umfaßte. Später übernahm das Bureau of Labor Statistics selbst die Verantwortung für die Tabellenerstellung, und Leontief konnte sich vermehrt der theoretischen und empirischen Analyse zuwenden. Finanzielle Unterstützungen seitens der Ford- und der Rockefeller-Foundation sowie der US Air Force ermöglichten im Jahre 1948 die Gründung des Harvard Economic Research Projects, welchem Leontief selbst bis 1973 als Direktor vorstand. Im Jahr 1946 wurde Leontief zum Professor für Ökonomie an der Harvard Universität berufen und hatte diesen Lehrstuhl bis zum Jahr 1975 inne. Für die Entwicklung der Input-Output-Methode und für ihre Anwendung auf wichtige ökonomische Probleme erhielt Leontief 1973 den Nobel Preis. 1975 verließ er Harvard, ging an das Department für Ökonomie an der New York University und gründete das Institute of Economic Analysis. Wassily Leontief starb am 5. Februar 1999 im Alter von 93 Jahren.

2. Werk

Leontief war einer der originellsten und kreativsten Ökonomen des zwanzigsten Jahrhunderts – aber auch er hat seine Ideen und Konzepte nicht ganz alleine erfunden. In einer seiner frühen Publikationen zu den quantitativen Input-Output-Verflechtungen der US-amerikanischen Industriezweige (Leontief, 1936) bekennt er sich klar zu seinen klassisch/physiokratischen Wurzeln. Quesnays

Tableau Economique wird durchaus zu Recht häufig als der frühe Vorläufer einer Input-Output-Tabelle genannt. Inspiriert von Quesnays *Tableau Economique* entwickelte Marx seine Reproduktionsschemata. Leontiefs Lehrer, Ladislaus von Borkievicz (1907), berichtigte die grundlegende theoretische Konstruktion von Marx, indem er die Produktionspreise und die Profitrate simultan bestimmte. Eine umfassenden Darstellung der klassisch/physiokratischen Wurzeln der Input-Output-Analyse findet sich in Kurz und Salvadori (2000) sowie in den Beiträgen in *Economic Systems Research*, 18, Nr. 4, 2006.

Die Wirtschaft als Kreislauf. Ein zentrales Anliegen von Leontief war es, die Wirtschaft als Kreislauf zu betrachten. Das zeigt schon der Titel seiner Dissertation, «Die Wirtschaft als Kreislauf» (1928). Dort waren die zentralen Konzepte und Annahmen der Input-Output Methode bereits klar angelegt: methodischer Empirismus und objektivistische Wertlehre, zirkuläre Produktion, linear-homogene Produktionsprozesse[1], Vernachlässigung von knappen natürlichen Ressourcen sowie die Unabhängigkeit der Preise von der Nachfrage.

Leontief (1928, S. 583f.) fordert, daß ökonomische Probleme «auf dem Boden der objektiven Gegebenheiten» zu lösen sind und daß das wirtschaftswissenschaftliche System auf der Grundlage und aus den Elementen der objektiven technologischen Tatsachen zu konstruieren sei. Auch in seinen späteren Arbeiten betont Leontief die Wichtigkeit der empirischen Grundlagen. In seiner *Presidential address* anläßlich der 83. Jahrestagung der American Economic Association 1970 kritisiert er das «fundamentale Ungleichgewicht im gegenwärtigen Zustand unserer Disziplin», konstatiert die «ungenügende und langsam anwachsende empirische Fundierung, welche den ausufernden Überbau der puren, oder vielmehr spekulativen ökonomischen Theorie keineswegs zu unterstützen vermag», und fordert daher eine sorgfältige Bestätigung von theoretischen Annahmen auf der Basis von beobachtbaren Fakten (Leontief, 1971; Übers. d. Verf.).

[1] Linear homogene Produktionsprozesse unterstellen, daß eine proportionale Vervielfachung der Faktormengen zu einer ebensolchen Vervielfachung der Produktionsmengen führt.

Konsequenterweise bekennt sich Leontief (1928, S. 601) daher auch zum Wertgesetz «der sogenannten objektiven Wertlehre», wonach «der Wert eines Gutes und derjenige seiner Kosten gleich ist». Demnach erklären sich Preise nicht durch die subjektive Nützlichkeit von Gütern, sondern durch die gegebenen technischen Produktionsbedingungen und die «Verteilungsverhältnisse». Auch in den späteren Arbeiten wird dieses Konzept im Grunde beibehalten und keinerlei Versuch unternommen, sich der subjektiven Wertlehre der neoklassischen Grenznutzentheorie eines William Stanley Jevons, eines Léon Walras oder eines Carl Menger zu nähern.

Leontief (1928, S. 598) konstatiert, daß das Preissystem mehr Variablen als Gleichungen aufweist. «Eine eindeutige Lösung ist unmöglich. Die Tauschproportionen und entsprechend die Verteilungsverhältnisse des Eigentums kann man nach Belieben variieren, ohne daß dabei der Kreislauf der Wirtschaft irgendwie beeinträchtigt würde.» Dieser Freiheitsgrad charakterisiert die von Leontief (1928, S. 619) explizit genannte «Ueberschußtheorie, wie sie von der klassischen Schule (z.B. auch von Ricardo) vertreten worden ist ...».

Da Leontief (1928) wie auch in seinen späteren Arbeiten konstante Skalenerträge und Einzelproduktion unterstellt und knappe Ressourcen vernachlässigt, gilt das Non-Substitutions-Theorem, d.h. die Unabhängigkeit der Preise von den nachgefragten Mengen.

Um das Verhältnis von Arbeit und Kapital in einem gegebenen Reproduktionssystem zu analysieren, verwendet Leontief (1928, S. 589, 621f.) die von Adam Smith stammende Idee der vertikalen Integration von Prozessen sowie die Reduktion auf datierte Primärinputs. Dabei «läßt sich die Größe des «Kapitalfaktors« durch Zurückgreifen auf immer ältere Perioden auf ein beliebig niedriges Niveau herabdrücken.» Das zunächst verwendete mühsame stufenweise Substitutionsverfahren wird in späteren Arbeiten durch Verwendung der Leontief-Inversen elegant umgangen.

Zeit und Produktionsperiode werden nicht als historische, sondern als analytische Phänomene verstanden. Leontief (1928, S. 607f.) diskutiert auch die Behandlung von Produktionsprozessen unterschiedlich langer Dauer und diskutiert ein ähnliches Konzept, wie es sich später bei von Neumann (1937) findet. Längere Produktionsprozesse werden durch Einführung von Halbfertigprodukten in Prozesse uniformer Länge gebrochen. «... ein fünfzigjähriger

Tokayer läßt sich leicht binnen 12 Monaten erzeugen, wenn man ihn aus ... 49jährigem produziert.» Bereits in Leontief (1928, S. 587) wird die Idee der zeitlosen Produktion, welche später in die Input-Output-Analyse eingegangen ist, vorweggenommen. Die elementare Produktionsperiode wird als unendlich klein unterstellt. «Während dieses kurzen Zeitabschnitts wird in jedem Produktionspunkt ein gewisses, gleichfalls unendlich kleines Quantum bestimmter wirtschaftlicher Elemente verbraucht und erzeugt. Bezieht man diese unendlich kleinen Größen aufeinander, so entstehen endliche Relativzahlen [die Input-Output-Koeffizienten], mit welchen man sehr wohl rechnen kann»

In seiner Betrachtung der Wirtschaft als Kreislauf unterscheidet sich Leontief von den frühen Neoklassikern wie Carl Menger, Eugen von Böhm-Bawerk oder Knut Wicksell. Produktion ist keineswegs eine Einbahnstraße, die von Primärfaktoren ausgeht und direkt zu Konsumgütern führt, sondern ein zirkulärer Prozeß, bei welchem Güter mittels produzierten Gütern hergestellt werden. Kapital ist demnach keine Wertsumme und auch kein Faktor, welcher in gegebener Menge vorhanden ist, sondern Kapital sind produzierte und reproduzierbare Produktionsmittel. In scharfem Gegensatz zu neoklassischen Modellen des allgemeinen Gleichgewichts à la Walras und Cassel gibt es bei Leontief auch keine Anfangsausstattung mit Kapitalgütern und keine Knappheitspreise oder Quasirenten für reproduzierbare Faktoren.[2]

Input-Output-Analyse. Obwohl Leontief einige beachtliche theoretische und methodologische Arbeiten publiziert hat (vgl. Leontief, 1966), ist sein großes Verdienst und der ursächliche Grund für die Verleihung des Nobelpreises jedoch die Entwicklung der Input-Output-Methode als empirisches Instrument zur Analyse der interindustriellen Verflechtungen, sowie die erstmalige Implementie-

[2] Während Leontief (1936, S. 105) oder (1951, S. 9) seine Input-Output-Tabellen noch «a *Tableau Économique* for the United States» nannte und damit seine physiokratischen Wurzeln betonte und eher von einer Theorie der «general interdependence» spricht, bezeichnete er in späteren Arbeiten die Input-Output-Analyse als eine empirische Anwendung der neoklassischen Theorie des allgemeinen Gleichgewichts. Bei genauerer Betrachtung zeigen sich aber grundsätzliche Unterschiede zu dieser Theorie. Siehe dazu Kurz und Salvadori (2000)

rung der dazu notwendigen Datenbasis – der Input-Output-Tabelle für die Jahre 1919 und 1929 für die USA. Diese erste, 1936 veröffentlichte Input-Output-Tabelle war eine disaggregierte Volkswirtschaftliche Gesamtrechnung der amerikanischen Wirtschaft des Jahres 1919 mit 41 Industriezweigen sowie je einer zusätzlichen Spalte und Zeile für die Sektoren «Ausland», «Private Haushalte» und einem Residualsektor, welcher neben dem Staat auch die statistischen Diskrepanzen enthielt (Leontief, 1936).

Die Tabelle von 1919 wurde gemeinsam mit einer weiteren Tabelle für das Jahr 1929 in der ersten Ausgabe von *The Structure of American Economy 1919–1929* im Jahr 1941 publiziert. In diesem Band entwickelt Leontief auch das geschlossene Input-Output-Modell, bei welchem nicht nur das Niveau und die Preise der Produktion, sondern auch der Umfang des Außenhandels und der Konsum der privaten und öffentlichen Haushalte endogen, d.h. nicht vorgegeben sind, sondern durch die Lösung des Modells bestimmt werden. Im geschlossenen Modell werden private Haushalte wie Industriezweige behandelt. Dabei gelten Konsumgüter als Inputs, während Arbeit sowie Kapital- und Unternehmensdienstleistungen als Outputs des Haushaltssektors gelten. Sparen und Investitionen werden als Saldo von Inputs und Outputs des Haushaltssektors ermittelt. Neben konstanten Input-Output-Koeffizienten zur Beschreibung der Technologie der Industriezweige werden auch konstante Konsum- und Wertschöpfungskoeffizienten definiert. Mengen und Preise ergeben sich als Lösung (Eigenvektoren) von homogenen Gleichungssystemen.

Zwölf Jahre später folgte dann die zweite, erweiterte Edition mit dem geänderten Titel *The Structure of American Economy 1919–1939*. In diesem Werk präsentiert Leontief in einem zusätzlichen Kapitel auch das offene Input-Output-Modell. Dieses unterscheidet neben den endogenen Variablen (Mengen bzw. Preise für Industriezweige bzw. Produkte) nun auch exogene Größen für die Endnachfrage bzw. die Wertschöpfungskomponenten. Gelöst wird dieses lineare aber nun inhomogene Gleichungssystem mittels der später nach Leontief benannten inversen Matrix der Netto-Outputs. Während das geschlossene Modell meist nur theoretisches Interesse weckte, wurde das offene Modell in der Folge als «das Input-Output-Preis- bzw. Mengenmodell» in einer Vielzahl von empirischen Untersuchungen und Studien angewandt.

Die meisten der Anwendungen bzw. Weiterentwicklungen dieses Modells hat Leontief selbst initiiert. Dazu zählen konzeptionelle Arbeiten wie Arbeiten zur dynamischen oder multiregionalen Input-Output-Analyse oder die Entwicklung von Modellen zur Abbildung der Umweltverschmutzung, wie auch empirische Untersuchungen des Außenhandels, des Arbeitsmarkts und der Automation. Auch zur Untersuchung der Auswirkungen von Abrüstung und Steuererhöhungen und zur Simulation von Lohn-Preis-Spiralen wurde das offene Modell verwendet.

Dynamisches Input-Output-Modell. Bereits 1953 in den *Studies in the Structure of the American Economy* präsentiert Leontief das dynamische Input-Output-Modell (Leontief, 1953, S. 53–90). Später entwickelt er das Konzept der «dynamic inverse» sowie eine zeitdiskrete Version des dynamischen Modells (Leontief, 1970). Dieses basiert auf der Annahme von konstanten Kapitalkoeffizienten und verwendet das Akzeleratorprinzip[3]. Da der Kapitalstock annahmegemäß immer ausgelastet ist, sind die Netto-Investitionen direkt proportional zur Veränderung der Brutto-Outputs. Es ergibt sich ein System linearer Differenzen- bzw. Differentialgleichungen erster Ordnung, deren Lösung bei gegebener Anfangsausstattung iterativ (schrittweise) erfolgen kann. Einerseits ist nicht garantiert, daß sich Lösungen ermitteln lassen, andererseits können diese negativ sein. Dies resultiert aus dem Zusammentreffen von drei Annahmen: (1) es steht jeweils nur eine Produktionsmethode zur Verfügung, (2) permanente Kapazitätsauslastung und (3) Transferierbarkeit von Kapitalgütern. Leontief (1953, S. 68–76) ist sich dieser Defizite durchaus bewußt und diskutiert die die Möglichkeit von Unterauslastung sowie die Irreversibilität des Akkumulationsprozesses.

Interregionale Analyse. Eine weitere Entwicklung des Input-Output-Ansatzes besteht in der interregionalen bzw. multiregionalen Input-Output-Analyse. Dabei werden nicht nur die sektoralen Verflechtungen eines Landes, sondern auch die Lieferbeziehungen von Industriezweigen zwischen zwei oder mehreren Ländern be-

[3] Dem Akzeleratorprinzip zufolge bewirkt eine Zunahme der Produktion eine beschleunigte Erhöhung der Güternachfrage.

rücksichtigt. Da in multiregionalen Modellen die Importe und Exporte zum Teil mithilfe des Modells bestimmt werden können, sind diese Modelle umfassender und die Multiplikatoreffekte größer. Interregionale bzw. multiregionale Tabellen sind sehr datenintensiv. Daher präsentierten Leontief (1953, S. 93–115) und später Leontief und Strout (1963) Methoden, mit denen multiregionale Tabellen ohne übergroßen Datenaufwand erstellt werden können.

Modelle der Schadstoffemission. In einer Reihe von Aufsätzen (Leontief, 1970, oder Leontief und Ford, 1972) integrierte Leontief die Emission von Schadstoffen in ein Input-Output-Modell. Dabei werden Emissionen als unerwünschte Kuppelprodukte, die bei der Produktion anfallen, dargestellt. Durch Einführung von Entsorgungsprozessen und durch die Annahme der Überwälzung der Kosten dieser Prozesse können die Preise von Schadstoffen sowie die inflationären Effekte der Reduktion von Emissionen abgeschätzt werden. In Leontief und Ford (1972) wurden die direkten und indirekten Emissionen von fünf verschiedenen Schadstoffen bei der Herstellung von Finalprodukten ermittelt und die Kosten bzw. Preiseffekte von alternativen umweltpolitischen Szenarien abgeschätzt.

Das Leontief-Paradoxon. In mehreren vieldiskutierten Aufsätzen zeigte Leontief (1953b, 1956, 1958), daß die US-amerikanischen Exporte des Jahres 1947 weniger kapitalintensiv waren als die Importe der USA. Da die USA damals jenes Land waren, welches über die reichlichste Kapitalausstattung verfügte, widersprach dieses empirische Ergebnis dem bis dahin allgemein akzeptierten Heckscher-Ohlin-Theorem des Außenhandels – wonach sich Länder, die eine vergleichsweise hohe Kapitalausstattung haben, auf die Produktion und den Export von vergleichsweise kapitalintensiven Produkte spezialisieren. Leontiefs später als «Leontief-Paradoxon» bezeichnetes Ergebnis hat eine Welle von kritischen Aufsätzen ausgelöst, die ihn veranlaßten, seine Untersuchungen unter Berücksichtigung von heterogener Arbeit und fixem Kapital zu wiederholen (Leontief, 1956). Aber auch die Neuberechnungen bestätigten das ursprüngliche Ergebnis. Diese Arbeiten führten zur Reformulierung der Heckscher-Ohlin-Theorie, deren Neo-Faktorproportionentheorem neben der Menge auch die Qualität der Produktionsfaktoren berücksichtigte, und zur Revitalisierung der Ricardianischen Außenhandelstheorie, welche die Ursache des Handels eher in technologischen Differenzen als in der Faktorausstattung begründet sieht.

Theoretische Arbeiten. Abschließend sollen noch einige der weniger bekannten, theoretischen Aufsätze von Leontief erwähnt werden. In seiner ersten Publikation diskutiert Leontief (1925) die Methodik der Materialbilanz- bzw. Volkseinkommensrechnung des statistischen Amts der UdSSR und bezeichnet diese als «eine Form des *Tableau Economique*». Er kritisiert dabei, daß nicht das Netto- sondern das Bruttoprodukt als Output betrachtet wird und konstatiert damit völlig zu Recht den Fehler von Doppelzählungen. Später folgten Arbeiten über die Methode der Schätzung von Angebots- und Nachfragekurven (Leontief, 1929), die eine Diskussion mit Ragnar Frisch auslöste (vgl. dazu Bjerkholt und Knell, 2006), über Elastizitäten, Indifferenzkurven und Preisindextheorie (Leontief, 1932, 1933 und 1936b), eine kritische Auseinandersetzung mit Keynes (Leontief, 1936c und 1948) sowie seine Arbeit zu Lohnverhandlungen (Leontief, 1946), welche wesentliche Aspekte der *principal-agent*-Theorie vorweggenommen hat.

3. Wirkung

Leontief hat der Ökonomie eine völlig neue, leicht anwendbare und überaus nützliche Methode zur Analyse der komplexen interindustriellen Verflechtungen in die Hände gegeben. Die Input-Output-Analyse ist zu einem unverzichtbaren Instrument der Prognose der ökonomischen Auswirkungen von Politikszenarien geworden. Jedes Wirtschaftsforschungsinstitut, aber auch viele internationale Organisationen, Interessensvertretungen, Banken, Politik-, Wirtschafts- und Unternehmensberater bedienen sich dieser Methode, um Nachfrage-, Produktions- und Beschäftigungseffekte von Projekten zu evaluieren.

Die Input-Output-Analyse selbst wurde auf vielfache Weise weiterentwickelt.[4] Insbesondere die Kernkompetenz der Input-Output-

[4] Wichtige Aufsätze zum Ursprung und zur Weiterentwicklung der Input-Output-Analyse sind in Kurz, Dietzenbacher und Lager (1998) gesammelt.

Methode, die Analyse der Produktionsstrukturen, wurde ausgebaut. Dazu zählen die Identifikation von Schlüsselsektoren durch Abschätzung der «forward-» und «backward linkages», die Darstellung von Hierarchien von Wirtschaftszweigen durch Triangulierung der Input-Output Matrix sowie die «decomposition analysis» – die Zerlegung der Veränderungen von Aggregaten (z.B. der Beschäftigung) in ihre Ursachen (z.B. Nachfrage, Technologie, etc). Das dynamische Input-Output-Modell wurde sowohl theoretisch ausgebaut als auch empirisch genutzt (siehe Lager, 1997, für eine Übersicht). Der ursprünglich eher theoretisch angelegte dynamische Ansatz wurde zur Basis für empirisch brauchbare und in verschiedenen Studien bewährte Modelle zur mittelfristigen Prognose (Leontief und Duchin, 1986; siehe auch Kalmbach und Kurz, 1990). Um den Haushaltssektor erweiterte Multiplikatormodelle einerseits und die Einführung von substitutionalen Produktionsfunktionen andererseits bildeten die Grundlage für die Entwicklung der berechenbaren Modelle des Allgemeinen Gleichgewichts. Nationale und multiregionale Multiplikatormodelle werden vielfach zur Analyse von Nachfrage- oder Preisschocks verwendet. Zur globalen Analyse wurden riesige Weltmodelle, wie z.B. das Modell der Vereinten Nationen, entwickelt (Leontief, Carter und Petri, 1977). Einen anderen Weg schlug das INFORUM Project der Universität von Maryland ein, welches bestehende nationale Input-Output-Modelle über Import- und Exportfunktionen miteinander vernetzt.

Das Konzept der Input-Output-Tabelle hat die Volkswirtschaftliche Gesamtrechnung beeinflußt und vervollständigt. Aber auch dieses Konzept wurde weiterentwickelt. Während die Input-Output-Tabelle ursprünglich von Einzelproduktion ausging und nach «Sektoren» untergliedert war, unterscheidet die moderne Input-Output-Statistik Tabellen für Inputs sowie Tabellen für Outputs, wobei beide Tabellen nach Industriezweigen und Produkten gegliedert sind. Damit wurde die Darstellung der empirisch relevanten Kuppelproduktion möglich. Die nationalen und internationalen statistischen Ämter publizieren zumeist jährlich standardisierte und in die Volkswirtschaftlichen Gesamtrechnungen integrierte Input-Output-Tabellen nach den internationalen Vorschriften der UN oder des *Eurostat*.

Das bereits im geschlossenen Input-Output-Modell angelegte Konzept des Social Accounting ist eine nach Industriezweigen,

Personen und Haushalten disaggregierte Darstellung der Produktion von Gütern und der Entstehung, der Verwendung und der Verteilung der Einkommen. Social-Accounting-Matrizen sind eine nützliche Vorraussetzung für berechenbare Modelle des Allgemeinen Gleichgewichts. Diese Modelle verwenden häufig verschachtelte Produktionsfunktionen, deren Kern allerdings wieder Input-Output-Koeffizienten bilden.

Die Bedeutung der Input-Output-Analyse läßt sich letztlich auch an ihren Institutionen messen. Seit dem Jahr 1988 gibt es die International Input-Output Association (IIOA) mit mehreren Hunderten Mitgliedern. Die IIOA gibt seit ihrem Bestehen eine eigene Fachzeitschrift – das *Economic Systems Research* – heraus, welche vierteljährlich erscheint. Alle vier Jahre finden Internationale Input-Output-Konferenzen statt.

Literatur

1. Werke

Leontief, W. 1925. Die Bilanz der Russischen Volkswirtschaft – Eine methodologische Untersuchung, in: Weltwirtschaftliches Archiv, Bd. 22/2, S. 338–344.

Leontief, W. 1928. Die Wirtschaft als Kreislauf, in: Archiv für Sozialwissenschaft und Sozialpolitik, Bd. 60/3, S. 577–623.

Leontief, W. 1929. Ein Versuch zur statistischen Analyse von Angebot und Nachfrage, in: Weltwirtschaftliches Archiv, Bd. 30, S. 1–53.

Leontief, W. 1932. Studien über die Elastizität des Angebots, in: Weltwirtschaftliches Archiv, Bd. 35, S. 66–115.

Leontief, W. 1933. The use of indifference curves in the analysis of foreign trade, in: Quarterly Journal of Economics, Bd. 47, S. 493–503.

Leontief, W. 1936a. Quantitative input and output relations in the economic system of the United States, in: Review of Economics and Statistics, Bd. 18, S. 105–125.

Leontief, W. 1936b. Composite commodities and the problem of index numbers, in: Econometrica, Bd. 4/1, S. 39–59.

Leontief, W. 1936c. The fundamental assumption of Mr. Keynes' monetary theory of unemployment, in: Quarterly Journal of Economics, Bd. 51, S. 192–197.

Leontief, W. 1937. Interrelation of prices, output, savings and investment: A study in empirical application of the economic theory of general interdependence, in: Review of Economics and Statistics, Bd. 19, S. 109–132.

Leontief, W. 1938. Empirical application of the economic theory of general interdependence, in: Econometrica, Bd. 6, S. 190f.

Leontief, W. 1941. The Structure of American Economy, 1919–1929: An Empirical Application of Equilibrium Analysis, Cambridge, Mass.
Leontief, W. 1946. The pure theory of the guaranteed annual wage contract, in: Journal of Political Economy, Bd. 54, S. 76–79.
Leontief, W. 1948. Postulates: Keynes' General Theory and the Classicists, in: S. Harris (Hrsg.), The New Economics, New York, S. 232–242.
Leontief, W. 1951. The Structure of the American Economy 1919–1939: An Empirical Application of Equilibrium Analysis, New York.
Leontief, W. 1953a. Studies in the Structure of the American Economy «Interregional theory», in: W. Leontief et al., New York.
Leontief, W. 1953b. Domestic production and foreign trade: The American capital position re-examined, in: Proceedings of the American Philosophical Society, Bd. 97, S. 332–349.
Leontief, W. 1956. Factor proportions and the structure of American trade: Further theoretical and empirical analysis, in: Review of Economics and Statistics, Bd. 38, S. 386–407.
Leontief, W. 1958. Factor Proportions and the Structure of American Trade: Further Theoretical and Empirical Analysis: Comment, in: Review of Economics and Statistics, Bd. 40/1, Part 2. Problems in International Economics, S. 111–122.
Leontief, W., und Duchin, F. 1986. The Future Impact of Automation on Workers, New York.
Leontief, W., und Ford, D. 1972. Air pollution and the economic structure: Empirical results of input-output computation, in: A. Brody and A. P. Carter (Hrsg.), Input-Output Techniques, Amsterdam.
Leontief, W., und Strout, A. 1951. Multiregional input-output analysis, in: T. Barna (Hrsg.) 1963. Structural Interdependence and Economic Development: Proceedings of an International Conference on Input-Output Techniques, New York, S. 119–150.
Leontief, W., Carter, A.P., und Petri, P. 1977. The Future of the World, New York.
Leontief, W. 1966. Essays in Economics: Theories and Theorizing, New York.
Leontief, W. 1970a. Environmental repercussions and the economic structure – An input-output approach, in: Review of Economics and Statistics, Bd. 52, S. 262–271.
Leontief, W. 1970 b. The dynamic inverse, in: A. P. Carter and A. Brody (Hrsg.), Contributions to Input-Output Analysis, in: Proceedings of the Fourth International Conference on Input-Output Techniques, Vol. I, Amsterdam, S. 17–46.
Leontief, W. 1971. Theoretical assumptions and nonobserved facts. (Presidential address delivered at the eighty-third meeting of The American Economic Association), in: American Economic Review, Bd. 61, S. 1–7.

2. Weiterführende Literatur

Bjerkholt, O., und Knell, M. 2006. Ragnar Frisch and the Origin of Input-Output Analysis, in: Economic Systems Research, Bd. 18/4, S. 391–410.
Bjerkholt O., und Kurz H.D. 2006. Introduction: the History of Input-Output

Analysis, Leontief's Path and Alternative Tracks, in: Economic Systems Research, Bd. 18/4, S. 331–333

Borkievicz, L. v. 1907. Zur Berichtigung der grundlegenden theoretischen Konstruktion von Marx im 3. Band des «Kapital», in: Jahrbücher für Nationalökonomie und Statistik, Bd. 34, S. 319–335.

Dmitriev, V. K. 1974. Economic Essays on Value, Competition and Utility. Editiert mit einer Einleitung von D. M. Nuti, Cambridge.

Gehrke, C. 2000. Alfred Kähler: a pioneer of input-output analysis, in: W. J. Samuels (Hrsg.), European Economists of the Early 20th Century, Bd. 2, Cheltenham.

Kähler, A. 1933. Die Theorie der Arbeitsfreisetzung durch die Maschine. Eine gesamtwirtschaftliche Abhandlung des modernen Technisierungsprozesses, Greifswald.

Kaliadina S. A. 2006. W. W. Leontief and the Repressions of the 1920s: an Interview. Übersetzung ins Englische von Tatiana Babaskina und Maria Shikalova, ediert von Claus Wittich, in: Economic Systems Research, Bd. 18/4, S. 347–355.

Kaliadina, S. A., und Pavlova N. I. 2006. The Family of W. W. Leontief in Russia. Übersetzung ins Englische von Claus Wittich, in: Economic Systems Research, Bd. 18/4, S. 335–345.

Kalmbach, P., und Kurz, H. D. 1990. Micro-electronics and Employment: a Dynamic Input-Output Study of the West German Economy, in: Structural Change and Economic Dynamics, Bd. 1/2, S. 371–386.

Kurz, H. D., Dietzenbacher, E., und Lager, C. 1998. Input-Output Analysis, 3 Bde., Cheltenham.

Kurz, H. D., und Salvadori, N. 2000. ‹Classical› Roots of Input-Output Analysis: a Short Account of its Long Prehistory, in: Economic Systems Research, Bd. 12/2, S. 153–179.

Lager, C. 1997. On the Treatment of Fixed Capital in the Sraffian Framework and in the Theory of Dynamic Input-Output Models, in: Economic Systems Research, Bd. 9/4, S. 357–373.

Neumann, J. v. 1937. Über ein ökonomisches Gleichungssystem und eine Verallgemeinerung des Brouwerschen Fixpunktsatzes, in: Ergebnisse eines mathematischen Kolloquiums, Bd. 8, S. 73–83.

Polenske, K. R. 1999. Wassily W. Leontief, 1905–99, in: Economic Systems Research, Bd. 11/4, S. 341–348.

Heinz-Peter Spahn

Milton Friedman

(1912–2006)

I. Leben

Als viertes Kind einer jüdischen Auswandererfamilie aus der heutigen Ukraine wurde Milton Friedman am 31. Juli 1912 in New York geboren. Sein Vater mühte sich als kleiner Kaufmann die Familie zu ernähren – Milton Friedman neigte auch deswegen später stets dazu, Wirtschaft und Politik aus der Perspektive und Interessenlage eines unter Wettbewerbszwängen stehenden Produzenten zu sehen. Er studierte zunächst Mathematik und Ökonomie an der *Rutgers University* (New Jersey) und später in Chicago, wo er stark von Frank Knight und Henry Simons beeinflußt wurde. In der Preistheorievorlesung von Jacob Viner lernte er seine spätere Frau Rose kennen; aufgrund finanzieller Engpässe wurde die Heirat jedoch bis 1938 hinausgeschoben. Mit einem großzügigen Stipendium der *Columbia University* versehen wechselte Friedman dann wieder nach New York, um dort seine Dissertation zu schreiben.

Trotz seiner anfänglich schwierigen ökonomischen Verhältnisse hat Friedman die Marktwirtschaft als die einzige Gesellschaftsordnung gesehen und bewundert, die persönliche Freiheit des Individuums mit den Chancen einzel- und gesamtwirtschaftlichen Wohlstands verbindet. Dieses Gespür für die Bedeutung der Wirtschaftsordnung, das sich in späteren Jahren stellenweise zu einer Apologetik des Marktes entwickelte, ist vielleicht typisch für einen ehrgeizigen und intelligenten Sproß aus dem Einwanderermilieu, dem die Mechanismen des amerikanischen Gesellschaftssystems viel weniger selbstverständlich als den einheimischen Bürgern sind. Man könnte darin eine Art politisch-kultureller Überanpassung sehen. Aber Friedmans Verhältnis zum US-Kapitalismus gestaltete sich differenzierter: Nach einer Forschungstätigkeit im *National Bureau of Economic Research* (*NBER*) arbeitete er während des Zweiten Weltkriegs im Finanzministerium an der Einführung des automatischen Lohnsteuerabzugs, wobei die Unternehmen die Beträge nun direkt an das Finanzamt abführen mußten. Rückblickend hat er in dieser Beteiligung an der Ausweitung der Staatsmacht (für sich genommen eine bloß administrative Effizienzsteigerung des Steuersystems) einen politischen Fehler gesehen: «It never occurred to me at the time that I was helping to develop machinery that would make possible a government that I would come to criticize severely as too large, too intrusive, too destructive of freedom. Yet, that was precisely what I was doing» (Friedman, 1998, S. 123). Die Verteidigung des freien Marktes gegen die häufig gut gemeinten Regulierungen und Interventionen des Wohlfahrtsstaates wurde mehr und mehr zum persönlichen Forschungsprojekt des Milton Friedman (Ebenstein, 2007).

Damit geriet er auch in die Rolle eines Außenseiters in der politökonomischen Debatte. Sein Credo *Kapitalismus und Freiheit* (1962), eine modernisierte Variante von Friedrich August von Hayeks *Weg zur Knechtschaft* (1944), versuchte sich Anfang der 1960er Jahre mit zunächst wenig Erfolg der allgemeinen, auch in den USA erwachenden Tendenz zum Sozialstaat in den Weg zu stellen, zwei Jahrzehnte bevor die *Supply-Side Economics* des Ronald Reagan auch unter Bezugnahme auf Friedman eine programmatische Neuorientierung des Verhältnisses zwischen Staat und Markt verkündeten. Friedman hat im Zweiten Weltkrieg für das US-Verteidigungsministerium und später für Goldwater, Nixon und Reagan als wirtschaftspolitischer Berater gearbeitet, jedoch Angebote von Regierungspositionen stets abgelehnt.

Der Unterschied zu John Maynard Keynes könnte größer nicht sein: Dieser war schon früh als Mitglied der englischen Oberschicht und leitender Mitarbeiter des Schatzamts mit Theorie und Praxis der Geldpolitik befaßt, verhandelte später im Namen Englands mit den USA über die Grundprinzipien der Währungsordnung in der Nachkriegszeit, kurz: ein Vertreter des Establishments und der Hochfinanz – der aber gleichwohl in seinem wissenschaftlich-politischen Werk die Interessen der Arbeitnehmer, d.h. das Kriterium der Vollbeschäftigung in den Mittelpunkt seiner wirtschaftspolitischen Empfehlungen stellte. Demgegenüber erscheint Friedman fast schon als «underdog», der, aus eher kleinen Verhältnissen stammend, unter großer Medienaufmerksamkeit die Fahne des freien Unternehmertums hochhielt. Bei alledem gibt es aber kaum einen Beleg für eine direkte persönliche Animosität Friedmans gegenüber Keynes. Daß letzterer als Herausgeber des *Economic Journal* in den frühen 1930er Jahren die erste zur Veröffentlichung geplante Arbeit Friedmans (eine Kritik an Arthur Pigou) ablehnte, hat wohl nur anekdotische Bedeutung.

Nach einer kurzen Tätigkeit an der Universität von Wisconsin, wo die Fakultät sich über die Frage seiner Weiterbeschäftigung entzweite, übernahm Friedman 1946 Viners Lehrstuhl an der Universität Chicago, den er bis zu seiner Emeritierung 1976 innehatte. Hier traf er auch auf Hayek und hatte maßgeblichen Anteil an dem Aufbau der informellen *Chicago School of Economics*, deren gemeinsames Merkmal eine marktliberale Grundüberzeugung war und aus der mehrere Nobelpreisträger hervorgingen. In Chicago entwickelte sich auch sein Interesse an monetären Fragen; er gründete einen *Workshop in Money and Banking* und arbeitete unter der Leitung von Arthur Burns wieder zeitweise im *NBER*. Dort begann seine Kooperation mit der Wirtschaftshistorikerin Anna Schwartz, mit der er 1963 die bahnbrechende Arbeit *Monetary History in the United States, 1867–1960* publizierte.

Im April 1947 gehörte Friedman zu den Gründungsmitgliedern der liberalen *Mont Pelerin Society*, die sich bis heute für eine Marktgesellschaft ohne freiheitsbeschränkende Staatseingriffe einsetzt. Dieses Thema zieht sich durch Friedmans wissenschaftliches, journalistisches und politisches Leben, angefangen von der zusammen mit seinem Freund George Stigler verfaßten Kritik staatlicher Mietpreisbindung (1946), über *Kapitalismus und Freiheit* (1962) bis zu *Free to Choose* (1980) und *Tyranny of the Status Quo* (1984), zwei gemeinsam mit seiner Frau publizierten Büchern, die populärwissenschaftliche Fernsehserien über die Vorzüge der marktwirtschaftlichen Ordnung begleiteten. Er hat zu den Facetten dieses Themas auch über viele Jahre als Kolumnist des Nachrichtenmagazins *Newsweek* engagiert Stellung genommen.

Friedman hat seine im Kern wohl zutreffende These, daß Kapitalismus eine notwendige, wenn auch nicht hinreichende Bedingung für politische Freiheit ist (1962, S. 30), auf zahlreichen Vortragsreisen verfochten, auch und gerade in nicht-demokratischen Ländern. Wie später im kommunistischen China warb er auch während einer Reise durch das von einer Militärjunta beherrschte Chile im Jahr 1975 für Inflationsbekämpfung und Privatisierung und gab dabei Empfehlungen für die Durchführung einer energischen Antiinflationspolitik, die kurzfristig ökonomische Kosten in Form von Arbeitslosigkeit und Einkommensverlusten nicht vermeiden könne.

Viele Kritiker empfanden es als zynisch, sich auf diese Weise an der wirtschaftlichen Stabilisierung einer Diktatur zu beteiligen, während Friedman sich zum einen auf seine Rolle als nur technischer Sachverständiger berief und im übrigen betonte, daß Diktaturen eher den Weg zurück zur Demokratie ermöglichten als totalitär-kommunistische Gesellschaften, zu denen er auch das System unter Allende zählte. Friedman hat in einem persönlichen Brief General Pinochet für den Kampf gegen den Sozialismus gedankt: «You have been extremely wise in adopting the many measures you have already taken to reverse this trend», ist aber dabei mit keinem Wort auf die Menschenrechtsverletzungen eingegangen. Eine Formulierung an anderer Stelle erweckt sogar den Eindruck, als habe er dazu keine Alternativen gesehen (Friedman, 1998, S. 593, 402).

Die Verleihung des Nobelpreises, den Friedman 1976 erhielt, war von Protestkampagnen gegen ihn überschattet. Danach zog er sich von der Universität Chicago zurück und wechselte an die *Hoover Institution on War, Revolution and Peace* an der Universität Stanford (Kalifornien), wo er bis zu seinem Tod 2006 arbeitete. Hier erlebte er den von den *Supply-Side Economics* angestoßenen weltweiten Umschwung in der politischen Debatte um die Rolle von Staat und Markt, auch eine späte Frucht seiner eigenen Überzeugungsarbeit. Sein Sohn David radikalisierte die Gedanken des «Laissez-faire» noch weiter und ist Anhänger einer «libertären» Gesellschaftslehre, in der auch für staatliche Ordnungspolitik fast kein Platz ist.

2. Werk

Friedman erhielt den Nobelpreis – so die Begründung – «für seine Leistungen in den Bereichen der Konsumtheorie, der Geldgeschichte und -theorie sowie für das Aufzeigen der Komplexität der Stabilisierungspolitik». Erwähnt wurde dabei nicht, daß er sich mit seiner ganzen Person über Jahrzehnte für die «reine» Marktwirtschaft eingesetzt hat, die er von einem wohlmeinenden Sozial- und Steuerstaat bedroht sah. Vermutlich hat das Nobelkomitee Friedmans Texte, in denen es u. a. um die Abschaffung der Wehrpflicht, die Aufhebung des Postmonopols, die Privatisierung der gesetzlichen Sozialversicherung, die Freigabe von Drogen, die Förderung privater Schulen etc. ging, als zu populärwissenschaftlich gewertet.

Friedmans kritisches Schlagwort über den Wohlfahrtsstaat, «to do good with other people's money» (1980, S. 131), belegt seine überragende Fähigkeit, Dinge für eine breite Öffentlichkeit – vielleicht auch polemisch – auf den Punkt zu bringen; aber letztlich ist diese Metapher inhaltlich recht ungenau, denn sie trifft auch auf jede ökonomisch sinnvolle Steuererhebung und -verausgabung zu.

Konsumtheorie. Chronologisch gesehen war die Konsumtheorie Friedmans erstes größeres Interessengebiet. Im Zentrum standen dabei zunächst empirische Fragen: eine Studie über das Einkommensbudget von Konsumenten, verfaßt für das *National Resources Committee* in Washington. Am *NBER* in New York arbeitete er auf Einladung von Simon Kuznets ab 1937 über die Einkommensentwicklung von Freiberuflern. Die hier gefundenen Ergebnisse flossen 1941 in Friedmans Dissertation *Income from Independent Professional Practice* ein. Sie enthielt die bereits auf seine späteren ordnungspolitischen Arbeiten verweisende These, eine staatliche Regulierung der Berufszulassung würde die Preise dieser Dienste erhöhen, das Angebot verschlechtern und somit die Wohlfahrt mindern. Daß diese These sogar interessenpolitische Querelen auslöste, die wiederum die Publikation der Dissertation um einige Jahre verzögerten, hat Friedman in seiner bürokratie- und privilegienkritischen Haltung sicherlich bestärkt.

Friedmans Dissertation stellt eine Vorstudie zu seinem ersten großen Werk *Theory of the Consumption Function* (1957) dar, die er als seine beste wissenschaftliche Arbeit angesehen hat (Friedman, 1998, S. 66). Sie markierte in theoretischer Hinsicht einen Kontrapunkt zur zeitgenössischen, in der keynesianischen Makroökonomie verwendeten Konsumfunktion, der mathematisch-formalen Darstellung der Konsums in einer Ökonomie. In der keynesianischen Lehre standen die Verbrauchsausgaben der Haushalte einfach in einem festen Verhältnis zu ihrem laufenden Einkommen: eine scheinbar bloß mechanische Verhaltensweise ohne tiefergehende Begründung. Keynes selbst (1936, S. 83) hatte das «fundamental psychological law» einer unter Eins liegenden Konsumneigung allerdings in Anlehnung an die motivationspsychologischen Lehren seiner Zeit aufgestellt (Rieter, 1985) und dabei auf eine Reihe weiterer Faktoren verwiesen, die diese einfache Daumenregel modifizieren können: insbesondere Veränderungen des Zinssatzes sowie erwartete Änderungen im Verhältnis von Zukunfts- und Gegenwartseinkommen.

Friedman variierte an dieser Sichtweise die Gewichtung der entscheidungsrelevanten Faktoren: Ähnlich wie in der zeitgleich von Franco Modigliani entwickelten Lebenszyklushypothese des Konsumverhaltens ist für einen rational planenden Haushalt gerade der erwartete Verlauf seines gesamten Zukunfts- oder Lebenseinkommens, sein sogenanntes «permanentes Einkommen» (das sich über die Diskontierung mit dem Zins aus seinem Gesamtvermögen ergibt), wichtig für die Wahl des dazu passenden Konsumniveaus; nur in einem Spezialfall könnte sich dabei eine vom periodischen Markteinkommen abhängige Konsumentscheidung ergeben. Aus prag-matischer Sicht ändert sich damit nur wenig – faktisch arbeitet die empirische Wirtschaftsforschung immer noch mehr oder weniger erfolgreich mit dem Parameter der keynesianischen Konsumneigung –, und doch lieferte Friedman damit eine im Vergleich zum Nachkriegskeynesianismus fundamental andere Perspektive: Denn nun steht das intertemporal optimierende Individuum im Mittelpunkt und nicht länger das scheinbar nur gewohnheitsmäßige Verhalten des Haushaltssektors, einen festen Anteil vorgegebener Einkommenszuwächse zum Konsum zu verwenden.

Das makroökonomische Aggregat Konsum wird so konsequent auf mikroökonomische Entscheidungen zurückgeführt. Friedman knüpft dabei an Irving Fisher (1930) an, dessen Zeitpräferenztheorie des Zinses bereits die optimale Verteilung des Konsums auf mehrere Perioden deutlich gemacht hatte. Inhaltlich kann man die Schwerpunktverlagerung in der Konsumtheorie als Teil eines gegen den Keynesianismus gerichteten «roll back» begreifen. Denn natürlich kannte Keynes die Theorie von Fisher, wich aber bewußt davon ab.

Friedmans Konzept des permanenten Einkommens setzt voraus, daß die Individuen ihre Fähigkeiten (ihr Vermögen) am Markt stets einsetzen können, d. h. notfalls mittels Lohn- und Preiszugeständnissen Güter und Dienste verkaufen können. Wenn die Wirtschaftssubjekte auf diese Weise niemals unfreiwillig vom Marktgeschehen ausgeschlossen werden, so ist es auch plausibel anzunehmen, daß sie ihren Konsumstandard langfristig planen und aufrechterhalten, unabhängig von kurzfristigen Schwankungen des laufenden Einkommens. Keynes hielt demgegenüber auch anhaltende Phasen unfreiwilliger Arbeitslosigkeit bzw. niedriger Beschäftigung für möglich, in denen viele Wirtschaftssubjekte in ihren Verdienstmöglichkeiten beschränkt werden. Das Einkommen wird dann zu einer einzelwirtschaftlich unabhängigen Größe, an der dann auch die Konsummöglichkeiten orientiert werden müssen.

Hinter der Auseinandersetzung um die Keynessche oder Friedmansche Konsumtheorie steht demnach der sehr viel grundsätzlichere Streit um die gesamtwirtschaftliche Stabilität der Marktwirtschaft. Eine über die Marktkräfte sich einstellende Vollbeschäftigungstendenz hat Friedman aber nur behauptet, jedoch nie nachgewiesen. Allerdings kann er selbst im Fall einer notwendig werdenden Nachfragepolitik einen Punkt für sich verbuchen, weil die am laufenden Einkommen gemessene Konsumneigung in seinem Ansatz keine Konstante ist; die von Keynes behauptete Multiplikatorwirkung staatlicher Ausgaben (die ein Mehrfaches an privaten Konsumausgaben nach sich ziehen würden) bliebe aus, wenn die Wirtschaftssubjekte mit ihrem Konsum nicht auf kurzfristige Einkommensschwankungen reagieren.

Die moderne neoklassische Finanzmarkttheorie hat später eine implizite Annahme von Friedmans Konsumtheorie problematisiert: Bei Abweichungen zwischen laufendem und permanentem Einkommen kann ein Akteur nur dann seinen langfristig geplanten Konsumstandard aufrechterhalten, wenn er auf dem Vermögensmarkt unbeschränkt tätig werden kann, um temporäre Finanzierungsüberschüsse oder -defizite durch Sparen oder Kreditaufnahme abzudecken. Letzteres stößt aber auf unvollkommenen Kapitalmärkten, die durch Risikoaversion, Informations- und Reputationsdefizite gekennzeichnet sind, auf Schwierigkeiten: Die bloße Erwartung eines permanenten Einkommens und das Humankapital sind nicht «beleihbar», d.h. können kaum als Sicherheit im Kreditgeschäft dienen. Infolgedessen sind Haushalte in ihren Handlungsmöglichkeiten auf dem Finanzmarkt i.d.R. beschränkt, und dies unterstreicht dann doch wieder die hohe Bedeutung des laufenden Markteinkommens für den Konsum. Im übrigen findet die moderne Mikrotheorie über die Integration von Normen in die Nutzenfunktion weitere Argumente für die alte Keynessche Konsumfunktion (Akerlof, 2007).

Geldnachfrage. Eine konstruktive Gegenposition zum Keynesianismus hat Friedman mit der Wiederbelebung der Quantitätstheorie aufgebaut. Diese Theorie setzt an der Quantitätsgleichung $P \cdot Y = M \cdot U$ an. Sie beschreibt den tautologischen Zusammenhang zwischen den nominalen Umsätzen auf dem Gütermarkt (dem mit dem Preisniveau P bewerteten realen Sozialprodukt Y) und ihrer «technischen» Finanzierung durch eine bestimmte Menge von Geldeinheiten M und ihrer Umlaufgeschwindigkeit U. Letztere mißt, wie häufig eine Geldeinheit innerhalb einer Periode zu Zahlungszwekken eingesetzt wurde. Wenn nun die Umlaufgeschwindigkeit stabil und das reale Sozialprodukt von der Geldpolitik nicht beeinflußbar ist, so folgt nach der Quantitätstheorie die Abhängigkeit der Preisentwicklung von der Geldmenge.

Die Umlaufgeschwindigkeit entspricht logisch dem Kehrwert der Kassenhaltungsneigung der Wirtschaftssubjekte, d.h. ihrer «Geldnachfrage». Friedman publizierte 1956 eine «Neuformulierung» der Geldnachfragetheorie. Er betonte den Unterschied zur alten Quantitätstheorie: «For the transactions version [of the quantity theory], the most important thing about money is that it is transferred. For the income version, the most important thing is that it is held» (Friedman, 1974, S. 8; vgl. Friedman, 1989a; Spahn, 2009, S. 68 ff.). Die Nachfrage nach Geld wird nun als Teil der Nachfrage nach prinzipiell allen (Vermögens-) Gütern gesehen und hängt neben dem Einkommen von allen Ertragsraten des Marktsystems ab. Dieser Ansatz verallgemeinert die im Lehrbuch popularisierte Keynessche Liquiditätspräferenztheorie, nach der die Geldnachfrage vom Einkommen und erwarteten Zinsänderungen am Kapitalmarkt abhängig ist. Friedman liefert damit zugleich ein Gegenstück zu Keynes' kapitaltheoretischer Behandlung der Geldhaltung im lange Zeit wenig beachteten 17. Kapitel von dessen *General Theory*, in dem die Nachfrage nach allen Vermögensgütern (einschließlich Geld) als abhängig von ihrem Liquiditätsgrad, ihren Erträgen und Durchhaltekosten dargestellt wurde (Chick, 1983, S. 293 ff.).

Friedmans Neuformulierung der Geldnachfrage zielt auf zwei Punkte:

– Zum einen wird deutlich, daß die Transmission einer Zinsänderung durch die Zentralbank nicht nur über die Realinvestition zur Konsumnachfrage läuft; weil Wertpapiere und langlebige Konsumgüter unmittelbare Substitute sind, kann bei einer zinspolitisch ausgelösten Änderung der Wertpapierpreise die Nachfrage nach Konsumgütern auch unmittelbar berührt werden. Die potentielle Schwachstelle einer monetären Makrosteuerung, die oft unkalkulierbare Investitionsreaktion, wird so umgangen.

– Zum anderen ist die Umlaufgeschwindigkeit U in der Quantitätsgleichung $P \cdot Y = M \cdot U$ nicht länger wie in der klassischen Ökonomie eine technische Konstante, sondern steht nach Friedman in einem stabilen Funktionszusammenhang mit anderen makroökonomischen Variablen.

Keynes (1936, S. 139) zufolge *kann* eine geldpolitische Expansion (M steigt) in der «Liquiditätsfalle» versickern (U sinkt), so daß die Wirtschaftsaktivität monetär nicht mehr steuerbar ist; dieser Spezialfall eines «money does not matter» (der dann im Postkeynesianismus eine Zeitlang als Regelfall angesehen wurde) lag Mitte der 1930er Jahre in England vor (und trat auch im Japan der 1990er Jahre wieder auf). In der Weltwirtschaftskrise fielen Produktion und Preise; doch Friedman entdeckte, daß dies nicht an einer instabilen Umlaufgeschwindigkeit, sondern in erster Linie an einem markanten Rückgang der Geldmenge gelegen haben mußte. Die *Federal Reserve* hatte aus einer Mischung von Ignoranz und falsch verstandenem Wettbewerbsdenken viele unter Druck stehende Geschäftsbanken untergehen lassen; damit verringerte sich auch der Buchgeldbestand der Bankkunden, Zahlungsketten wurden unterbrochen, Einkommens- und Vermögensverluste, Bankpanik und Geldhortung waren die Folge.

Die Weltwirtschaftskrise war so in Friedmans Augen gerade kein Beleg für die Instabilität des Marktsystems – so wurde dies von vielen Keynesianern gesehen –, sondern ein Beleg für die Inkompetenz der Wirtschaftspolitik. Friedman schloß daraus: «Geld ist eine zu ernste Angelegenheit, als daß man es den Herren von der Zentralbank anvertrauen könnte» (1962, S. 77). Er forderte seitdem, die Entscheidungsfreiheit der Notenbanker zu beschränken und die Geldmenge regelgebunden um einen festen Prozentsatz wachsen zu lassen. Dies sei angesichts der unterstellten immanenten Stabilität der gesamtwirtschaftlichen Beziehungen ausreichend für die grundsätzliche Bewahrung von Wachstum, Vollbeschäftigung und Geldwertstabilität.

Geldpolitik. Als Präsident der *American Economic Association* setzte sich Friedman dann genauer mit der stabilitätspolitischen Rolle der Geldpolitik (1968) auseinander. Anknüpfungspunkt war die wenige Jahre zuvor entdeckte Phillips-Kurve, die empirische Hinweise auf eine mögliche negative Beziehung zwischen Arbeitslosigkeit und Inflation gab. Vor diesem Hintergrund wurde diskutiert, ob die Wirtschaftspolitik einen beliebigen Punkt auf dieser Kurve wählen könne, d. h. ob es möglich war, die Arbeitslosigkeit durch Inkaufnahme höherer Inflation zu verringern. Friedman analysiert nun eine geldpolitische Expansion mit diesem Ziel und geht dabei von einer «natürlichen Rate» der Arbeitslosigkeit aus. Entscheidend ist, daß diese Arbeitslosigkeit nicht konjunkturell sondern strukturell bedingt ist, d. h. durch ineffiziente Markt- und Gesellschaftsstrukturen verursacht (wie zum Beispiel mangelhafte Mobilität der Arbeitnehmer). Da somit aus makroökonomischer Sicht die kurzfristig maximale Beschäftigung besteht, muß die Übernachfrage am Arbeitsmarkt zu Lohn- und Preissteigerungen führen, wobei zunehmend auch die erwartete Inflation in die Lohnforderungen einfließt. Damit geht ein vom Beschäftigungsgrad unabhängiges Moment in die Lohn- und Preissteigerungsrate ein; die Phillips-Kurve gilt also nur bei gegebener Inflationserwartung und verschiebt sich mit steigenden Inflationserwartungen nach oben, so daß nun bei jeder Arbeitslosenquote eine höhere Inflationsrate gilt.

Nur kurzfristig kann durch expansive Geldpolitik die Beschäftigung gesteigert werden: dann nämlich, wenn die lohnpolitischen Forderungen hinter der tatsächlichen Inflationsrate zurückbleiben. Langfristig hat die Wirtschaftspolitik jedoch keine Wahl zwischen Arbeitslosigkeit und Inflation, sondern nur zwischen viel und wenig Inflation, wobei die Arbeitslosigkeit auf dem Niveau der «natürlichen Rate» verharrt und nur durch angebotspolitische Maßnahmen (Flexibilisierung, Ausbildung, Produktivitätsförderung etc.) beeinflußt werden kann.

Diese damals aufsehenerregende Botschaft ist im Grunde trivial, da Friedman lediglich demonstrierte, daß auf nachfragepolitischem Wege das Vollbeschäftigungsniveau nicht dauerhaft überschritten werden kann. Auch Keynes (1936, S. 245) hatte dies so gesehen. Friedmans Analyse der Phillips-Kurve, die im übrigen von Edward Phelps (1967) schon vorweggenommen worden war, stieß in den

1960er Jahren jedoch insbesondere bei Keynesianern auf Widerstand. Dafür gibt es einige mögliche Erklärungen:

- Da die «natürliche Rate» der Arbeitslosigkeit faktisch kein genau bekannter Punktwert ist, kann es für eine beschäftigungsorientierte Wirtschaftspolitik Sinn machen, die durch den Arbeitsmarkt gesetzten Angebotsbeschränkungen «auszutesten». Allerdings sieht Friedman im Modell von solchen Informationsmängeln ab.
- Schon Phelps (1972, S. 31, 78 ff.) und James Tobin (1972, S. 238) hatten darauf hingewiesen, daß konjunkturelle Unterbeschäftigung sich zu struktureller Arbeitslosigkeit verfestigen kann. Unter bestimmten Bedingungen kann man diesen Prozeß aber auch revidieren und mittels temporärer Überbeschäftigung die «natürliche Rate» der Arbeitslosigkeit verringern: wenn nämlich ehemals strukturell Arbeitslose im Produktionsprozeß requalifiziert werden und somit das marktfähige Arbeitspotential zunimmt. Jedoch ist dieses Argument erst nach der Hysteresis-Debatte der 1980er Jahre entwickelt worden, in der es um die Frage ging, unter welchen Bedingungen Abweichungen von einer gleichgewichtigen, «natürlichen» Rate der Arbeitslosigkeit eben diese Rate selbst verändern können (Jenkinson, 1987; Ball, 1999; Webster, 2005).
- In den 1960er Jahren hatten die Keynesianer die Keynessche Konstellation eines Unterbeschäftigungsgleichgewichts noch derartig verallgemeinert und verinnerlicht, daß sie Friedmans modelltheoretischen Ausgangspunkt – die Vollbeschäftigung – übersahen und sich so in einen nutz- und aussichtslosen Streit verstricken ließen.

Die fabulöse Debatte um die Phillips-Kurve entpuppt sich im Rückblick als ein Mißverständnis: Der Keynesianismus fokussierte Konstellationen der Unterbeschäftigung *oberhalb* der «natürlichen» Rate. «Keynesians were concerned with the problem of pushing the economy to its natural rate, not beyond it. If the economy is already there, we can all go home» (Hahn, 1982, S. 74 f.). Die von Friedman angeführte Gegenrevolution in der Makroökonomie zeigte lediglich, daß Arbeitslosenquoten *unterhalb* der «natürlichen» Rate nicht aufrechtzuerhalten sind. Allerdings hatte das auch niemand ernsthaft behauptet.

Friedman gilt als Begründer des «Monetarismus», einer Lehre, nach der die makroökonomische Aktivität letztlich von der Geldmenge angetrieben wird; und da die realen Variablen Wachstum, Produktion und Beschäftigung langfristig von monetären Größen unabhängig sind, wird die Geldmenge zur entscheidenden Determinante der Inflation. Der Begriff «Monetarismus» stammt jedoch von Karl Brunner (1968) und Alan Meltzer (1998). Zwischen ihrer Schule und Friedman gab es durchaus Differenzen. Während sie den Transmissionsprozeß monetärer Impulse mikro- und informationstheoretisch sehr genau modellieren (wobei die gesamtwirtschaftlichen Effekte allerdings etwas weniger eindeutig ausfallen), zog Friedman stets möglichst einfache Modelle mit klaren Botschaften vor; berühmt ist seine Parabel (1969), in der er die Konsequenzen eines Geldabwurfs per Hubschrauber auf die Entwicklung von Mengen und Preisen untersuchte.

Diese Parabel ist ganz in Einklang mit Friedmans vielbeachteter methodologischer Position (1953a), nach der es im Wissenschaftsprozeß nicht auf den Realismus der Annahmen, sondern allein auf die *empirische* Validität von Hypothesen ankomme (hier: auf den prognostizierbaren Zusammenhang zwischen Geldmenge und Preisen). Friedmans Bezugnahme auf *Theorien* bleibt dabei oft eklektisch. Deutlich wurde dies insbesondere in der öffentlich geführten Debatte um sein *Theoretical Framework for Monetary Analysis* (1974). Obwohl Léon Walras und Alfred Marshall als «incompatible bedfellows» (de Vroey, 1999) gesehen werden, stützte sich Friedman mal auf die allgemeine, mal auf die partialanalytische Gleichgewichtstheorie. Er argumentierte zeitweilig im Rahmen des keynesianischen IS-LM-Modells und hielt sich die Option offen, dieses Modell nach Bedarf durch einen ad-hoc-Verweis auf das walrasianische Gleichgewichtseinkommen zu vervollständigen. Ein derartig oberflächliches Hantieren mit theoretischen Modulen unterschiedlicher methodologischer Herkunft verletzte die Berufsehre eines Theoretikers des Allgemeinen Gleichgewichts wie Frank Hahn (1971), der bei Friedman schlicht ein «lack of seriousness» konstatierte, einen Mangel an Ernsthaftigkeit; niemand habe bislang gezeigt, wie die «natural rate of employment» konsistent aus einem walrasianischen Ansatz abgeleitet werden könne.

3. Wirkung

> Milton war einer der großen Denker und Ökonomen des 20. Jahrhunderts, und als ich mich das erste Mal mit der Macht seiner Schriften über Geld, deregulierte Märkte und die individuelle Freiheit konfrontiert sah, war das wie ein Blitzschlag.
>
> *Arnold Schwarzenegger, Gouverneur von Kalifornien*
> (Der Tagesspiegel, Berlin, 17.11.2006)

Wenn ein Wissenschaftler einen nachhaltigen Eindruck auf einen Politiker wie Arnold Schwarzenegger macht, so wirft dies Fragen auf. Angesichts der sprichwörtlichen Kommunikationsdefizite zwischen Wissenschaft und Politik könnte ein offenbar so gelungener Transfer auf die seltene Gabe eines Forschers verweisen, komplexe analytische Erkenntnisse auf einfache und politisch verwertbare Weise auszudrücken; oder darauf, daß die wissenschaftliche Botschaft mißverstanden wurde; oder aber sehr simpel ist. Doch auch wenn die letztgenannte Alternative zutreffen sollte, so bedeutet dies keineswegs, daß diese Botschaft vom wissenschaftlichen Standpunkt her falsch ist; Adam Smiths Metapher der wohlfahrtsförderlichen Wirkung des freien Spiels der Marktkräfte ist das häufig zitierte Beispiel einer einfachen, im Kern richtigen und auch außerordentlich politisch relevanten wissenschaftlichen These.

Von welcher Qualität waren die wissenschaftlichen und wirtschaftspolitischen Botschaften des Milton Friedman? Die akademische Profession läßt in ihrer Beurteilung Friedmans eine – für einen weltbekannten Nobelpreisträger ungewöhnliche – Ambivalenz erkennen. Paul Krugman (2007) sieht drei Facetten in Friedmans Persönlichkeit: den Fachökonomen, den wirtschaftspolitischen Berater und den Ideologen; während seine theoretischen Arbeiten in der Profession allgemein (?) bewundert würden, seien seine wirtschaftspolitischen Empfehlungen umstritten, und es habe ernsthafte Bedenken in Bezug auf seine «intellectual honesty» gegeben, wenn er sich in Büchern, Zeitungskommentaren und Fernsehserien an die breite Öffentlichkeit wandte.

Wie ist eine solch differierende Einschätzung möglich? War Friedman ein «Dr. Jekyll and Mr. Hyde» der Ökonomie? Die Betrachtung von Person und Werk zeigt vielmehr eine formale und inhaltliche Konsistenz seiner Überzeugungen, Arbeiten und Aktivitäten. Seine Beiträge zeichnen sich durch eine klare Sprache aus; der Transfer zwischen Theorie und Politik gelingt ihm dabei aber auch nicht nur deshalb so eindrucksvoll, weil er in der Darstellung der Sachverhalte zuspitzt und vereinfacht, sondern auch weil er das Wesen von Problemen zumeist monokausal sieht. Die mikroökonomisch ordnende Hand des Wettbewerbs und die makroökonomische Kraft der Geldmenge sind dabei die wiederkehrenden Motive seiner Arbeit und die Erkennungszeichen in der medialen Außendarstellung. Gut gemeinte Wirtschaftspolitik erhält immer wieder notorisch schlechte Noten: «Benevolent dictatorship is likely sooner or later to lead to a totalitarian society» (Friedman, 1989b, S. 22).

Im Zentrum seines ökonomischen Weltbildes steht letztlich der «homo oeconomicus» und seine freien Wahlhandlungen. Friedman war so auch ein Wegbereiter des Siegeszuges einer «Mikrofundierung der Makroökonomie», die eine konsequente Ableitung gesamtwirtschaftlicher Prozesse aus den Entscheidungen rationaler Individuen fordert. Die neue klassische Makroökonomie, ein «Monetarism Mark II» (Tobin, 1980), gelangte so mit dem Konstrukt rationaler Erwartungen zu Schlußfolgerungen, die Friedmans Analyse der Phillips-Kurve noch akzentuierten: Wenn die Wirtschaftssubjekte in Kenntnis der theoretischen Zusammenhänge das langfristige Ergebnis einer Geldmengenänderung antizipieren, läßt sich zeigen, daß diese auch kurzfristig nur Preiswirkungen hat, also realwirtschaftlich neutral ist (Lucas, 1996).

Friedman ist jedoch aus guten Gründen derartigen modelltheoretischen Übersteigerungen nicht gefolgt und hat – in kritischer Haltung auch zu Positionen aus dem Hause der Europäischen Zentralbank – stets die kurz- und mittelfristige Nichtneutralität der Geldpolitik in bezug auf Wachstum und Beschäftigung betont (Friedman, 2002); dabei ging es ihm freilich nicht um die Einforderung einer darauf gerichteten Geldpolitik, sondern umgekehrt um die Verdeutlichung der realwirtschaftlichen Kosten, die ein an der Tagespolitik orientiertes Notenbankhandeln verursachen kann.

Ohne Zweifel war der Übergang zu einer Geldmengensteuerung die augenfälligste Wirkung von Friedmans Einsatz für eine Neuorientierung der Geldpolitik. Die Notenbanken Deutschlands und der Schweiz, später zeitweilig Englands und der USA, gingen ab Mitte der 1970er Jahre zu einer geldpolitischen Strategie über, die zumindest auf den ersten Blick Friedmans Forderung nach einer regelgebundenen, langsamen Ausweitung des Geldangebots entsprach. Die «monetaristische Konterrevolution» in der Geldpolitik bedeutete konzeptionell, daß die Beschäftigungssicherung hinter das mittel- und langfristige Ziel der Geldwertstabilität zurücktrat. Damit eine solche Politik nicht durch erzwungene Interventionen am Devisenmarkt, d. h. unfreiwillige Geldschöpfung, konterkariert werden konnte, hatte Friedman (1953b) schon früh für flexible Wechselkurse plädiert (dabei konnte er sich freilich ebenso wenig wie viele andere Ökonomen vorstellen, daß die Aufgabe eines «nominalen Ankers» am Devisenmarkt nach 1973 phasenweise zu starken Wechselkursschwankungen führen würde).

In Deutschland machte die Bundesbank ab 1975 die Geldmengenpolitik zu ihrem Markenzeichen. Dieses Konzept läßt sich anhand der Quantitätsgleichung $P \cdot Y = M \cdot U$ illustrieren: Wenn das reale Sozialprodukt Y unabhängig von monetären Faktoren ist und die Umlaufgeschwindigkeit U gut prognostiziert werden kann, sollte man mit der steuerbaren Geldmenge M das Preisniveau P kontrollieren können. Der Erfolg der Bundesbank bei der Wahrung der Geldwertstabilität trug maßgeblich zur Förderung der Reputation von Friedmans Ansichten bei (Spahn, 2005; Janssen, 2006). Allerdings praktizierten weder sie noch andere Notenbanken die Geldmengenpolitik in der von Friedman empfohlenen Form einer strikten Mengenvorgabe eines bestimmten Zentralbankgeldangebots. Das unmittelbare Instrument blieb die Zinspolitik; das jährliche Geldmengenziel (das zudem im Durchschnitt in jedem zweiten Jahr verfehlt wurde) diente eher der Außendarstellung. Die Selbstverpflichtung auf ein Geldmengenziel war nützlich für die Wahrung der politischen Unabhängigkeit der Notenbank und wirkte wie ein «Schutzschild» gegen mögliche Versuche von Regierungsseite, auf Instrumente oder Ziele der Notenbank einzuwirken (Neumann, 1998).

Die Europäische Zentralbank knüpfte 1999 an die Strategie der Bundesbank an, relativierte aber die Rolle der Geldmenge als Zwischenziel der monetären Politik weiter. Denn auch in Europa zeigte sich das Phänomen großer, allenfalls ex post erklärbarer Schwankungen der Umlaufgeschwindigkeit, die schon in anderen Ländern zu einer Aufgabe des Geldmengenkonzepts geführt hatten. Die These einer Stabilität der Geldnachfrage, Friedmans zentraler Baustein bei seiner Rekonstruktion der Quantitätstheorie, läßt sich heute nur noch unter Zuhilfenahme immer neuer Geldmengendefinitionen und ökonometrischer Filterverfahren retten. Konzeptionell hat nun auch die Theorie der Geldpolitik insofern den Abschied von der Quantitätstheorie vollzogen, als die Geldmenge als «mitlaufender» Indikator des makroökonomischen Prozesses und der Zins als die geldpolitische Steuerungsgröße gilt (Alvarez u. a., 2001).

Friedman, der in den 1980er Jahren mit seinen geldmengengestützten Inflationsprognosen weit daneben lag (Nelson, 2007), gewann in seinen letzten Lebensjahren eine gewisse Flexibilität in seiner Position zurück. In seiner letzten wissenschaftlichen Arbeit (2005) unterstrich er anhand dreier historischer Episoden zwar die treibende Rolle der Geldmenge für das Nominaleinkommen, unterließ jedoch jeden Hinweis auf die Aufteilung in Mengen und Preise, und betonte statt der Güterpreisinflation die Wirkung auf die Vermögenspreise, das «neue» Thema der Geldpolitik seit den 1990er Jahren. Zuvor hatte er in einem Interview die Notwendigkeit der Geldmengenkontrolle für die Inflation relativiert und anerkannt, daß «the use of the quantity of money as a target has not been a success. [...] I'm not sure I would as of today push it as hard as I once did» (zit. in Woodford, 2006, S. 5, Fn.).

Die Schaffung einer europäischen Einheitswährung hatte Friedman übrigens kritisch kommentiert und vor dem Auseinanderbrechen der Währungsunion gewarnt. Die Zukunft wird zeigen, ob seine Prognose in diesem Fall zutrifft.

> Der Einsatz für den Euro ist politisch, nicht wirtschaftlich motiviert. Zum einen sollen Deutschland und Frankreich so eng aneinander gebunden werden, daß ein künftiger Krieg in Europa unmöglich wird, zum anderen soll die Bühne für die Vereinigten Staaten von Europa bereitet werden. Ich glaube aber, daß die Einführung des Euro den gegenteiligen Effekt haben würde. Sie würde politische Spannungen verschlimmern, indem sie wirtschaftliche Schocks, die die Länder unterschiedlich treffen, aber durch Wechselkursveränderungen leicht ausgeglichen werden könnten, in umstrittene politische Themen ummünzt. Politische Einheit kann den Weg für eine Währungsunion bereiten. Eine Währungsunion, die unter ungünstigen Bedingungen oktroyiert wird, wird sich aber als Hindernis für das Erreichen von politischer Einheit erweisen.
>
> *Milton Friedman* (Die Zeit, 12.9.1997)

1. Werke

Friedman, M. 1953a. The Methodology of Positive Economics, in: Ders., Essays in Positive Economics, Chicago und London, S. 3–43.
Friedman, M. 1953b. The Case for Flexible Exchange Rates, in: Ders., Essays in Positive Economics, Chicago und London, S. 157–203.
Friedman, M. 1956. Die Quantitätstheorie des Geldes – Eine Neuformulierung, in: Ders., Die optimale Geldmenge und andere Essays, Frankfurt 1976, S. 77–99.
Friedman, M. 1957. A Theory of the Consumption Function, Princeton.
Friedman, M. 1962. Kapitalismus und Freiheit, München 1976.
Friedman, M. 1968. Die Rolle der Geldpolitik, in: Ders., Die optimale Geldmenge und andere Essays, Frankfurt 1976, S. 135–156.
Friedman, M. 1969. Die optimale Geldmenge, in: Ders., Die optimale Geldmenge und andere Essays, Frankfurt 1976, S. 9–76.
Friedman, M. 1974. A Theoretical Framework for Monetary Analysis, in: R.J. Gordon (Hrsg.), Milton Friedman's Monetary Framework – A Debate with His Critics, Chicago, S. 1–62.
Friedman, M. 1989a. Quantity Theory of Money, in: J. Eatwell (Hrsg.) u. a., The New Palgrave Dictionary of Money and Finance, London und Basingstoke, S. 247–264.
Friedman, M. 1989b. John Maynard Keynes, Federal Reserve Bank of Richmond, in: Economic Quarterly, Bd. 83/2, 1997, S. 1–23.
Friedman, M. 2002. Comment on Gaspar and Issing, in: Australian Economic Papers, Bd. 41, S. 366–368.
Friedman, M. 2005. A Natural Experiment in Monetary Policy Covering Three Episodes of Growth and Decline in the Economy and the Stock Market, in: Journal of Economic Perspectives, Bd. 19/4, S. 145–150.
Friedman, M., und Friedman, R.D. 1980. Chancen, die ich meine – «Free to Choose», Frankfurt und Berlin 1983.
Friedman, M., und Friedman, R.D. 1984. Tyranny of the Status Quo, London.
Friedman, M., und Friedman, R.D. 1998. Two Lucky People, Chicago.
Friedman, M., und Schwartz, A.J. 1963. A Monetary History of the United States, 1867–1960, Princeton 1990.
Friedman, M., und Stigler, G.J. 1946. Roofs or Ceilings? The Current Housing Problem, New York.

2. Weiterführende Literatur

Akerlof, G.A. 2007. The Missing Motivation in Macroeconomics, in: American Economic Review, Bd. 97, S. 5–36.
Alvarez, F. u. a. 2001. Interest Rates and Inflation, in: American Economic Review, Papers and Proceedings, Bd. 91, S. 219–225.
Ball, L. 1999. Aggregate Demand and Long-Run Unemployment, in: Brookings Papers on Economic Activity, Nr. 2, S. 189–251.

Brunner, K. 1968. The Role of Money and Monetary Policy, in: Federal Reserve Bank of St. Louis Review, Bd. 50, Juli, S. 9–24.
Chick, V. 1983. Macroeconomics after Keynes, Oxford.
Ebenstein, L. 2007. Milton Friedman – A Biographie, Basingstoke.
Fisher, I. 1930. The Theory of Interest, New York.
Hahn, F. H. 1971. Professor Friedman's Views on Money, in: Economica, Bd. 38, S. 61–80.
Hahn, F. H. 1982. Money and Inflation, Oxford.
Hayek, F. A.v. 1944. Der Weg zur Knechtschaft, München 1976.
Janssen, H. 2006. Milton Friedman und die «monetaristische Revolution» in Deutschland, Marburg.
Jenkinson, T. 1987. The Natural Rate of Unemployment – Does It Exist?, in: Oxford Review of Economic Policy, Bd. 3/3, S. 20–26.
Keynes, J. M. 1936. Allgemeine Theorie der Beschäftigung, des Zinses und des Geldes, Berlin.
Krugman, P. 2007. Who Was Milton Friedman?, in: The New York Review of Books, Bd. 54/2.
Lucas, R. E. 1996. Nobel Lecture – Monetary Neutrality, in: Journal of Political Economy, Bd. 104, S. 661–682.
Meltzer, A. H. 1998. Monetarism – The Issue and the Outcome, in: Atlantic Economic Journal, Bd. 26, S. 8–24.
Nelson, E. 2007. Milton Friedman and U.S. Monetary History, 1961–2006, in: Federal Reserve Bank of St. Louis Review, Bd. 89, S. 153–182.
Neumann, M. J. M. 1998. Geldwertstabilität – Bedrohung und Bewährung, in: Deutsche Bundesbank (Hrsg.), Fünfzig Jahre Deutsche Mark – Notenbank und Währung in Deutschland seit 1948, München, S. 309–346.
Phelps, E. S. 1967. Phillips Curves, Expectations of Inflation and Optimal Unemployment over Time, in: Economica, Bd. 34, S. 254–281.
Phelps, E. S. 1972. Inflation Policy and Unemployment Theory – The Cost-Benefit Approach to Monetary Planning, London.
Rieter, H. 1985. Hypothesen zur Erwartungsbildung bei Keynes und Schumpeter, in: H. Scherf (Hrsg.), Studien zur Entwicklung der ökonomischen Theorie IV, Berlin, S. 27–72.
Spahn, H.-P. 2005. Wie der Monetarismus nach Deutschland kam – Zum Paradigmenwechsel der Geldpolitik in den frühen 1970er Jahren, Diskussionsbeiträge aus dem Volkswirtschaftlichen Institut der Universität Hohenheim, Nr. 258, Stuttgart. Erscheint in: H. Hagemann (Hrsg.), Deutsche Einflüsse auf amerikanisches wirtschaftswissenschaftliches Denken und amerikanische Einflüsse auf deutsches wirtschaftswissenschaftliches Denken, Studien zur Entwicklung der ökonomischen Theorie, Berlin.
Spahn, H.-P. 2009. Geldpolitik – Finanzmärkte, neue Makroökonomie und zinspolitische Strategien, 2. Aufl. München.
Tobin, J. 1972. Inflation und Arbeitslosigkeit, in: E. Nowotny (Hrsg.), Löhne, Preise, Beschäftigung, Frankfurt 1974, S. 213–241.
Tobin, J. 1980. Vermögensakkumulation und wirtschaftliche Aktivität, München und Wien 1981.
Vroey, M. de 1999. The Marshallian Market and the Walrasian Economy – Two

Incompatible Bedfellows, in: Scottish Journal of Political Economy, Bd. 46, S. 319–338.
Webster, D. 2005. Long-Term Unemployment, the Invention of «Hysteresis» and the Misdiagnosis of Structural Unemployment in the UK, in: Cambridge Journal of Economics, Bd. 29, S. 975–995.
Woodford, M. 2006. How Important Is Money in the Conduct of Monetary Policy? Fourth ECB Central Banking Conference, Frankfurt am Main.

Ich danke Jonathan Beck (München), Heinz Kurz (Graz) und Heinz Rieter (Hamburg) für hilfreiche Anmerkungen.

Carl Christian von Weizsäcker

Paul Anthony Samuelson
(*1915)

I. Leben

Paul Anthony Samuelson wurde am 15. Mai 1915 in der Stahlstadt Gary nicht weit von Chicago geboren. Sein Vater betrieb eine kleine Apotheke. In seiner Kindheit hat Samuelson die Not der Arbeiter gesehen, die ohne jede soziale Absicherung im Stahlwerk arbeiteten. Er konnte die Wirkungen der großen Depression Anfang der 1930er Jahre als junger Mann beobachten; und dieses hat ihn und seine Sicht der Welt ein Leben lang geprägt. Im Alter von 16 Jahren begann Samuelson 1932 sein Studium als Undergraduate an der Universität Chicago. Aaron Director, Jacob Viner, Frank Knight und Henry Schultz gehörten zu seinen Lehrern. Nach seinem BA-Abschluß wechselte er mithilfe eines Stipendiums zur Harvard University. Als 21jähriger veröffentlichte er 1936 seinen ersten Artikel in einer Fachzeitschrift. Kurz danach wurde er zum Junior Fellow der Harvard University gewählt, was ihm drei Jahre freies Forschen ermöglichte. In dieser Zeit publizierte er zahlreiche weitere Aufsätze; und legte dann 1941 seine Dissertation vor, die er nach dem Krieg umarbeitete zu seinen *Foundations of Economic Analysis.* 1938 heiratete er seine Kommilitonin Marion Crawford. Ihnen wurden sechs Kinder geboren.

Samuelsons Lehrer an der Harvard University waren, neben dem Mathematiker und Physiker Edwin Bidwell Wilson, die Ökonomen Alvin Hansen, Wassily Leontief, Joseph Schumpeter und andere. Zugleich mit ihm studierten dort Abram Bergson, Lloyd Metzler und James Tobin. Trotz seiner für jedermann erkennbaren Brillanz sah er Schwierigkeiten für eine Karriere an der Harvard University, die damals, wie alle Ivy-League-Universitäten, noch durch starke anti-jüdische Vorurteile geprägt war (vgl. hierzu Samuelson, 2002). Er entschied sich daher, eine Stelle am benachbarten Massachusetts Institute of Technology (MIT) anzunehmen, dem er bis auf den heutigen Tag verbunden ist. Während des Krieges unterbrach Samuelson seine Grundlagenforschung, um zuerst im National Resources Planning Board und später im Radiation

Laboratory des MIT und schließlich im War Production Board zu arbeiten.

Mit der Veröffentlichung seiner *Foundations* etablierte sich Samuelson in den U.S.A. als der führende mathematische Ökonom seiner Generation (Samuelson, 1947). Der Chairman seines Departments am MIT, Ralph Freeman, stellte ihn kurz nach dem Krieg von einem Teil seiner Lehrverpflichtungen frei und gab ihm den Auftrag, ein modernes einführendes Lehrbuch zu schreiben. Dieses ist das Lehrbuch *Economics*, das 1948 erschien und sehr rasch ein Bestseller wurde. Es wurde zum Vorbild für die gesamte ökonomische Lehrbuch-Literatur. Das Buch ist geprägt einerseits durch den neuen Geist des Keynesianismus und andererseits durch den neoklassischen Ansatz in seiner durch Samuelson selbst entwickelten modernisierten Form. Da es auf mathematische Ableitungen verzichtet und mit großem didaktischen Geschick geschrieben ist, verbreitete es in kurzer Zeit weltweit den Gedanken der «neoklassischen Synthese», d.h. den Gedanken der Integration der Keynesschen makroökonomischen Revolution in die Neoklassik.

Dieses Lehrbuch ist im sozialwissenschaftlichen Bereich – soweit ich sehen kann – ein einmaliges Ereignis: Samuelson verstand damit, als Mann der jungen Generation, die Breitenwirkung eines ganzes Faches in einer ganz kurzen Zeitperiode massiv zu verändern. Vielleicht lag nach der großen Depression die Rezeption der Keynesschen Gedanken durch die orthodoxe Lehre in der Luft. Daß sich aber diese neoklassische Synthese so vergleichsweise reibungslos vollziehen konnte, beruhte nicht zuletzt auf den Meriten dieses Lehrbuchs. Trotz seiner Zugänglichkeit vermied es irreführende Vereinfachungen und führte die Lernenden derart in die Denkweise des Ökonomen ein, daß es ihnen zugleich auch beibrachte, wozu dies alles in der Wirtschaftspolitik von Nutzen war.

Samuelson blieb dem MIT treu und machte im Verlauf der Zeit zusammen mit seinen Kollegen das dortige Economics Department – so kann man wohl sagen – zum führenden Department der Welt. Dazu trug natürlich ganz wesentlich bei, daß er selbst einen breiten Strom wissenschaftlicher Publikationen hervorbrachte, die in einer Fülle von Teilgebieten der Ökonomie den Stand des Wissens erweiterten, verbesserten, zum Teil revolutionierten. 1970 wurde ihm, der damals 55 Jahre alt war, der Nobelpreis für Ökonomie zugesprochen. Dieser Strom von wissenschaftlichen Publikationen hielt bis ins hohe Alter an. Auch heute noch ist Samuelson im Alter von mehr als 90 Jahren eine «Public Figure», deren Kommentare zu aktuellen Themen immer mit großer Aufmerksamkeit aufgenommen werden.

Wie zwei rote Fäden durchziehen zwei Charakteristika die wissenschaftlichen Arbeiten von Samuelson. Erstens die Rigorosität der Argumentation und zweitens die Einbettung der jeweiligen Spezialergebnisse in einen größeren Zusammenhang. In der Kombination dieser beiden Charakteristika unterscheidet sich Samuelsons Forschung auch von der der meisten seiner Fachkollegen. Es gibt wohl manche – auch bedeutende – Ökonomen, die einen Blick für das Ganze beibehalten, aber bei fast allen von ihnen fehlt dann die rigorose Argumentation anhand des mathematischen Modells. Und es gibt auf der anderen Seite eine große Heerschar von Ökonomen, die eine Fülle von mathematischen Modellen entwickeln und publizieren, bei denen aber dann die Einbettung in ein größeres Ganzes fehlt. Diese Arbeitsweise von Samuelson bringt es auch mit sich, daß man ihn nicht in die übliche Schablone «marktgläubig» oder «staatsgläubig» einordnen kann. Samuelson kann in seinen Arbeiten in meist glasklarer Form zeigen, was im jeweiligen Zusammenhang Marktprozesse und Wettbewerb zu leisten vermögen, zugleich aber zeigt er gerade mit denselben Methoden auch die Grenzen des marktwirtschaftlichen Prinzips auf, aufgrund derer der Bedarf an staatlicher Korrektur entsteht. So ist Samuelson vielleicht mehr als jeder andere Ökonom der Theoretiker der *mixed economy*. Dafür ist die neoklassische Synthese zwischen Keynes und einer modernisierten Neoklassik nur ein Beispiel. Analoge Beispiele finden sich bei ihm in seinen grundlegenden Arbeiten zur Wohlfahrtsökonomik, zur Theorie des internationalen Handels, zur Thematik des Risikos und der Finanzökonomik oder zur Theorie der öffentlichen Güter.

Er unterscheidet sich in dieser Hinsicht auch sehr eindeutig von seinem großen Antipoden Milton Friedman, dem führenden Kopf der Chicagoer Schule und großen Kritiker aller Staatstätigkeit wie auch des Keynesianismus. Samuelson hat Friedman immer wieder den Vorwurf unzulässiger Vereinfachungen gemacht. Es ist aber sicher nicht falsch, wenn man sagt, dass in öffentlichen Debatten – etwa ausgestrahlt über das Fernsehen – zwischen beiden Wissenschaftlern vielleicht gerade wegen seiner polaren marktwirtschaftlichen Position Milton Friedman seine Argumente besser platzieren konnte.

Trotz seiner großen öffentlichen Wirkung und auch seines Einflusses auf die wirtschaftspolitischen Programme, insbesondere der Demokratischen Partei und ihrer Präsidentschaftskandidaten, ist die politische Wirkung von Samuelson vor allem von seiner Tätigkeit als Lehrer und Forscher ausgegangen. Dazu gehört die Breitenwirkung seines Lehrbuches, das in der einen oder anderen Form viele Nachahmer gefunden hat. Es gehört dazu aber insbesondere seine und seiner Fachkollegen Lehrtätigkeit am Economics Department des MIT. Dort lernten die Graduate Students und Doktoranden, wie man in der Ökonomie rigorose Theorie mit empirischer Relevanz verbindet. Sie lernten eine Anreizstruktur kennen, die für das Forschen besonders produktiv war. Samuelson verbreitete im Department einen Geist, so dass jeder junge Forscher damit rechnen konnte, dass seine originären Forschungsbeiträge gewürdigt wurden und sich positiv auf seine Karriere auswirkten. Natürlich konnte MIT sich allmählich die besten Bewerber um einen Platz in der Graduate School aussuchen; aber auch für überdurchschnittlich fähige junge Menschen ist es ein Glücksfall, einerseits in die Disziplin rigoroser theoretischer Ableitung eingebunden zu werden und andererseits ein Diskussionsklima zu erleben, in dem neue Ideen gewürdigt und nicht abgewürgt wurden.

Der Geist, der am Economics Department des MIT herrschte, wird vielleicht in einer Samuelson-Anekdote deutlich (deren es viele gibt), die von Cary Brown und Robert Solow in ihrem Vorwort zu einer Festschrift für Samuelson aus dem Jahre 1983 berichtet wird (Brown und Solow, 1983). Seymour Harris, damals Chairman des Economics Department der Harvard Universität, hatte Mitte der fünfziger Jahre eine landesweite Umfrage unter den Economics Departments veranstaltet, die die Meinung über die Qualität der Departments ermitteln sollte. Harvard erhielt Platz 1, während MIT einen Platz im oberen Mittelfeld erhielt. Als Samuelson dieses Ergebnis erfuhr, soll er spontan gesagt haben: «We may not be the best department, but we certainly are the happiest.» Vielleicht ist es ein interessantes Ergebnis für die moderne Glücksforschung, dass es dann nur noch ein Jahrzehnt dauerte, ehe MIT nach allgemeinem Urteil eben auch das beste Department war, weit vor Harvard.

Berühmt war in den fünfziger, sechziger Jahren der Economics Lunch-Table im Faculty Club des MIT, der sich im gleichen Gebäude wie das Economics Department befindet. An dem großen runden Tisch entspann sich – ohne formellen Diskussionsleiter, aber doch mittels der informellen Führung durch Samuelson – täglich die Debatte über den Stand des Faches, über die gerade anstehenden wissenschaftlichen wie wirtschaftspolitischen Kontroversen, über Methodenfragen wie inhaltliche Fragen, über die Szene im eignen Land wie auch in der ganzen Welt, mit einem besonders kritischen Blick nach England, speziell Cambridge, aber auch auf den berühmten Nachbarn Harvard oder den intellektuellen Antipoden Chicago. Samuelsons enzyklopädische Belesenheit, sein Einfühlvermögen in die Denkweise anderer, sein unübertroffenes Gedächtnis für Anekdoten, sein schlagfertiger Witz und sein Humor voller Selbstironie, machten die Teilnahme an diesen intellektuellen Streifzügen für alle Beteiligten zu einer Lust, zugleich zu einem intensiven Lehrgang, bar jeder trockenen Systematik, Speed-Listening sozusagen. Dieser lachende Lunch-Table war damals, was das ökonomische Fach angeht, jeweils für eine Zeit von 60 bis neunzig Minuten, nahe dem Universitätsideal eines Wilhelm von Humboldt, «Humboldt at his Best» (vgl. zum Lunch Table Brown und Solow, 1983, S. XI f.).

So gingen aus der «MIT-Schule» eine große Anzahl bedeutender ökonomischer Wissenschaftler, aber auch Berater von Regierungsstellen und von internationalen Organisationen hervor. Die heutige Evaluitis bedient sich häufig des Zählens von Nobel-Preisen. Es besteht kein Zweifel, dass unter den Nobel-Preisen in Ökonomie, die in jüngerer Zeit vergeben wurden, der Anteil der MIT-Professoren und MIT-Schüler größer ist als der jeder anderen Schule.

2. Werk

Die «Foundations». Kurz nach dem 2. Weltkrieg, 1947, veröffentlichte Samuelson seine *Foundations*. Für die wirtschaftstheoretische Forschung der kommenden Jahre werden die *Foundations* weltweit zum wichtigsten Bezugspunkt. Dieses Buch war gewiß nicht das erste Werk in der mathematischen Ökonomie. Dennoch ist es nicht übertrieben, wenn man sagt, daß es die Art und Weise, wie ökonomische Theorie betrieben wurde, revolutioniert hat. Durch dieses

Buch wurde recht eigentlich die Grundlage für die axiomatische Methode gelegt, die in den folgenden Jahrzehnten zur herrschenden Methode der Wirtschaftstheorie geworden und bis heute geblieben ist. Das Buch ist ein «Klassiker». Es wurde zum Vorbild dafür, wie ein Wirtschaftstheoretiker Wissenschaft betreiben soll. Heute wird es allgemein als *Foundations* zitiert, ähnlich abgekürzt wie Adam Smiths Hauptwerk, der *Wealth of Nations* oder Keynes' *General Theory*.

Das Motto, das Samuelson dem Buch vorangestellt hat, ist ein Zitat des amerikanischen Physikers Willard Gibbs: «Mathematics is a Language». Und es besteht kein Zweifel, dass Samuelson sich die Mathematisierung der theoretischen Physik als Vorbild für die Mathematisierung der ökonomischen Theorie genommen hat. Der erste Teil des Buches umfaßt ungefähr 70% seines Gesamtvolumens. Er ist den Themen gewidmet, die die Ökonomie seither unter dem Begriff der komparativen Statik zusammenfaßt. Der zweite, kürzere Teil behandelt Themen der Dynamik. Es ist aber vor allem der erste Teil, der die Grundlage für die Form abgibt, mit der seither die Wirtschaftstheorie Modelle insbesondere in der Mikroökonomie entwickelt.

Zentral für den ersten Teil der *Foundations* sind zwei relativ abstrakte Begriffe, der Begriff der Maximierung und der Begriff des Gleichgewichts. Beide waren damals natürlich der Wirtschaftstheorie nicht neu. Aber sie wurden doch primär in konkreten Zusammenhängen angewendet; das Fach hatte noch nicht erkannt, welche Gemeinsamkeiten den verschiedenen Fällen eigen waren, in denen sie angewendet wurden. Samuelson führt nun die Theorie der Nutzenmaximierung sowie die Theorie der Gewinnmaximierung oder Kostenminimierung auf ihre ihnen gemeinsamen formalen Eigenschaften zurück, die aus dem Prinzip der Maximierung als solchem resultieren. In ähnlicher Weise betrachtet er den Begriff des Gleichgewichts als Lösung eines Gleichungssystems, um dann festzustellen, welche Aussagen man auf abstrakter Ebene ableiten kann über den Zusammenhang zwischen den exogen vorgegebenen Parametern (die beispielsweise die vorhandene Produktionstechnologie beschreiben) und den im Gleichgewicht endogen bestimmten Werten der Variablen (beispielsweise der produzierten Menge).

Samuelson versteht seine Theorie als empirisch widerlegbare Theorie: indem aus dem Theorieansatz – etwa der Hypothese der

Nutzenmaximierung – bestimmte Folgerungen über den Zusammenhang von Variablen und Parametern oder von verschiedenen Variablen untereinander abgeleitet werden, kann man diese Ergebnisse mit empirischen Befunden vergleichen. Wenn diese den theoretischen Aussagen widersprechen, dann haben die Ausgangshypothesen den empirischen Test nicht bestanden. Insofern ist es auch falsch, wenn man später gegen diesen axiomatischen Ansatz den Vorwurf des «Modellplatonismus» erhoben hat.

Eines der zentralen Ergebnisse des Ansatzes von Samuelson ist ein Satz, den er selbst das «Le-Chatelier-Prinzip» nennt, womit er den engen Zusammenhang zu Erkenntnissen der theoretischen Physik betont. Dieses Le-Chatelier-Prinzip weist im mathematischen Modell eine Erkenntnis nach, die schon seit Alfred Marshall seitens der ökonomischen Theorie intuitiv erfaßt worden war. Zugleich wird diese Erkenntnis wesentlich verallgemeinert, sodaß die schon bekannte Erkenntnis sich als Spezialfall eines allgemeinen Prinzips darstellt. Seit Alfred Marshalls Untersuchungen kannte man die empirisch recht robuste Aussage: Die Reaktionselastizitäten sind in der langen Frist höher als in der kurzen Frist. Ein Beispiel ist die Preiselastizität der Nachfrage: bei einer Preisänderung sinkt die nachgefragte Menge in der kurzen Frist zunächst weniger stark, als in der langen Frist. Das Samuelson-Le Chatelier-Prinzip sagt nun unter anderem folgendes: Gegeben sei eine Maximierungsaufgabe in mehreren Variablen mit Nebenbedingungen. Untersucht wird, wie die optimalen Werte auf Veränderungen der Parameter reagieren. Man betrachtet nun eine Stelle, die mit und ohne eine bestimmte Nebenbedingung die Zielgröße maximiert. Dann ist die Reaktionselastizität auf eine Veränderung eines Parameters im Fall des Wegfalls der Nebenbedingung größer als bei Beibehaltung dieser Nebenbedingung. Diese mathematische Aussage, die auch noch verallgemeinert werden kann, verfügt über zahlreiche Anwendungen in der Ökonomie. Das Verhältnis der langfristigen zu der kurzfristigen Grenzkostenkurve ist eine davon. Analoge Ergebnisse ergeben sich in der Konsumtheorie. Daß es in Zeiten des Krieges Sinn macht, den Verbrauch von Nahrungsmitteln zu rationieren, ohne daß daraus folgt, daß dasselbe auch für normale Zeiten gilt, kann ebenfalls auf die Erkenntnis zurückgeführt werden, daß Anpassungsreaktionen Zeit erfordern. Samuelsons Le Chatelier-Prinzip fundiert diese «Intuitionen» in einer allgemeinen Strukturtheorie, die allen wirtschaftlichen Zusammenhängen zugrunde gelegt werden kann. Zum Samuelson–Le Chatelier-Prinzip vgl. Milgrom (2006). Zum Prinzip der Maximierung bzw. Minimierung in Ökonomie und Physik vgl. Samuelsons Nobel-Preis-Vortrag (Samuelson 1971a).

Es ist hier nicht Platz genug, um auf die einzelnen Kapitel der *Foundations* einzugehen. Ich greife nur ein weiteres Kapitel heraus, das über «Welfare Economics». Es ist dies einerseits eine Meisterleistung in der Darstellung der Dogmengeschichte dieses Gebiets von seinen Anfängen bei Bentham und Adam Smith bis zum Stand der Diskussion vor Samuelsons eigenen Beiträgen. Zugleich gelingt es Samuelson durch seine eigene Darstellung, Klarheit in ein Gebiet zu bringen, das sich bis dahin durch eine Fülle von Mißverständnissen ausgezeichnet hat. Seine hier entwickelte «Social Welfare Function» (Soziale Wohlfahrtsfunktion) ist dann der Ausgangspunkt für die Weiterentwicklung und die Anwendung der Wohlfahrtsökonomik in der Nachkriegszeit. Diese ist ja bis heute die theoretische Grundlage für das in der angewandten Ökonomik fast durchgängig verwendete Effizienzkriterium, sei es in der Kosten-Nutzen-Analyse, sei es in der modernen Industrieökonomik. Es sei an dieser Stelle nicht verschwiegen, daß diese theoretische Grundlage keine sehr feste ist. Die Grenzen der «New Welfare Economics», die ohne interpersonellen Nutzenvergleich auskommen möchte, wurden von Samuelson sehr deutlich aufgezeigt. Sie werden heute in der Anwendung allermeist einfach vergessen oder eben bewußt ignoriert. Ein wichtiger späterer Beitrag Samuelsons zur Wohlfahrtsökonomik ist Samuelson (1956).

Im folgenden bespreche ich sehr selektiv einige Beiträge von Samuelson, die er im Verlauf der Jahrzehnte meist in Fachzeitschriften publiziert hat.

Revealed Preference. Samuelson entwickelte schon vor dem Zweiten Weltkrieg den äußerst fruchtbaren Gedanken der «Revealed Preference». Man geht in der ökonomischen Theorie von dem Axiom aus, daß der Mensch rational in dem Sinne handelt, daß die Auswahl seiner Handlungen sich an dem Prinzip orientiert, die eigenen Ziele möglichst weitgehend zu erreichen. Dann aber sollte es im Prinzip möglich sein, von den beobachteten Handlungen des Individuums auf seine Ziele oder Präferenzen zurückzuschließen.

Samuelson und später Houthakker zeigen nun, dass die vollständige Kenntnis der Nachfragefunktion des Individuums dann die vollständige Präferenzordnung des Individuums erschließen läßt, wenn ein bestimmtes Rationalitätsaxiom, das starke Axiom der Revealed Preference vorausgesetzt werden kann.

Ähnlich wie das Samuelson-Le Chatelier-Prinzip bringt auch die Samuelson-Houthakker-Theorie der Revealed Preference eine schon lange vorhandene «Intuition» auf den Begriff: Schon immer wusste die liberale Sozialphilosophie, daß eine Gesellschaft freier Menschen nur stabil sein kann, wenn dem Bürger die Folgen seines eigenen, aus freiem Willen resultierenden Handelns zu einem erheblichen Teil zugerechnet werden. Was aber heißt dieses Prinzip genau? Was ist der präzise Inhalt des Begriffs «Privatautonomie»? Bis heute haben wir hierauf keine klare Antwort. Aber das Revealed Preference-Prinzip in seiner von Samuelson unternommenen und von anderen weiter geführten Axiomatisierung ist der Beginn einer Antwort: dem handelnden Individuum können die Folgen seines Handelns als Ausdruck seiner – als konsistent vorausgesetzten – Präferenzen zugerechnet werden – und die so ermittelbaren Präferenzen können als Maßstab für Nutzen und Kosten von öffentlichen Investitionsprojekten oder von Gesetzesänderungen oder einer bestimmten Außenhandelspolitik dienen (vgl. Samuelson, 1938 und 1948, sowie Houthakker, 1950).

Der Gedanke der Revealed Preference ist auch innerhalb des Faches nicht unumstritten geblieben. Man denke nur an Hayeks Fundamentalkritik an dem «Konstruktivismus» aller wohlfahrtsökonomischen Ansätze, als Kritik «von rechts» (Hayek, 1974); oder an Amartya Sens Relativierung dieses Gedankens im Zusammenhang mit dem Verweis auf die Orientierung des Verhaltens an Normen, die rein präferenzorientiertes Entscheiden begrenzen, als Kritik «von links» (Sen, 1977). Dennoch ist Revealed Preference eine bleibende Innovation des theoretischen Denkens über die Möglichkeit des Zusammenlebens freier Bürger. Im Kerngehalt ist sie für eine moderne Gesellschaft unentbehrlich.

Über Marx. Nur sehr wenige große Wissenschaftler haben sich in der Ökonomie intensiv mit den Werken ihrer Vorgänger befaßt. Zu ihnen gehörte sicherlich John Maynard Keynes, und zu ihnen gehörte in der Nachkriegszeit sicherlich George Stigler. Aber vielleicht kann Samuelson doch beanspruchen, mehr als jeder andere versucht zu haben, die Vorgänger zu verstehen und zu würdigen. Dies kommt einmal zum Ausdruck in den in seinen Arbeiten zu findenden Namensketten, die sich jeweils auf eine bestimmte Erkenntnis und deren Weiterentwicklung im Fach beziehen. Fast jede Arbeit von Samuelson ist durchtränkt mit Verweisen auf die Leistungen früherer Wissenschaftler; und mancher Leser der Arbeiten von Samuelson hat wohl erst durch die Lektüre dieser Arbeiten die Bedeutung bestimmter früherer Wissenschaftler seines Faches einzuschätzen gelernt. Ohne den Einfluß Samuelsons hätte ich die Bedeutung etwa von Knut Wicksell oder Alfred Marshall nicht erfaßt.

Neben den im Werk von Samuelson überall aufscheinenden Streiflichtern auf die Heroen der Vergangenheit hat sich Samuelson aber auch in eigens dogmengeschichtlichen Artikeln mit Theorien der Vergangenheit ausführlich befaßt. Das gilt zum Beispiel für David Ricardo und Karl Marx. Hier soll im weiteren nur von Karl Marx die Rede sein.

Die Bedeutung von Karl Marx als Sozialtheoretiker, als Ökonom, als Philosoph, als Figur, die wie kaum ein Anderer den Gang der Menschheitsgeschichte beeinflußt hat, ist unter vernünftigen Menschen unbestritten. Seine spezifisch wirtschaftstheoretischen Arbeiten (im Sinne eines Verständnisses der Wirtschaftstheorie wie sie die «bürgerliche» Ökonomie entwickelt hat) sind aber immer umstritten geblieben. Ein früher bedeutender Kritiker des theoretischen Ansatzes von Karl Marx war Eugen von Böhm-Bawerk. Es hat im Verlauf der Zeit zahlreiche Debatten zwischen marxistisch orientierten Wirtschaftstheoretikern und solchen des «bürgerlichen» Lagers gegeben.

In einem Artikel, der 1957 erschien, entwickelt Samuelson ein neues analytisches Instrumentarium, so insbesondere die Lohn-Zinskurve, um damit logisch abzuleiten, daß drei verschiedene Behauptungen, die Marx in seinem Werk aufgestellt hat, zueinander im Widerspruch stehen. Es handelt sich um die Aussagen: 1. Im Kapitalismus entsteht ständig technischer Fortschritt (die Marxsche Produktion des relativen Mehrwerts); 2. Im Kapitalismus steigt der Reallohn nicht, sondern bleibt immer beim Existenzminimum; und 3. Langfristig fällt im Kapitalismus die Profitrate (Samuelson, 1957). Technischer Fortschritt bedeutet, wie Marx selbst betont, daß bei gegebenem Lohn der «Exploitationsgrad» und die Profitrate steigen. Also kann nicht zugleich der Reallohn stationär bleiben oder gar sinken und auch die Profitrate sinken.

Da jede dieser drei Aussagen für die Gesamtanalyse des Kapitalismus in der Marxschen Theorie unentbehrlich ist, ist der Samuelsonsche Nachweis ihrer Inkonsistenz natürlich ein entscheidender Schlag gegen die Marxsche Sicht der Welt. Es war erst durch diesen Aufsatz von Samuelson, daß die Widersprüchlichkeit des theoretischen Ansatzes von Marx auf eine so kurze und daher auch klare Formel gebracht wurde. Ich halte diesen Aufsatz für einen der Höhepunkte in der Auseinandersetzung zwischen der herkömmlichen bürgerlichen Ökonomie und dem Marxismus.

Als der Aufsatz 1957 erschien, hatte der Marxismus in der geistigen Diskussion sein Wiederauferstehen noch nicht erlebt. Dieses geschah in der westlichen Welt vor allem in den 60er Jahren. Das hat Samuelson wohl veranlaßt, sich auch später wieder mit dem Marxschen Werk auseinander zu setzen, so insbesondere mit dem berühmten Transformationsproblem und damit zusammenhängend der Arbeitswertlehre. Diese weiteren Aufsätze zeigen im Übrigen auch die Bereitschaft von Samuelson, sich auch mit den umfassenderen, «soziologischen» Analysen von Marx intensiv auseinander zu setzen (vgl. Samuelson, 1971b).

Theorie des internationalen Handels. Samuelsons Beiträge zur Theorie des internationalen Handels umspannen sieben Jahrzehnte. Noch vor kurzem veröffentlichte er einen Aufsatz, der in der Öffentlichkeit rege diskutiert wurde; aber seine ersten analytischen Ansätze zur Theorie des internationalen Handels stammen aus den 1930er Jahren. Im Folgenden gehe ich nur auf zwei dieser Beiträge ein, einen sehr frühen und einen ganz späten. Ganz allgemein kann aber gesagt werden, daß die Außenhandelstheorie zu den liebsten Beschäftigungen Samuelsons gehörte. Sie war für ihn ein besonders fruchtbares Anwendungsgebiet der abstrakteren Theorie der Wohlfahrtsökonomik und hat daher auch sein wohlfahrtsökonomisches Denken immer wieder beeinflußt.

Am berühmtesten ist wohl die gemeinsame Arbeit mit Wolfgang Stolper, die 1941 unter dem Titel «Protection and Real Wages» erschienen ist (Samuelson und Stolper, 1941). In diesem Artikel zeigen die Autoren mithilfe von damals neuartigen Analysemethoden, daß bestimmte Auffassungen über die Wirkung des Außenhandels auf die Einkommensverteilung nicht richtig waren. Sie arbeiten mit einem Zwei-Länder-Modell, in dem es zwei Güter und zwei Produktionsfaktoren gibt (z. B. Arbeit und Kapital). Die Produktionsfunktion hat konstante Skalenerträge und ist (bis auf einen Proportionalitätsfaktor) dieselbe in beiden Ländern. Das Faktoreinsatzverhältnis ist bei den beiden Gütern unterschiedlich. Die beiden Länder sind in einem unterschiedlichen Mischungsverhältnis mit den beiden Produktionsfaktoren ausgestattet. Unter diesen Annahmen kann man zeigen, daß nach dem Übergang von einem Zustand ohne Außenhandel zu einem Regime des Freihandels das Realeinkommen desjenigen Produktionsfaktors sinkt, der im eigenen Land knapper ist als in dem anderen. Obwohl also die Gesamtwirtschaft durch die Einführung des Außenhandels profitiert, erleidet derjenige Produktionsfaktor, der zuhause knapper ist als im anderen Land, Schaden.

Das Samuelson-Stolper-Theorem wurde zu einem Meilenstein in der Entwicklung der Außenhandelstheorie. Es zeigte, daß man bei der Ableitung der Vorteile eines Systems des Freihandels, das die meisten Ökonomen befürworten, vorsichtiger vorgehen muß, als dies traditionell der Fall war. Samuelson hat dieses Theorem im übrigen nie dazu benutzt, um sich nun auf die Seite der Protektionisten zu schlagen. Die spezifischen Annahmen des Modells sind nicht als Abbild der Realität gedacht und dienen nur dazu, zu zeigen, daß Verteilungseffekte des Außenhandels eine bedeutsame Rolle spielen. Zugleich können sie auch dazu dienen, zu verstehen, welche Gruppen in einem Land sich für Protektionismus einsetzen.

Es ist wert festzuhalten, daß Samuelson im Alter von 89 Jahren noch einmal einen Aufsehen erregenden Artikel zur Frage des internationalen Handels geschrieben hat (Samuelson, 2004). Im Jahre 2004 platzte dieser Artikel in die kontroverse Diskussion über die Globalisierung hinein. Samuelson ist daraufhin von vielen Medien als ein Skeptiker gegenüber dem freien internationalen Handel interpretiert worden. Das aber ist nicht richtig. Das, was Samuelson vollkommen richtigerweise festgestellt hat, ist, daß die Vorteile des internationalen Handels etwa zwischen zwei Ländern wie den USA und China im Zeitverlauf dann sinken können, wenn sich die den beiden Ländern zur Verfügung stehenden Produktionstechnologien annähern. Dieses ist aber offensichtlich der Fall, indem Chinas Produktivität in der Industrieproduktion starke Fortschritte macht und sich insofern den Vereinigten Staaten annähert. Es ist aber ganz selbstverständlich, daß damit der Vorteil des internationalen Handels, der auf dem Effekt des komparativen Vorteils beruht, allmählich zurückgeht, wenn dieser Effekt auf der Unterschiedlichkeit der den beiden Ländern zur Verfügung stehenden Technologien zurückgeführt werden kann. Salopp gesagt: der Vorteil billiger Textilwaren aus China schwindet für den amerikanischen Konsumenten, wenn die Löhne in China steigen. Samuelsons Gesamtbeitrag zur Theorie des internationalen Handels wird sehr gut gewürdigt in Jones (1983).

Theorie des öffentlichen Gutes. Wie in so vielen anderen Fällen verstand es Samuelson auch bei der Theorie der öffentlichen Güter das Problem so zu formulieren, daß begriffliche Klarheit eintrat. Der große Finanzwissenschaftler Richard Musgrave schrieb in einer Festschrift für Samuelson 1983: «The modern theory of public goods may be dated from June 1954, when Samuelson's ‹*Pure Theory of Public Expenditures*› appeared. Never have three pages had so great an impact on the theory of public finance» (Musgrave, 1983).

Auf diesen drei Seiten entwickelt Samuelson die mathematische Struktur der optimalen Bereitstellung eines öffentlichen Gutes, die danach dann in alle Lehrbücher der öffentlichen Finanzen und überhaupt der Volkswirtschaftslehre eingegangen ist. Bis heute ist diese mathematische Formulierung der Referenzpunkt für die zahllosen Beiträge zur Theorie des öffentlichen Gutes. Er zeigt in diesem Aufsatz auch, weshalb die unsichtbare Hand des Marktes bei der Bereitstellung öffentlicher Güter versagt (Samuelson, 1954).

Das Overlapping Generations-Modell. 1958 publizierte Samuelson den Aufsatz «An Exact Consumption-Loan Model of Interest With or Without the Social Contrivance of Money» (Samuelson, 1958). In diesem Artikel entwickelt Samuelson ein Modell, in dem es ohne physische Kapitalbildung möglich ist, intertemporale Konsumentscheidungen zu optimieren. Der «Trick» ist die Einführung eines Modells, in dem in jeder Periode eine neue Generation entsteht. Jede Generation lebt drei Perioden, wobei jedes Individuum in den ersten beiden Perioden arbeitet, aber in allen drei Perioden konsumieren möchte. Samuelson zeigt nun, wie ein Quasi-Kreditsystem das Sparen für die dritte Periode individuell möglich macht, ohne daß in der Volkswirtschaft physisches Kapital gebildet wird. Unterschiedliche institutionelle Arrangements werden untersucht und es wird gezeigt, daß sie einen Einfluß auf das Ergebnis haben. Die Grunderkenntnis ist aber, daß der Sparprozeß der einen mit dem Entsparprozeß der anderen Generation synchronisiert werden kann. Dadurch kann jede Generation intertemporal substituieren und optimieren, obwohl in der Volkswirtschaft als ganzer eine intertemporale Substitution nicht möglich ist. Zu der speziellen Fragestellung des Modells von Samuelson aus heutiger Sicht vgl. Solow (2006) und Kotlikoff (2006).

Vielleicht liegt die eigentliche Bedeutung dieser Arbeit von Samuelson weniger in der Beantwortung der spezifischen Frage um derentwillen er das OLG-Modell entwickelt hat. Mir scheint vielmehr, daß die Idee des OLG-Modells als solches der eigentliche fruchtbare Beitrag gewesen ist. Es hat eine Weile gedauert, bis in der Wirtschaftstheorie das Potenzial dieses OLG-Gedankens verstanden worden ist. Erst in den späten 1970er, dann zunehmend in den 1980er und 1990er Jahren und bis heute sind eine Unzahl von Arbeiten geschrieben worden, die sich dieses Mittels bedienen. Es gibt nur wenige methodische Gedanken in der Volkswirtschaftslehre, die sich schließlich als so fruchtbar herausgestellt haben wie dieser.

Risiko- und Kapitalmarkttheorie. In späteren Jahren hat sich Samuelson intensiv mit der Stochastik von Märkten befaßt, die Risiken umverteilen, sprich mit den Finanzmärkten. Hier kann auf die Details nicht eingegangen werden. Aber ebenso wie in der Welfare Economics, wo er vor vereinfachten Rezepten – etwa vor dem Begriff des Consumer Surplus – warnte, hat er auch hier vor vereinfachten Modellen gewarnt, wie etwa der Idee, daß die Maximierung des Erwartungswertes des Logarithmus eines Portfolio in einem Vielperiodenmodell eine Anlagestrategie sei, die immer zu empfehlen sei. Er ist auch ein Pionier der Theorie der Optionspreise, die Anfang der siebziger Jahre zur berühmten Black-Scholes-Merton Formel geführt hat. Auf der Existenz dieser Formel basiert bekanntlich das stürmische Wachstum der Märkte für Finanzderivate. Intensive und mathematisch sehr anspruchsvolle Arbeiten widmete

Samuelson der «Efficient Market Hypothesis» in ihren verschiedenen Ausprägungen. Samuelson ist einer der Väter, wenn nicht der Vater der modernen Finanzmarktwissenschaft (vgl. Samuelson, 1965a, 1965b, und 1971a). Eine sehr gute Würdigung der Beiträge Samuelsons zu diesem heute so prosperierenden Gebiet gibt sein Schüler, der Nobelpreisträger Robert Merton (2006).

Weitere Beiträge. Samuelsons umfangreiches wissenschaftliches Werk kann hier nicht vollständig dargestellt werden. Nur stichwortartig sei auf Beiträge in folgenden weiteren Gebieten hingewiesen: Stabilitätstheorie von Marktprozessen, Induzierter technischer Fortschritt, Neoklassische Kapitaltheorie, das Nicht-Substitutionstheorem, das Turnpike Theorem, Konsum- und Nutzentheorie, Theorie der Indexzahlen, Verhältnis der linearen Programmierung zur ökonomischen Theorie, Multiplikator- und Akzelerator-Theorie, Says Gesetz, Fiskalpolitik, Geldtheorie, Methodologie, insbesondere über die Rolle der Mathematik in der Ökonomie, Bevölkerungstheorie und mathematische Modelle der Biologie.

3. Wirkung

Jede Wirkungsanalyse ist Ursachenerforschung. Bei Innovationen im wirtschaftlichen Bereich wie bei Forschungsergebnissen entsteht hier immer die Schwierigkeit, daß wir nicht wissen, ob der konkrete Schöpfer etwas geschaffen hat, das ohne seine Tätigkeit so oder ähnlich zu einem späteren Zeitpunkt von anderen geschaffen worden wäre. Insoweit überschätzt die in der Wissenschaftsgeschichte übliche Zurechnung von Entdeckungen zu dem einzelnen Entdecker dessen Bedeutung für den wissenschaftlichen Fortschritt. Andererseits wird die indirekte Wirkung des bedeutenden Forschers in der Darstellung seiner Leistungen meist unterschätzt. Diese indirekte Wirkung besteht gerade darin, daß spätere Forschungsergebnisse, die späteren Forschern zugerechnet werden, gar nicht hätten erzielt werden können, ohne daß der frühere Forscher seine Ergebnisse erzielt hätte.

Samuelson hat wie kaum ein anderer immer explizit auf die Vorarbeiten anderer verwiesen, die seine eigenen Forschungsergebnisse ermöglicht oder auch nur sein Interesse an der Fragestellung geweckt haben. Würden seine Nachfolger im Fach – und das sind praktisch alle forschenden Ökonomen in der Zeit seit dem Zweiten Weltkrieg – in gleicher Weise ihre Abhängigkeit von früheren Forschern so dokumentieren, wie dies Samuelson getan hat, dann wäre unmittelbar offensichtlich, daß die hier genannte indirekte Wirkung Samuelsons immens ist. Wir können vermuten, daß sie weitaus größer ist als die potentielle Minderung der Bedeutung seiner direkten Ergebnisse dadurch, daß andere sie möglicherweise zu einem späteren Zeitpunkt gefunden hätten. Vielleicht ist dies ein Charakteristikum der ganz Großen eines Faches: daß ihre Gesamtwirkung unterschätzt wird, wenn man ihnen, wie üblich, vor allem ihre direkten Forschungsergebnisse zurechnet. In diesem Sinne gehört Samuelson sicher zu den ganz Großen. Demgegenüber wird die Bedeutung der Leistungen der kleineren Geister überschätzt, wenn man ihnen ihre direkten Forschungsleistungen zurechnet und dabei vergißt, daß wohl das meiste von dem, was sie erforscht haben, auch dann – wenn auch später – erforscht worden wäre, wenn sie ihre Arbeit nicht getan hätten. So ergibt sich eine Art «Umverteilung» von oben nach unten, wenn man – etwa bei den heute üblichen Evaluierungskampagnen – die Bedeutung eines Forschers an seinen von ihm selbst publizierten Arbeiten mißt.

In der Zeit, in der Samuelson aktiv geforscht hat, hat sich die ökonomische Wissenschaft in ihrem Charakter völlig gewandelt (vgl. hierzu Solow, 1997). Die Mathematisierung und Axiomatisierung hat ihren Siegeszug angetreten. Parallel dazu und in ihrem Gefolge hat sich die Art der empirischen Forschung verändert. Die Ökonometrie hat sich von einem Randgebiet zu einer zentralen Teildisziplin entwickelt, die darüber entscheidet, welche Art empirischer Ergebnisse valide sind und welche nicht. Diese Entwicklungen sind nicht ohne Kritik geblieben. Man hat der ökonomischen Theorie Realitätsverlust und wirtschaftspolitischen Relevanzverlust vorgeworfen. Diese Kritik soll hier nicht im einzelnen diskutiert werden. Sie hat partiell eine gewisse Berechtigung, da die Axiomatisierbarkeit von Problemstellungen ein anderes Forschungskriterium ist als deren Relevanz für wirtschaftspolitische Entscheidungen. Was aber die Kritiker meist vergessen, ist ein Charakteristikum der modernen ökonomischen Forschung, das sie dieser Axiomatisierung verdankt. Jeder Forscher kann von einem gesicherten Fundament vorhandener Forschungsergebnissen ausgehen. Es gibt eben für diese Forschungsergebnisse Beweise, seien sie nun mathematisch-theoretischer oder mathematisch-empirischer Natur. Hier nun ist die Ökonomie den anderen Sozialwissenschaften weit voraus. Daher ist ihre Forschung in viel größerem Maße kumulativ als dies in den anderen Sozialwissenschaften der Fall ist. Dort geschieht es viel häufiger, daß bisherige Erkenntnisse als nicht mehr valide, als nicht mehr gültig abgetan werden und durch neue Gesamtentwürfe ersetzt werden, die dann häufig praktisch von Null anfangen. Nur dank der Axiomatisierung ist die Ökonomie – und, soweit ich sehe, unter den Sozialwissenschaften nur sie – dem Fluch entflohen, der auf der Arbeit des Sysiphos lastet.

Hierzu eine Bemerkung von Paul Samuelson selbst. Als Milton Friedman 1976 den Nobelpreis erhielt, schrieb Samuelson über ihn eine Kolumne in der Publikumszeitschrift «Newsweek». Diese endet mit dem Satz: «The fact that he and I, despite our policy disagreements and scientific differences, have remained good friends over 40 years says perhaps something about us, but even more I dare to think about political economy as a science.» (Samuelson, 1976)

Die Etablierung dieses kumulativen Charakters der ökonomischen Wissenschaft ist den Pionieren der mathematischen Ökonomie zu verdanken, unter ihnen sicher auch John von Neumann, Jan Tinbergen, Ragnar Frisch, John Hicks, Kenneth Arrow, Gérard Debreu, Robert Solow, aber dann doch vor allem dem breiten und zugleich tiefen Lebenswerk von Paul Samuelson.

Literatur

1. Werke

The Collected Scientific Papers of Paul A. Samuelson, fünf Bände. Bd. 1 und 2, herausgegeben von J.E. Stiglitz, Cambridge, MA, 1966. Bd. 3, herausgegeben von R.C. Merton, Cambridge, MA, 1972. Bd. 4, herausgegeben von H. Nagatani und K. Crowley, Cambridge, MA, 1977. Bd. 5, herausgegeben von K. Crowley, Cambridge, MA, 1986.

Samuelson, P.A. 1938. A Note on the Pure Theory of Consumer Behaviour, in: Economica, Bd. 5, S. 61–71, sowie S. 353–354; auch in Collected Scientific Papers, Bd. 1, Nr. 1.

Samuelson, P.A. 1947. Foundations of Economic Analysis, Cambridge, MA. Enlarged edition, Cambridge MA, 1983.

Samuelson, P.A. 1948. Consumption Theory in Terms of Revealed Preference, in: Economica, Bd. 15, S. 243–253, sowie in Collected Scientific Papers, Bd. 1, Nr. 9.

Samuelson, P. A. 1948. Economics, New York. Viele Auflagen seither, bisher letzte Auflage: Samuelson, P. A. and Nordhaus, W. 2004. Economics, 18th edition, New York.

Samuelson, P. A. 1954. The Pure Theory of Public Expenditure, in: Review of Economics and Statistics, Bd. 36, S. 387–389, sowie in Collected Scientific Papers, Bd. 2, Nr. 92.

Samuelson, P. A. 1956. Social Indifference Curves, in: Quarterly Journal of Economics, Bd. 70, S. 1–22, sowie in Collected Scientific Papers, Bd. 2, Nr. 78.

Samuelson, P. A. 1957. Wages and Interest: A Modern Dissection of Marxian Economic Models, in: American Economic Review, Bd. 47, S. 884–912, sowie in Collected Scientific Papers, Bd. 1, Nr. 29.

Samuelson, P. A. 1965. Proof that Properly Anticipated Prices Fluctuate Randomly, in: Industrial Management Review, Bd. 6, S. 41–49; sowie in Collected Scientific Papers, Bd. 3, Nr. 198.

Samuelson, P. A. 1965. Rational Theory of Warrant Pricing, in: Industrial Management Review, Bd. 6, S. 13–39; sowie in Collected Scientific Papers, Bd. 3, Nr. 199.

Samuelson, P. A. 1971a. Maximum Principles in Analytical Economics, in: Les Prix Nobel en 1970, Stockholm, sowie in Collected Scientific Papers, Bd. 3, Nr. 130.

Samuelson, P. A. 1971b. Understanding the Marxian Notion of Exploitation: A Summary of the So-Called Transformation Problem Between Marxian Values and Competitive Prices, in: Journal of Economic Literature, Bd. 9, S. 399–431, sowie in Collected Scientific Papers, Bd. 3, Nr. 153.

Samuelson, P. A. 1971c. The ‹Fallacy› of Maximizing the Geometric Mean in Long Sequences of Investing or Gambling, Proceedings of the National Academy of Sciences, Bd. 68, S. 2493–2496; sowie in Collected Scientific Papers, Bd. 3, Nr. 207.

Samuelson, P. A. 1976. Milton Friedman, in: Newsweek October 25, 1976, p. 89, sowie in Collected Scientific Papers, a. a. O., Bd. 4, No 292.

Samuelson, P. A. 2002. Pastiches from an earlier politically incorrect academic age, in: Hank, L., Park, U.K. und Harcourt, G. C. (Hrsg.), Editing Economics, S. 47–55, New York.

Samuelson, P. A. 2004. Where Ricardo and Mill Rebut and Confirm Arguments of Mainstream Economists Supporting Globalization, in: Journal of Economic Perspectives, Bd. 18, S. 135– 146.

Samuelson, P. A. und Stolper, W. 1941. Protection and Real Wages, in: Review of Economic Studies, Bd. 9, S. 58–73; sowie in Collected Scientific Papers, Bd. 2, Nr. 66.

2. Weiterführende Literatur

Brown, E. C. und Solow, R. M. (Hrsg.) 1983. Paul Samuelson and Modern Economic Theory, New York.

Brown, E. C. und Solow, R. M. 1983. Preface, in: Brown, E. C. und Solow, R. M. (Hrsg.), aao., S. IX–XIII.

Hayek, F.A. 1975. The Pretence of Knowledge, Nobel Prize Lecture, Stockholm. Deutsche Fassung in: Hayek, F.A. 1996. Die Anmaßung von Wissen, hrsg. von Wolfgang Kerber, Neue Freiburger Studien, Tübingen.

Houthakker, H.S. 1950. Revealed Preference and the Utility Function, in: Economica, Bd. 17, S. 159–174.

Jones, R.W. 1983. International Trade Theory, in: Brown, E.C. und Solow, R.M. (Hrsg.), aao., S. 69–103.

Kotlikoff, L.J. 2006. Paul Samuelson's Amazing Intergenerational Transfer, in: Szenberg, M., Ramrattan, L. und Gottesman, A. (Hrsg.), aao., S. 42–53.

Merton, R.C. 2006. Paul Samuelson and Financial Economics, in: Szenberg, M., Ramrattan, L. und Gottesman, A. (Hrsg.), aao., S. 262–300.

Milgrom, P. 2006. Multipliers and the Le Chatelier Principle, in Szenberg, M., Ramrattan, L. und Gottesman, A. (Hrsg.), aao., S. 303–310.

Musgrave, R.A. 1983. Public Goods, in: Brown, E.C. und Solow, R.M. (Hrsg.), aao., S. 139–156.

Sen, A. 1977. Rational Fools: A Critique of the Behavioural Foundations of Economic Theory, in: Philosophy and Public Affairs, Bd. 6. S. 317–344.

Solow, R.M. 1997. How did economics get that way & what way did it get? in: Daedalus, Journal of the American Academy of Arts and Sciences, Bd. 134, S. 87–100.

Solow, R.M. 2006. Overlapping Generations, in: Szenberg, M., Ramrattan, L. und Gottesman, A. (Hrsg.), aao., S. 35–41.

Szenberg, M., Ramrattan, L. und Gottesman, A. (Hrsg.) 2006. Samuelsonian Economics and the Twenty-First Century, Oxford.

Martin Hellwig

Kenneth Joseph Arrow
(*1921)

I. Leben

Dem Außenstehenden erscheint das Leben Kenneth Joseph Arrows als das Leben eines erfolgreichen Wissenschaftlers, der geradlinig seinen Weg ging und kaum einmal aus der wissenschaftlichen Tätigkeit herausgerissen wurde. Selbst beim Militärdienst im Zweiten Weltkrieg war er als Wetteroffizier beim United States Army Air Corps in der Forschung tätig.[1]

Kenneth Arrow kommt ursprünglich aus New York City. Hier wurde er am 23. August 1921 geboren, hier wuchs er auf, und hier absolvierte er auch seine Studien.[2] Seine Eltern Harry und Lillian Arrow waren als Kinder in die USA eingewandert. Er berichtet, daß die Familie seines Vaters sehr arm war, daß sein Vater aber einen College-Abschluß erwerben konnte und dann als junger Mann sehr erfolgreich «in business» war. Er selbst sei daher zunächst in einem gewissen Wohlstand aufgewachsen, vor allem mit vielen guten Büchern. Jedoch verlor die Familie alles in der Großen Depression, wie die Weltwirtschaftskrise in den USA genannt wird, und war danach während etwa zehn Jahren sehr arm. Die persönliche Erfahrung der Krise und ihrer verheerenden Wirkungen dürfte mit zu einer gewissen Skepsis beigetragen haben gegenüber allzu einfachen Vorstellungen, daß in einem rein privatwirtschaftlich organisierten Marktsystem alle wirtschaftlichen Probleme befriedigend gelöst werden. Diese Skepsis zieht sich wie ein roter Faden durch Arrows wissenschaftliches Werk. Vor allem der Umgang der Marktwirtschaft mit Unsicherheit und Risiko wurde zu einem der großen Themen seiner Forschung.

Zur Wirtschaftswissenschaft kam Kenneth Arrow jedoch erst auf einem Umweg. Als *Undergraduate* studierte er Soziologie und

[1] Seine erste wissenschaftliche Veröffentlichung («On the Optimal Use of Winds for Flight Planning», *Journal of Meteorology*, 1949) geht auf diese Tätigkeit zurück.

[2] Für die biographischen Angaben siehe den Beitrag von Arrow in Breit und Spencer (1986) sowie die Einleitung zu Heller et al. (1986).

Mathematik am City College of New York (CCNY) und erwarb dort 1940 den Grad eines Bachelor of Science in Social Science. Er hebt hervor, daß er dies nur konnte, weil die Stadt New York für das Studium am City College keine Gebühren verlangte und weil seine Eltern erhebliche finanzielle Opfer brachten. Dem Abschluß als Bachelor am City College folgte zunächst ein Masters-Studium in mathematischer Statistik an der Columbia University, ebenfalls in New York. Ein Kurs in mathematischer Wirtschaftstheorie bei Harold Hotelling, einem der herausragenden Wirtschaftstheoretiker der ersten Jahrhunderthälfte, veranlaßte Arrow, 1941 nach seinem Abschluß als Master of Arts in Mathematics zur Wirtschaftswissenschaft zu wechseln. Da sein Interesse vor allem der Theorie galt, das Lehrprogramm an der Columbia University aber überwiegend auf Anwendungen hin orientiert war, bestand sein Studium vor allem aus Lektüre. Daneben waren Lehrveranstaltungen in Wirtschaftstheorie bei Harold Hotelling und Abraham Wald an der Columbia University und bei Jacob Marschak an der New School for Social Research für ihn von Bedeutung.

Dieses Studium wurde 1942 bis 1946 durch den Militärdienst unterbrochen. Danach kehrte Arrow zunächst an die Columbia University zurück. Das Kursprogramm des Promotionsstudiums hatte er bereits 1942 absolviert, doch hatte er nach wie vor kein Promotionsthema. Zeitweise dachte er sogar daran, die Wissenschaft zu verlassen, und absolvierte Prüfungen für eine mögliche Tätigkeit als Versicherungsmathematiker in der Privatwirtschaft.

Statt dessen nahm er einen Rat seines Lehrers Hotelling an und wechselte 1947 zur Cowles Commission, einem damals an der Universität Chicago angesiedelten Forschungsinstitut, das der amerikanische Finanzier Alfred Cowles 1932 gegründet hatte, um die Ökonomie durch den Einsatz mathematischer und statistischer Methoden zu einer präzisen Wissenschaft zu machen. Unter der Leitung von Jacob Marschak und Tjalling Koopmans entwickelte sich die Cowles Commission in dieser Zeit zum Nukleus einer Revolution in der mathematischen Wirtschaftstheorie. Ein zweites Zentrum dieser Revolution war die Rand Corporation in Santa Monica, Kalifornien; hier verbrachte Kenneth Arrow mehrere Sommer. Bei der Cowles Commission und der Rand Corporation lernte er die kurz zuvor überhaupt erst neu entwickelten Disziplinen der Spieltheorie und der mathematischen Programmierung kennen. Hier begann auch die Beschäftigung mit den grundlegenden wirtschaftstheoretischen Fragen, die ihn für das nächste Jahrzehnt beschäftigen sollten, angefangen mit dem Problem der Begründung gesellschaftlicher Präferenzen, über das er dann seine Dissertation schrieb.

Kurz nach seiner Ankunft in Chicago begegnete Kenneth Arrow seiner zukünftigen Frau, Selma Schweitzer, die mit einem von der Cowles Commission verwalteten Stipendium an der Universität Chicago studierte. Sie heirateten 1947 und haben zwei Söhne.

Arrows Dissertation *Social Choice and Individual Values* wurde 1949 abgeschlossen und alsbald als Jahrhundertwerk erkannt. Es folgte eine jahrzehntelange wissenschaftliche Tätigkeit als Wirtschaftstheoretiker, zunächst von 1949 bis 1968 an der Stanford University in Palo Alto, Kalifornien, dann von 1968 bis 1979 an der Harvard University in Cambridge, Massachusetts, zuletzt wieder von 1979 bis zu der 1991 erfolgten Emeritierung als Joan Kenney Professor of Economics and Professor of Operations Research an der Stanford University.

Die Tätigkeit an der eigenen Universität wurde immer wieder durch längere Besuche an anderen Institutionen unterbrochen. Am Ende seiner beruflichen Tätigkeit war Kenneth Arrow außerdem maßgeblich am Aufbau des Santa Fe Institute beteiligt. Aus diesen Aufenthalten ergaben sich neue Forschungsfragen, auch neue Kooperationen mit anderen Wissenschaftlern. Der Austausch und die Diskussion mit anderen Wissenschaftlern spielten für Kenneth Arrow immer eine große Rolle. So sind einige seiner wichtigsten Arbeiten in Kooperation mit anderen Wissenschaftlern entstanden. Durch Austausch und Diskussion hatte er auch maßgeblichen Einfluss auf andere; drei seiner Doktoranden sind inzwischen selbst mit dem Nobelpreis ausgezeichnet worden (Spence, Maskin, Myerson).

Arrows außergewöhnlicher wissenschaftlicher Rang wurde sehr früh, mit der Veröffentlichung seiner Dissertation, weithin anerkannt. 1957 erhielt er die John-Bates-Clark-Medaille der American Economic Association, die alle zwei Jahre dem «besten Wirtschaftswissenschaftler unter 40» zuerkannt wird. 1971 erhielt er zusammen mit Sir John Hicks aus Oxford für seine «Pionierleistungen in der Theorie des allgemeinen Gleichgewichts und der Wohlfahrtstheorie» den erst 1969 gestifteten Preis der Schwedischen Reichsbank für herausragende Forschungsleistungen in den Wirtschaftswissenschaften «zur Erinnerung an Alfred Nobel».[3] Er war zu diesem Zeitpunkt etwas über 50 Jahre alt, deutlich jünger als alle anderen Wirtschaftswissenschaftler, die vor oder nach ihm diesen Preis erhalten haben.

2. Werk

Kenneth Arrow ist einer der bedeutendsten Wirtschaftstheoretiker des zwanzigsten Jahrhunderts. Da seine Leistungen fast durchweg im Bereich der Grundlagenforschung liegen, ist sein Name einer breiteren Öffentlichkeit weniger geläufig als die Namen von Schumpeter, Keynes oder Friedman, die regelmäßig in Diskussionen um Wachstum und Konjunktur, Staat und Markt auftreten. Jedoch steht Arrows Einfluß auf die Entwicklung der Wirtschaftstheorie in der zweiten Hälfte des zwanzigsten Jahrhunderts keinem anderen nach. Bei näherem Zusehen ist zu erkennen, daß seine Beiträge auch praktisch und politisch von großer Bedeutung sind.

Arrows Œuvre besteht ganz überwiegend aus Einzelbeiträgen in Zeitschriften und Sammelbänden. Die in den achtziger Jahren veröffentlichten sechs Bände seiner *Collected Papers* umfassen 91 Aufsätze im Umfang von insgesamt über 1800 Seiten. Dazu kommen einige Monographien, vor allem die Dissertation *Social Choice and Individual Values* von 1951, das mit Mordecai Kurz verfaßte Werk *Public Investment, the Rate of Return, and Optimal Fiscal Policy* von 1970 und das mit Frank Hahn zusammen verfaßte Werk *General Competitive Analysis* von 1971. Die Titel der Einzelbände der *Collected Papers* vermitteln einen Eindruck von der Vielfalt der behandelten Themen: Gesellschaftliche Entscheidungen und Gerechtigkeit, Allgemeines Gleichgewicht, Individuelle Entscheidungen unter Sicherheit und Unsicherheit, Informationsökonomik, Produktion und Kapital, Angewandte Ökonomik. In Anbetracht des Umfangs und der Vielfalt der wissenschaftlichen Beiträge von Kenneth Arrow kann es hier nicht darum gehen, einen auch nur annähernd vollständigen Überblick zu geben. Die folgende Dar-

[3] Aus diesem Anlaß gab von Weizsäcker (1972) einen Überblick über Arrows Beiträge zur Wirtschaftstheorie.

stellung beschränkt sich auf die wichtigsten Beiträge, vor allem jene, die zur Entwicklung neuer Teildisziplinen der Wirtschaftstheorie beigetragen haben.

Vorab soll erläutert werden, was das Besondere an Arrows Denkweise ausmacht und worauf sich sein Einfluß auf die Entwicklung der Wirtschaftstheorie gründet. Bei oberflächlicher Betrachtung ist Arrow ein Mathematisierer, mit verantwortlich dafür, daß man heutzutage ohne Kenntnisse in Analysis, Topologie und Wahrscheinlichkeitstheorie die wirtschaftstheoretische Literatur gar nicht mehr lesen kann (so etwa Niehans, 1990). Bei näherem Zusehen jedoch stellt man fest, daß es ihm nicht so sehr um die Mathematisierung als solche geht als vielmehr um die Präzisierung der Begriffe, mit denen der Theoretiker arbeitet, und um die Genauigkeit der Aussagen, die mit diesen Begriffen gemacht werden. Begriffliche Klarheit ist sein Markenzeichen. Sie kennzeichnet seine weitgehend verbalen Auseinandersetzungen mit den Büchern der Philosophen Rawls (1971) und Nozick (1974) über Gerechtigkeit (Arrow, 1973; 1978) ebenso wie seine weitgehend mathematischen Aufsätze zur Theorie des allgemeinen Gleichgewichts in einer Volkswirtschaft.

Ein Beispiel mag erläutern, was mit begrifflicher Präzision gemeint ist. Eine der fundamentalen Fragen der Wirtschaftstheorie lautet: Wie sind die Ergebnisse des Wirtschaftens in einem Marktsystem zu beurteilen, dessen Teilnehmer unabhängig voneinander und nur von Marktpreise gelenkt ihre Entscheidungen treffen. Nach einem gängigen Argumentationsmuster sollte der Staat in ein System von Wettbewerbsmärkten nicht eingreifen, da die Marktergebnisse in einem solchen System effizient sind. «Effizienz» wird dabei als Pareto-Effizienz verstanden, ein Zustand, von dem aus man bei gegebenen Ressourcen und gegebenen technischen Bedingungen nichts verändern kann, ohne wenigstens einen der Teilnehmer des Systems schlechter zu stellen. Die Berufung auf das Kriterium der Pareto-Effizienz wird damit begründet, daß es an einer wissenschaftlichen Grundlage für die Beurteilung von Umverteilungen fehle, daß man aber davon ausgehen könne, daß Pareto-Verbesserungen, d. h. Veränderungen, die *alle* Beteiligten besser stellen, immer erwünscht seien.

Arrow weist in vielen Arbeiten darauf hin, daß jemand, der aus weltanschaulichen Gründen klare verteilungspolitische Vorstellungen hat, die Pareto-Effizienz der Marktergebnisse als belanglos ansehen wird, wenn er die daraus resultierende Verteilung des Wohlstands für ungerecht hält. Eine solche Person wird möglicherweise für eine Umverteilung mit Hilfe von Steuern plädieren, obwohl die Besteuerung die Pareto-Effizienz der Marktergebnisse zerstört. Ein nicht Pareto-effizienter Zustand mit einer akzeptablen Verteilung des Wohlstands kann gegenüber dem Marktergebnis ohne Staatseingriff vorgezogen werden, obwohl letzteres Pareto-effizient ist. Wer sich demgegenüber auf die Pareto-Effizienz der Marktergebnisse beruft, um Staatseingriffe abzulehnen, fällt implizit selbst das Werturteil, daß Umverteilung unerwünscht ist, ein Urteil also, von dem gerade gesagt wird, daß es sich wissenschaftlich nicht begründen lasse.

Arrow (1951) – und unabhängig von ihm Debreu (1951) – unterscheiden daher zwischen zwei verschiedenen Aussagen zur wohlfahrtstheoretischen Beurteilung von Marktergebnissen. Nach der inzwischen als *Erster Hauptsatz der Wohlfahrtstheorie* bekannten Aussage gilt unter bestimmten Annahmen über die Struktur einer Volkswirtschaft, daß jedes Wettbewerbsgleichgewicht in einem Marktsystem Pareto-effizient ist. Nach der als *Zweiter Hauptsatz der Wohlfahrtstheorie* bekannten Aussage gilt unter bestimmten Annahmen über die Struktur einer Volkswirtschaft, daß jede Pareto-effiziente Allokation, d. h., jede Pareto-effiziente Konstellation von Entscheidungen und Aktivitäten aller beteiligten Personen und Unternehmen, als Wettbewerbsgleichgewicht in einem Marktsystem implementiert werden kann. Für den an Verteilungsgerechtigkeit interessierten Politiker sollte es daher genügen, die Rahmenbedingungen für das Wirtschaften im Marktsystem, vor allem die Anfangsausstattungen mit Ressourcen zu verändern, ohne in die Funktionsweise des Marktsystems selbst einzugreifen.

Allerdings sind die Bedingungen, unter denen dieser Zweite Hauptsatz der Wohlfahrtstheorie gilt, sehr restriktiv. So gilt die Aussage des Zweiten Hauptsatzes *nicht*, wenn Größen- oder Verbundvorteile bei der Produktion bestimmter Güter oder Dienstleistungen die betreffenden Aktivitäten zu natürlichen Monopolen machen. Auch wird in der gegebenen Interpretation der verteilungspolitischen Implikationen implizit unterstellt, daß man genau weiß, welche Personen durch Umverteilung zu begünstigen sind. Beide Bedingungen sind problematisch.

Etwa beim Schienennetz der Eisenbahn oder bei den Übertragungs- und Verteilungsnetzen der Stromwirtschaft gibt es bedeutende Größen- und Verbundvorteile, so daß die Voraussetzungen des Zweiten Hauptsatzes auch nicht annähernd erfüllt sind. Auch ist die Leistungsfähigkeit von Personen nicht unmittelbar zu beobachten und kann daher auch nicht unmittelbar zur Grundlage staatlicher Verteilungspolitik gemacht werden; sie ist allenfalls aus dem zu erschließen, was diese Personen tun und wie es ihnen dabei ergeht.

Diese Überlegungen bilden den Ausgangspunkt für die in den siebziger Jahren entwickelte Theorie der optimalen («zweitbesten») Besteuerung. In einer Variante dieser Theorie geht es um die optimale Kombination von Steuern und Preisen öffentlicher Unternehmen zur Finanzierung von Dingen wie den vorstehend genannten Netzen, bei denen erhebliche Größen- und Verbundvorteile auftreten (siehe z. B. Diamond und Mirrlees, 1971). In einer anderen Variante dieser Theorie geht es um die Abwägung zwischen Verteilungseffekten und Effizienzeffekten der Einkommensbesteuerung als einem System der Umverteilung, bei dem Leistungsfähigkeit und Bedürftigkeit von Personen aus dem erzielten Einkommen erschlossen werden, da sie unmittelbar nicht zu beobachten sind (grundlegend Mirrlees, 1971).

Die Unterscheidung zwischen den beiden Hauptsätzen der Wohlfahrtstheorie als zwei sehr verschiedenen Aussagen zur wohlfahrtstheoretischen Beurteilung der Marktergebnisse in einem System von Wettbewerbsmärkten hebt die wissenschaftliche und politische Diskussion über den freien Markt auf ein neues Niveau.[4] Arrow und Debreu entziehen der Diskussionsstrategie, die Ablehnung staatlicher Umverteilungspolitik hinter einem Eintreten für Effizienz zu verbergen, die Grundlage. Daß die Beurteilung des Verhältnisses von Staat und Markt letztlich komplizierter wird, ist unangenehm, wenn man diese Dinge auf einfache, vielleicht auch ideologisch motivierte Formeln bringen möchte, trägt aber, wenn man sich darauf einläßt, ungemein zur Versachlichung und zur Hygiene dieser Diskussion bei.

4 Im Vergleich mit der bis dahin als maßgeblich angesehenen Wohlfahrtsanalyse in Samuelson (1947) wird der Unterschied sehr deutlich.

Zu den zentralen Themen von Arrows Werk gehört die Frage nach dem angemessenen Verhältnis von Individuum und Gesellschaft. Er beginnt seine Fels Lectures (Arrow, 1974) mit einem Zitat des Rabbi Hillel: «Wenn ich nicht für mich bin, wer ist es dann? Wenn ich nicht für andere bin, wer bin dann ich? Wenn nicht jetzt, wann?» Die Beschäftigung mit diesen Fragen steht hinter fast allen Arbeiten von Arrow über gesellschaftliche Entscheidungen und Gerechtigkeit.

Bereits die Dissertation *Social Choice und Individual Values* fragt, inwiefern man sich vorstellen kann, dass gesellschaftliche Entscheidungen sich auf gesellschaftliche Wertvorstellungen gründen, die sich ihrerseits aus den Wertvorstellungen der einzelnen Menschen in der Gesellschaft ableiten lassen.[5] Hinter dieser abstrakten Formulierung stand das konkrete Anliegen, besser zu verstehen, was es bedeutet, wenn man sagt, daß der Vorstand einer Aktiengesellschaft die Interessen der Aktionäre vertritt oder daß eine Regierung in einer internationalen Verhandlung die Interessen ihres Landes vertritt.

Ausgangspunkt seiner Überlegungen war das bekannte Condorcet-Paradox, daß es in einem System der Mehrheitsentscheidungen dazu kommen kann, daß bei paarweisen Abstimmungen über drei Alternativen A, B und C eine Mehrheit die Alternative A gegenüber der Alternative B vorzieht, wiederum eine Mehrheit die Alternative B gegenüber der Alternative C und wiederum eine Mehrheit die Alternative C gegenüber der Alternative A.[6]

Ein solcher Condorcet-Zyklus tritt beispielsweise auf, wenn drei Personen an der Abstimmung teilnehmen, Person 1 die Alternative A gegenüber B vorzieht und B gegenüber C, Person 2 die Alternative B gegenüber C vorzieht und C gegenüber A, Person 3 schließlich die Alternative C gegenüber A und A gegenüber B.

[5] Eine Kurzfassung seiner Dissertation gibt Arrow (1950).

[6] Eine Auswertung der verschiedenen namentlichen Abstimmungen zur Bonn-Berlin-Entscheidung des Deutschen Bundestags 1991 bringt Leininger (1993) zu dem Schluß, daß bei dieser Entscheidung bezüglich der drei Alternativen (A) Regierung und Parlament ziehen nach Berlin, (B) Regierung und Parlament bleiben in Bonn, (C) die Regierung zieht nach Berlin, und das Parlament bleibt in Bonn ein Condorcet-Zyklus vorlag und das Endergebnis durch die Reihenfolge der Abstimmungen bestimmt wurde.

Arrow untersucht, ob dieses Paradox nur dem Verfahren der Mehrheitsentscheidung anhaftet und bei anderen Entscheidungsverfahren verschwinden würde, oder ob grundsätzlich jeder Versuch einer Begründung gesellschaftlicher Entscheidungen aus individuellen Wertvorstellungen davon betroffen ist. Er verlangt, daß gesellschaftliche Entscheidungsregeln eine gewisse Konsistenz aufweisen und formuliert eine Reihe von Axiomen für die Herleitung solcher Entscheidungsregeln aus den individuellen Wertvorstellungen der Gesellschaftsmitglieder. Sein Ergebnis ist der berühmte *Unmöglichkeitssatz von Arrow*, der besagt, daß es für eine Gesellschaft mit drei oder mehr Mitgliedern *kein* Verfahren zur Herleitung konsistenter gesellschaftlicher Entscheidungen aus individuellen Wertvorstellungen gibt, bei dem alle Axiome erfüllt sind.

Im einzelnen handelt es sich um folgende Axiome:

- *Konsistenz der gesellschaftlichen Entscheidungsregel:* Gesellschaftliche Entscheidungen entsprechen einer Präferenzordnung, d.h. einer Rangfolge der verschiedenen Alternativen, zwischen denen die Gesellschaft zu entscheiden haben könnte. Für jedes denkbare Paar A, B von Entscheidungsalternativen läßt sich angeben, ob die Gesellschaft A gegenüber B vorzieht oder B gegenüber A oder ob sie A und B als gleichwertig betrachtet. Die Präferenzordnung ist transitiv, d.h., wenn die Gesellschaft A gegenüber B vorzieht und B gegenüber C, dann zieht sie auch A gegenüber C vor.
- *Keine A-priori-Beschränkung individueller Wertvorstellungen:* Das gesuchte Entscheidungsverfahren muß für *jede* denkbare Konstellation von Wertvorstellungen der einzelnen Mitglieder der Gesellschaft anwendbar sein («*unrestricted domain*»). Die Wertvorstellungen der einzelnen Mitglieder der Gesellschaft werden als Präferenzordnungen über die verschiedenen Entscheidungsalternativen erfaßt. Es gibt wenigstens drei Entscheidungsalternativen, und keine Rangordnung dieser Alternativen ist *a priori* ausgeschlossen.
- *Pareto-Prinzip:* Wenn die Gesellschaft bei einer bestimmten Konstellation von individuellen Präferenzordnungen eine Alternative A gegenüber allen anderen zur Verfügung stehenden Alternativen B, C, ... vorzieht, dann zieht die Gesellschaft die Alternative A auch bei einer anderen Konstellation von individuellen Präferenzordnungen vor, die sich von der ersten Konstella-

tion *nur* dadurch unterscheidet, daß die Alternative A von einem oder mehreren Mitgliedern der Gesellschaft noch höher geschätzt wird.

- *Unabhängigkeit von irrelevanten Alternativen:* Die gesellschaftliche Entscheidung zwischen je zwei Alternativen A und B hängt *nur* von den individuellen Präferenzordnungen bezüglich *dieser* Alternativen ab. Stimmen zwei Konstellationen von individuellen Präferenzordnungen bezüglich der Alternativen A und B miteinander überein, so müssen beide zu derselben gesellschaftlichen Entscheidung führen, wenn genau diese Alternativen zur Verfügung stehen, auch wenn sie sich bezüglich einer denkbaren weiteren Alternative C unterscheiden und bei Verfügbarkeit der Alternative C zu unterschiedlichen gesellschaftlichen Entscheidungen führen würden
- *Kein Oktroi:* Die gesellschaftliche Entscheidung zwischen zwei Alternativen A und B hängt von der Konstellation der individuellen Präferenzordnungen ab; es darf nicht vorkommen, daß die Gesellschaft auf jeden Fall, d.h. unabhängig von den individuellen Wertvorstellungen, A gegenüber B vorzieht.
- *Keine Diktatur:* Die gesellschaftliche Entscheidungsregel wird nicht durch die Wertvorstellungen eines einzigen Individuums bestimmt, d.h., es gibt kein Mitglied der Gesellschaft, so daß die Präferenzen dieses Individuums für jede Menge von Entscheidungsalternativen die gesellschaftliche Entscheidung festlegen.

Arrows Beweis der Aussage, daß diese sechs Postulate sich nicht miteinander vereinbaren lassen, erfolgt indirekt. Die Annahme, für eine Gesellschaft mit drei oder mehr Individuen gebe es ein Verfahren zur Herleitung konsistenter gesellschaftlicher Entscheidungen aus individuellen Wertvorstellungen, das diese Postulate erfüllt, führt zu einem Widerspruch. Hinter der Argumentation steht letztlich wieder das Condorcet-Paradox, allerdings nun ohne jeden Bezug auf Mehrheitsentscheidungen.

Die Beweisführung stellt auf binäre Entscheidungen ab, d.h. Entscheidungen zwischen je zwei Alternativen x und y. Eine Menge V von Personen wird als *ausschlaggebend* für x gegenüber y bezeichnet, wenn unter dem gegebenen Entscheidungsverfahren die Gesellschaft x immer dann gegenüber y vorzieht, wenn alle Mitglieder dieser Menge x gegenüber y vorziehen, so daß es für diese Entscheidung nicht darauf ankommt, wie die anderen Personen diese beiden Alternativen beurteilen. Da die gesellschaftliche Entscheidung nicht durch Oktroi entsteht und da das Verfahren dem Pareto-Prinzip genügt, wird x auf jeden Fall von der Gesellschaft gegenüber y vorgezogen, wenn dies den einstimmigen Wertvorstellungen aller Beteiligten entspricht. Die Menge aller beteiligten Personen ist demnach ausschlaggebend für x gegenüber y (wie auch umgekehrt für y gegenüber x). Man kann nun fragen, wie groß die kleinste Menge von Personen ist, die bei dem gegebenen Entscheidungsverfahren für irgendeine Alternative ausschlaggebend gegenüber irgendeiner anderen Alternative ist.

Es zeigt sich, daß diese Menge gerade aus einer Person besteht. Der Beweis erfolgt wiederum indirekt: Angenommen diese Menge bestände aus $k > 1$ Personen. Es seien dies die Personen $i = 1, \ldots, k$; diese seien ausschlaggebend für eine Alternative A gegenüber einer Alternative B. Was sind die gesellschaftlichen Präferenzen bei Entscheidungen zwischen den Alternativen A und B, den Alternativen B und C sowie den Alternativen A und C, wenn (i) die Person 1 die Alternative A gegenüber B und B gegenüber C vorzieht, (ii) die Personen 2, …, k die Alternative C gegenüber A und A gegenüber B vorziehen und (iii) die übrigen Personen die Alternative B gegenüber C und C gegenüber A vorziehen? Da die Personen 1, …, k alle A gegenüber B vorziehen und diese Menge von Personen ausschlaggebend für A gegenüber B ist, wird die Gesellschaft A gegenüber B vorziehen. Da die Personen 2, … k die einzigen sind, die C gegenüber B vorziehen, diese Menge von k-1 Personen aber nicht die Minimalgröße k erreicht, um für irgendeine Alternative ausschlaggebend gegenüber irgendeiner anderen Alternative zu sein, wird die Gesellschaft B gegenüber C vorziehen. Wenn aber die Gesellschaft A gegenüber B und B gegenüber C vorzieht, so muß sie bei transitiver Präferenzordnung auch A gegenüber C vorziehen. Dies entspricht der individuellen Präferenz von Person 1 und von niemand sonst! Person 1 ist somit ausschlaggebend für A gegenüber C. Die Annahme, daß k größer als eins ist, kann daher nicht richtig sein.

Die vorstehende Argumentation zeigt, daß es bei dem unterstellten gesellschaftlichen Entscheidungsverfahren eine Person geben muß, die für wenigstens eine der binären Entscheidungen die Rolle eines Diktators spielt. Man kann dann weiter zeigen, daß diese Person bei *allen* binären Entscheidungen die Rolle eines Diktators spielen muß. Um dies verständlich zu machen, sei unterstellt, daß Person 1 ausschlaggebend für A gegenüber C ist, daß Person 1 die Alternative A gegenüber C und C gegenüber B vorzieht, alle anderen Personen dagegen die Alternative C gegenüber B und B gegenüber A vorziehen. Da Person 1 ausschlaggebend für A gegenüber C ist, wird die Gesellschaft A gegenüber C vorziehen. Da alle übereinstimmend C gegenüber B vorziehen, wird die Gesellschaft dies auch tun. Wenn aber die Gesellschaft A gegenüber C und C gegenüber B vorzieht, so muß sie bei transitiver Präferenzordnung auch A gegenüber B vorziehen. Dies wiederum entspricht der individuellen Präferenz von Person 1 und niemand sonst! Person 1 ist nicht nur ausschlaggebend für A gegenüber C, sondern auch ausschlaggebend für A gegenüber B. Mit ähnlichen Überlegungen läßt sich zeigen, daß Person 1 auch ausschlaggebend für C gegenüber B sein muß, desgleichen für C gegenüber A, für B gegenüber einer weiteren Entscheidungsalternative D usw. Das Endergebnis ist ein Widerspruch zu dem Postulat, daß das Verfahren zur Begründung gesellschaftlicher Entscheidungen aus individuellen Präferenzen nicht diktatorisch sein darf.

Der Beweis des Unmöglichkeitssatzes erfordert, wie schon die Formulierung des Satzes selbst, eine gewisse Bereitschaft, sich auf abstrakte Argumente einzulassen. Er ist aber mathematisch nicht schwierig, nur etwas langweilig, da er viele kleine Schritte zu einem Ganzen zusammenfügt. Bei der Lektüre fragt man sich unwillkürlich, was eigentlich die Bedeutung des Ganzen ausmacht und wie die ungeheure Wirkung zu erklären ist, die Arrows Arbeit auf den Gang der Wissenschaft in den folgenden Jahrzehnten gehabt hat. Auf diese Frage gibt es eine inhaltliche und eine methodische Antwort.

Inhaltlich stellt der Satz von Arrow eine bis auf Platon zurückgehende Tradition der politischen Philosophie infrage, welche die Rationalität gesellschaftlicher Entscheidungen behandelt, als ob diese einer ähnlichen Logik genügte wie die Entscheidungen eines rational handelnden Individuums. Demnach stellt sich nur die Frage, wie gesellschaftliche Entscheidungen mit den Wertvorstellungen der Einzelpersonen in der Gesellschaft zusammenhängen. Nach Arrow ist das Konzept einer sich aus individuellen Wertvorstellungen abgeleiteten gesellschaftlichen Entscheidungsrationalität eine

Chimäre – zumindest, wenn man seine Axiome akzeptiert. Im politischen und wissenschaftlichen Diskurs häufig anzutreffende anthropomorphe Vorstellungen von «der Gesellschaft» oder vom «Gemeinwohl» als einer Art «Nutzen der Gesellschaft» werden damit *ad absurdum* geführt, ebenso die Vorstellung von «den Interessen eines Landes», die die Regierung in einer internationalen Verhandlung zur Geltung bringen könnte.

Innerhalb der Wirtschaftswissenschaften wird der – mindestens auf Bentham und den Utilitarismus zurückgehende – Versuch der *Wohlfahrtstheorie* infrage gestellt, wirtschaftspolitische Empfehlungen aus einer auf individuelle Präferenzen gegründeten *Wohlfahrtsfunktion* abzuleiten (vgl. etwa Bergson, 1938; Samuelson, 1947). Auf die damit verbundenen begrifflichen Schwierigkeiten geht Arrow in *Social Choice and Individual Values* ausführlich ein. Er kritisiert die für den Umgang mit Verteilungskonflikten vorgeschlagenen *Kompensationskriterien* und führt aus, daß die Wohlfahrtstheorie keine über subjektive Werturteile hinausgehende Grundlage für den Umgang mit Konflikten zwischen den verschiedenen Personen in der Gesellschaft bietet oder auch bieten kann – der Unmöglichkeitssatz steht dem entgegen.

Daß der Umgang mit Konflikten für jegliche Vorstellung von gesellschaftlicher Rationalität ein zentrales Problem darstellt, war natürlich schon lange vor Arrow bekannt, auch daß das Verfahren der Mehrheitsentscheidung dieses Problem nicht ohne weiteres löst. Jedoch stand das Condorcet-Paradox lange als Solitär im Raum, als Kuriosum, über das man rätseln konnte, dessen Bedeutung für die politische Theorie sich aber nicht ohne weiteres erschloß. Demgegenüber zeigt der Beweis des Satzes von Arrow, daß dieses Paradox – bzw. die darin zum Ausdruck kommenden Schwierigkeiten für den Umgang mit Konflikten zwischen den verschiedenen Mitgliedern einer Gesellschaft – das Programm einer Herleitung konsistenter gesellschaftlicher Entscheidungen aus individuellen Wertvorstellungen insgesamt infrage stellt.

Methodisch grundlegend neu war der axiomatische Ansatz. Der Unmöglichkeitssatz betrifft nicht bestimmte, im Vorhinein spezifizierte Entscheidungsverfahren, etwa das Verfahren der Abstimmung nach dem Mehrheitsprinzip, sondern jegliches Verfahren, das man irgendwann einmal in Erwägung ziehen könnte. Die Schwierigkeiten, die zuerst beim Condorcet-Paradox gesehen wurden, erweisen sich nunmehr als Ausfluß der allgemein formulierten Axiome; das hebt sie von der Ebene des Beispiels à la Condorcet auf die Ebene eines allgemeinen theoretisch zu untersuchenden Problems.

Dementsprechend konzentrierte sich die Rezeption des Unmöglichkeitssatzes auf die verschiedenen Axiome. So plausibel sie in der Darstellung von Arrow zunächst erscheinen mochten, die Destruktivität des Unmöglichkeitssatzes forderte dazu heraus, sie im einzelnen infrage zu stellen, um vielleicht bei angemessener Modifikation der Axiome doch noch zu einem Möglichkeitssatz zu kommen. Aus diesem Bemühen entstand die Theorie gesellschaftlicher Entscheidungen (*Social Choice Theory*) als eine neue wissenschaftliche Disziplin, die sich mit den Implikationen verschiedener Axiomensysteme für die Herleitung gesellschaftlicher Entscheidungen aus individuellen Präferenzen befaßt. Allerdings steht Arrows Analyse nach wie vor im Zentrum, denn jegliche Modifikation seiner Axiome wirft gewisse Probleme auf.[7]

2.2 Theorie des allgemeinen Gleichgewichts

Ein zweiter Schwerpunkt von Arrows Arbeiten lag in der Theorie des allgemeinen Gleichgewichts einer Volkswirtschaft. «Allgemein» ist hier so zu verstehen, daß alle Märkte gleichzeitig betrachtet werden. Insbesondere werden die Märkte für Güter und Dienstleistungen, die als Inputs in die Produktion dienen, ebenso betrachtet wie die Märkte für Güter und Dienstleistungen für den Endverbrauch. Dabei dienen die Einkommen, die die privaten Haushalte als Lieferanten von Inputs für die Produktion verdienen, der Finanzierung ihrer Konsumgüternachfrage – der Einkommenskreislauf ist integraler Bestandteil der Analyse.

Während Arrows Beitrag zur Theorie gesellschaftlicher Entscheidungen ein völlig neues Gebiet erschloß, stehen seine Beiträge zur Theorie des allgemeinen Gleichgewichts in einer langen Tradition, die wenigstens auf Léon Walras (1874/1877) zurückgeht, teilweise sogar auf Adam Smith.[8] Vier Gruppen von Beiträgen sind zu

[7] Die 1963 erschienene zweite Auflage von *Social Choice and Individual Values* geht ausführlich darauf ein.

[8] Kapitel 1 in Arrow und Hahn (1972) gibt einen kurzen Überblick über die Geschichte der Theorie des allgemeinen Gleichgewichts.

unterscheiden. Drei davon betreffen die klassische Theorie eines Marktsystems bei Sicherheit. Ein weiterer, grundlegend neuer Beitrag betrifft die Theorie des allgemeinen Gleichgewichts und die Funktionsfähigkeit eines Marktsystems bei Unsicherheit.

Wohlfahrtseigenschaften von allgemeinen Gleichgewichten Arrows Beiträge zur Charakterisierung der Wohlfahrtseigenschaften von Gleichgewichten wurden bereits besprochen: Grundlegend ist die Unterscheidung zwischen den beiden Hauptsätzen der Wohlfahrtstheorie, damit einhergehend die Beobachtung, daß der erste Hauptsatz irrelevant ist, wenn man das im Marktsystem realisierte Pareto-Optimum verteilungspolitisch für ungerecht erachtet. Für jemanden, der klare Vorstellungen von Verteilungsgerechtigkeit hat, ist nur der zweite Hauptsatz relevant. Allerdings wirft das im vorstehenden Abschnitt diskutierte Unmöglichkeitstheorem die Frage auf, worauf sich diese Vorstellungen von Verteilungsgerechtigkeit gründen und warum der Betreffende erwartet, daß die Gesellschaft gerade seine Vorstellungen akzeptieren soll. In dieser Frage berührt sich die Wohlfahrtstheorie mit der oben besprochenen Theorie gesellschaftlicher Entscheidungen.

Existenz von allgemeinen Gleichgewichten Die Frage, ob ein allgemeines Gleichgewicht aller Märkte überhaupt existieren kann, war ursprünglich von Walras (1871/1874) aufgeworfen worden. Für ein System mit n Märkten wird verlangt, daß die Preise der verschiedenen Güter und Dienstleistungen sich so anpassen, daß Angebot und Nachfrage in jedem einzelnen Markt gerade gleich sind. Walras beunruhigte die Erwägung, daß es in einem solchen System zwar n Preise gibt, einen für jeden Markt, daß es aber für die Bestimmung von Angebot und Nachfrage nur auf die *relativen* Preise, d. h. die Austauschverhältnisse der verschiedenen Güter und Dienstleistungen ankommt. Es gibt aber nur $n-1$ voneinander unabhängige relative Preise, etwa die Austauschverhältnisse der Güter 2, ..., n gegenüber Gut 1; alle anderen Austauschverhältnisse lassen sich daraus ableiten, etwa das Austauschverhältnis der Güter 2 und 3 ergibt sich als Quotient der Austauschverhältnisse dieser Güter mit Gut 1. Im Normalfall kann man nicht davon ausgehen, daß ein System mit n Gleichungen in $n-1$ unabhängigen Variablen immer eine Lösung hat.

Walras stellte jedoch fest, daß die n Gleichungen nicht unabhängig voneinander sind. Die privaten Haushalte unterliegen der Budgetbedingung, daß der Wert ihrer Güterkäufe bei gegebenen Preisen dem Wert ihrer Verkäufe von Gütern und Dienstleistungen an den Unternehmenssektor zuzüglich ihrer Anteile an den Gewinnen der Unternehmen sein muß.[9] Daraus folgt, daß die Nachfrage des Haushalts in einem Markt nicht unabhängig von seiner Nachfrage oder seinem Angebot in einem anderen Markt ist. Walras benutzte dies, um zu zeigen, daß die Gleichgewichtsbedingungen für die n Märkte der Volkswirtschaft nicht unabhängig voneinander sind; Angebot und Nachfrage in Markt n sind automatisch ausgeglichen, wenn Angebot und Nachfrage in den Märkten $1, \ldots, n-1$ ausgeglichen sind. Aus dem Umstand, daß man es demnach mit $n-1$ unabhängigen Gleichungen in $n-1$ unabhängigen Variablen zu tun hat, schloß er, daß dieses System eine Lösung hat.

Diese Argumentation ist mathematisch alles andere als überzeugend. Wenn man die Gleichgewichtsbedingung für einen Markt ausklammert, hat man es immer noch mit einem sehr komplexen System von $n-1$ nichtlinearen Gleichungen zu tun, bei dem – anders als in der Partialanalyse von Angebot und Nachfrage in nur einem Markt – alle Preise auf Angebote und Nachfragen in allen Märkten einwirken. Könnte es nicht sein, daß ein solches System gar keine Lösung hat? Zum Beispiel haben die Gleichungen $x + y = 0$ und $x \cdot y = 1$ ebenso viele Variable wie Gleichungen, aber eine Lösung existiert nicht.[10]

Daß Walras' Verfahren des Zählens von Gleichungen und Variablen nicht ausreicht, um die Existenz eines Systems von Preisen zu garantieren, bei denen alle Märkte geräumt sind, wurde schon

9 Dies ist die moderne Version der Budgetbedingung. Bei Walras spielen Gewinne keine Rolle, da die Unternehmen im Gleichgewicht keine Gewinne machen. Walras unterstellt konstante Skalenerträge in der Produktion, d. h. jegliche Verdoppelung aller Inputs ermöglicht eine Verdoppelung aller Outputs. Bei Walras, wie später auch bei Arrow und Debreu, handelt es sich um ein atemporales Modell; in diesem Modell spielen Ersparnisbildung und Finanzanlagen keine Rolle. Eine zeitliche Dimension kann eingeführt werden, indem man bei der Definition eines Gutes danach unterscheidet, wann dieses jeweils zur Verfügung steht. Dazu siehe auch Abschnitt 2.3, insbesondere Fn. 19.

10 Setzt man aus der ersten Gleichung $y = -x$ in die zweite Gleichung ein, so erhält man $x^2 = -1$, eine Bedingung, die von keiner reellen Zahl x erfüllt wird.

Anfang der dreißiger Jahre in Karl Mengers Mathematischem Kolloquium in Wien diskutiert. Die Beiträge von Schlesinger und von Arrows späterem Lehrer Wald zu diesem Kolloquium brachten erste Lösungen des Problems für spezielle Modelle, aber keine allgemeine Analyse.[11] Diese brachten erst Arrow und Debreu (1954). Das *Arrow-Debreu-Modell* bildet noch heute die maßgebliche Grundlage aller Überlegungen zur Funktionsweise und Funktionsfähigkeit der Gesamtheit des Systems von Märkten in einer wettbewerblich organisierten Volkswirtschaft.[12]

Arrow und Debreu (1954) beweisen, daß ein allgemeines Gleichgewicht notwendigerweise existiert, wenn die Volkswirtschaft bestimmte Struktureigenschaften aufweist. Liegen diese Eigenschaften nicht vor, so hängt die Existenz eines Gleichgewichts davon ab, ob die Faktoren, die das Verhalten der privaten Haushalte und der produzierenden Unternehmen bestimmen, zufälligerweise gerade so zusammenwirken, daß bestimmte, im folgenden noch zu erläuternde Probleme nicht auftreten. Allgemeine Aussagen über die Existenz von Gleichgewichten sind dann nicht mehr möglich.

Bemerkenswerterweise hat das Existenzproblem nach Arrow und Debreu nichts mit der Vielzahl von Märkten in ihrer Analyse zu tun, auch nichts damit, daß sie Output- und Inputmärkte zusammen betrachten, daß also in ihrer Analyse die privaten Haushalte die Einkommen aus dem Verkauf ihrer Arbeitskraft benötigen, um den Kauf von Konsumgütern zu finanzieren. In der Nachfolge von Keynes (1936) war verschiedentlich die Vorstellung geäußert worden, daß aufgrund von Kreislaufzusammenhängen der Arbeitsmarkt nicht wie ein normaler Markt funktioniert und unfreiwillige Arbeitslosigkeit, d.h. ein Überschuß des Arbeitsangebots über die Arbeitsnachfrage, möglicherweise auch dann nicht vermieden werden kann, wenn alle Löhne und Preise vollkommen flexibel sind. Schließlich führe eine Lohnsenkung dazu, daß die privaten Haushalte geringere Einkommen haben, dementsprechend weniger nachfragen und daß die Unternehmen dementsprechend weniger Arbeitskräfte benötigen. Diese Vorstellung wird durch die Analyse

11 Alle Beiträge finden sich in Menger (1998), der von Dierker und Sigmund vorgenommenen Neuausgabe der *Ergebnisse eines Mathematischen Kolloquiums*.

12 Unabhängig davon entwickelte McKenzie (1954) eine etwas andere, ebenfalls sehr allgemeine Lösung des Existenzproblems.

von Arrow und Debreu widerlegt. Die angesprochenen Kreislaufzusammenhänge wirken auch in ihrem Modell,[13] sind aber kaum von Bedeutung für die Frage, ob es eine Konstellation von Preisen und Löhnen gibt, so daß auf allen Märkten, auch auf dem Arbeitsmarkt, Angebot und Nachfrage ausgeglichen sind;[14] allerdings beeinflussen sie die Stabilitätseigenschaften von Anpassungsprozessen außerhalb von Gleichgewichten.

Das Existenzproblem bei Arrow und Debreu liegt auf einer ganz anderen Ebene. Es betrifft die Stetigkeitseigenschaften von Angebots- und Nachfrageverhalten der Unternehmen und Haushalte in der Volkswirtschaft und erscheint bereits im einfachsten Modell eines einzelnen Marktes, auf dem Verbraucher und Unternehmen einen Output und einen Input gegeneinander tauschen. Wenn sich beispielsweise die Nachfrage nach dem Output beim Preis p mathematisch darstellen läßt als $N(p) = 3 - p$, und das Angebot als $A(p) = p$, wenn p größer oder gleich 2 ist, und $A(p) = 0$, wenn p kleiner als 2 ist. Dann hat man $N(p) < A(p)$ für p größer oder gleich 2 und $N(p) > A(p)$ für p kleiner als 2, d. h., es gibt keinen Preis p, bei dem $N(p) = A(p)$, so daß Angebot und Nachfrage ausgeglichen sind. Beim Preis $p = 2$ weist das Angebot eine Sprungstelle auf. Es springt von einem Wert, der kleiner ist als die Nachfrage $N(2) = 1$, zu einem Wert, der größer ist als die Nachfrage. Die Annahmen an die Strukturdaten der Volkswirtschaft, unter denen Arrow und Debreu die Existenz eines allgemeinen Gleichgewichts nachweisen, sorgen dafür, daß solche Sprungstellen im Angebots- oder Nachfrageverhalten der Haushalte und Unternehmen nicht vorkommen können.

13 Allerdings gibt es im Arrow-Debreu-Modell kein Papiergeld. Einige der bei Keynes und in der auf Keynes folgenden makroökonomischen Literatur beschriebenen Probleme betreffen die Rolle des Geldmarktes und die Interdependenz von Geldmarkt und Arbeitsmarkt. Für das im Text skizzierte Kaufkraftargument gilt dies nicht; auch zeigt eine spätere Literatur, z. B. Patinkin (1965), daß die zentrale Aussage zur Möglichkeit von Vollbeschäftigung bei vollständiger Flexibilität aller Preise und Löhne erhalten bleibt, wenn Papiergeld in das Arrow-Debreu-Modell integriert wird. Die Integration von Papiergeld in die Theorie des allgemeinen Gleichgewichts wirft andere, bis heute nicht gelöste Probleme auf (Hellwig, 1993); jedoch haben diese nichts mit dem Zusammenspiel von Arbeits- und Gütermärkten zu tun.

14 Die in dem Wort «kaum» enthaltene Einschränkung betrifft die Möglichkeit, daß so etwas wie ein Gleichgewicht aller Märkte nur bei Preisen und Löhnen möglich wäre, bei denen ein privater Haushalt nicht mehr als das absolute Existenzminimum finanzieren könnte.

Die Annahmen von Arrow und Debreu betreffen letztendlich die Präferenzstruktur der Haushalte und die Produktionsmöglichkeiten der Unternehmen. Das vorstehende mathematische Beispiel kann hier wieder zur Veranschaulichung dienen. Das angegebene Angebotsverhalten, $A(p) = p$ für p größer oder gleich 2, $A(p) = 0$ für p kleiner (oder gleich) 2, ist das Verhalten eines Unternehmens, das seine Produktionsmenge so wählt, daß sein Gewinn, d.h., die Differenz zwischen dem Erlös $p \cdot x$ und den Kosten $K(x)$ ein Maximum erreicht, und dessen Kosten $K(x)$ bei der Produktionsmenge $x = 0$ den Wert $K(x) = 0$ annehmen, bei Produktionsmengen $x > 0$ dagegen den Wert $K(x) = 2 + x^2/2$. In Anbetracht der fixen Kosten von 2, die bei jeder positiven Produktionsmenge anfallen, stellt sich für dieses Unternehmen die Frage, ob es überhaupt produzieren soll. Wenn es dies tut, so ist es am besten, die Menge $x = p$ zu produzieren, da bei dieser Menge der Deckungsbeitrag, d.h. die Differenz zwischen dem Erlös $p \cdot x$ und den variablen Kosten $x^2/2$ maximiert wird. Der maximale Deckungsbeitrag beim Preis p beträgt dann $p^2/2$. Für $p < 2$ genügt dies nicht, um die fixen Kosten zu decken. Das Unternehmen zieht es daher vor, gar nichts zu produzieren und auf dem Markt anzubieten. Für $p > 2$ übersteigt der Deckungsbeitrag die fixen Kosten und das Unternehmen maximiert seinen Gewinn, indem es die Menge $x = p$ produziert und auf dem Markt anbietet. Die Unstetigkeit im Angebotsverhalten des Unternehmens geht also darauf zurück, daß es bei positiver Produktion fixe Kosten gibt. Um solche Unstetigkeiten auszuschließen, muß angenommen werden, daß die Produktion keine fixen Kosten erfordert.

Dies ist ein Spezialfall der allgemeinen Annahme, daß die Produktionsmöglichkeiten der Unternehmen gewisse *Konvexitätseigenschaften* aufweisen: Wenn für das Unternehmen sowohl ein Produktionsplan X als auch ein Produktionsplan Y technisch möglich ist, dann muß auch eine Kombination dieser Pläne möglich sein, die für beliebiges λ zwischen Null und Eins einer Kombination von λ mal X und $1-\lambda$ mal Y entspricht. Bei fixen Kosten ist diese Bedingung nicht erfüllt. So kann im obigen Beispiel das Unternehmen mit einem Kostenaufwand von 4 den Output 2 und mit einem Kostenaufwand von Null den Output Null produzieren, mit einem Kostenaufwand von 2,5 dagegen, d.h. mit 5/8 von 4 und 3/8 von 0 nur den Output 1, weniger als 5/8 von 2 und 3/8 von 0 (= 5/4). Der

Satz von Arrow und Debreu (1954) besagt im wesentlichen, daß die Existenz eines allgemeinen Gleichgewichts der Volkswirtschaft gesichert ist, wenn die Produktionsmöglichkeiten der Unternehmen die hier skizzierte und die Präferenzen der Haushalte eine entsprechende Konvexitätseigenschaft aufweisen.[15]

Die von Arrow und Debreu (1954) erbrachte Antwort auf die Frage, ob man davon ausgehen kann, daß es immer ein Gleichgewicht aller Märkte der Volkswirtschaft gibt, hat unser Verständnis der Funktionsfähigkeit eines Systems von Wettbewerbsmärkten erheblich vertieft. Je nachdem, wie man die Konvexitätsbedingungen einschätzt, wird man das Glas als halb voll oder halb leer ansehen. Hält man diese Bedingungen für wenig restriktiv, so wird man den Satz von Arrow und Debreu (1954), wie auch den Zweiten Hauptsatz der Wohlfahrtstheorie, der dieselben Bedingungen erfordert, als Bestätigung der Vorstellung ansehen, daß ein System von Wettbewerbsmärkten sich gut zur Organisation wirtschaftlicher Aktivitäten eignet. Hält man diese Bedingungen dagegen für unrealistisch, so wird man die Funktionsfähigkeit eines solchen Systems skeptischer sehen.

Die nachfolgende Literatur hat gezeigt, daß die Konvexitätsbedingungen abgeschwächt werden können. Wenn es in der Volkswirtschaft viele Haushalte und Unternehmen gibt und die Unstetigkeiten im Angebots- und Nachfrageverhalten einzelner Haushalte und Unternehmen im Vergleich zu den insgesamt auf den Märkten gehandelten Mengen unbedeutend sind, so gibt es immerhin ein Preissystem, bei dem Angebot und Nachfrage in allen Märkten wenigstens näherungsweise ausgeglichen sind.[16] Für Unstetigkeiten, die im Verhältnis zu den insgesamt in den Märkten gehandelten Mengen ins Gewicht fallen, gilt dies nicht. Das betrifft insbesondere die Märkte für Güter und Dienstleistungen, bei deren Erstel-

15 Darüber hinaus müssen bestimmte weitere Bedingungen erfüllt sein, von denen einige nur von mathematischem Interesse sind, andere die Möglichkeit unendlicher Inputangebote der Haushalte oder unendlicher Produktion einzelner Güter durch die Unternehmen ausschließen und die letzte die Möglichkeit ausschließt, daß ein privater Haushalt gänzlich auf, wenn nicht gar unter das physische Existenzminimum gedrückt wird.

16 Vgl. etwa Aumann (1964), Hildenbrand (1974). «Näherungsweise» ist im Zusammenhang mit den Worten «viele» und «unbedeutend» in der Prämisse des Satzes zu lesen. Je mehr Teilnehmer es gibt, desto besser ist die Näherung.

lung es erhebliche Größen- oder Verbundvorteile gibt. Für solche Güter und Dienstleistungen sind Wettbewerbsmärkte wenig geeignet.

Stabilität von allgemeinen Gleichgewichten Die Aussage, daß bei gegebenen Struktureigenschaften von Präferenzen der privaten Haushalte und Produktionsmöglichkeiten der Unternehmen ein allgemeines Gleichgewicht der Volkswirtschaft existiert, sagt nichts darüber, ob es Kräfte gibt, die dafür sorgen, daß ein Gleichgewicht auch tatsächlich realisiert wird.

Seit Adam Smith ist es üblich, an dieser Stelle auf das *Gesetz von Angebot und Nachfrage* zu verweisen, wonach der Preis in einem Markt steigt, wenn die Nachfrage größer ist als das Angebot, und sinkt, wenn die Nachfrage kleiner ist als das Angebot. Bei isolierter Betrachtung eines einzelnen Marktes führt diese Erwägung zu dem Schluß, daß der Prozeß der Preisanpassung *stabil* ist und zu einem Gleichgewicht hin konvergiert, zumindest, wenn die Nachfrage durch eine fallende und das Angebot durch eine steigende Funktion des Preises gegeben sind und im übrigen die einzelnen Preisanpassungen klein sind, so daß es zu keinem Überschießen kommt. Anfang der vierziger Jahre formulierte Samuelson (1941/1942) die Frage, inwiefern diese Stabilitätsaussage erhalten bleibt, wenn alle Preise in allen Märkten sich gleichzeitig entsprechend dem Gesetz von Angebot und Nachfrage anpassen.

Zu diesem Forschungsprogramm leistete Arrow Ende der fünfziger Jahre wichtige Beiträge. Arrow und Hurwicz (1958) sowie Arrow, Block und Hurwicz (1959) geben Bedingungen an, unter denen der Preisanpassungsprozeß global stabil ist. Die schwächste dieser Bedingungen verlangt, daß die Erhöhung des Preises für ein Gut in gewissem Sinn stärker auf die Nachfrage nach diesem Gut selbst als auf alle anderen Güter zusammen wirkt. Diese Bedingung ist automatisch erfüllt, wenn alle Güter Substitute sind, so daß eine Preiserhöhung bei einem Gut die Nachfrage nach allen anderen Gütern ansteigen läßt.

Aus heutiger Sicht ist dieses Forschungsprogramm als gescheitert anzusehen.[17] Die Bedingungen, unter denen Stabilität gewährleistet

[17] Bemerkenswerterweise sind Arrows Beiträge zu diesem Programm nicht in die sechs Bände seiner *Collected Papers* aufgenommen worden.

ist, sind sehr restriktiv. Ein von Scarf (1960) entwickeltes Beispiel legt nahe, daß allgemeinere Stabilitätsaussagen nicht zu erwarten sind. Beginnend mit Sonnenschein (1972) zeigt die Literatur der frühen siebziger Jahre, daß die Überschußnachfragefunktion, d.h. die Differenz zwischen Nachfrage- und Angebotsfunktion einer Volkswirtschaft, so gut wie keine aus A-priori-Erwägungen ableitbare Struktur hat; insbesondere die für eine globale Stabilität von Preisanpassungsprozessen nach dem Gesetz von Angebot und Nachfrage in allen Märkten erforderlichen Struktureigenschaften sind nicht aus A-priori-Erwägungen über die Charakteristika der Teilnehmer des Systems zu gewinnen. Diese negativen Ergebnisse beruhen weitgehend auf Interdependenzen zwischen verschiedenen Märkten, die aufgrund von Einkommenseffekten, beispielsweise den Kaufkraftwirkungen von Lohnänderungen, entstehen. Diese vom Keynesianismus betonten Zusammenhänge zwischen den Märkten, auf denen die privaten Haushalte als Verkäufer auftreten, und den Märkten, auf denen sie als Käufer auftreten, haben zwar, wie ausgeführt, keinen Einfluß auf die Existenz von allgemeinen Gleichgewichten, sie können aber die Strukturen zerstören, die für die Stabilität von Preisanpassungsprozessen erforderlich wären.

Arrow (1959) selbst nennt einen vielleicht noch wichtigeren Grund für das Scheitern dieses Forschungsprogramms: Es fehlt eine Theorie darüber, welches Verhalten das «Gesetz von Angebot und Nachfrage» wiedergibt. Wer setzt Preise? Aus welchen Beweggründen werden Preise geändert? Wie läßt sich eine Theorie der Setzung von Preisen durch die verschiedenen Marktteilnehmer mit der dem Begriff des Wettbewerbsgleichgewichts zugrunde liegenden Annahme vereinbaren, daß alle Marktteilnehmer sich so verhalten, als hätten sie keinen Einfluß auf den Marktpreis? Modelle der Preissetzung sind seither entwickelt worden; auch führen diese Modelle zu dem Schluß, daß die z.B. von den Unternehmen gesetzten Preise annähernd dem Preis im Wettbewerbsgleichgewicht entsprechen, wenn das einzelne Unternehmen nur einen kleinen Teil des Gesamtmarkts bedient (Allen und Hellwig, 1986). Jedoch handelt es sich dabei um spieltheoretische Analysen, in denen man mit dem Begriff des (Nash-)Gleichgewichts arbeitet, ohne jemals die Frage nach der Stabilität von Ungleichgewichtsprozessen zu stellen.

2.3 Unsicherheit, unvollkommene Information und «Moral Hazard»

Eine weitere wichtige Entwicklung der Wirtschaftstheorie in der zweiten Hälfte des zwanzigsten Jahrhunderts, an der Kenneth Arrow großen Anteil hatte, ist die Analyse des Umgangs mit Unsicherheit, unvollkommener Information und «Moral Hazard», verhaltensbedingten Fährnissen.[18] Für die Theorie individueller Entscheidungen bei Unsicherheit ist vor allem sein Beitrag zur Quantifizierung von Risikoaversion zu nennen: das von Arrow (1965) und unabhängig auch von Pratt (1964) entwickelte, inzwischen so genannte *Arrow-Pratt-Maß der Risikoaversion* entspricht der relativen Krümmung der Nutzenfunktion, welche die Präferenzen einer Person mathematisch abbildet. Arrow und Pratt zeigen, daß dieses Maß beim Abschluß von Versicherungsverträgen ebenso wie beim Kauf riskanter Wertpapiere jeweils in gleicher Weise Einfluß darauf hat, wie die betreffende Person zwischen einem höheren Risiko und einem niedrigeren Erwartungswert des Konsums abwägt.

Behandlung von Unsicherheit in der Theorie des allgemeinen Gleichgewichts Als wichtigster Beitrag zur Theorie des Umgangs mit Unsicherheit und Risiko ist Arrows (1953/1964) Integration von Unsicherheit und Risiko in die Theorie des allgemeinen Gleichgewichts anzusehen. Dadurch ist unser Denken über den Umgang mit Unsicherheit und Risiko in der Volkswirtschaft nachhaltig beeinflußt worden. Arrows Analyse der Bedeutung von Finanztiteln (Geldforderungen) für die Allokation von Risiken in einer Volkswirtschaft gehört heute zur intellektuellen Infrastruktur jeglicher Beschäftigung mit Finanzinstrumenten und Finanzmärkten. Sie bildet auch den Ausgangspunkt vieler Analysen des Versagens von

[18] Die häufig anzutreffende Übersetzung des englischen «moral hazard» als «moralisches Risiko» ist nicht nur sprachlich schrecklich, sondern auch ungenau: «moral» heißt nicht «moralisch» im heutigen Sinn des Wortes, sondern «auf menschliches Verhalten bezogen» – das Gegenstück zu «moral» ist nicht «amoral», sondern «natural»; «hazard» ist nicht «Risiko», sondern «Fährnis». In der Tradition der Versicherungen war «moral hazard» das Gegenstück zu «natural hazards», so wie «moral philosophy», die Bezeichnung von Adam Smiths Lehrgebiet, ein Gegenstück zu «natural philosophy», d.h. Naturwissenschaften, bildete.

Märkten und der Entwicklung alternativer Institutionen für den Umgang mit Risiken.

Am Anfang dieser Analyse stand vermutlich die Beschäftigung mit Versicherungen. Arrow war ja auch ausgebildeter Versicherungsmathematiker. Bei einem Versicherungsvertrag bezahlt der Kunde eine Prämie, damit die Versicherung im Falle eines Schadens den entstandenen Verlust ganz oder teilweise ausgleicht. Der Vertrag beinhaltet letztlich den Tausch eines Nettogeldstroms vom Kunden an den Versicherer, wenn kein Schaden eintritt, gegen einen Nettogeldstrom vom Versicherer an den Kunden, wenn ein Schaden eintritt. Daraus daß der Kunde Wert darauf legt, diesen Vertrag zu schließen, kann man ersehen, daß er Geld im Schadensfall und Geld im Nicht-Schadensfall als zwei verschiedene Dinge betrachtet, die gegeneinander zu tauschen sich lohnt. Eine Analyse des Versicherungsmarktes muß dieser Verschiedenheit Rechnung tragen.

In diesem Sinn unterscheiden Arrow (1953/1964) und nach ihm Debreu (1959) die in einer Volkswirtschaft gehandelten Güter nicht nur nach ihrer Beschaffenheit, sondern auch nach dem Zeitpunkt, zu dem sie zur Verfügung gestellt werden, und dem «Zustand der Welt», in dem dies geschieht. Weizen einer bestimmten Art im Jahre 2020 im Fall einer Mißernte im Jahre 2019 ist als ein anderes Gut anzusehen als Weizen derselben Art im Jahre 2020 im Fall einer guten Ernte im Jahre 2019, auch als ein anderes Gut als Weizen derselben Art im Jahre 2018.

Die betreffenden Märkte muß man sich als Märkte für *Forderungen* vorstellen, die dem jeweiligen Inhaber einen Anspruch auf die angegebene Leistung zum angegebenen Zeitpunkt geben, sofern sich zu diesem Zeitpunkt der betreffende Zustand der Welt realisiert hat. Für diese Erweiterung bzw. Uminterpretation des Standardmodells des allgemeinen Gleichgewichts einer Volkswirtschaft zeigen Arrow (1953/1964) und Debreu (1959), daß die für das Modell der Volkswirtschaft unter Sicherheit entwickelten Wohlfahrts- oder Existenzsätze weiterhin gelten: Wettbewerbsgleichgewichte existieren auch hier, und die Marktergebnisse weisen dieselben Effizienzeigenschaften auf wie bei Sicherheit.

Die Konvexitätsbedingungen der allgemeinen Gleichgewichtstheorie haben in diesem Kontext die natürliche Interpretation, daß die privaten Haushalte risikoavers sind. Die Wohlfahrtssätze implizieren, daß Wettbewerbsgleichgewichte u.a. eine effiziente Aufteilung von Risiken auf die Teilnehmer der Volkswirtschaft mit sich bringen. Im Gegensatz zu der vor Arrow gängigen Vorstellung, daß Unsicherheit *per se* eine Quelle von Marktversagen sein könnte, erweist sich das Marktsystem als Mechanismus für einen angemessenen Umgang mit Unsicherheit.

Allerdings ist dafür erforderlich, daß das Marktsystem *vollständig* ist, d.h. daß jeder Marktteilnehmer die Möglichkeit hat, zu den am Markt vorherrschenden Preisen Ansprüche auf beliebige Güter in beliebigen Perioden und beliebigen Zuständen der Welt gegeneinander zu tauschen. Bei Debreu (1959) wird das Marktsystem explizit so beschrieben; bei Arrow (1953/1964) ist diese Eigenschaft des Marktsystems implizit in einer dynamischen Struktur, in der es in jeder Periode und bei jedem Zustand der Welt für diese Periode sowohl Märkte für alle Finanztitel, d.h. zustandsabhängige Forderungen für die nächste Periode, als auch für alle Güter auf sofortige Lieferung gibt.[19] In dieser Struktur wird der Umstand, daß es keine Märkte für Forderungen auf die Lieferung von Gütern in späteren Perioden gibt, dadurch kompensiert, daß es später jeweils Märkte für die sofortige Lieferung von Gütern gibt, wobei das Geschehen in diesen Märkten davon abhängt, wie die Entwicklung der Unsicherheit bis dahin verlaufen ist und welche Kaufkraft aus früher erworbenen Finanztiteln die Teilnehmer hier einsetzen können.[20]

[19] In Arrows sequentieller Version des Arrow-Debreu-Modells kann man auch über Ersparnisse und Investitionen einer Periode reden. Die Ersparnis eines privaten Haushalts in einer Periode entspricht der Differenz zwischen den Werten der Arrow-Zertifikate, die er am Ende der Periode hält, und der Arrow-Zertifikate, die in der Periode fällig geworden sind; dies entspricht der Differenz zwischen dem Wert seiner Verkäufe und dem Wert seiner Käufe an Gütern und Dienstleistungen in der Periode. In Debreus atemporaler Version des Arrow-Debreu-Modells kann man nicht wirklich über Ersparnisse und Investitionen einer Periode reden, da alle Transaktionen im vorhinein über Märkte für Forderungen auf zukünftige Leistungen festgelegt werden.

[20] Arrow (1953/1964) gibt somit das erste Beispiel für das, was eine spätere Literatur als *Gleichgewicht mit rationalen Erwartungen*, genauer als *Gleichgewicht von Plänen, Preisen und Preiserwartungen* (Radner, 1972) bezeichnet hat. Die Lenkungsfunktion der Preise in diesem Gleichgewicht geht über die Koordinierung von Angebot und Nachfrage in den jeweiligen Märkten hinaus und umfaßt auch die Pläne, die in früheren Perioden in Erwartung dieser Preise gemacht werden.

Das Arrow-Debreu-Modell des Umgangs mit Unsicherheit in einem Marktsystem stand lange als ein Solitär in der Literatur – man bewunderte es, wußte aber nicht recht, was man damit anfangen sollte. Die in diesem Modell unterstellte Vollständigkeit des Marktsystems schien weit über das hinauszugehen, was Märkte in der Wirklichkeit leisten können. Andererseits zeigt die Analyse, daß eine effiziente Risikoverteilung ohne ein vollständiges Marktsystem kaum zu erwarten ist. Für Arrow selbst führte dieses Dilemma zu der Frage, warum Marktsysteme in der Realität unvollständig sind und was dies für den Umgang mit Risiken in der Realität bedeutet. Das zeigt sich insbesondere in seinen Arbeiten zur Gesundheitsökonomik.

Ungeachtet dieser Schwierigkeit wurde das Arrow-Debreu-Modell des Umgangs mit Unsicherheit in einem Marktsystem später zu einer wesentlichen Grundlage der modernen Kapitalmarkttheorie. Der Begriff der Vollständigkeit des Marktsystems und die Möglichkeit der dynamischen Vervollständigung eines Marktsystems sind aus dieser Theorie nicht mehr wegzudenken. Ist das Marktsystem vollständig, so kann man jeden Finanztitel als Bündel von *Arrow-Zertifikaten* interpretieren, d.h. von Zahlungsansprüchen, die jeweils in genau einem Zustand der Welt fällig sind. Eine Aktie, die dem Inhaber einen Anspruch auf ein Tausendstel des Wertes des betreffenden Unternehmens gibt, entspricht dann einem Bündel von Ansprüchen auf Zahlung von 10 Euro, wenn der Unternehmenswert 10000 Euro beträgt, 20 Euro, wenn der Unternehmenswert 20000 Euro beträgt, usw. Der Wert der Aktie ergibt sich als Summe der Werte der einzelnen Arrow-Zertifikate. Auf diese Weise liefert Arrows Modell eine abstrakte Grundlage für eine Theorie der Preisbildung für beliebige Wertpapiere.

Die Bedeutung von Arrows Modell für die Kapitalmarkttheorie wurde in den siebziger Jahren im Rahmen der Auseinandersetzung mit der Bewertung von Aktienoptionen erkannt. Black und Scholes (1973) sowie Merton (1973) hatten gezeigt, daß unter bestimmten Annahmen über die zugrundeliegenden Wahrscheinlichkeitsprozesse und die zur Verfügung stehenden Märkte der Gleichgewichtspreis einer Kaufoption für eine Aktie eindeutig bestimmt werden kann in Abhängigkeit vom Ausübungspreis der Option, vom Aktienkurs und vom Zinssatz, zu dem man Geld aufnehmen oder verleihen kann. Harrison und Kreps (1979) haben gezeigt, daß dieses Ergebnis sich interpretieren läßt als ein Beispiel für die obige Aussage, daß der Gleichgewichtspreis eines jeglichen Wertpapiers in einem vollständigen Marktsystem bestimmt ist als Wert des entsprechenden Bündels an Arrow-Zertifikaten.

Aufgrund der Möglichkeit der dynamischen Vervollständigung eines Marktsystems durch immer wieder neues Handeln ist bei Black, Scholes und Merton das Marktsystem *de facto* vollständig: Bei den unterstellten Wahrscheinlichkeitsprozessen[21] besteht in jedem Zeitpunkt kurzfristig nur die Möglichkeit, daß der Aktienkurs einen kleinen Schritt nach oben oder einen kleinen Schritt nach unten springt. Um Vollständigkeit des Marktsystems bezüglich dieser zwei Möglichkeiten herzustellen, genügen zwei Wertpapiere, die Aktie und der festverzinsliche Kredit. Das sind zwar keine Arrow-Zertifikate, doch bieten sie die Möglichkeit, Kaufkraft beliebig zu verschieben zwischen den zwei Zuständen der Welt, die bis zum nächsten Markttermin eintreten können – Kursanstieg oder Kursrückgang. Das Marktsystem verhält sich daher nicht anders, als wenn es ein vollständiges System von Arrow-Zertifikaten gäbe. Als-ob-Preise für Arrow-Zertifikate lassen sich aus den Preisen der gehandelten Papiere errechnen und zur Bewertung aller denkbaren weiteren Papiere, darunter auch der Aktienoptionen, verwenden. Die Optionspreistheorie ist somit ein Spezialfall einer allgemeinen Theorie der Finanztitel als Bündel von Arrow-Zertifikaten.

Diese allgemeine Theorie ist mit verantwortlich für die Entwicklung immer neuer komplexer Finanzinstrumente in der Praxis. Man geht vom Ideal des vollständigen Marktsystems aus und fragt sich, mittels welcher Finanztitel bei Fehlen von Märkten die Lücke geschlossen werden kann. Der Ansatz von Black, Scholes und Merton dient dabei als Ausgangspunkt für die Bewertung der Finanztitel und die Beurteilung der Geschäftsstrategien. Ein gewisses Paradoxon liegt allerdings darin, daß einerseits die zugrundeliegende Theorie schon von einem vollständigen Marktsystem ausgeht, andererseits die Entwicklung von neuen Finanztiteln nur deshalb volkswirt-

21 Diffusionsprozesse mit gegebenen, bekannten Streuungsparametern; die Aussage im Text verwendet die Möglichkeit der Approximation solcher Prozesse durch Binomialprozesse.

schaftlich nützlich und einzelwirtschaftlich gewinnbringend sein können, weil das Marktsystem ohne sie unvollständig wäre. Die Frage, warum das Marktsystem unvollständig sein könnte, spielt in dieser Entwicklung keine Rolle.

Gesundheitsökonomik, unvollkommene Information und «Moral Hazard» Anfang der sechziger Jahre wurde Kenneth Arrow von der Ford Foundation beauftragt, einen Überblick über die Ökonomik des Gesundheitswesens aus der Perspektive der Wirtschaftstheorie zu verfassen. Das Ergebnis, der 1963 erschienene Aufsatz *Uncertainty and the Welfare Economics of Medical Care*, liest sich wie ein Gründungsdokument der modernen Gesundheitsökonomik und des informationsökonomischen Ansatzes zur Institutionenökonomik. Es beginnt mit einer Bestandsaufnahme der Besonderheiten des Gesundheitswesens als Wirtschaftszweig: Aus der Sicht der Nachfrager gehören zu diesen Besonderheiten vor allem die Unvorhersehbarkeit des Bedarfs und die Unsicherheit über das Produkt, aus der Sicht der Anbieter die an Ärzte gerichteten ethischen Verhaltenserwartungen und die durch kostspielige Ausbildungsgänge und staatliche Lizenzierung begründeten Marktzutrittsschranken. Zu erwähnen ist auch die damals in den USA gängige Praxis der Preisdiskriminierung, die die Behandlungskosten vom Einkommen des Patienten abhängig machte.

Arrow führt diese Besonderheiten darauf zurück, daß im Gesundheitsbereich besondere Risiken und, damit verbunden, besondere Informationsprobleme anfallen, so daß die Bedingungen für eine «Marktlösung» nicht erfüllt sind. Er betont insbesondere die Rolle von «Moral Hazard», individuellem Verhalten als Bestimmungsfaktor von «Risiko», ferner auch den Informationsvorsprung des Arztes bezüglich der Bedürfnisse des Patienten. Eine Weitergabe der finanziellen Risiken an einen Versicherer wäre grundsätzlich erwünscht, wirft aber das Problem auf, daß den Kosten einer Inanspruchnahme des Arztes bzw. einer Behandlung entweder zu wenig oder zu viel Gewicht gegeben wird, je nachdem, ob die betreffenden Entscheidungen vom Patienten bzw. Arzt oder vom Versicherer getroffen werden. An die Ärzte gerichtete ethische Verhaltensnormen sowie Ausbildungs- und Lizenzierungserfordernisse sollen laut Arrow das «Moral Hazard» auf seiten der Ärzte begrenzen und dafür sorgen, daß die Patienten ein gewisses Vertrauen in die Anbieter von Gesundheitsleistungen fassen. Auch die Bedeutung von «Non-Profit Organizations», Unternehmen, die nicht auf privatwirtschaftliche Gewinne abzielen, sowohl bei der Gesundheitsversorgung als auch bei der Versicherung der Gesundheitskosten in den USA, ist durch solche Erwägungen zu erklären. Bei der Versicherung ermöglicht dies ein gewisses «Pooling», d.h. ein Mischen unterschiedlicher Risikogruppen, so daß die besseren Risiken die Kosten der Versorgung der schlechteren Risiken teilweise mit übernehmen.

Das hier formulierte Programm, beobachtete Eigenheiten eines Wirtschaftszweiges als Antworten auf besondere Informations- und Anreizprobleme zu interpretieren und zu erklären, hat inzwischen die gesamte Institutionenökonomik erfaßt. «Moral Hazard» und «Pooling», Verhaltensanreize und Risikoselektion, werden heute noch als die zentralen Hindernisse für die Funktionsfähigkeit von Märkten für die Weitergabe bzw. Aufteilung von Risiken angesehen und gehören inzwischen zum Kanon der Wirtschaftswissenschaft. An der Entwicklung dieser neuen Disziplin war Arrow selbst allerdings nur noch mit einigen Einzelbeiträgen beteiligt;[22] die prägenden Arbeiten kamen von Wissenschaftlern der nächsten Generation, darunter seinen eigenen Schülern.

2.4 Produktion, Kapital und Wirtschaftswachstum

Der umfangreichste Band von Arrows *Collected Papers* befaßt sich mit Produktion, Kapital und Wirtschaftswachstum. Auf diesem Gebiet hat er die Entwicklung der Wissenschaft nicht so grundlegend geprägt wie auf den bisher besprochenen. Jedoch sind auch hier einige sehr einflußreiche Arbeiten zu nennen:

CES Produktionsfunktionen In den frühen Jahren der modernen Theorie des Wirtschaftswachstums hatten empirische Untersuchungen zumeist unterstellt, daß sich die Zusammenhänge zwischen Inputs und Output mathematisch durch eine Cobb-Douglas-Produktionsfunktion darstellen lassen (so etwa Solow, 1957). Diese

22 So zeigt Arrow (1973), ähnlich wie Spence (1973), daß die Differenzierung der Löhne nach dem erreichten Ausbildungsniveau möglicherweise (zum Teil) auf eine Auslesefunktion der Ausbildung zurückgehen, ohne daß Ausbildung die Produktivität des einzelnen steigerte.

Produktionsfunktion hat unter anderem die Eigenschaft, daß die sogenannte Substitutionselastizität zwischen den Inputfaktoren gleich Eins ist und daher das Verhältnis zwischen dem Lohnsatz und den anderen Inputpreisen keinen Einfluß auf den Anteil der Lohneinkommen am Wert des Outputs hat. Empirische Querschnittsvergleiche verschiedener Wirtschaftszweige in verschiedenen Ländern zeigten aber, daß das Verhältnis der Lohneinkommen zum Wert des Outputs im jeweils mit dem Lohnsatz anstieg. Um diesem Befund Rechnung zu tragen, führten Arrow et al. (1961) eine allgemeinere Spezifikation einer Produktionsfunktion mit konstanter, möglicherweise von Eins verschiedener Substitutionselastizität ein und verwandten sie zu empirischen Untersuchungen von Effizienz und technischer Entwicklung in verschiedenen Wirtschaftszweigen in einzelnen Ländern. Diese sogenannte *constant elasticity of substitution* oder *CES – Produktionsfunktion* wurde alsbald zum Arbeitspferd für empirische Untersuchungen in diesem Bereich.

Learning by Doing In den fünfziger und sechziger Jahren behandelte die Theorie des Wirtschaftswachstums den technischen Fortschritt zumeist als gegeben und unbeeinflußbar («exogen»), ganz im Unterschied zu der in den achtziger und neunziger Jahren entstandenen Theorie des «endogenen» Wachstums, die technischen Fortschritt selbst als ein Ergebnis wirtschaftlicher Aktivitäten betrachtet. Arrow (1962) war ein sehr früher Vorläufer dieser neueren Theorie des «endogenen» Wachstums. Bei ihm erscheint Produktivitätswachstum als *Learning by Doing*, Lernen durch Erfahrung, und damit als Nebenprodukt der laufenden Wirtschaftstätigkeit. Noch fehlt allerdings die Vorstellung, daß dieses Produktivitätswachstum bewußt in den Kalkül der Entscheidenden einbezogen wird.

Innovationsanreize von Unternehmen In dem 1963 publizierten Aufsatz *Economic Welfare and the Allocation of Resources for Invention* untersucht Arrow, welche Anreize private Akteure in einer Marktwirtschaft haben, um Ressourcen für die Erfindung und Entwicklung neuer Produkte oder neuer Produktionstechniken aufzuwenden. Dabei begnügt er sich nicht mit der bekannten Aussage, daß diese Anreize aus wohlfahrtstheoretischer Perspektive zu niedrig sind, wenn die Erfindung von anderen imitiert werden kann und der Erfinder so um die Früchte seines Aufwands gebracht wird. Vielmehr untersucht er, wie die Anreize von der Marktform abhängen, und zeigt, daß der Anreiz für einen Monopolisten, eine Innovation einzuführen, die seine Produktionskosten senkt, grundsätzlich kleiner ist als der entsprechende Anreiz für einen Wettbewerber, der hofft, mit Hilfe der Innovation den Markt für sich zu gewinnen. Diese Analyse sollte damals als Warnung gegen eine in der Diskussion über das Patentsystem häufig anzutreffende allzu undifferenzierte Verbindung von Monopolen und Innovationsanreizen dienen. Sie wurde dann zum Ausgangspunkt einer größeren Literatur über Marktform und Innovationsanreize. In dieser Literatur spielt der hier angesprochene sogenannte *Arrow-Effekt* nach wie vor eine zentrale Rolle.

Kriterien für öffentliche Investitionen In den späten sechziger Jahren beschäftigte Arrow sich intensiv mit der Investitionstätigkeit des Staates. Ein Teil dieser Arbeiten betraf die Dynamik dieser Investitionstätigkeit im Wachstumsprozeß. Zu nennen ist insbesondere die Monographie von Arrow und Kurz (1970), die kontrolltheoretische Methoden verwendet, um Bedingungen für eine optimale Planung staatlicher Investitionstätigkeit im Prozeß des Wirtschaftswachstums anzugeben. Von nachhaltigerer Wirkung als dieses Buch war allerdings ein Artikel von Arrow und Lind (1970) mit der einfachen Aussage, daß es sinnvoll sein kann, bei der Entscheidung über öffentliche Investitionen die Kapitalkosten niedriger zu veranschlagen als mit dem Kapitalkostensatz, an dem sich private Investoren bei ihren Entscheidungen orientieren. Zur Begründung erklären Arrow und Lind, daß der Staat aufgrund einer Vielzahl von Steuerzahlern die Vorzüge einer Risikoteilung für sich nutzen kann, die privaten Investoren dagegen – in einem unvollständigen Marktsystem! – nicht in der Lage sein dürften, das Risiko wirklich gut zu verteilen. Wo der Kapitalkostensatz im Markt eine Risikoprämie enthält, sollte der Staat die Kapitalkosten geringer ansetzen, sofern die Aufteilung auf die Steuerzahler dazu führt, daß die Risiken für den einzelnen kaum ins Gewicht fallen.

Literatur

1. Werke

Collected Papers of Kenneth J. Arrow, The Belknap Press of Harvard University Press, Cambridge, Mass. 1983–85:
Volume 1: Social Choice and Justice,
Volume 2: General Equilibrium,
Volume 3: Individual Choice under Certainty and Uncertainty,
Volume 4: The Economics of Information,
Volume 5: Production and Capital,
Volume 6: Applied Economics.

Arrow, K.J. 1950. A Difficulty in the Concept of Social Welfare, in: Journal of Political Economy, Bd. 58, S. 328–346; Collected Papers, Volume 1, S. 1–29.
Arrow, K.J. 1951. Social Choice and Individual Values: Cowles Foundation Monograph 12, Wiley, New York, 1. Auflage, 2. Auflage mit einer ergänzenden Stellungnahme zur zwischenzeitlichen Diskussion 1963.
Arrow, K.J. 1951. An Extension of the Basic Theorems of Classical Welfare Economics, in: J. Neyman (Hg.), Proceedings of the Second Berkeley Symposium on Mathematical Statistics and Probability, University of California Press, Berkeley, S. 507–532; Collected Papers, Volume 2, S. 13–45.
Arrow, K.J. 1953. Le rôle des valeurs boursières pour la répartition la meilleure des risques, in: Économétrie, Colloques Internationaux du Centre National de la Recherche Scientifique Bd. 11, S. 41–47; auf Englisch 1964 publiziert als: The Role of Securities in the Optimal Allocation of Risk Bearing, in: Review of Economic Studies, Bd. 31, S. 91–96; Collected Papers, Volume 2, S. 46–57.
Arrow, K.J. und Debreu, G. 1954. Existence of an Equilibrium for a Competitive Economy, in: Econometrica, Bd. 22, S. 265–290; Collected Papers, Volume 2, S. 58–91.
Arrow, K.J. und Hurwicz, L. 1958. On the Stability of Competitive Equilibrium I, in: Econometrica, Bd. 26, S. 522–552.
Arrow, K.J., H.D. Block und Hurwicz, L. 1959. On the Stability of Competitive Equilibrium II, in: Econometrica, Bd. 27, S. 82–109.
Arrow, K.J. 1959. Towards a Theory of Price Adjustment, in: M. Abramovitz (Hg.), The Allocation of Economic Resources, Stanford University Press, Stanford, S. 41–51.
Arrow, K.J., H.R. Chenery, B. Minhas und Solow, R.M. 1961. Capital-Labor Substitution and Economic Efficiency, in: Review of Economics and Statistics, Bd. 43, S. 225–250; Collected Papers, Volume 5, S. 50–103.
Arrow, K.J. 1962. The Economic Implications of Learning by Doing, in: Review of Economic Studies, Bd. 29, S. 155–173; Collected Papers, Volume 5, S. 157–180.
Arrow, K.J. 1963. Uncertainty and the Economics of Medical Care, in: American Economic Review, Bd. 53, S. 941–973; Collected Papers, Volume 6, S. 15–60.
Arrow, K.J. 1963. Economic Welfare and the Allocation of Resources for Invention, in: National Bureau of Economic Research (Hg.), The Rate and Direc-

tion of Inventive Activity, Princeton University Press, Princeton, S. 609–625; Collected Papers, Volume 5, S. 104–119.
Arrow, K.J. 1965. Aspects of the Theory of Risk-Bearing, Yrjö Jahnsson Foundation, Helsinki.
Arrow, K.J. und Lind, R.C. 1970. Uncertainty and the Evaluation of Public Investment Decisions, in: American Economic Review, Bd. 60, S. 364–368; Collected Papers, Volume 5, S. 418–439.
Arrow, K.J., und Kurz, M. 1970. Public Investment, the Rate of Return, and Optimal Fiscal Policy, Johns Hopkins University Press, Baltimore.
Arrow, K.J., und Hahn, F.H. 1972.General Competitive Analysis, Holden Day, San Francisco.
Arrow, K.J. 1973. Some Ordinalist-Utilitarian Notes on Rawls' Theory of Justice, in: Journal of Philosophy, Bd. 70, S. 245–263; Collected Papers, Volume 1, S. 133–146.
Arrow, K.J. 1974. The Limits of Organization-Fels Lectures On Public Policy Analysis, Norton, New York.
Arrow, K.J. 1978. Nozick's Entitlement Theory of Justice, in: Philosophia, Bd. 7, S. 265–279; Collected Papers, Volume 1, S. 175–189.

2. Weiterführende Literatur

Allen, B.E., und Hellwig, M.F. 1986. Price-Setting Firms and the Oligopolistic Foundations of Perfect Competition, in: American Economic Review, Papers and Proceedings, Bd. 76, S. 387–392.
Aumann, R.J. 1966. Existence of Competitive Equilibria in Markets with a Continuum of Traders, in: Econometrica, Bd. 34, S. 1–17.
Bergson, A. 1938. A Reformulation of Certain Aspects of Welfare Economics, in: Quarterly Journal of Economics, Bd. 52, S. 310–334.
Black, F., und Scholes, M.S. 1973. The Pricing of Options and Corporate Liabilities, in: Journal of Political Economy, Bd. 81, S. 637–654.
Breit, W., und Spencer, R.W. (Hg.) 1986. Lives of the Laureates, MIT Press, Cambridge, Mass.
Debreu, G. 1951. The Coefficient of Resource Utilization, in: Econometrica, Bd. 19, S. 273–292.
Debreu, G. 1959. Theory of Value: An Axiomatic Analysis of Economic Equilibrium, Cowles Foundation Monograph 17, Yale University Press, New Haven.
Diamond, P.A., und Mirrlees, J.M. 1971. Optimal Taxation and Public Production I: Production Efficiency, und II: Tax Rules, in: American Economic Review, Bd. 61, S. 8–27 und S. 261–278.
Harrison, J.M. und Kreps, D.M. 1979. Martingales and Arbitrage in Multiperiod Security Markets, in: Journal of Economic Theory, Bd. 20, S. 381–408.
Heller, W.P., Starr, R.M. und Starrett, D.A. (Hg.) 1986. Social Choice and Public Decision Making: Essays in Honor of Kenneth J. Arrow, Cambridge University Press, Cambridge, UK.
Hellwig, M.F. 1993. The Challenge of Monetary Theory, in: European Economic Review, Bd. 37, S. 215–242.

Hildenbrand, W. 1974. Core and Equilibria of a Large Economy, Princeton University Press, Princeton.
Keynes, J.M. 1936. The General Theory of Employment, Interest and Money, McMillan, London.
Leininger, W. 1993. The Fatal Vote: Bonn versus Berlin, Finanzarchiv/Public Finance Analysis NF, Bd. 50, S. 1–20.
McKenzie, L. 1954. On Existence of Equilibrium in Graham's Model of World Trade and Other Competitive Systems, in: Econometrica, Bd. 22, S. 147–161.
Menger, K. 1998. Ergebnisse eines Mathematischen Kolloquiums, herausgegeben von E. Dierker und K. Sigmund, Springer-Verlag, Wien New York.
Merton, R.C. 1973. Theory of Rational Option Pricing, in: Bell Journal of Economics and Management Science, Bd. 4, S. 141–183.
Mirrlees, J.M. 1971. An Exploration in the Theory of Optimum Income Taxation, in: Review of Economic Studies, Bd. 38, S. 175–208.
Niehans, J. 1990. A History of Economic Theory, Johns Hopkins University Press, Baltimore, London.
Nozick, R. 1974. Anarchy, State, Utopia, Basic Books, New York.
Patinkin, D. 1965. Money, Interest, and Prices, 2. Auflage, Harper & Row, New York.
Radner, R.R. 1972. Existence of Equilibrium of Plans, Prices, and Price Expectations in a Sequence of Markets, in: Econometrica, Bd. 40, S. 289–303.
Rawls, J. 1971. A Theory of Justice, Harvard University Press, Cambridge, Mass.
Samuelson, P.A. 1942. The Stability of Equilibrium, in: Econometrica, Bd. 9, S. 97–120, und Econometrica, Bd. 10, S. 1–25.
Samuelson, P.A. 1947. Foundations of Economic Analysis, Harvard University Press, Cambridge, Mass.
Scarf, H. 1960. Some Examples of Global Instability of the Competitive Equilibrium, in: International Economic Review, Bd. 1, S. 157–172.
Sonnenschein, H. 1972. Market Excess Demand Functions, in: Econometrica, Bd. 40, S. 549–563.
Walras, L. 1874–1877. Éléments d'Économie Politique Pure, Corbaz, Lausanne.
Weizsäcker, C.C. v. 1972. Kenneth Arrow's Contributions to Economics, in: Swedish Journal of Economics, Bd. 74, S. 488–502.

Wulf Gaertner

Amartya Sen
(*1933)

I. Leben

Amartya Sen wird am 3. November 1933 in Santiniketan geboren. Sein Vater hat zu jener Zeit eine Professur für Chemie an der Universität von Dhaka inne, der heutigen Hauptstadt von Bangladesh. Amartya verbringt den größten Teil seiner Kindheit in Dhaka. Bleibende Erinnerungen sind für ihn eine umfassende Hungersnot in Bengal im Jahre 1943, der mehrere Millionen Menschen zum Opfer fallen, sowie die gewalttätige Auseinandersetzung zwischen Hindus und Moslems, bei der die Menschen auf eine einzige Identität, nämlich ihre Religionszugehörigkeit reduziert wurden. Sen schreibt in einer Autobiographie für das schwedische Nobelpreiskomitee, daß die Feindseligkeiten zwischen den Religionen für ihn niederschmetternd waren und ihn der Gefahren bewußt werden ließen, die entstehen, wenn Identitäten eng definiert und ausgelegt werden.

Amartya Sen erhält seine schulische Ausbildung in Santiniketan. Das kulturelle und wissenschaftliche Erbe Indiens und die kulturelle Vielfalt der Welt sind für ihn prägende Einflüsse. Wiederum in seiner Autobiographie verrät Sen, daß er in jungen Jahren der Reihe nach mit Sanskrit, Mathematik und Physik liebäugelt, bevor er «dem exzentrischen Charme» der Wirtschaftswissenschaften erliegt. Von 1951 bis 1953 studiert Sen am Presidency College in Calcutta. Während dieser Zeit wird sein Interesse für Wohlfahrtsökonomik, ökonomische Ungleichheit und Armut sowie für rationale und demokratische Auswahlverfahren geweckt. Kenneth Arrows Buch über *Social Choice and Individual Values* (1951) wird ein wichtiger Bezugspunkt in seinem Denken.

Im Jahre 1953 geht Sen mit einem Bachelor-Abschluß aus Calcutta nach Cambridge, England. Hier wird ihm auferlegt, einen zweiten Bachelor-Abschluß in reiner Ökonomie zu erwerben. Amartya Sen wird Student am Trinity College. In Cambridge gerät Sen zwischen die Fronten von Keynesianern wie Nicholas Kaldor und Joan Robinson und Neo-Klassikern wie Dennis Robertson und James Meade. Er promoviert mit einer Arbeit zum Technikwahlproblem in der Produktionstheorie (*The Choice of Techniques*), wodurch es ihm gelingt, sich aus den erbittert geführten Debatten seiner Professoren herauszuhalten. In dieser Zeit werden zwei Ökonomen besonders wichtig für Sen, zum einen Maurice Dobb, der sein Interesse an normativen Fragestellungen sehr engagiert unterstützt, zum anderen Piero Sraffa, sein «director of studies», mit dem Sen einen regelmäßigen Gedankenaustausch pflegt. Von Sraffa habe er vor allem gelernt, grundlegende Fragestellungen zu diskutieren (Sen, 2004).

Während des Begutachtungsverfahrens seiner Dissertation in Cambridge kehrt Sen nach Calcutta zurück, wo ihm – mit noch nicht ganz 23 Jahren – ein Lehrstuhl für Ökonomie an der neu gegründeten Jadavpur University angeboten wird. Zwischenzeitlich reicht Sen seine Doktorarbeit bei einem am Trinity College ausgeschriebenen Stipendienwettbewerb ein, den er für sich entscheiden kann. Ihm winken vier Jahre ungebundenen wissenschaftlichen Arbeitens in Cambridge, eine Aussicht, die sein Wirken an der Jadavpur University vorzeitig beenden wird. In Cambridge studiert Sen Logik, Epistemologie und politische Philosophie. Diese Studien schaffen die Grundlage für Sens spätere sehr fruchtbare Zusammenarbeit mit so bedeutenden Philosophen wie John Rawls, Bernard Williams, Ronald Dworkin, Thomas Scanlon, Robert Nozick und anderen.

Von 1963 bis 1971 lehrt Amartya Sen an der Delhi School of Economics. Während dieser Zeit entsteht sein Buch *Collective Choice and Social Welfare* (1970), welches dadurch so einflußreich geworden ist, daß es einer großen Zahl von jungen Wissenschaftlern den Zugang zum Gebiet der Theorie kollektiver Entscheidungen eröffnet hat. Zahlreiche Schüler Sens wie z.B. Kaushik Basu, Rajat Deb, Bhaskar Dutta, Ravi Kanbur und Prasanta Pattanaik gehören heute zu den führenden Vertretern dieser Forschungsrichtung.

1971 übernimmt Sen einen Lehrstuhl an der London School of Economics. Von 1977 bis 1987 hat er eine Professur in Oxford inne und ist Mitglied (Fellow) des All Souls College. Im Jahre 1987 übernimmt er einen Lehrstuhl an der Harvard Universität. Eigentlich sind es zwei Lehrstühle, denn Sen wird sowohl Mitglied des Economics Department als auch des Philosophy Department. Sein Büro liegt gegenüber denen von Hilary Putnam und John Rawls. Im Jahre 1998 kehrt Amartya Sen an das Trinity College in Cambridge zurück, diesmal jedoch als «Master of Trinity College», das er sechs Jahre leitet. 2004 geht er an die Harvard Universität zurück, wo er bis heute seinen «doppelten» Lehrstuhl vertritt.

Amartya Sen ist in den letzten zwanzig Jahren eine Fülle von Auszeichnungen zuteil geworden. Ganz oben auf der Liste der Ehrungen steht der Nobelpreis für Wirtschaftswissenschaften, den Sen im Jahre 1998 vornehmlich für seine Beiträge zur Wohlfahrtsökonomik und «Social Choice» Theorie erhalten hat. Weiter wären der Bharat Ratna, die höchste Auszeichnung Indiens für einen seiner Staatsbürger (1999), der Leontief Preis für hervorragende Beiträge zur Wirtschaftstheorie (2000) und die Eisenhower Medal (2000) zu nennen. Darüber hinaus hat Sen weit mehr als achtzig Ehrendoktorwürdigungen erfahren. Er war Präsident der Econometric Society (1984), der International Economic Association (1986–89) und der American Economic Association (1994). Amartya Sen ist Fellow der British Academy, ausländisches Ehrenmitglied der American Academy of Arts and Sciences und Mitglied der American Philosophical Society.

2. Werk

«Social Choice» Theorie im engeren Sinne. Der wichtigste Bezugspunkt für Sens Beiträge zur «Social Choice» Theorie oder der Theorie kollektiver Entscheidungen war Kenneth Arrows bahnbrechende Arbeit aus dem Jahre 1951, für die Arrow zusammen mit Publikationen zur Gleichgewichtstheorie 1972 einen der ersten Nobelpreise für Wirtschaftswissenschaften erhielt. Arrow hatte gezeigt, daß unter bestimmten Voraussetzungen keine soziale Wohlfahrtsfunktion existiert. Unter einer sozialen Wohlfahrtsfunktion versteht Arrow eine Abbildungsvorschrift (oder kollektive Entscheidungsregel), die in bezug auf ein kollektives Entscheidungsproblem für jedes Profil individueller Präferenzordnungen eine eindeutige soziale Präferenzordnung erzeugt. Zum Beispiel ist die Einführung eines steuerfinanzierten Kindergeldes ein kollektives Entscheidungsproblem, wobei die Mitglieder einer Gesellschaft erwartungsgemäß unterschiedliche Präferenzen in Bezug auf die Höhe des Kindergeldes haben (etwa abhängig von der Anzahl ihrer Kinder und der Höhe ihres zu besteuernden Einkommens). Eine zentrale Frage der «Social Choice» Theorie ist, ob eine demo-

kratische kollektive Entscheidung die individuellen Präferenzen in einer Gesellschaft z. B. per einfacher oder absoluter Mehrheitsregel oder mit Hilfe eines anderen Verfahrens angemessen repräsentieren kann.

Die formalen Anforderungen an eine kollektive Entscheidungsregel, die Arrow formulierte, waren: (a) die soziale Anordnung von Präferenzen bezüglich einer endlichen Alternativenmenge X (mindestens drei Elemente) soll ebenso wie die individuellen Präferenzordnungen vollständig und transitiv sein, d. h. die sozialen Präferenzen sollen in der Lage sein, alle möglichen Alternativen miteinander zu vergleichen, und es muß gelten, daß, wenn eine Alternative x einer Alternative y und diese einer Alternative z vorgezogen wird, auch die Alternative x der Alternative z vorgezogen wird; (b) die Abbildungsvorschrift soll das schwache Pareto-Prinzip erfüllen, d. h. wenn alle Individuen der Gesellschaft eine Alternative x strikt einer Alternative y vorziehen, dann soll das gleiche für die soziale Anordnung gelten; (c) die resultierende soziale Anordnung bezüglich zweier beliebiger Alternativen soll unabhängig von den individuellen Präferenzen in Bezug auf alle anderen Alternativen sein; (d) die Abbildungsvorschrift hat nichtdiktatorisch zu sein, d. h. es soll kein Individuum in der Gesellschaft geben, dessen strikte Präferenz bezüglich zweier beliebiger Alternativen x und y sich stets, d. h. für alle zulässigen Präferenzprofile, als soziale Präferenz durchsetzt; (e) die Abbildungsvorschrift ist für alle logisch möglichen Kombinationen individueller Präferenzordnungen definiert, d. h. es werden nicht a priori bestimmte Präferenzprofile ausgeschlossen.

Alle diese Forderungen Arrows, die er selbst als notwendige Grunderfordernisse verstanden wissen wollte, erscheinen, jede für sich genommen, als recht harmlos. Zusammen ergeben sie jedoch sein berühmtes Unmöglichkeitstheorem. Es besagt, daß keine soziale Wohlfahrtsfunktion existiert, die die obigen Anforderungen (a) bis (e) erfüllt. Abbildungsvorschriften oder kollektive Auswahlregeln sind zum Beispiel, wie bereits oben erwähnt, die einfache Mehrheitsregel, die absolute Mehrheitsregel oder Bordas Rangordnungsmethode (Borda, 1781). Warum ist, so mag der Leser fragen, die einfache Mehrheitsregel kein Gegenbeispiel zu Arrows Ergebnis (das ja dann falsch wäre!)? Weil unter Voraussetzung (e) die Mehrheitsregel zu sog. zyklischen Präferenzen führen kann, so daß die Transitivitätsforderung aus (a) verletzt wird.

Betrachten wir als Beispiel einen Gemeinderat, der sich aus drei Mitgliedern *A*, *B* und *C* zusammensetzt. Die folgenden drei Projekte stehen alternativ zur Entscheidung an: die Errichtung einer Kindertagesstätte (*x*), das Anlegen eines Sportplatzes (*y*) oder der Bau eines Schwimmbades (*z*). Mitglied *A* findet *x* am besten, dann *y* und schließlich *z*. Person *B* möchte am liebsten *y*, dann *z* und schließlich *x*. Mitglied *C* hätte am liebsten *z*, dann *x* und schließlich *y*. Die Anwendung der einfachen Mehrheitsregel führt nun dazu, daß eine Mehrheit *x* dem Projekt *y* vorzieht, *y* dem Projekt *z* und *z* wiederum der Alternative *x*. Wir haben es also mit zyklischen gesellschaftlichen Präferenzen zu tun.

Black (1948) und Arrow (1951) haben eine strukturelle Einschränkung individueller Präferenzanordnungen, die sog. «eingipfligen» Präferenzen, formuliert, die unter Anwendung der einfachen Mehrheitsregel stets die Existenz eines sog. Condorcet-Gewinners, d.h. mindestens eines sozial besten Elements, sicherstellen. Ist darüber hinaus die Zahl der Abstimmenden ungerade, so existiert unter Verwendung der Mehrheitsregel eine transitive und vollständige soziale Relation, also eine soziale Ordnung, wie in (a) gefordert.

Eingipfligkeit ist hier wörtlich zu nehmen. Die individuellen ordinalen Präferenzen lassen sich in grafischer Form als eine Höhenlinie darstellen, in der der Gipfel die am meisten präferierte Alternative repräsentiert. Eingipfligkeit der individuellen Präferenzen bedeutet zweifellos eine Einschränkung der Vielfalt individueller Anordnungen. Daher stellt sich sofort die Frage, ob die Eigenschaft der Eingipfligkeit nicht verallgemeinert werden kann. Rein grafisch gesprochen ist das Spiegelbild der Eingipfligkeit die «Einmuldigkeit». Letztere leistet das Gleiche bezüglich der Existenz einer sozialen Wohlfahrtsfunktion. Amartya Sen hat in seinem Artikel «A Possibility Theorem on Majority Decisions» (Sen, 1966, sowie Kap. 10 in *Collective Choice and Social Welfare*) die Bedingung der Wert-Restriktion eingeführt, die sowohl eingipflige als auch einmuldige Präferenzstrukturen umfaßt, aber auch «gleichzeitig» gewisse eingipflige und einmuldige Strukturen zuläßt. Die Wert-Restriktion fordert, daß in bezug auf jedes beliebige Tripel von Alternativen entweder alle Individuen darin übereinstimmen, daß eine Alternative, z. B. *x*, nicht die beste ist (*x* sich also in keiner der individuellen Präferenzordnungen ganz oben befindet) oder daß sie nicht die schlechteste ist oder daß diese Alternative nie zwischen den beiden anderen steht. Die Wert-Restriktion ist eine hinreichende Bedingung für die Existenz einer Wohlfahrtsfunktion à la Arrow im Fall einer ungeraden Anzahl von Abstimmenden. Sie ist keine notwendige Bedingung hierfür. Es existiert eine Reihe anderer Bedingungen, die Gleiches leisten im Hinblick auf die Existenz einer Wohlfahrtsfunktion. Diese sind logisch unabhängig von Sens Wert-Restriktion, sollen hier aber nicht diskutiert werden (siehe z. B. Sen und Pattanaik, 1969).

Sobald auch nur eine der fünf Anforderungen Arrows aufgegeben oder zumindest abgeschwächt wird, verwandelt sich sein Unmöglichkeitsresultat in einen Möglichkeitssatz. Wir haben dies soeben in bezug auf Arrows Forderung (e) gesehen. Was geschieht, wenn Anforderung (a) reduziert wird, wenn z. B. statt Transitivität «nur» Quasi-Transitivität verlangt wird, also ausschließlich Transitivität bezüglich des strikten Teils der Präferenzrelation?

Sen (1969 und Kap. 5 in *Collective Choice and Social Welfare*) hat gezeigt, daß in einem solchen Fall eine soziale Entscheidungsfunktion existiert, die die übrigen Anforderungen (b) – (e) erfüllt. Diese Aggregationsregel basiert auf dem Pareto-Prinzip, das dahingehend erweitert wird, daß zwei Alternativen als sozial äquivalent erklärt werden, wenn es zu der strikten Präferenz einer Person über dieses Paar von Alternativen (mindestens) eine strikte Präferenz einer anderen Person in entgegengesetzter Richtung gibt. Eine Konsequenz dieser Entscheidungsregel besteht darin, daß die strikte Präferenz einer einzigen Person bezüglich eines Paares von Alternativen mindestens ein soziale Indifferenz erzeugen kann oder anders ausgedrückt, daß jede Person durch Bekanntgabe einer strikten Präferenz eine entgegengesetzte strikte soziale Präferenz verhindern kann. Jede Person hat also aufgrund ihrer eigenen strikten Präferenz ein gewisses Veto-Recht. Man spricht dann auch von der Existenz schwacher Diktatoren (siehe Mas-Colell und Sonnenschein, 1972). Eng verknüpft damit ist der Tatbestand, daß bei Präferenzprofilen, deren individuelle Präferenzen sich durch eine große Vielfalt auszeichnen, häufig soziale Äquivalenzen auftreten werden. Denn in solchen Fällen ist die Wahrscheinlichkeit dafür, daß wenigstens zwei Individuen entgegengesetzte Präferenzen haben, recht groß. Sens vorgeschlagene Entscheidungsregel, die er selbst als «Paretoextension rule» bezeichnete, ist also nur eingeschränkt selektiv gegenüber den zur Wahl stehenden Alternativen.

Neben Arrows negativem Resultat und dem Unmöglichkeitsergebnis von Gibbard (1973) und Satterthwaite (1975) im Hinblick auf manipulationsunanfällige soziale Auswahlregeln hat ein drittes Unmöglichkeitsergebnis in der «Social Choice» Forschung große Aufmerksamkeit erfahren, Sens «Unmöglichkeit eines Paretianischen Liberalen» (Sen, 1970b und Kap. 6 in *Collective Choice and Social Welfare*). Worum geht es?

Nach liberaler Rechtsauffassung sollten Individuen über gewisse private Dinge auch im sozialen Kontext, also innerhalb kollektiver Entscheidungen, selbst bestimmen dürfen. Unterscheiden sich verschiedene soziale Zustände oder Alternativen nur dadurch, daß gewisse Ausprägungen, eine bestimmte Person betreffend, anders gestaltet sind, sollte dieses Individuum seine eigenen Präferenzen zu einer gesellschaftlichen Präferenz machen dürfen. Anders ausgedrückt, ein solches Individuum sollte in bezug auf Ausprägungen innerhalb der eigenen Privatsphäre zu einem «lokalen Diktator» werden. Konkreter gesprochen, unterscheiden sich zwei soziale Alternativen nur dadurch, daß in der einen Alternative Person *j* Mitglied in einer der christlichen Kirchen wird, während sie in der anderen Alternative dem Islam beitritt, soll Person *j* allein über dieses Paar von Alternativen sozial bestimmen können. Eine solche Liberalismusforderung, die zumindest für zwei Personen innerhalb der Gesellschaft zu gelten hat («minimaler Liberalismus»), verknüpft Sen mit Arrows Erfordernissen (b) und (e) und erhält den bereits oben erwähnten Unmöglichkeitssatz in Bezug auf einen Paretianischen Liberalen. Dieser Satz besagt in einer Ausprägung, daß, ähnlich wie bei Arrow, keine soziale Wohlfahrtsfunktion existiert. In einer alternativen Ausprägung zeigt Sen, daß keine der Alternativen als von der Gesellschaft zu wählende Option übrig bleibt.

In diesem Unmöglichkeitsergebnis konfligieren zwei durchaus ethisch zu nennende Grundsätze, nämlich zum einen das Prinzip, Individuen die Ausübung minimaler Freiheitsrechte (innerhalb ihrer eigenen Sphäre) zu ermöglichen, zum anderen eine gesellschaftliche Entscheidungsregel für Situationen, in denen alle Personen dieselbe strikte Präferenz aufweisen. Dieses schon mehrfach erwähnte schwache Pareto-Prinzip ist in der wirtschaftstheoretischen Analyse nahezu unbestritten. Ein Dilemma tut sich im hier diskutierten Kontext auf: in einer Reihe von Beispielen, die Sens negatives Ergebnis illustrieren, allen voran Sens eigenes Beispiel, ein Exemplar des Romans *Lady Chatterley's Lover* entweder einer Person *a* oder aber einer Person *b* zu geben, sind die sog. Pareto-Präferenzen der beiden Beteiligten ausgesprochen einmischender Art. Der sog. Prüde zieht es vor, selbst den Roman zu lesen anstatt daß sich der sog. Laszive an dem Buch ergötzt. Der Laszive wiederum verzichtet in seinen Präferenzen auf das Lesen des Buches zugunsten des Prüden. Man kümmert sich in seinen Präferenzen also stärker um das «Wohl» des anderen als ums eigene Wohlergehen. Vermeintliche oder tatsächlich bestehende negative Externalitäten, d.h. Auswirkungen auf den oder die anderen, spielen hier eine große Rolle.

Noch ein anderer Aspekt ist bei diesem Problem der individuellen Ausübung von Rechten wichtig. Wie weit sollte die Privatsphäre des einzelnen gezogen werden, innerhalb derer er autonom, aber die gesellschaftliche Entscheidung prägend, bestimmen darf? Sollte man auf seinem Grundstück tun und lassen dürfen, was man mag? Wie weit sollte ein Recht auf freie Entfaltung der Persönlichkeit gehen? Der bereits oben genannte Aspekt negativer Externalität steht bei dieser Frage im Mittelpunkt. Sens zunächst rein formal gehaltene Analyse individueller Ausübung von Rechten ist in modernen Gesellschaften von großer sozial- und rechtspolitischer Relevanz.

Im Arrowschen Ansatz, beschrieben durch die Anforderungen (a) bis (e), reduziert sich die Menge an verwendeten Informationen auf ordinale Präferenzen oder Nutzenfunktionen, die in bezug auf jedes Individuum streng monoton – und durchaus unterschiedlich von Person zu Person – transformiert werden können. Damit ist die Bildung von Nutzendifferenzen und deren Vergleich nicht sinnvoll, erst recht lassen sich keine interpersonellen Nutzenvergleiche anstellen. Sen (1979, S. 543) stellt die Frage, ob es in einem solchen Ansatz möglich ist, «die Interessen der Armen über die Interessen der Reichen zu stellen». Die Antwort lautet ganz eindeutig «nein», denn aufgrund der geringen Menge an zur Verfügung stehenden Informationen können wir die sog. Reichen und die sog. Armen gar nicht identifizieren. Sen (1977a; 1979) hat gezeigt, daß Arrows Forderungen (c) und (e) zusammen mit einer Pareto-Indifferenz-Regel (falls alle Personen bezüglich eines Paares von Alternativen indifferent sind, gilt diese Indifferenz auch auf der sozialen Ebene) zu einem Charakteristikum führen, das er und andere als «Welfarismus» bezeichnet haben: die einzigen Informationen, die im sozialen Entscheidungsprozeß zum Tragen kommen, sind (ordinale) Nutzeninformationen. Über die Nutzengrößen hinausgehende Informationen wie individuelle, z. B. historisch bedingte Ansprüche oder Rechte finden keinerlei Berücksichtigung. Arrows Unmöglichkeitsergebnis läßt sich dann aus der Kombination von Welfarismus und äußerst «sparsamer» Nutzeninformation erklären.

Eine denkbare Reaktion hierauf besteht darin, den Informationsrahmen zu erweitern, um aus der Sackgasse der Unmöglichkeitsergebnisse herauszukommen. Der Übergang von ordinalem zu kardinalem, d.h. skalenmäßig erfaßbarem Nutzen allein hilft jedoch nicht weiter. Dies hat Sen bereits 1970 nachgewiesen (Sen, 1970a, Kap. 8). Die Ermöglichung interpersoneller Vergleichbarkeit führt im kardinalen Rahmen zu verschiedenen Varianten des Utilitarismus, im ordinalen Rahmen z. B. zum Maximin- bzw. Leximinpostulat à la Rawls (1971). Angaben, die über reine Nutzeninformationen hinausgehen, sind in Rawls Konzept sog. Primärgüter (Rawls, 1971) und in Sens Ansatz der Funktionsweisen und Fähigkeiten (Sen, 1985) enthalten, auf die wir noch zu sprechen kommen.

«Social Choice» Theorie im weiteren Sinne. Rawls Maximinkriterium setzt die Möglichkeit interpersoneller Vergleichbarkeit von individuellen Nutzenniveaus voraus. Ist diese Vergleichbarkeit gegeben, lassen sich in der Tat die Ärmsten bzw. die Reichsten einer Gesellschaft identifizieren. Rawls Ansatz führt zur Fokussierung auf die ärmste Schicht einer Gesellschaft, ohne «trade-offs» (Ausgleiche) zwischen unterschiedlichen Einkommensgruppen zu betrachten, wie es z. B. der Utilitarismus unternimmt. Diese Einseitigkeit des Rawlsschen Blickwinkels ist häufig kritisiert worden. Sen (1974) hat das Element der Niveauvergleichbarkeit mit einem Gewichtungsverfahren à la Borda verbunden, wodurch man zu einer Rangordnung von Einkommensniveaus gelangt. Ergebnis dieses Ansatzes ist die Axiomatisierung des Gini-Koeffizienten, der in vielen empirischen Analysen als Maß für Einkommens- bzw. Vermögensungleichheit verwendet wird. Der Gini-Koeffizient setzt als Ungleichheitsmaß die Fläche zwischen absoluter Gleichverteilung und Lorenzkurve ins Verhältnis zur Gesamtfläche unterhalb der Geraden absoluter Gleichverteilung. Ganz wesentlich für Sens Charakterisierung sind zwei Axiome, zum einen die Forderung,

daß eine von allen Personen als besser erachtete Einkommensposition ein niedrigeres Gewicht erhält als eine als schlechter angesehene Einkommensposition, zum anderen das Postulat, daß die Differenz der Gewichte zweier benachbarter Einkommenspositionen über die gesamte Rangordnung aller Einkommenspositionen hinweg gleich ist (Äquidistanz in der Gewichtung). Diese Eigenschaft ist für die lineare Borda Rangordnungsmethode konstitutiv. Die absolute Höhe der Differenz zweier benachbarter Einkommenspositionen spielt bei der Festlegung der Gewichte keine Rolle.

Die Konstruktion theoretisch fundierter Indexzahlen zur Messung von Einkommens- und Wohlfahrtsunterschieden innerhalb einer Gesellschaft kann als wichtige Anwendung der Theorie kollektiver Entscheidungen angesehen werden. Neben der ordinal konzipierten Charakterisierung des Gini-Maßes hat Sen 1976 einen neuen Armutsindex vorgeschlagen, der die bis dahin verwendeten Maßzahlen mit dem Gini-Koeffizienten verknüpft. Die typischen Kennzahlen bis zu Sens Vorschlag waren zum einen das Verhältnis der Zahl der Menschen mit einem Einkommen unterhalb oder gerade gleich der Armutsgrenze zu der Gesamtzahl der Menschen («head-count ratio»), zum anderen das Verhältnis der durchschnittlichen Armutslücke zur Armutsgrenze («income-gap ratio»). Während die erste Maßzahl den tatsächlichen Abstand der einzelnen Einkommen der Menschen unterhalb der Armutsgrenze zu dieser Grenze nicht erfaßt, berücksichtigt die zweite Maßzahl nicht die absolute Zahl der Armen. Beide Indexzahlen werden von Sen, wie gesagt, mit dem Gini-Koeffizienten der Einkommensverteilung der Armen verbunden. Damit gelangt man zu einer Maßzahl, die die exakte Verteilungsstruktur der Einkommen der Armen erfaßt. Analog zur Axiomatisierung des Gini-Koeffizienten wird ein ordinales Gewichtungsschema benötigt, bei dem das Gewicht für die Einkommenslücke einer bestimmten Person unterhalb der Armutsgrenze mit der Rangzahl dieser Person in der interpersonellen Wohlfahrtsordnung der Armen übereinstimmt. Kardinale Informationen werden ausgeschlossen; das Borda-Rangordnungsverfahren mit seiner äquidistanten Gewichtungsstruktur stand erneut Pate.

Güterversorgung und Fähigkeiten. Rawls (1971) verstand Wohlergehen der Menschen nicht in einem utilitaristischen Sinn. Für ihn sollte ein interpersoneller Wohlfahrtsvergleich auf einem Vektor sog. primärer sozialer Güter basieren, zu dem vor allem Rechte und Freiheiten, Gelegenheiten und Einfluß, Einkommen und Vermögen sowie Selbstachtung gehören. Sen findet diese Form der Abkehr vom Welfarismus nicht grundsätzlich falsch, aber er argumentiert, daß der Besitz von Gütern an sich nicht allzu aussagekräftig ist. Vielmehr sei es wichtig zu wissen, was der Besitz bestimmter Güter bei den Menschen bewirkt (1985).

Ausgehend von Lancasters (1966) Vorstellung, daß Güter bestimmte Charakteristika aufweisen, betrachtet Sen die Umsetzung objektiver Eigenschaften in Funktionsweisen («functionings»). Dieser Umsetzungsprozeß ist als personenspezifisch anzusehen. Ein gesunder Mensch mit gut funktionierendem Stoffwechsel wird Nahrungsmittel in anderer Weise verwerten als ein kranker Mensch. Ein Behinderter wird normalerweise mit einem Fahrrad weniger anfangen können als eine gesunde Person. Ersterer benötigt z. B. einen Rollstuhl, um eine gewisse Mobilität zu erlangen, die für ein gesundes Individuum beinahe selbstverständlich ist.

Menschen werden also durch den Konsum von Gütern unterschiedliche Funktionsweisen realisieren können. Auch wird der einzelne zwischen verschiedenen Formen der Umsetzung wählen können. Die Menge aller einer bestimmten Person zur Verfügung stehenden Funktionsweisen (und deren Kombinationen), die abhängig von der Menge aller für diese Person erreichbaren Güterkombinationen ist, nennt Sen die Fähigkeiten («capabilities») dieser Person. Mit anderen Worten, abhängig von der zugrunde liegenden Güterversorgung verfügt ein Individuum über alternative Funktionswei- sen, die von ihm Auswahlentscheidungen fordern. Somit enthält Sens Fähigkeitenbegriff als Menge realer Möglichkeiten den Aspekt positiver Freiheiten. Da, wie gesagt, die Menge an einer Person offen stehenden Möglichkeiten von der zugrunde liegenden Güterausstattung abhängt, wird über letztere der individuelle Freiheitsraum determiniert. Es gibt grundlegende und weniger grundlegende Fähigkeiten. Erstere beziehen sich auf Eigenschaften und Umstände, die für das physische Überleben unentbehrlich sind. Sie sind insbesondere bei der Armutsanalyse von großer Wichtigkeit.

Die realen Möglichkeiten differieren sehr stark zwischen den einzelnen Menschen und – in der Makroperspektive – zwischen einzelnen Ländern. Grundlegende Funktionsweisen, wie ein langes Leben zu führen, angemessen mit Nahrungsmitteln versorgt und ärztlich betreut zu werden und über akzeptablen Wohnraum zu verfügen, sind «functionings», die weltweit sehr ungleich verteilt sind. Man könnte nun argumentieren, daß all diese und weitere Funktionsweisen wie z. B. lesen und schreiben zu können, eng mit der Entwicklung des Bruttoinlandsprodukts korreliert sind, so daß eine Betrachtung der Einkommensentwicklung ausreichend ist, um Unterschiede zwischen einzelnen Ländern angemessen darzustellen. Dem ist aber nicht immer so. Das BIP pro Kopf in Saudi-Arabien ist mehr als zweieinhalb mal so groß wie das von Kuba, aber die Schreib- und Lesefähigkeit lag in Saudi-Arabien im Jahre 2001 bei 77.1 %, in Kuba dagegen bei 96.8 % der Bevölkerung und, bezogen auf 2001, leben die Kubaner 4.6 Jahre länger als die Einwohner Saudi-Arabiens. Für Wohlfahrtsniveauvergleiche zwischen Ländern ist ein reiner Einkommensvergleich somit zumindest unvollständig, im gegebenen Beispiel sogar verzerrend. Selbstverständlich ist zuzugeben, daß Mengen von potentiellen Funktionsweisen interpersonell und von Land zu Land viel schwerer festzulegen sind als Messungen des BIP pro Kopf, auch ist für den Vergleich von unterschiedlichen (Fähigkeiten-) Mengen ein Instrumentarium zu entwickeln, das diesen Vergleich möglich macht.

Nach Schokkaert (2008) ist Sens Ansatz der Funktionsweisen und Fähigkeiten nicht so sehr eine Theorie der Gerechtigkeit, sondern eher als Vorschlag zu betrachten, in welchem «Raum» beurteilende und bewertende Politikanalysen stattfinden sollten. Daß Sen eine Angleichung, zumindest eine Annäherung der Fähigkeitenmengen der einzelnen Personen bzw. der Nationen für ein erstrebenswertes Ziel hält, ist nach den obigen Ausführungen sicher nicht überraschend.

«Rational Fools» und andere Wesen. In der modernen Wirtschaftswissenschaft ist das vollkommen rational handelnde und allein den Eigennutz fördernde Individuum nach wie vor herrschendes Paradigma. Natürlich kann ein solches Wesen seine unmittelbare Umgebung in seinen Optimierungsprozess mit einbeziehen, aber ansonsten ist es vollkommen ichbezogen, vollständig informiert und macht keine Fehler. Sen (1977b) hat sich mit folgender Episode über ein solches Verhalten lustig gemacht.

Zwei Personen treffen sich auf einer beliebigen Straße. «Wo, bitte, geht's zum Bahnhof», fragt eine der beiden. «Dort», sagt die andere und deutet auf das Postamt. «Und werfen Sie bitte diesen Brief ein, wenn Sie am Postamt vorbeikommen». «Gern», erwidert die erste Person, fest entschlossen, den Brief zu öffnen um nachzusehen, ob er etwas Wertvolles enthält.

Sen (1997) plädiert dafür, statt Optimierung («wähle stets das beste Element aus der Menge der vorliegenden Optionen») Maximierung zu betrachten («wähle ein Element, im Vergleich zu dem kein besseres Element vorhanden ist»). Sen argumentiert, daß häufig die Annahme der vollständigen Vergleichbarkeit aller Objekte nicht gegeben ist. Nur bei Vollständigkeit führen Maximierung und Optimierung zu demselben Ergebnis. Ein bestes Element existiert nicht, wenn die Annahme der Vollständigkeit verletzt ist; dagegen gibt es immer ein maximales Element.

Für Sen (1993) wird die Analyse der Rationalität menschlichen Verhaltens sehr häufig auf die Frage reduziert, ob das Postulat der internen Konsistenz erfüllt wird. Diese Eigenschaft verknüpft Auswahlentscheidungen zwischen verschiedenen Mengen von Objekten. Falls eine Person z. B. Objekt x aus einer größeren Menge auswählt und diese Alternative auch in einer kleineren Menge enthalten ist, dann muß x aufgrund interner Konsistenz auch in der kleineren Menge gewählt werden.

Betrachten wir die Auswahlentscheidung einer Person bezüglich dreier Kuchenstücke, die der Größe nach geordnet sind, wobei a größer als b und b wiederum größer als c ist. Die Person wähle in Bezug auf alle drei Kuchenstücke b. Werden dieser Person nur die Stücke b und c angeboten, wählt sie c. Offensichtlich nimmt sie nie das größte Kuchenstück. Zunächst ist einmal festzuhalten, daß sie die Eigenschaft interner Konsistenz verletzt. Ist sie deswegen aber irrational? Keineswegs! Sie kann verschiedene (gute) Gründe angeben, warum sie sich nie für das größte Stück entscheidet. Z. B. möchte sie sich selbst beweisen, daß sie kein Vielfraß ist. Oder sie möchte ihrem Körper nicht unnötig viele Kalorien zuführen. Oder sie möchte einen guten Eindruck vor dem Gastgeber machen oder das größte Stück einem anderen Gast überlassen, der als großer Kuchenliebhaber gilt. Die interne Konsistenz als Rationalitätspostulat wird zwar verletzt, aber für den Entscheidenden existiert, wie Sen (1993) sagt, ein externer Bezugspunkt, der dieses Verhalten erklärt (siehe Baigent und Gaertner, 1996, die eine Axiomatisierung dieser Verhaltensweise vorgelegt haben).

Auswahlentscheidungen sind häufig davon abhängig, was sonst noch «auf dem Teller» angeboten wird (Sen nennt dies «menu-dependence»). Die Wahl eines mittleren Elements (z.B. hinsichtlich der Preishöhe eines Geschenks) hängt von der Zahl der vorhandenen Alternativen ab. Eine solche Auswahlentscheidung verletzt ebenfalls das Postulat interner Konsistenz (siehe Gaertner und Xu, 1999). Viel offensichtlicher ist Sens Beispiel, daß jemand eine Einladung zu einer Tasse Tee oder Kaffee oder Kakao erhält – und er nimmt dankend an, oder daß er eine Einladung zu Tee, Kaffee, Kakao oder Kokain bekommt – und er lehnt (dankend) ab. Sen spricht hier von dem epistemischen Wert des Angebots – die vorgelegten Alternativen haben bereits als solche einen Informationswert, der die Entscheidung beeinflußt.

3. Wirkung

Sen hat den Nobelpreis für Wirtschaftswissenschaften primär für seine Arbeiten zur Wohlfahrtsökonomik und «Social Choice»-Theorie erhalten, worauf er selbst manchmal hinweist. Im öffentlichen Bewusstsein sind seine Beiträge zur Entwicklungstheorie und -politik sowie seine Ausführungen zu Demokratie und Freiheit wesentlich stärker verankert.

Eric Maskin, der Träger des Nobelpreises für Wirtschaftswissenschaften im Jahr 2007, schreibt in einer Fußnote zu seinem eigenen Beitrag für eine Festschrift anläßlich des sechzigsten Geburtstags von Amartya Sen in den neunziger Jahren, dass seine Faszination hinsichtlich der «wunderbaren» Monographie *Collective Choice and Social Welfare* von 1970 der Hauptgrund dafür war, warum er sich vor vielen Jahren auf dieses Gebiet eingelassen hat. In der Tat bedeutete Sens Monographie für viele, auch für den Autor dieses Beitrags, den Einstieg in ein äußerst facettenreiches Terrain. Der Zugang ist mit einigen Felsbrocken gepflastert – einer davon ist sicherlich Arrows fundamentales Werk von 1951 (1963 in der zweiten Auflage), das nicht ganz leicht zu lesen ist. Die «Social Choice» Theorie verlangt präzise Definitionen, hinter denen häufig ganz bestimmte mathematische Operationen stehen. Dies ist nicht jedermanns Sache.

Sen hat in seiner Monographie nicht nur den damaligen «state of the art» hervorragend wiedergegeben, sondern er hat neue Forschungsrichtungen eröffnet. Zum einen ist hier Sens grundlegende Kritik am Welfarismus zu nennen, der Anstoß, aus Arrows Welt sparsamster (Nutzen-)Information herauszugelangen, um bedeutende, d.h. die Analyse befruchtende positive Resultate, nämlich Möglichkeitstheoreme zu erreichen. Zum anderen sind seine Ausführungen über individuelle Rechte und soziale Entscheidungen zu erwähnen, welche eine schier unübersehbare Fülle von Beiträgen hervorgerufen haben, die durchaus kontrovers angelegt sind (siehe z.B. die Kontroverse zwischen Gaertner, Pattanaik und Suzumura auf der einen Seite und Sen auf der anderen in *Economica* 1992 über einen alternativen Ansatz zur Formulierung von Rechten mit Hilfe der Spielform).

Sens axiomatische Arbeit über einen aussagekräftigen Armutsindex hat in den siebziger Jahren zu einer lebhaften Debatte über den «richtigen» Armutsindex sowie zu zahlreichen empirischen Anwendungen geführt, auf die hier aus Platzgründen nicht näher eingegangen werden kann. Sens Erörterungen über Lebensqualität und Wohlergehen im Zusammenhang mit den Konzepten der Funktionsweisen und der Menge an einem Menschen offen stehenden Möglichkeiten gingen Hand in Hand mit Sens und Mahbub ul Haqs Arbeiten am Index menschlicher Entwicklung («human development index»), der eine Alternative zum Bruttoinlandsprodukt als Maß für den erreichten Lebensstandard eines Landes darstellt. Um die Lebenschancen der Menschen besser abzubilden (als es monetäre Größen zu leisten vermögen), verknüpft der Index menschlicher Entwicklung die Lebenserwartung bei Geburt mit Ausbildung (vor allem Lese- und Schreibfähigkeit) sowie der monetären Größe BIP. Die Bedeutung dieses neuen, im von den Vereinten Nationen jährlich erstellten «human development report» (UNDP) verwendeten Index kann gar nicht hoch genug eingeschätzt werden. Hier ist eine wesentlich verbreiterte Informationsbasis geschaffen worden, um ein umfassenderes Gesamtbild der Volkswirtschaft eines Landes zu erstellen.

Zu Sens Ansatz der alternativen Möglichkeiten gibt es inzwischen eine größere Zahl von empirischen Untersuchungen, die zeigen, daß dieses Konzept durchaus operationalisierbar ist. Eine sehr frühe Arbeit stammt von Schokkaert und Van Ootegem (1990), die sich mit dem Lebensstandard unterschiedlicher Gruppen von Arbeitslosen in Belgien beschäftigt. Kuklys (2005) hat kürzlich für das

Vereinigte Königreich gezeigt, daß Familien, die unterhalb der Armutsgrenze leben und mindestens ein behindertes Mitglied haben, viel schlechter gestellt sind, als aus der reinen Einkommenshöhe ersichtlich wird. Denn eine Behinderung macht zusätzliche Ausgaben erforderlich, damit wenigstens gewisse Funktionsweisen für die Betroffenen möglich werden.

Sen ist mit seiner Untersuchung über Armut und Hungersnöte (*Poverty and Famines*) aus dem Jahr 1981 weit über die Grenzen des engeren Fachgebietes bekannt geworden. In dieser Arbeit versucht er, den Hintergrund und die Ursachen von Hungersnöten aufzuhellen. Sein Augenmerk gilt insbesondere einigen größeren Hungersnöten in Asien und Afrika in der jüngeren und jüngsten Zeit. Häufig gehen Hungersnöte mit einer Nahrungsmittelverknappung einher, aber bei der großen Hungersnot in Bangladesh im Jahre 1974 z.B. kamen andere Entwicklungen hinzu, die die Möglichkeiten der Not leidenden Bevölkerung erheblich beschnitten. Aufgrund einer vorangegangenen Flut stieg der Preis für das Nahrungsmittel Reis stark an, gleichzeitig gingen die Beschäftigungsmöglichkeiten der Landarbeiter aufgrund einer ausgefallenen Ernte erheblich zurück. Diese Reallohneinbußen führten dazu, daß die Landbevölkerung in besonderer Weise vom Hungertod heimgesucht wurde. Um eine solche Schlechterstellung abzumildern oder sogar zu verhindern, sind staatliche Eingriffe in Form von Bargeldauszahlungen, öffentlich finanzierte Beschäftigungsprogramme und gewisse lenkende Eingriffe in die Preisbildung bei Nahrungsmitteln von Nöten. Diese Empfehlung ist in den letzten Jahrzehnten von zahlreichen Entwicklungsländern befolgt worden. Ein anderer, nämlich politischer Aspekt kommt hinzu, auf den Sen aufmerksam gemacht hat. Er stellt fest, daß es in einer funktionierenden Mehrparteien-Demokratie nie zu ernsten Hungersnöten gekommen ist. Eine freie Presse und Alternativvorschläge aus der politischen Opposition zwingen die regierenden Politiker, wirksame Maßnahmen gegen drohende Hungersnöte einzuleiten.

In Indien, seinem Heimatland, wird Sen gerade für seine wissenschaftlichen Publikationen auf dem Gebiet der Entwicklungspolitik besonders verehrt. Sen hat auch mit großem Nachdruck auf das Fehlen von 60 bis 90 Millionen Frauen in China und Indien hingewiesen. Dieses Phänomen erklärt sich zum einen aus einer häufig erfolgenden Abtreibung weiblicher Föten, zum anderen aus einer ständigen Schlechterstellung von Mädchen und Frauen bei der Gesundheitsversorgung und Ernährung in diesen Ländern, ist somit Ausdruck einer sehr ungleichen Zurverfügungstellung von «capabilities».

Spätestens durch Sens kürzlich erschienenes Buch *Identity and Violence* (2006; dt. *Die Identitätsfalle*, 2007) sind auch Politologen und Soziologen auf ihn aufmerksam geworden, ebenso wie zahlreiche Kolumnisten der großen internationalen Tageszeitungen. Zu Beginn dieses Essays haben wir die gewalttätigen Konflikte zwischen Hindus und Moslems erwähnt, denen viele, vor allem ärmere Menschen in Indien zum Opfer fielen. In diesen Auseinandersetzungen verkürzte sich die Identität eines Menschen fast ausschließlich auf dessen Religionszugehörigkeit. Dabei weist, wie Sen betont, jeder Mensch eine Vielzahl von Facetten auf. Er kann britischer Staatsbürger sein mit chinesischer Abstammung, ein Liebhaber klassischer Musik des neunzehnten Jahrhunderts, ein Freund der italienischen Küche und karibischer Strände. In unterschiedlichen Situationen sind unterschiedliche Facetten von besonderer Bedeutung. In Fragen der Urlaubswahl ist z.B. eine andere Teilidentität relevant als bei Fragen der Musikauswahl. Es müssen Entscheidungen darüber getroffen werden, in welchen Zusammenhängen welche Teilidentitäten besonders zum Tragen kommen sollen. Die relative Bedeutung unterschiedlicher Teilidentitäten hängt also von den gegebenen Umständen ab. Der Versuch, Menschen in eine einzige Schublade zu verbannen, gleicht einem Akt der Entmündigung. Vielschichtigkeit und Facettenreichtum des Menschen stellen ein Pfand dar, das Ideologen nicht übereignet werden sollte.

Literatur

1. Werke

Sammelwerke:
Sen, A. K. 1982. Choice, Welfare and Measurement, Oxford.
Sen, A. K. 1984. Resources, Values and Development, Oxford.
Sen, A. K. 2002. Rationality and Freedom, Cambridge, Mass.

Aufsätze und Bücher:
Sen, A. K. 1966. A Possibility Theorem on Majority Decisions, in: Econometrica, Bd. 34, S. 491–499.

Sen, A. K. 1969. Quasi-Transitivity, Rational Choice and Collective Decisions, in: Review of Economic Studies, Bd. 36, S. 381–394.
Sen, A. K., und Pattanaik, P. K. 1969. Necessary and Sufficient Conditions for Rational Choice under Majority Decisions, in: Journal of Economic Theory, Bd. 1, S. 178–202.
Sen, A. K. 1970a. Collective Choice and Social Welfare, San Francisco.
Sen, A. K. 1970b. The Impossibility of a Paretian Liberal, in: The Journal of Political Economy, Bd. 78, S. 152–157.
Sen, A. K. 1974. Informational Bases of Alternative Welfare Approaches. Aggregation and Income Distribution, in: Journal of Public Economics, Bd. 3, S. 387–403.
Sen, A. K. 1976. Poverty: An Ordinal Approach to Measurement, in: Econometrica, Bd. 44, S. 219–231.
Sen, A. K. 1977a. On Weights and Measures: Informational Constraints in Social Welfare Analysis, in: Econometrica, Bd. 45, S. 1539–1572.
Sen, A. K. 1977b. Rational Fools: A Critique of the Behavioural Foundations of Economic Theory, in: Philosophy and Public Affairs, Bd. 6, S. 317–344.
Sen, A. K. 1979. Personal Utilities and Public Judgements: Or what's Wrong with Welfare Economics, in: The Economic Journal, Bd. 89, S. 537–558.
Sen, A. K. 1981. Poverty and Famines. An Essay on Entitlement and Deprivation, Oxford.
Sen, A. K. 1985. Commodities and Capabilities, Amsterdam.
Sen, A. K. 1992. Minimal Liberty, in: Economica, Bd. 59, S. 139–159.
Sen, A. K. 1993. Internal Consistency of Choice, in: Econometrica, Bd. 61, S. 495–521.
Sen, A. K. 1997. Maximization and the Act of Choice, in: Econometrica, Bd. 65, S. 745–779.
Sen, A. K. 2004. Piero Sraffa: A Student's Perspective. Accademia Nazionale Dei Lincei, Rom, S. 23–60.
Sen, A. K. 2006. Identity and Violence. The Illusion of Destiny, London.
Sen, A. 2007. Die Identitätsfalle: warum es keinen Krieg der Kulturen gibt, übersetzt von F. Griese, München.

2. Weiterführende Literatur

Arrow, K. J. 1951. Social Choice and Individual Values, 2. Aufl., New York 1963.
Baigent, N., und Gaertner, W. 1996. Never Choose the Uniquely Largest: A Characterization, in: Economic Theory, Bd. 8, S. 239–249.
Black, D. 1948. On the Rationale of Group Decision Making, in: The Journal of Political Economy, Bd. 56, S. 23–34.
Borda, J. C. de 1781. Mémoire sur les élections au scrutin. Histoire de l'Académie Royale des Sciences, Paris, S. 657–665.
Gaertner, W., und Xu, Y. 1999. On Rationalizability of Choice Functions: A Characterization of the Median, in: Social Choice and Welfare, Bd. 16, S. 629–638.
Gaertner, W., Pattanaik, P. K., und Suzumura, K. 1992. Individual Rights Revisited, in: Economica, Bd. 59, S. 161–177.

Gibbard, A. 1973. Manipulation of Voting Schemes: A General Result, in: Econometrica, Bd. 41, S. 587–602.
Kuklys, W. 2005. Amartya Sen's Capability Approach, Heidelberg und Berlin.
Lancaster, K. 1966. A New Approach to Consumer Theory, in: Journal of Political Economy, Bd. 74, S. 132–157.
Mas-Colell, A., und Sonnenschein, H. 1972. General Possibility Theorems for Group Decisions, in: Review of Economic Studies, Bd. 39, S. 185–192.
Rawls, J. 1971. A Theory of Justice, Cambridge, Mass.
Satterthwaite, M. A. 1975. Strategy-Proofness and Arrow's Conditions: Existence and Correspondence Theorems for Voting Procedures and Social Welfare Functions, in: Journal of Economic Theory, Bd. 10, S. 187–217.
Schokkaert, E. 2007. The Capabilities Approach, in: P. Anand, P. K. Pattanaik und C. Puppe (Hrsg.), Handbook of Rational and Social Choice, Oxford.
Schokkaert, E., und Van Ootegem, L. 1990. Sen's Concept of the Living Standard Applied to the Belgian Unemployed, in: Recherches Economiques de Louvain, Bd. 56, S. 429–450.

Post Scriptum

Das Erscheinen der beiden Bände der *Klassiker des ökonomischen Denkens* fällt in eine Zeit, die eine der größten Finanz- und Wirtschaftskrisen der Menschheitsgeschichte erlebt. Diese Krise ist – einer wachsenden Zahl von Kommentatoren zufolge – auch eine Krise der Wirtschaftswissenschaft, zumindest ihres bis vor kurzem tonangebenden sog. Mainstream. Dessen wirtschaftspolitische Empfehlungen und Perspektiven werden vielfach als mitverantwortlich für die sich entfaltende Misere angesehen.

Viel spricht dafür, daß bedeutende Einsichten früherer Autoren sträflich in den Wind geschlagen wurden und daß ein Rückgriff auf alte Ideen vonnöten ist, um unsere aktuellen Probleme besser zu verstehen und zu bewältigen. Die Geschichte der Wirtschaftswissenschaft zeigt, daß wir es nicht mit einer Disziplin zu tun haben, die immer alles, was gut und wertvoll ist, bewahrt, und alles, was schlecht und fehlerhaft ist, ausmerzt. Andernfalls hätte man z.B. auf den Altmeister des wirtschaftlichen Liberalismus, Adam Smith, gehört, der wußte:

> Diejenige Ausübung der natürlichen Freiheit einiger weniger, welcher die Sicherheit der ganzen Gesellschaft gefährden könnte, wird und muß von den Rechtsordnungen aller Staaten verhindert werden – der freiesten ebenso wie der despotischsten. Die Verpflichtung zur Errichtung von Brandmauern, um das Übergreifen des Feuers zu verhindern, ist ein Verstoß gegen die natürliche Freiheit von genau der gleichen Art wie die hier vorgeschlagenen Regulierungen des Bankgewerbes.[1]

Die Geschichte eines Faches zeigt auf, wann und warum falsche Weichenstellungen erfolgt sind und was an wertvollen, aber fälschlich ausgemusterten Ideen und Alternativen verfügbar ist. Wer die Zukunft meistern will, sollte sich der Vergangenheit vergewissern.

Graz, im März 2009 *Heinz D. Kurz*

[1] Adam Smith, *An Inquiry into the Nature and Causes of the Wealth of Nations*, 1. Auflage 1776, *Glasgow Edition*, Oxford 1976, Bd. I, S. 324 (WN II. ii.94), Übers. d. Verf.

Autorinnen und Autoren

Elisabeth Allgoewer, geb. 1964, Professorin für Volkswirtschaftslehre, Universität Hamburg.

Stephan Böhm, geb. 1954, Assistenzprofessor, Institut für Volkswirtschaftslehre, Karl-Franzens-Universität Graz.

Volker Caspari, geb. 1953, Professor für Wirtschaftstheorie, Technische Universität Darmstadt.

Wulf Gaertner, geb. 1942, Professor emeritus für Mikroökonomische Theorie, Universität Osnabrück und Visiting Professor an der London School of Economics.

Harald Hagemann, geb. 1947, Professor für Wirtschaftstheorie, Universität Hohenheim.

Martin Hellwig, geb. 1949, Direktor am Max-Planck-Institut zur Erforschung von Gemeinschaftsgütern, Bonn, und Mitglied an der Rechts- und Staatswissenschaftlichen Fakultät, Universität Bonn.

Manfred J. Holler, geb. 1946, Professor für Volkswirtschaftslehre, Universität Hamburg.

Hauke Janssen, geb. 1958, Leiter der Dokumentation des SPIEGEL-Verlags.

Heinz D. Kurz, geb. 1946, Professor für Wirtschaftstheorie und Leiter des Graz Schumpeter Centre, Karl-Franzens-Universität Graz.

Christian Lager, geb. 1951, Professor für Volkswirtschaftslehre, Karl-Franzens-Universität Graz.

Reinhard Penz, geb. 1963, Referent für Grundsatzfragen der Arbeitsmarktpolitik, Bundesministerium für Arbeit und Soziales, Berlin.

Birger Priddat, geb. 1950, Professor für Politische Ökonomie, Universität Witten/Herdecke.

Heinz-Peter Spahn, geb. 1950, Professor für Volkswirtschaftslehre, Universität Hohenheim.

Richard Sturn, geb. 1956, Professor für Finanzwissenschaft und Leiter des Instituts für Finanzwissenschaft und Öffentliche Wirtschaft, Karl-Franzens-Universität Graz.

Hans-Michael Trautwein, geb. 1957, Professor für Internationale Wirtschaftsbeziehungen, Carl von Ossietzky Universität Oldenburg.

Hans-Jürgen Wagener, geb. 1941, Professor emeritus für Volkswirtschaftslehre, Europa-Universität Viadrina in Frankfurt (Oder).

Carl Christian von Weizsäcker, geb. 1938, Professor emeritus für Volkswirtschaftslehre, Universität zu Köln, und Senior Research Fellow, Max-Planck-Institut zur Erforschung von Gemeinschaftsgütern, Bonn.

Register